高职高专“十二五”电子商务系列规划教材

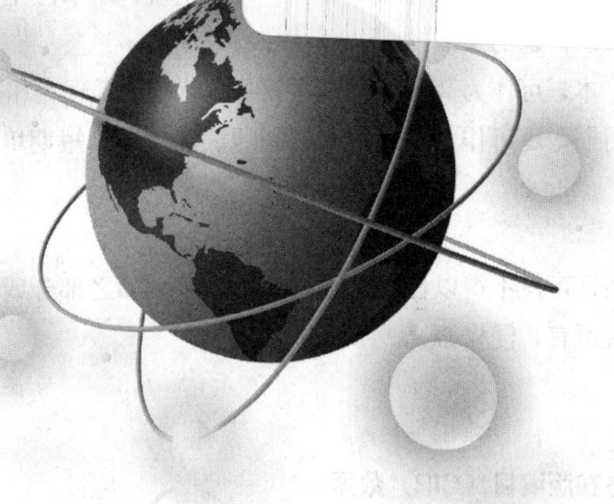

网络营销理论与实务

NETWORK MARKETING THEORY AND PRACTICE

赵子剑　刘晓佳　主　编
王　淼　张馨心　王海淼　副主编

電子工業出版社
Publishing House of Electronics Industry
北京 · BEIJING

内 容 简 介

本书采用基于工作过程的课程开发方法，以实用的知识结构为支撑，突出教学内容与工作任务的有机融合。本书包括向客户/经理介绍什么是网络营销、如何开展网络营销策划、了解企业开展网络营销的经营环境、如何设计网络营销中的产品、如何制定网络环境下的价格、网络环境下的渠道建设与管理、如何在网络环境下开展促销活动7个学习情境。本书注重培养学习者的学习兴趣，提高其自我学习、自我分析和解决问题的实践能力。

本书可作为高职院校电子商务、营销、管理类相关专业的教材，也可作为营销工作者和研究人员的参考用书，还可作为参加网络营销师认证考试及短期培训班的培训资料。

图书在版编目（CIP）数据

网络营销理论与实务 / 赵子剑，刘晓佳主编．—北京：电子工业出版社，2015.11
高职高专“十二五”电子商务系列规划教材
ISBN 978-7-121-27748-1

Ⅰ. ①网…　Ⅱ. ①赵…　②刘…　Ⅲ. ①网络营销—高等职业教育—教材　Ⅳ. ①F713.36

中国版本图书馆 CIP 数据核字（2015）第 288394 号

策划编辑：姜淑晶
责任编辑：王凌燕
印　　刷：三河市华成印务有限公司
装　　订：三河市华成印务有限公司
出版发行：电子工业出版社
　　　　　北京市海淀区万寿路 173 信箱　邮编 100036
开　　本：787×1 092　1/16　印张：21　字数：528 千字
版　　次：2015 年 11 月第 1 版
印　　次：2015 年 11 月第 1 次印刷
定　　价：42.00 元

凡所购买电子工业出版社图书有缺损问题，请向购买书店调换。若书店售缺，请与本社发行部联系，联系及邮购电话：（010）88254888。

质量投诉请发邮件至 zlts@phei.com.cn，盗版侵权举报请发邮件至 dbqq@phei.com.cn。
服务热线：（010）88258888。

前言

本书主要定位于高职电子商务、营销、管理类相关专业，针对目前高职院校强调工学结合的课程改革要求，采用基于工作过程的课程开发方法，以实用的知识结构为支撑，突出教学内容与工作任务的有机融合，使学生能够在做中学、学中做，以培养学生的网络营销实践能力为目的，但也重视扎实、系统的网络营销理论体系的学习。本书是江苏省“十二五”高等学校重点专业群“旅游管理及在线运营服务”建设项目（项目来源：苏教高〔2012〕23号）成果之一。

本书共7个学习情境，内容涉及向客户/经理介绍什么是网络营销、如何开展网络营销策划、了解企业开展网络营销的经营环境、如何设计网络营销中的产品、如何制定网络环境下的价格、网络环境下的渠道建设与管理、如何在网络环境下开展促销活动等项目，涵盖了网络广告策划、网站运营、微博微信运营、网络客户服务等网络营销类岗位中的典型工作任务。本书以强化技能操作为特点，充分体现出网络营销与传统市场营销的技能差别，又重视必要理论知识的学习。在学习情境中安排企业网站的诊断与优化、搜索引擎营销、如何在淘宝开辟网络渠道、如何应对网络环境中的公关危机、如何开展病毒式营销、如何开展微博/微信营销等子任务，趣味性、动手性强，注重培养学习者的学习兴趣，提高其自我学习、分析问题和解决问题的实践能力。本书可作为高职院校电子商务、营销、管理类相关专业的教材，也可作为营销工作者和研究人员的参考用书，还可作为参加网络营销师认证考试及短期培训班的培训资料。

与其他同类教材相比，本教材有以下突出的特点：

第一，紧密结合高职教育特点，以培养学生的网络营销实践能力为目的，强化技能训练，但也重视扎实、系统的网络营销理论体系的学习，充分考虑了各门课程的衔接关系，以将学生培养成技术型人才为最终目标。

本书目录	技能型网络营销教材目录（不针对具体教材）
情境1　向客户/经理介绍什么是网络营销	项目1　网络市场调查
情境2　如何开展网络营销策划	项目2　C2C平台营销——网上开店实务
情境3　了解企业开展网络营销的经营环境	项目3　B2B平台营销

续表

情境 4　如何设计网络营销中的产品	项目 4　企业自建网站开展营销
情境 5　如何制定网络环境下的价格	项目 5　搜索引擎营销
情境 6　网络环境下的渠道建设与管理	项目 6　利用网络开展顾客服务
情境 7　如何在网络环境下开展促销活动	项目 7　微博营销等
	项目 8　网络广告

技能是运用已有的知识经验，通过练习而形成的趋于完善化、自动化的智力活动方式和肢体动作方式的复杂系统。

技能型教材的优点是每个项目对应具体网络营销工具，有利于学生掌握其操作步骤，但缺点是容易形成知识的割裂，学生虽然掌握了工具的使用，但是工具更新了，学生可能就不知道怎么使用新工具；或者虽然会使用工具，但是对于在什么场合使用、用来做什么等问题不是很清楚。

而技术是技能、方法、手段、工具和知识的某种组合或总和。以培养学生掌握网络营销的技术为目标，成为了编制本书的结构体系的重要依据之一。

第二，以市场营销的经典 4PS 理论作为框架引入网络营销的全新内容。这样的内容设置方法充分考虑了建构主义中的同化作用，让学生把新的知识结合到已有的认知结构中，帮助学生更快掌握。全书内容思维导图如下：

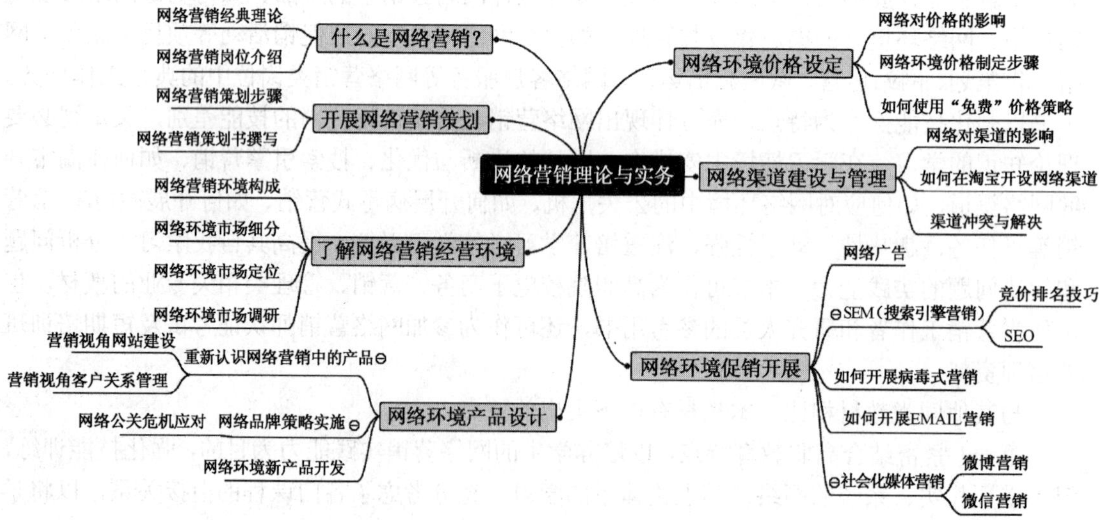

第三，引进网络营销方面的最新理论和成果。作者在编著过程中，都力求吸收国内外的最新成果，体现网络营销发展的最新趋势。

第四，大量案例的引用。教材的每个学习情境都以案例导入，并在每个知识点都配备了大量案例加以说明，在每个学习情境最后也补充了案例供分析讨论，思考题供学生对重点知识点进行回顾，以及实验实训要求学生进行实践，力求帮助学生理论联系实际，学以致用。

下列为本书使用的不同体例：

职业指导	每个情境开头，对应工作岗位，营造学习情境
引导性案例	每个情境开头，通过案例调动学生学习兴趣
延伸阅读	相关知识点的延伸阅读
案例	相关知识点的案例
案例讨论	每个情境最后，提供案例让学生讨论
思考题	每个情境最后，通过问题引出重要知识点
实验实训	每个情境最后，实训任务，引导学生实践

第五，创新教材形式。本书将以现代教育技术为支撑，为读者提供一套“纸质教材+电子教学包+不断更新微博微信案例库”的新型立体化教材。微信公众号 dzswkc。考虑不同学校前后课程衔接的不同、人才培养方案中课程设置的不同，分别提供 96 课时、64 课时和 32 课时三种不同版本的课程标准和授课计划，以使本教材尽量能够具有更好的适应性。

本书是集体智慧的结晶。主编由扬州职业大学赵子剑、威海职业学院刘晓佳担任，副主编由扬州职业大学王淼、苏州建设交通高等职业技术学校张馨心、中华女子学院王海淼担任。各学习情境的具体编写分工如下：

学习情境 1 由赵子剑编写，学习情境 2 由张馨心编写，学习情境 3 由王海淼编写，学习情境 4 由王淼编写，学习情境 5、学习情境 6 由刘晓佳编写，学习情境 7 由赵子剑和刘晓佳编写，教材的总体设计和统稿由赵子剑负责。

在本书的写作过程中参考了大量的国内外最新研究和实践成果，也参考了很多出版物和网上资料，各位编著者已尽可能在参考文献中列出，在此谨向相关专家学者表示衷心的感谢。因为多方面的原因，如果有疏漏之处，我们表示万分歉意，并愿意在得知具体情况后予以纠正，在此先表示衷心的谢意。

网络营销是一门理论性和实践性都很强的新兴学科，而且有些理论和技术也在不断地发展和完善，由于作者水平有限加之时间仓促，书中难免会出现错误和疏漏，恳请各广大读者批评指正，不吝赐教，以便我们在修订时改进。

目录

学习情境 1

向客户/经理介绍什么是网络营销

学习目标

知识目标：掌握网络营销的概念、特点与作用，熟悉网络营销产生的基础，掌握企业开展网络营销的意义，熟悉网络营销岗位及其主要任务。

能力目标：能介绍什么是网络营销，能介绍网络营销与传统营销的区别，能介绍网络营销带给企业的预期收益，能介绍网络营销岗位的职责。

学习导航

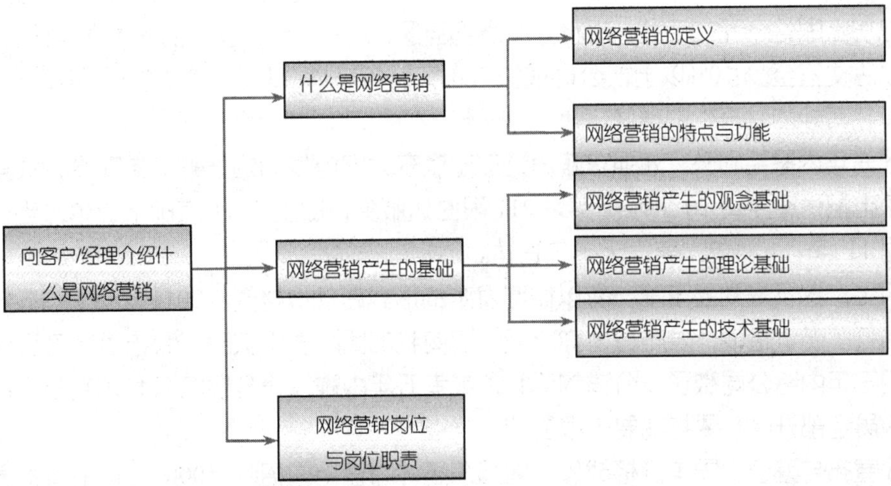

职业指导

有人认为，网络的进入门槛很低，开展网络营销“易如反掌”，似乎每个企业都可以轻松自如地通过网络营销来达到自己的营销目标。不错，建立一个Web网站并非难事，利用网站发布广告、实现交易也并不复杂，进入的技术门槛低，并不意味着商业运作易。要想在网络环境下实现“有效的”、“成功的”营销，远非想象的那么简单。尤其是利用网上大量的资源进行深层次的价值开发，实现营销的创新，更是一件艰难而又富于创造性的工作。

当面对将要提供网络营销服务的客户或者是并不太了解网络营销的经理，如何让他们了解网络营销与建网站+建微博+发广告的差别呢？往往只有揭示了你所从事工作的价值，以及将会带来的影响与收益，才能得到一个发挥你才智与创造性的机会，而我们的职业生涯也很多都开始于这第一个任务——向客户/经理介绍什么是网络营销。

引导性案例

京东苏宁价格战

2012 年 8 月 14 日京东商城董事长刘强东发布微博，向苏宁电器宣战。

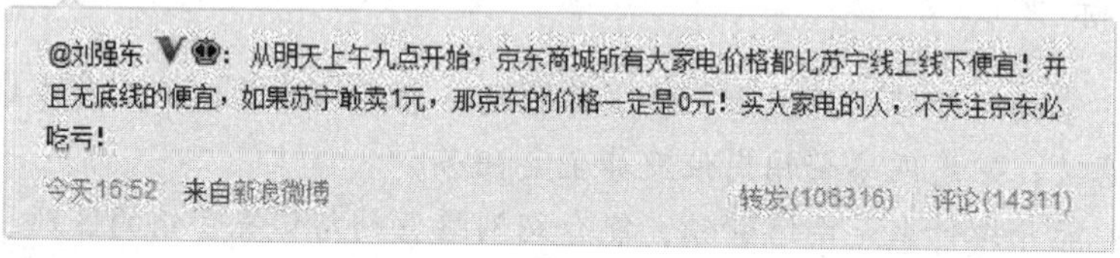
@刘强东：从明天上午九点开始，京东商城所有大家电价格都比苏宁线上线下便宜！并且无底线的便宜，如果苏宁敢卖1元，那京东的价格一定是0元！买大家电的人，不关注京东必吃亏！
今天16:52 来自新浪微博 转发(106316) | 评论(14311)

在众多互联网的 CEO 中，刘强东属于很擅长利用微博营销和造势的大佬。12 日晚 11 点多，刘强东发了条微博称“今晚，莫名其妙的兴奋”，但就是故弄玄虚不说兴奋的原因，引发了众多微博网友的猜测和评论。

“今天，我再次作出一个决定：京东大家电三年内零毛利！如果三年内，任何采销人员在大家电加上哪怕一元的毛利，都将立即遭到辞退！从今天起，京东所有大家电保证比国美、苏宁连锁店便宜至少 10%以上，公司很快公布实现方法！”13 日上午，刘强东终于公布了他前晚“莫名其妙的兴奋”的谜底。

除了三年内零毛利外，刘强东随后还放出京东大家电发力的“第二弹”：8 月底前，京东商城大家电配送在全国 20 个城市实现 211 限时达服务，即上午 11 点前下订单，当日下午送达；夜里 11 点前下订单，第二天上午送达。

事实上，这不是刘强东第一次以微博发难的形式启动价格战。2011 年 3 月 17 日，他为了和当当打图书价格战，发布微博称“第一次向我的团队发出威胁！我告诉图书音像部门：如果你们三年内给公司赚了一分钱的毛利，或者五年内赚了一分钱的净利，我都会把你们整个部门人员全部开除！要打就要来狠的！”

除了宣布与苏宁、国美价格战外，刘强东还称将在全国招收 5000 名价格情报员，派驻苏宁、国美门店，任何客户到苏宁、国美购买大家电时，拿出手机用京东客户端比价，如果便宜不足 10%，价格情报员现场核实属实，京东立即降价或者现场发券，确保便宜 10%。刘强东还在微博上贴出了设计出的京东价格情报员的工作服，并称已经交付工厂。

案例分析

从网络营销视角来看，是双赢的。

引发了各方关注，吸引了足够的眼球。截止到 2012 年 9 月 2 日，半个月的时间以“京东苏宁价格战”为关键词进行搜索，百度返回了 745 万条信息，可见引发了网民与网络媒体的强烈关注。更重要的是从 8 月 15 日起央视新闻联播和财经频道持续几天的连续报道，更让一些不熟悉苏宁易购和京东商城，甚至从来不上网的民众也对两家企业产生了兴趣。与之相比 2012 年中国银行为了新闻联播后第一个 10 秒广告花费了 7600 万元，还未必能让人记住，足以可见带给双方的收益。

从网络营销技巧来看，是高超的。

刘强东发微博称“今晚，莫名其妙的兴奋”，但就是故弄玄虚不说兴奋的原因（设置悬念，做铺垫），进而宣布大家电三年内零毛利，要辞退任何在大家电加上哪怕一元的毛利的采销人员（放狠话，制造爆炸性话题，如果仅仅说是降价促销远没有这种效果），再到将派价格情报员潜入家电卖场（制造冲突，增加剧情张力），堪比一流的导演。

任务 1.1 理解什么是网络营销

市场营销作为一门学科，于 20 世纪初诞生于美国，它经历了以生产为导向的营销观念、以产品为导向的营销观念、推销观念、以市场为导向的营销观念以及社会营销观念等五个阶段。

近年来，营销理论又有了较大的发展，这主要表现在随着互联网的普及，市场营销环境有了根本性的改变，对市场营销策略和理念产生了巨大的冲击。作为一种全新的信息沟通与产品销售渠道，互联网改变了企业所面对的用户和消费者、虚拟市场的空间以及竞争对手，企业将在一个全新的营销环境下生存。

菲利普·科特勒将营销定义为“个人和集体通过创造、提供并同他人交换产品价值，以获得其所需所欲物的一种社会和管理过程”。也就是说，营销是以满足人类各种需要和欲望为目的，通过市场变潜在交换为现实交换的活动总称。而网络营销是指借助于互联网、电脑通信技术和数字交互式媒体来实现营销目标的一种营销方式。

从这两个定义来看，网络营销与传统的市场营销并没有根本的区别，它们都要实现其营销的目标，即将潜在的交换转化为现实的交换。

延伸阅读 海尔——网络营销制胜

从 2013 年“双 11”支付宝总成交额单店排名来看，海尔卖出了 1.75 亿元的家电产品，名列第二，第一名是新晋黑马小米，它的支付宝成交额为 5.41 亿元。这是一组有趣的对比数据。“海尔目前面临的挑战比较特殊，归纳起来，其实就是互联网的挑战。”在问及如何看待小米、乐视等家电领域的新闯入者时，海尔电商 CEO 杨励耕更愿意把时间轴拉长来看，在近 20 年里，互联网颠覆和吞噬了媒体、游戏、图书影像、3C、线下零售等诸多行业，对海尔来说，目前最重大的生死课题就是如何适应互联网改造的大潮。尽管海尔很早就将“虚实融合”作为了海尔的核心战略，但要解决上述的两难抉择，却需要一条更为明晰的突破路径。这条路径就是“用互联网的思维做品牌，用做品牌的思维做电商”。海尔按此进行网络营销策略调整，今年逐步摆脱了大脉冲式的线上销售曲线，C2B 预售与个性化定制产品的销售占比也已接近 3 成。

1.1.1 网络营销的定义

尽管网络营销的发展十分迅速，但时至今日，营销界对其尚无一个统一的定义，其英文表述就有多种形式，如“互联网营销（Internet Marketing）”、“虚拟营销（Cyber Marketing）”、“万维网营销（Web Marketing）”、“在线营销（Online Marketing）”以及“电子化营销（Electronic Marketing）”等。

综合国内外学者的研究，大致有以下一些代表性的观点：拉菲·默罕默德、罗伯特·菲谢尔等人合著的《网络营销》一书中定义的网络营销为通过在线活动建立和维护客户关系，以协调满足公司与客户之间交换概念、产品和服务的目标。

美国学者朱迪·施特劳斯在《网络营销》中提出：“网络营销通过对信息技术的广泛应用，达到以下目标：第一，通过更为有效的市场细分、目标定位、差异化、渠道策略等方式，转换营销战略，为顾客创造更大价值；第二，对网络营销理念、分销策略、促销策略、产品价格、服务及创意等进行更为有效的规划和实施；第三，创造满足个人和组织客户需求的交易。”

国内也有学者从关系营销的角度定义网络营销，认为网络营销是通过网络、信息技术建立和维持的一种高度互动、个性化的长期关系，以更有效地满足客户需求和实现营销者的诉求目标。

从国内外学者对网络营销的不同表示方法、定义来看，对于网络营销尽管有着不同的定义，但始终离不开两个核心的要素：互联网技术和营销手段。

因此本书所采用的定义为：以互联网为基本运作环境，以网络用户为中心，以市场需求和认知为导向，利用各种网络应用手段去实现企业营销目的一系列行为。这里所指的网络不仅包括互联网（Internet），还应该包括外联网（Extranet），以及内联网（Intranet），即应用互联网技术和标准建立的企业内部信息管理和交换平台。从近几年的趋势来看，未来网络营销也将越来越多地依赖于移动网络。

1.1.2 网络营销的特点与功能

1. 网络营销的特点

作为企业营销体系的一部分，网络营销具有营销的基本特性。作为一种新的营销方式，与传统营销相比，网络营销显现出以下新的特点。

1）超时空性

传统营销都是在一定的市场范围内进行的。由于互联网能够超越时间约束和空间限制进行信息交换，使得营销脱离时空限制进行交易变成可能，企业可以每周 7 天、每天 24 小时随时随地地提供全球性营销服务。

2）富媒体性

互联网可以传输多媒体的信息，如文字、声音、图像、视频等，使得为达成交易进行的信息交换能以多种形式存在，可以充分发挥营销人员的创造性和能动性。

3）交互性

互联网提供了一种实现以客户为核心的高层次营销战略的新工具，互联网所具有的一对一的互动性为网络营销提供了实现互动沟通的有效手段。网络营销中客户不再只是企业营销活动的对象，而是成为企业营销活动的参与者与控制者。这不仅使企业进行市场调研、开展促销活动、实施客户关系管理以及直销的方式发生了根本的变化，而且可以利用互联网及数据库技术分析客户的行为，针对其不同的特征与需求提供个性化的产品与服务，接受客户的意见并及时处理，满足其对尊重和自我价值的需求。

4）整合性

网络营销是一个实现多种资源有效整合的过程。企业借助互联网不仅可以对所开展的各种营销活动进行统一的规划与协调，而且可以实现多种营销手段、营销方法及营销渠道的整合，这种整合使营销活动贯穿于企业经营的全过程，使营销成为企业各部门共同的工作。

5）经济性

实践与理论研究都表明：成功的网络营销有助于降低企业的经营成本，提高利润。通过互联网开展营销活动，具有明显的经济性的因素，如资源的广域、交易双方沟通的便捷、市场开拓费用的锐减、无形资产在网络中的延伸增值等。

6）中立性

互联网作为一种技术手段和营销工具所发挥的作用具有中立性，迈克尔·波特在评价互联网的作用时曾经说过，互联网是一种中立的竞争工具，一方面，顾客在网上能够获得更多的替代产品和价格之类的信息，从而获得购买的主动权；另一方面，互联网降低了竞争者的进入门槛，削弱了企业的竞争力。网络营销的上述特点都是利用互联网来实现的，因此也是中立性的。

如何利用好网络营销这把双刃剑、最大限度地发挥其功能、提高企业竞争力是网络营销人员需要长期思考的问题。

2. 网络营销的功能

网络营销的功能不仅表明了网络营销的作用和网络营销工作的主要内容，同时也说明了网络营销所应该可以实现的效果，对网络营销功能的认识有助于全面理解网络营销的价值和网络营销的内容体系。

1）营销决策与支持功能

网络营销的决策与支持功能包括信息搜索与市场调研两大子功能。其中信息搜索功能是在网络中利用多种信息搜索方法，主动地、积极地获取有价值的信息和商机，如进行价格对比，了解对手的竞争情况，通过搜索获取商业情报等。另一功能是市场调研，以网上调查为主，主要通过在线调查表或者电子邮件等方式，完成网上市场调研，相对于传统市场调研，网上调研具有高效率、低成本的特点。同时也应该包括在网下开展的对网络虚拟市场特征的调查，以及为提高网上调查可靠性在网下所做的辅助性的调查。这两个功能为企业的科学决策提供了强有力的支持，有助于增强企业快速响应市场变化的能力。

2）信息发布功能

网站、微博、微信等都是目前比较常见的信息载体，通过它们发布信息是网络营销的主要方法之一，同时，信息发布也是网络营销的基本功能，所以也可以这样理解，无论哪种网络营销方式，结果都是将一定的信息传递给目标人群，包括顾客/潜在顾客、媒体、合作伙伴、竞争者等。

3）品牌打造和传播功能

网络营销的重要任务之一就是在互联网上建立并推广企业的品牌，知名企业的网下品牌可以在网上得以延伸，一般企业则可以通过互联网快速树立品牌形象，并提升企业整体形象。网络品牌建设是以企业网站建设为基础，通过一系列的推广措施，达到顾客和公众对企业的认知和认可。在一定程度上可以说，企业一切的行为都应该以打造品牌和传播品牌为目标。

4）市场开拓功能

传统营销所面临的各种经济壁垒、地区封锁、人为屏障、交通阻隔、信息闭锁等，在网络环境下都不复存在。网络具有极强的市场渗透力，任何组织都无法阻止网络营销信息的传播与扩散，与此同时，各种新的工具与技术手段的不断进步，使网络营销的市场开发与拓展能力不断提升。一个具备网上交易功能的企业网站本身就是一个网上交易场所，网上销售是企业销售渠道在网上的延伸，网上销售渠道建设也不限于网站本身，目前越来越多的企业尝试运用微博、微信、论坛等帮助自己开拓市场。

5）客户关系管理功能

客户关系管理是一种旨在改善企业与客户之间关系的新型管理模式，是企业一种重要的经营战略。在传统的环境下，由于条件的局限，许多企业在管理客户资源方面显得力不从心。在网络营销中，通过客户关系管理，将客户资源管理、销售管理、市场管理、服务管理、决策管理融于一体，将原本疏于管理、各自为政的计划、销售、市场、售前和售后服务与业务统筹协调起来。这样，既可跟踪订单，帮助企业有序地监控订单的执行过程，规范销售行为，了解新老客户的需求，提高客户资源的整体价值；又可以避免销售隔阂，帮助企业调整营销策略，收集、整理、分析客户反馈的信息，全面提升企业的核心竞争力。

从形式最简单的 FAQ（常见问题解答），到邮件列表、论坛以及运用 QQ、旺旺等各种即时信息软件进行客户服务，再到通过网站的交互性，通过微博、微信鼓励顾客参与以维系客户关系，并收集客户资料，运用数据库进行存储分析挖掘，都是目前在网络营销中已经广泛使用的方式。

案例

网络营销成就褚橙传奇

褚橙，褚时健种的橙子。在经历了人生的大起大落之后，褚时健再次用自己的行动征服了所有人。85 岁二次创业再次成功。51 岁的时候他用了 18 年的时间把一家地方小烟厂打造成亚洲第一烟草企业，他也被称为“烟王”。这次他用了 12 年的时间，包垦 2000 亩荒山，种植 35 万株果树，打造出属于中国人自己品牌的特级橙。这次他又成为“橙王”。

“褚橙”的成功不仅仅是因为它的皮薄、个大、肉肥、酸甜适中的特点，也是一种营销策略的成功运用。“褚橙”选择了电子商务，凭借着电商入京销售走红，而除了进驻电商平台成功实现线上线下协同销售外，“褚橙”受到消费者的追捧还得益于其自身品牌背后的故事及日常在社交网络上的广泛传播和营销。“褚橙”在没有走红之前并无多少人知道，可以说是寥寥无几。而攀上昔日的烟草大王“褚时健”则截然不同。“褚橙”正是抓住了昔日“烟王”、今日“橙王”的一个一个传奇为纲领，在互联网上开始推广。王石、潘石屹、梁冬、杨锦麟等业内知名人士也都纷纷发出微博为褚橙捧场。“巴顿将军语：衡量一个人的成功标志，不是看他登到顶峰的高度，而是看他跌到低谷的反弹力”，万科董事长王石就作出了这样的背书。以下选取一些微博中关于“褚橙”的评论：

@王石：你想象一下，一个 75 岁的老人，戴一个大墨镜，穿着破圆领衫，兴致勃勃地跟我谈论橙子挂果是什么情景。虽然他境况不佳，但他作为企业家的胸怀呼之欲出。我当时就想，如果我遇到他那样的挫折，到了他那个年纪，我会想什么？我知道，我一定不会像他那样勇敢。

@qiugang-邱岗：褚时健卖 8000 吨橙子赚了 3000 万，平均下来一吨橙子赚了将近 4000 元，也就是一斤橙子赚了将近两元钱，从巅峰到低谷，再从低谷走向辉煌，人的能力不可限量，我们年轻人还需忌惮什么呢？

@叶福成：如果不评价商业道德，最近 20 年里，能做到摔个大跟头，然后又站立得很稳当的，有史玉柱和褚时健，其他人暂时想不起来了。

@创业家史峻成：公司每人发了一箱“褚橙”，顿时整个办公区域飘满了诱人的香甜味道，很多同事都说这是目前为止吃过最好吃最甜的橙子，小小的一个橙子代表的更是一种褚时健的精神！

褚老一生拼搏，虽然几经浮沉，但一直往前走，他的故事，无论是对企业家还是初入社会的年轻人，都起到了激励的作用。只要抓住这种文化进行包装，做好品牌维护，让价值链的各个环节，无论是种植者还是经销者，都能分享到成果，同时确保果品的质量，那么企业就会进入良性发展的轨道。褚橙有着较高的文化内涵，不像玉米、大豆这类标准化产品，每年上市的数量是有限的，物以稀为贵，大家又都想尝一尝，这个品牌的价值自然而然就上去了。

任务 1.2　网络营销产生的基础

科特勒曾经说过："互联网科技确实对营销的实践产生了很大的影响，但是我们也注意到，其实 90%的网络营销实践还是传统的营销方式。"虽然网络营销随着研究和实践越来越深入，已经有了很多自己独特的方式，但不可否认，作为营销活动在网络环境下的延伸与拓展，消费者观念的变化给予网络营销以充分的出现理由；各种经典的营销理论给予网络营销以丰富的学术内涵；而信息与计算机等多学科的综合技术则给予网络营销以创新发展的技术铺垫，因此下面将对这几个方面做一些介绍。

1．网络营销产生的观念基础

当今企业正面临前所未有的激烈竞争，市场正由卖方垄断向买方垄断演变，消费者主导的营销时代已经来临。在买方市场上，消费者将面对更为纷繁复杂的商品和品牌选择，这一变化使当代消费者心理与以往相比呈现出新的特点和趋势。

1）当代消费者心理变化趋势和特征

在过去相当长的时期内，工商业都是将消费者作为单独个体进行服务的。在这一时期内，个性消费是主流。只是到了近代，工业化和标准化的生产方式才使消费者的个性被淹没于大量低成本、单一化的产品洪流之中。

（1）个性消费的回归。在短缺经济或近乎垄断的市场中，消费者可以挑选的产品本来就很少，因而个性不得不被压抑。但当市场经济发展到今天，多数产品无论在数量还是品种上都已极为丰富，消费者能够以个人心理愿望为基础挑选和购买商品或服务。更进一步，他们不仅能作出选择，而且还渴望选择。他们的需求更多了，需求的变化也更多了。逐渐地，消费者开始制定自己的准则，他们不惧怕向商家提出挑战，这在过去是不可想象的。

用精神分析学派的观点观察，消费者所选择的已不单是商品的使用价值，还包括其他的"延伸物"，这些"延伸物"及其组合可能各不相同。因而从理论上看，没有一个消费者的心理是完全一样的，每一个消费者都是一个细分市场。心理上的认同感已成为消费者作出购买的品牌和产品决策的先决条件，个性化消费正在也必将再度成为消费的主流。

（2）消费主动性增强。在社会分工日益细分化和专业化的趋势下，消费者对购买的风险感随选择的增多而上升，而且对单向的"填鸭式"营销沟通感到厌倦和不信任。在许多日常生活用品的购买中，尤其在一些大件耐用消费品（如电脑）的购买上，消费者会主动通过各种可能的途径获取与商品有关的信息并进行分析比较。这些分析也许不够充分和准确，但消费者却可从中获得心理上的平衡，以减轻风险感或减少购后产生后悔感的可能，增加对产品的信任和争取心理上的满足感。消费主动性的增强来源于现代社会不确定性的增加和人类追求心理稳定和平衡的欲望。

（3）对购买方便性的需求与购物乐趣的追求并存。一部分工作压力较大、紧张度高的消费者会以购物的方便性为目标，追求时间和劳动成本的尽量节省，特别是对于需求和品牌选择都相对稳定的日常消费者，这点尤为突出。然而另一些消费者则恰好相反，由于劳动生产率的提高，人们可供支配的时间增加，一些自由职业者或家庭主妇希望通过购物来消遣时间，寻找生活乐趣，保持与社会的联系，减少心理孤独感。因此他们愿意多花时间和体力进行购物，而前提必须是购物能为他们带来乐趣，能满足心理需求。这两种相反的心理将会在今后较长时间内并存和发展。

（4）价格仍然是影响消费心理的重要因素。虽然营销工作者倾向于以各种差别化来减弱消费者对价格的敏感度，避免恶性削价竞争，但价格始终对消费者心理有重要影响。例如，最近的微波炉降价战，虽然作为市场领导者的格兰仕拥有技术、质量和服务等多方面的优势，但到最后却也被迫宣布重返降价竞争行列，为市场占有率而战。这说明即使在当代发达的营销技术面前，价格的作用仍旧不可忽视，只要价格降幅超过消费者的心理界限，消费者也难免会怦然心动地改变既定的购物原则。

2）网络营销的吸引力

网络营销具备了传统营销所无法替代的吸引力，主要表现在以下几个方面。

（1）网络营销是一种以消费者为导向，强调个性化的营销方式。网络营销的最大特点在于以消费者为主导。消费者将拥有比过去更大的选择自由，他们可根据自己的个性特点和需求在全球范围内找寻满足品，不受地域限制。通过进入感兴趣的企业网站或其他形式的虚拟商店（载体可以是第三方平台、微博、微信等），消费者可获取产品的更多的相关信息，使购物更显个性。如一家销售户外活动商品的商家，在网络上开展了定制旅行袋的业务，顾客可利用自家的电脑和网络，自行设计（修改）旅行袋的式样、颜色、材料、尺寸、装饰品和附件等，还可绣上自己姓名的缩写字母，满意后按下订购键，就可以等待提着自己设计的与众不同的旅行袋满世界去风光炫耀了。

这种个性消费的发展将促使企业重新考虑其营销战略，以消费者的个性需求作为提供产品及服务的出发点。此外，随着计算机辅助设计、大数据、供应链协同等技术的进步，现代企业将具备以较低成本进行多品种小批量生产的能力，这一能力的增强为个性营销奠定了基础。

但是，要真正实现个性营销还必须解决信息交换效率与成本的问题。网络营销的出现则为这一难题提供了可行的解决途径。企业的各种销售信息在网络上将以数字化的形式存在，可以以极低成本发送并能随时根据需要进行修改，效率和成本得到了兼顾。企业也可以根据消费者反馈的信息和要求通过自动服务系统提供特别服务。

（2）网络营销具有极强的互动性，是实现全程营销的理想工具。传统的营销管理强调 4P（产品、价格、渠道和促销）组合，现代营销管理则追求 4C（顾客、成本、方便和沟通），然而无论哪一种观念都必须基于这样一个前提：企业必须实行全程营销，即必须从产品的设计阶段就开始充分考虑消费者的需求和意愿。

遗憾的是，在实际操作中这一点往往难以做到。原因在于消费者与企业之间缺乏合适的沟通渠道或沟通成本过高。消费者一般只能针对现有产品提出建议或批评，对尚处于概念阶段的产品则难以涉足。此外，大多数的企业也缺乏足够的资本用于了解消费者的各种潜在需求，它们只能凭自身能力或参照市场领导者的策略进行产品开发。

而在网络环境下，这一状况将有所改观。即使是企业也可通过电子邮件、QQ、微博、微信、企业网站等方式，以很低成本在营销的全过程中对消费者进行即时的信息搜集，消费者则有机会对产品从设计到定价（对采用理解价值定价法的企业尤具意义）和服务等一系列问题发表意见。这种双向互动的沟通方式提高了消费者的参与性和积极性，更重要的是它能使企业的营销决策有的放矢，从根本上提高消费者的满意度。

（3）网络营销能满足消费者对购物的方便性需求，提高消费者的购物效率。现代化的生活节奏已使部分消费者用于外出在商店购物的时间越来越短。在传统的购物方式中，从商品买卖过程来看，一般需要经过看样——选择商品——确定所需购买的商品——付款结算——包装商品——取货（或送货）等一系列过程。这个买卖过程大多数是在售货地点完成的，短则几分钟，长则数小时，再加上购买者购买商品去购物场所的路途时间、购买后的返途时间及在购买地的逗留时间，无疑是大大延长了商品的买卖过程，使消费者为购买商品而必须在时间和精力上作出很大的付出。同时，拥挤的交通和日益扩大的店面更延长了消费者购物所耗费的时间和精力。然而在现代社会，随着生活节奏的加快，人们越来越珍惜闲暇时间，越来越希望在闲暇时间内从事一些有益于身心的活动，并充分地享受生活。

网络营销给我们描绘了一个诱人的场景，使购物的过程不再是一种沉重的负担，甚至有时还是一种休闲、一种娱乐。网络营销是这样简化购买过程的：

售前：向消费者提供丰富生动的产品信息及相关资料（如质量认证、专家品评等），而且界面友好清晰，易于操作执行，消费者可以在比较各种同类产品的性能价格以后，作出购买决定。

售中：消费者无需驱车到也许很远的商场去购物，交款时也不需排着长队，耐心等待，最后也无需为联系送货而与商场工作人员交涉。在网上，一切都是那么简单迅速。坐在家中即可逛虚拟的商店、用电子货币结算等，省去许多麻烦。

售后：在使用过程中发生的问题，消费者可以随时与生产商联系，得到来自生产商及时的技术支持和服务。而渠道商由于网络评价体系、口碑营销、信息对称等因素的存在，也会积极帮助消费者解决问题。

总之，网络营销能简化购物环节，节省消费者的时间和精力，将购买过程中的麻烦减少到最小。

（4）网络营销能满足价格重视型消费者的需求。网络营销能为企业节省一定的促销的流通费用，使产品成本和价格的降低成为可能。消费者则可在全球范围内找寻最优惠的价格，甚至可绕过中间商直接向生产者订货，因而能以更低的价格实现购买。

消费者迫切需要新的快速方便的购物服务，以最大限度地满足自身需求。消费者价值观的这种变革，呼唤着网络营销的产生，而网络营销也在一定程度上满足了消费者的这种需求。

案例

屌丝逆袭惊诧业界 余额宝引发营销革命

仅仅一个月，天弘与支付宝合作的余额宝规模就超过百亿元，这让基金业看到了互联网

“屌丝”爆发的巨大能量。余额宝对基金业的刺激也开始让基金业觉醒，其刺激程度甚至不亚于一场基金业的自我革命：你不拥抱网络营销，市场或将无情抛弃你。“我们正在找京东谈合作，打算在京东网开店。另外也在和财付通谈合作，想做 Q 币理财。”某大型基金公司市场部总监直言，在余额宝成功案例的刺激下，与京东、腾讯等互联网平台的合作机会，迅速成为基金业争抢对象。“现在电商部门是公司的焦点，大家都在发力招兵买马，寻求扩张和转型。挺进互联网金融是基金业竞争的新目标，面对新的平台和渠道，这将彻底颠覆传统的销售模式。”

“我们对外所有的宣传，对外的语言，都是干巴巴冷冰冰的，严肃认真的，合规合法的，每家基金公司都一样。这种宣传只有一个好处，让客户迅速地辨认出这是一个金融产品，然后不假思索地关闭页面。”前述基金公司人士指出，不接地气、无法打动人心是目前基金行业电商宣传存在的问题。在他看来，如何淡化金融的专业色彩，拉近基金与客户的距离是非常迫切的问题。“网络金融不是拼收益，而是拼便利和用户体验。对于投资 5000 元的微个体而言，4%、5%的收益率，差别并不大。”某规模排在前五名基金公司市场部人士指出，他们已经意识到当前产品宣传的语言风格、营销方式完全不适合互联网，必须寻求改变。而在业界看来，所谓互联网金融业务，电子商务始终是平台，产品和用户需求是核心，如何通过比较好的技术方式展示产品，是行业转变销售模式需要思考的问题。

2. 网络营销产生的理论基础

虽然学术界对网络营销的理论尚未达成共识，但大多数人都认为，以下一些理论对网络营销的发展产生了较大的影响。

1）直复营销

直复营销理论是 20 世纪 80 年代引人注目的一个概念。美国直复营销协会（ADMA）对其所下的定义是：“一种为了在任何地方产生可度量的反应和（或）达成交易所使用的一种或多种广告媒体的相互作用的市场营销体系。”直复营销理论的关键在于它说明网络营销是可测试的、可度量的、可评价的，这就从根本上解决了传统营销效果评价的困难性，为更科学的营销决策提供了可能。

网络作为一种交互式的可以双向沟通的渠道和媒体，它可以很方便地为企业与顾客之间架起桥梁，顾客可以直接通过网络订货和付款，企业可以通过网络接收订单、安排生产，直接将产品送给顾客。基于互联网的直复营销将更加吻合直复营销的理念。这表现在以下四个方面：

第一，直复营销作为一种相互作用的体系，特别强调直复营销者与目标顾客之间的“双向信息交流”，以克服传统市场营销中的“单向信息交流”方式的营销者与顾客之间无法沟通的致命弱点。互联网作为开放、自由的双向式的信息沟通网络，企业与顾客之间可以实现直接的一对一的信息交流和直接沟通，企业可以根据目标顾客的需求进行生产和营销决策，在最大限度满足顾客需求的同时，提高营销决策的效率和效用。

第二，直复营销活动的关键是为每个目标顾客提供直接向营销人员反应的渠道，企业可以凭借顾客反应找出不足，为下一次直复营销活动做好准备。互联网的方便、快捷性使得顾客可以方便地通过互联网直接向企业提出建议和购买需求，也可以直接通过互联网获取售后服务。企业也可以从顾客的建议、需求和要求的服务中，找出企业的不足，按照顾客的需求进行经营管理，减少营销成本。

第三，直复营销活动中，强调在任何时间、任何地点都可以实现企业与顾客的“信息双向交流”。互联网的全球性和持续性的特性，使得顾客可以在任何时间、任何地点直接向企业提出要求和反映问题，企业也可以利用互联网低成本地跨越空间、突破时间限制，与顾客实现双向交流，这是因为利用互联网可以自动地全天候提供网上信息沟通交流工具，顾客可以根据自己的时间安排任意上网获取信息。

第四，直复营销活动最重要的特性是直复营销活动的效果是可测定的。互联网作为最直接的简单沟通工具，可以很方便地为企业与顾客在进行交易时提供沟通支持和交易实现平台，通过数据库技术和网络控制技术，企业可以很方便地处理每一个顾客的订单和需求，而不用管顾客的规模大小、购买量的多少，这是因为互联网的沟通费用和信息处理成本非常低廉。因此，通过互联网可以最低成本最大限度地满足顾客需求，同时了解顾客需求，细分目标市场，提高营销效率和效用。

网络营销作为一种有效的直复营销策略，说明网络营销的可测试性、可度量性、可评价性和可控制性。因此，利用网络营销这一特性，可以大大改进营销决策的效率和营销执行的效用。

2）关系营销理论

关系营销是 1990 年以来受到重视的营销理论，它主要包括两个基本点：首先，在宏观上认识到市场营销会对范围很广的一系列领域产生影响，包括顾客市场、劳动力市场、供应市场、内部市场、相关者市场以及影响者市场（政府、金融市场）；在微观上，认识到企业与顾客的关系在不断变化，市场营销的核心应从过去的简单的一次性的交易关系转变到注重保持长期的关系上来。企业是社会经济大系统中的一个子系统，企业的营销目标要受到众多外在因素的影响，企业的营销活动是一个与消费者、竞争者、供应商、分销商、政府机构和社会组织发生相互作用的过程，正确理解这些个人与组织的关系是企业营销的核心，也是企业成败的关键。

关系营销的核心是保持顾客，为顾客提供高度满意的产品和服务价值，通过加强与顾客的联系，提供有效的顾客服务，保持与顾客的长期关系，并在与顾客保持长期的关系的基础上开展营销活动，实现企业的营销目标。实施关系营销并不是以损伤企业利益为代价的，根据研究，争取一个新顾客的营销费用是维护老顾客费用的五倍，因此稳固顾客关系并建立顾客的忠诚度，是可以为企业带来长远利益的，它提倡的是企业与顾客双赢策略。

关系营销理论对拓展网络营销的思维有着重要的指导意义。互联网的出现，为企业有效地开展关系营销提供了得天独厚的环境。

首先，互联网作为一种有效的双向沟通渠道，使企业与顾客之间可以实现低成本的沟通和交流，这是两者间建立长期关系的有效保障。一对一的沟通机制可使企业在充分了解顾客个性化需求的基础上，最大限度地满足顾客的需求，为其在消费产品和服务时创造更多的价值。而且企业也可以从顾客的需求中了解市场、细分市场和锁定市场，最大限度降低营销费用，提高对市场的反应速度。

其次，企业利用互联网可以更好地为顾客提供服务和与顾客保持联系。互联网不受时空限制的特性能使顾客在最短时间内以简便方式获得企业的服务，企业也可以借助于互联网实现从产品与服务质量到交易等过程的全程质量控制，有助于企业产品的定制和服务的改进。

再次，企业可以依托互联网这一便捷的沟通渠道，以低廉的成本与供应商、分销商及相关企业和组织建立合作关系。通过有效的沟通与协调，有效地规避风险和无序竞争，增强企业的市场竞争能力，并拓展市场，实现共同发展。

因此，维系与顾客的关系不仅是关系营销的核心，也是网络营销中行之有效的营销方式之一。

3）软营销理论

软营销理论是针对工业经济时代的以大规模生产为主要特征的“强势营销”提出的新理论，它强调企业进行市场营销活动的同时必须尊重消费者的感受和体验，让消费者能舒服地主动接收企业的营销活动。个性化消费需求的回归使消费者在心理上要求自己成为主动方，而网络的互动特性又使他实现主动方地位成为可能。软营销和强势营销的一个根本区别就在于软营销的主动方是消费者，而强势营销的主动方是企业。

传统营销活动中最能体现强势营销特征的是两种促销手段：传统广告和人员推销。在传统广告中，消费者常常是被动地接收广告信息的“轰炸”，它的目标是通过不断的信息灌输方式在消费者心中留下深刻的印象，至于消费者是否愿意接收、需要不需要则不考虑；在人员推销中，推销人员根本不考虑被推销对象是否愿意和需要，只是根据推销人员自己的判断强行展开推销活动。

在互联网上，由于信息交流是自由、平等、开放和交互的，强调的是相互尊重和沟通，网上使用者比较注重个人体验和隐私保护。因此，企业采用传统的强势营销手段在互联网上展开营销活动势必适得其反，这是因为：首先网民对网上赤裸裸的商业行为有一种与生俱来的反感；其次，在网上提供信息必须遵循一定的规则，不允许类似传统营销的强势广告。这里的规则主要指“网络礼仪”（Eliquelle），网络礼仪有其自身的系统，但最重要的基本原则是：不请自到的信息不受欢迎。

网民虽不欢迎不请自到的广告，但他们会在某种个性化需求的驱动之下自己到网上寻找相关信息和广告。此时的情况是企业静静地等待消费者的寻觅，一旦消费者找到你，这时你就应该使出浑身解数把他留住，设法取得他的认同。软营销恰好是从消费者的体验和需求出发，采取拉式策略吸引消费者关注企业来达到营销效果，对于网络营销开展有一定的指导作用。

4）整合营销传播理论

整合营销传播（IMC）这一观点是在 20 世纪 80 年代中期由美国营销大师唐·舒尔茨提出和发展的。IMC 的核心思想是：以整合企业内外部所有资源为手段，再造企业的生产行为与市场行为，充分调动一切积极因素以实现企业统一的传播目标。

IMC 从广告心理学入手，强调与顾客进行多方面的接触，并通过接触点向消费者传播一致的清晰的企业形象。这种接触点小至产品的包装色彩，大至公司的新闻发布会，每一次与消费者的接触都会影响到消费者对公司的认知程度，如果所有的接触点都能传播相同的正向的信息，就能最大化公司的传播影响力。

同时消费者心理学又假定：在消费者的头脑中对一切事物都会形成一定的概念，假使能够令传播的品牌概念与消费者已有的概念产生一定的关联，必然可以加深消费者对该种概念的印象，并达到建立品牌网络和形成品牌联想的目的。

因此整合营销传播主张把一切企业的营销和传播活动，如广告、促销、公关、新闻、直销、CI、包装、产品开发进行一元化的整合重组，让消费者从不同的信息渠道获得对某一品牌的一致信息，以增强品牌诉求的一致性和完整性。

（1）从 4P 到 4C。在 1992 年出版的《整合营销传播》一书中，唐·舒尔茨一开篇便写道："4P 已成明日黄花，新的营销世界已转向 4C。" 4P 理论在 20 世纪 60 年代由美国营销学家麦卡锡（Jerome Mccarthy）教授在其出版的《基础营销学》一书中提出，他认为营销组合包括产品（Product）、价格（Price）、渠道（Place）和促销（Promotion）四个因素，而一次成功和完整的市场营销活动，意味着以适当的产品、适当的价格、适当的渠道和适当的传播促销推广手段，将适当的产品和服务投放到特定市场的行为。

1990 年美国学者劳特朋（Lauteborn）教授提出 4C 理论，这一理论以消费者需求为导向，重新设定了市场营销组合的四个基本要素：消费者（Consumer）、成本（Cost）、便利（Convenience）和沟通（Communication）。它强调企业首先应该把追求顾客满意放在第一位，产品必须满足顾客需求，同时降低顾客的购买成本，产品和服务在研发时就要充分考虑客户的购买力，然后要充分注意到顾客购买过程中的便利性，最后还应以消费者为中心实施有效的营销沟通。这种以消费者为核心的营销理论引起了极大反响，也成为整合营销传播理论的核心。

（2）从 4C 到 SIVA。传统的营销模式都认为，只要设定了路径，营销活动便会如愿进行，但舒尔茨在《整合营销传播——创造企业价值的五大关键步骤》中提出，在营销传播过程中，会有噪声出现，而造成噪声的原因很多，包括接收者无法解读信息、媒体渠道中的混乱、中断与信息冲突等。因此在 4C 的基础上，舒尔茨发现在新的营销传播环境下，必须以顾客为导向创新整合营销，才能构筑和维护强大的品牌，在市场竞争中取得优势。他发展出了一种以顾客为导向整合的 SIVA 理论，它包括 Solutions for customer（为顾客解决问题）、Information for customer（为顾客提供信息）、Value for customer（为顾客提供价值）、Access for customer（顾客随时获得）。主要解决如下四个问题：

第一部分是问题，我们需要明了顾客存在哪些问题，我们可以提供什么解决方案。其起点就是要理解客户；

第二部分是信息，到底消费者想要多少信息，这些信息是什么样的，他们希望从什么地方获取，以及我们怎么样提供给他们；

第三部分是价值，除了要看客户能给公司什么样的价值，也要看客户能从公司获取什么样的价值。这两者要保持平衡；

第四部分是通路，它是一种新的模式，包括客户怎么样了解我们的产品，怎么样获取这样的信息。

互联网环境下信息技术改变了整个市场，消费者决定何时、何地、从什么地方购买何种商品，营销人员必须及时响应以帮助消费者达成目标。这种消费者与品牌的角色大反转意味着许多市场营销的方法也需要改变，而整合营销传播理论对于建立一种新的、消费者主导的、交互性的网络营销体系有重要参考价值。

5）数据库营销

所谓数据库营销，就是利用企业经营过程中收集、形成的各种顾客资料，经分析整理后作为制定营销策略的依据，并作为保持现有顾客资源的重要手段。数据库营销在企业营销战略中的基本作用表现在下列几个方面：

（1）更加充分地了解顾客的需要。

（2）为顾客提供更好的服务。顾客数据库中的资料是个性化营销和顾客关系管理的重要基础。

（3）对顾客的价值进行评估。通过区分高价值顾客和一般顾客，对各类顾客采取相应的营销策略。

（4）了解顾客的价值。利用数据库的资料，可以计算顾客生命周期的价值，以及顾客的价值周期。

（5）分析顾客需求行为。根据顾客的历史资料不仅可以预测需求趋势，还可以评估需求倾向的改变。

（6）市场调查和预测。数据库为市场调查提供了丰富的资料，根据顾客的资料可以分析潜在的目标市场。

与传统的数据库营销相比，网络数据库营销的独特价值主要表现在三个方面：动态更新、顾客主动加入、改善顾客关系。

（1）动态更新。在传统的数据库营销中，无论是获取新的顾客资料，还是对顾客反应的跟踪都需要较长的时间，而且反馈率通常较低，收集到的反馈信息还需要烦琐的人工录入，因而数据库的更新效率很低，更新周期比较长，同时也造成了过期、无效数据记录比例较高，数据库维护成本相应也比较大。网络数据库营销具有数据量大、易于修改、能实现动态数据更新、便于远程维护等多种优点，还可以实现顾客资料的自我更新。网络数据库的动态更新功能不仅节约了大量的时间和资金，同时也更加精确地实现了营销定位，从而有助于改善营销效果。

（2）数据获得更容易。仅靠现有顾客资料的数据库是不够的，除了对现有资料不断更新维护之外，还需要不断挖掘潜在顾客的资料，这项工作也是数据库营销策略的重要内容。在没有借助互联网的情况下，寻找潜在顾客的信息一般比较难，要花很大代价，比如利用有奖销售或者免费使用等机会要求顾客填写某种包含有用信息的表格，不仅需要投入大量资金和人力，而且又受地理区域的限制，覆盖的范围非常有限。

在网络营销环境中，顾客数据的增加要方便得多，而且往往是顾客自愿提供数据。从目前的情况来看，为了获得个性化服务或获得有价值的信息，绝大多数顾客愿意提供自己的部分个人信息，如微信会要求读取你的手机通讯录帮你寻找朋友。但是顾客希望得到真正的价值，而不希望对个人利益造成损害，因此，需要从顾客的实际利益出发，合理地利用顾客的主动性来丰富和扩大顾客数据库。

（3）改善顾客关系。顾客服务是一个企业能留住顾客的重要手段，在电子商务领域，顾客服务同样是取得成功的最重要因素。一个优秀的顾客数据库是网络营销取得成功的重要保证。

在互联网上，顾客希望得到更多个性化的服务，比如，顾客定制的信息接收方式和接收时间，顾客的兴趣爱好、购物习惯等都是网络数据库的重要内容，根据顾客个人需求提供针对性的服务是网络数据库营销的基本职能，因此，网络数据库营销是改善顾客关系最有效的工具。

“大数据”作为时下最火热的IT行业词汇，随之而来的数据仓库、数据分析、数据挖掘等围绕大数据的商业价值的利用将来必定会逐渐成为企业新的利润焦点。而大数据离不开数据库技术的支持，可以推知数据库营销的理论也是未来的网络营销的基础，另外，数据库营销与个性化营销、一对一营销有着密切的关系，顾客数据库资料是顾客服务和顾客关系管理的重要基础。

延伸阅读

谷歌与Facebook的“关系数据库”之战

每个月，人们在Facebook点击“like”的次数超过800亿，在Twitter上发表的状态数据超过100亿，在亚马逊和Yelp上给出的评价达到数千万。通过这些社交行为动作，人们在表达着他们一种对他人的亲和力、一种与他人保持联络的愿望、一种对产品的偏好。

在网上表达这类情感的趋势让我们不禁想起了十几年前早已开始的一场“数据洪流”——在线搜索的爆发。硅谷顾问约翰·巴特勒（John Battelle）将由搜索引擎创造数据描述为“意图数据库”，它通过观察人们的搜索行为，来收集他们的“需求”和“意愿”。

“意图数据库”背后的逻辑很简单，但它的作用却非常强大：如果你知道了人们正在寻找的东西，你就可以向他们出售他们想要的东西。特别是谷歌，它知道了很多有关“用户意图”的数据，它曾利用这些“意图数据库”，为市场营销者提供了非常大的价值。事实上，2012年谷歌500亿美元营收中，大部分是通过将“意图数据库”转化为目标广告获得的。

现在的问题是：难道像Facebook这类社交网站就不知道人们的意图数据吗？如果所有用户的社交行为都被放到“关系数据库”（通过观察用户的社交行为而收集到有关用户喜好的数据），那么会发生什么呢？ 如果这类关系数据库对市场营销者的价值跟意图数据库一样大呢？

从理论上讲，这听起来是不错的！但是，现在有一个很明显的问题是，到目前为止，社交网站还未能将这种关系数据发掘出来。事实上，谷歌2012年的营收高达500亿美元，而Facebook仅为50亿美元。为什么会有这么大的悬殊呢？是不是谷歌在数据发掘方面的能力要强于Facebook 10倍呢？也许是吧！但是两者最大区别是Facebook关系数据的收集跟谷歌意图数据的收集有很大区别。

人们在购物之前会表达他们的购买意图，这是一种我们想要的“指示”。但是，“情感”发生在购物之后，它是我们对已拥有事物的一种感受和感知。正因为如此，“关系数据”（或者情感数据）无法跟意图数据一样预测出人们的短期购物行为。但是，关系数据基于一种感情，它可以维持数年之久，这也就意味着，相比直接的营销手段，关系数据对于品牌广告营销效果更大。

Facebook 和谷歌都在致力于将关系数据库转化为对营销者有用的东西。对于 Facebook

来说，它有着先天性优势：它是目前最大的社交网络，因此它拥有最大的互联网情感数据库。但是，以这家公司最近的业绩来看，Facebook 似乎还未做好帮助营销者使用关系数据的准备。谷歌似乎赢下这场战争的可能性更大，为什么呢?

①谷歌所收集的关系数据覆盖的范围更广：你可能认为谷歌是一家主要收集用户意图数据的公司。事实上，谷歌也收集到了一个超乎你想象、非常大的关系数据库。平均每月，大约有 8 亿人使用 YouTube，几乎有 5 亿人在 Gmail 上与其好友分享内容，谷歌搜索指数可以捕捉到几乎所有评价、博客帖子和微博信息。尽管 Google+的表现可能有点让人失望，但它也有超过 2 亿用户在发布着关系数据。这种范围更广的社交数据意味着，谷歌在“细化”关系数据方面要比 Facebook 更强。

②谷歌能为广告主带来更有价值的数据，毕竟，这也是谷歌的核心业务——通过评估海量的数据信息来知道人们最想看到的内容。在过去 15 年里，DoubleClick 一直都在为互联网用户展示着相关广告。除此之外，谷歌还向广告主提供使用性能数据优化广告购买的工具，这也是发掘关系数据价值所需的工具。

③谷歌拥有多种建立品牌影响力的广告形式。事实上，谷歌提供了几类非常有影响力的在线品牌广告投放点。YouTube 前置滚动式广告可以覆盖到数亿用户，能够达到类似电视广告的效果，其主页广告购买也是非常有影响力的广告形式。谷歌显示网络（Google Display Network）上的“富媒体”广告可能听起来没有那么性感，但比起 Facebook，效果要好很多。

总结：关系数据库对品牌广告在“规则”和“成功”方面所做的承诺跟意图广告向直接营销作出承诺一样，如果 Facebook 无法意识到社交关系数据的巨大潜力，机会将会留给谷歌。

来源——比特网 2013 年 8 月 24 日

6）长尾理论

长尾（The Long Tail）这一概念是由《连线》杂志主编克里斯·安德森（Chris Anderson）在 2004 年 10 月的“长尾”一文中最早提出，长尾理论认为，由于成本和效率的因素，当商品储存流通展示的场地和渠道足够宽广，商品生产成本急剧下降以至于个人都可以进行生产，并且商品的销售成本急剧降低时，几乎任何以前看似需求极低的产品，只要有卖，都会有人买。这些需求和销量不高的产品所占据的共同市场份额，可以和主流产品的市场份额相匹敌，甚至更大。

“长尾”实际上是统计学中幂律（Power Laws）和帕累托分布（Pareto distributions）特征的一个口语化表达。长尾理论曲线如图 1-1 所示。

过去人们只能关注重要的人或重要的事，如果用正态分布曲线来描绘这些人或事，人们只能关注曲线的“头部”，而将处于曲线“尾部”、需要更多的精力和成本才能关注到的大多数人或事则被忽略。

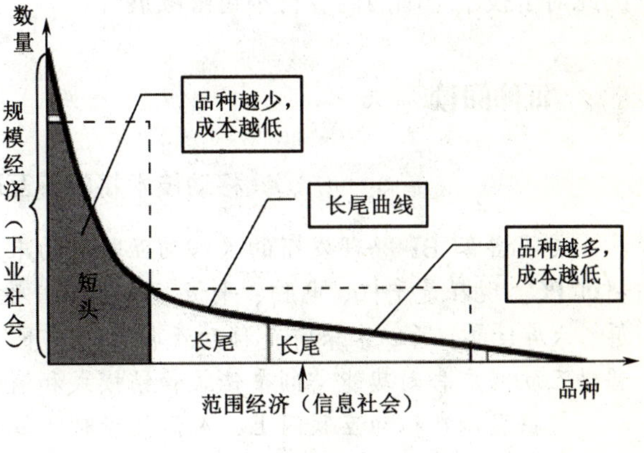

图 1-1　长尾理论曲线

例如，在销售产品时，厂商关注的是少数几个所谓“VIP”客户，“无暇”顾及在人数上居于大多数的普通消费者。而在网络时代，由于关注的成本大大降低，人们有可能以很低的成本关注正态分布曲线的“尾部”，关注“尾部”产生的总体效益甚至会超过“头部”。例如，某著名网站是世界上最大的网络广告商，它没有一个大客户，收入完全来自被其他广告商忽略的中小企业。

安德森认为，网络时代是关注“长尾”、发挥“长尾”效益的时代，只要存储和流通的渠道足够大，需求不旺或销量不佳的产品共同占据的市场份额就可以和那些数量不多的热卖品所占据的市场份额相匹敌甚至更大。

长尾市场也称为“利基市场”。“利基”一词是英文“Niche” 的音译，意译为“壁龛”，有拾遗补缺或见缝插针的意思。菲利普·科特勒在《营销管理》中给利基下的定义为：利基是更窄地确定某些群体，这是一个小市场并且它的需要没有被服务好，或者说“有获取利益的基础”。

长尾理论对于网络营销的重要参考价值在于，它告诉企业可以在网络中通过对市场的细分，集中力量于某个特定的目标市场，或严格针对一个细分市场，或重点经营一个产品和服务，创造出产品和服务优势。

3. 网络营销产生的技术基础

网络营销是建立在高技术作为支撑的基础之上，按照一般对技术类型的划分，可以将这些技术分为硬件技术和软件技术。硬件技术包括了计算机和网络硬件的技术，软件技术包含了系统软件技术、数据库技术和应用软件技术。显而易见，硬件技术和系统软件技术是其他所有网络营销工具和方法直接依赖的具体技术项的基础。

对于企业来讲，要进行网络营销，必须有一定的技术投入和技术支持，但更重要的是改变传统的组织形态与新的营销方式相适应，市场竞争已不再依靠表层的营销手段的竞争，更深层次上的经营组织形式上的竞争已经开始。经营者需要通过变革，以提升企业各部门的效率，尽可能地降低商品在从生产到销售的整个供应链上所占用的成本和费用比例，缩短运作周期，创造更多价值，才能在激烈的竞争中取得优势。本书由于定位于管理类、经贸类专业，因此对于技术基础的内容将不再继续展开。

延伸阅读

移动技术将颠覆互联网广告形式

美国博客 BI 整理发布的《移动互联网的未来》报告称，两到三年内平板电脑的销量将超过 PC，现在是手机、电脑、平板、电视的四屏世界，不久可能会进入包含谷歌眼镜等的五屏、六屏世界，所以未来将是移动互联网的天下。摩根士丹利也曾预言在移动互联网时代里，移动互联网广告因其能“颠覆传统营销模式和消费模式之路”而被业界看好。

数据显示在移动互联网上，人们耗费时间最多的行为是游戏和社交网络，分别占 43%和 26%。特别是平板电脑，用户 67%的时间花在游戏上，与桌面相比，全球互联网流量中 15%来自移动端，在线视频消费中，通过移动端收款的占比约为 8%，通过移动设备观看影视剧的现象也在增加，在美国电商流量中 20%来自移动端。

而在中国刚刚过去的“双 11”中，淘宝大促当天通过移动终端支付笔数达到 171 万，约占其成交总数的 5%左右，达 33.6 亿元，为去年同日促销活动交易额的 4 倍。移动已经延伸到数字生活中，支付宝、手机银行、微信等各种服务的使用量全线提升，背后衍生的是巨大的移动广告市场。随着时间的推移以及技术的革新，移动广告的特性以及差异化却逐渐展示，例如基于地理位置的广告、可分享广告、行为相关广告等将对现有广告形式有较大颠覆。

总之，网络营销的产生有其理论基础、观念基础、技术基础，是多种因素综合作用的结果。网络营销仍然在飞速发展中，对其产生的基础进行学习，才能举一反三，面对未来可能出现的新理论、新工具、新方法，进行知识迁移，迅速掌握，以满足不断变化的社会和企业的需要。

任务 1.3　网络营销岗位与岗位职责

“5 年后不会再有互联网公司，因为所有的公司都在用互联网！”早在 2008 年百度董事长兼 CEO 李彦宏就曾表示，未来所有企业都会进行网络营销。随着网络营销重要性日益凸显，企业对网络营销人才的需求将不断加大，网络营销相关岗位的需求与日俱增，如图 1-2 所示，随之而来的是巨大的从业机会，同时，也对从业者的技能提出了新的要求。

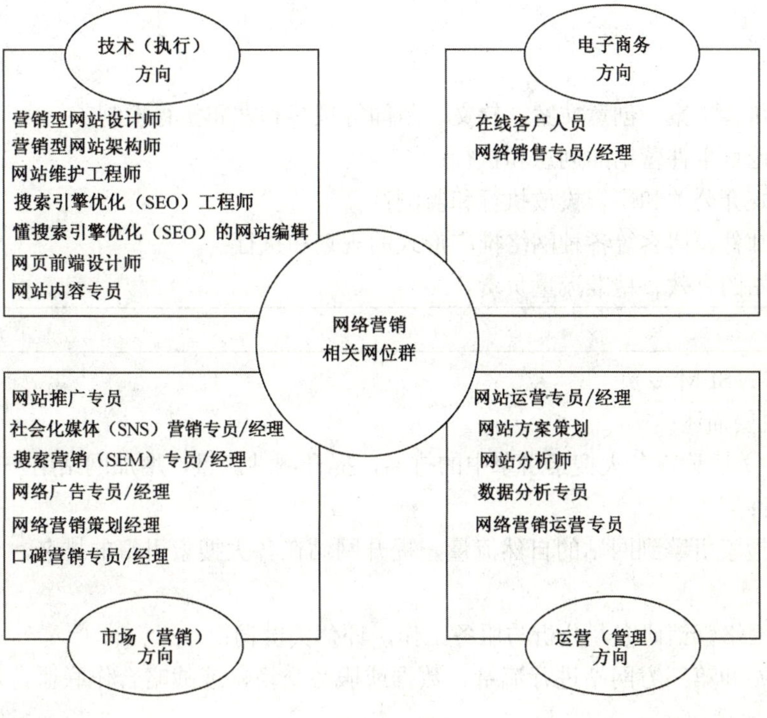

图 1-2　网络营销相关岗位

下面通过介绍一些网络营销岗位及其职责，让大家对网络营销有一个更深认识，而选取的这些网络营销岗位，也是很多网络营销从业者最早接触的岗位，对照岗位职责，也就知道了在课程的学习中必须掌握哪些技能。

职位名称：网络营销运营专员

职位的概要描述：

负责网络运营部门产品文案、品牌文案、深度专题的策划、创意文案、推广文案的撰写执行工作，对网站销售力和传播力负责。

岗位职责：

1．负责网站数据分析，运营提升；

2．负责搜索竞价平台的管理；

3．协助部门经理建设网络营销的商业流程体系；

4．负责公司网站的规划落地执行；

5．协助部门经理筹划建立部门管理体系，协助员工招聘、考核、管理，协助部门规划、总结。

职位名称：网络推广/网站推广专员

职位的概要描述：

负责网络运营部创意文案、推广文案的撰写及发布，媒介公关和广告投放等工作，对网站有效流量负责。

岗位职责：

1．负责传播文案、创意文案、软文、新闻等撰写和发布执行控制；

2．负责论坛事件营销的创意和执行；

3．负责媒介公关和广告投放执行和监测；

4．负责邮件、博客等各种网络推广形式的规划和执行；

5．对网站的有效、精准流量负责。

职位名称：SEM 专员

职位的概要描述：

负责网站关键词在各大搜索引擎中的排名，提升网站流量，增加网站用户数。

岗位职责：

1．运营搜索引擎到网站的自然流量，提升网站在各大搜索引擎的排名，对搜索流量负责；

2．从事网络营销研究、分析与服务工作，评估关键词；

3．对网站和第三方网站进行流量、数据或服务交换，或战略合作联盟，增加网站的流量和知名度；

4．制订网站总体及阶段性推广计划，完成阶段性推广任务，负责网站注册用户数、PV、PR、访问量等综合指标；

5．结合网站数据分析，对优化策略进行调整；

6．了解网站业务，锁定关键字；站点内容强化，内部链接、外部链接建立；结合网站数据分析；扩展长尾词。

职位名称：网络营销文案策划

职位的概要描述：

负责网络运营部产品文案、品牌文案、深度专题的策划、创意文案、推广文案的撰写执行工作，对网站销售力和传播力负责。

岗位职责：

1．负责公司产品文案、品牌文案、项目文案的创意和撰写；

2．负责公司网站的专题策划并和网站编辑共同执行文案撰写；

3．负责规划方案和策划方案的撰写；

4．负责传播文案的创意和撰写；

5．对网站的销售力及传播力负责。

目前，越来越多的企业需要专门的网络营销人员来运营企业的网络营销活动。但正如前面所说，由于网络营销的中立性，消费者对于网络营销的效果越来越难感到满意，竞争对手对于网络营销的运用也会越来越高超，这是个不进则退的时代。随着对网络营销研究的深入，未来网络营销岗位还有可能更加细分，这里不再做更多的列举，但从上述岗位职责中可以看到，网络营销是利用网上大量的资源进行深层次的价值开发，实现营销的创新的工作，因此不经过艰苦卓绝的学习，不经过大量的实践，是很难掌握和熟练运用的。

案例　某公司网络销售岗位职责标准化手册（部分）

岗位名称	**网络销售**		
岗位编号		**岗位分析日期**	
所在部门	市场部	**岗位定员**	
直接上级	市场部经理	**监 督 人**	市场部经理
职能：负责××网站中网络营销，本公司品牌的推广，××网站中客户订单，客服提问的处理，××网站中网站的售前、售中和售后服务，负责运营××网站中的论坛，积极搜寻潜在客户以及回复客户的提问，参加公司组织的团购活动并负责照片的上传，在××网站中上制造一定的品牌影响力，负责将每日从××网站中网络获得的信息进行汇总整理并且分配给市场部相关销售人员。负责与销售、企划、客服、行政岗位人员的衔接工作，负责××网站中本公司与其他公司（装饰有关公司）交际关系，参加公司召开的例行会议，并且贯彻执行会议内容。			

<table>
<tr><th colspan="3">职责与工作任务</th></tr>
<tr><td rowspan="2">职责一</td><td colspan="2">职责表述：负责××网站中的网络营销，推广本公司某产品的知名度</td></tr>
<tr><td>工作任务</td><td>1.在××网站中论坛上每天进行帖子的发布，提高公司的知名度。
1.1 每天上午 9 点到 10 点下午 3 点到 5 点发一些知识帖子，让客户更了解产品，从而宣传了公司。
1.2 当公司组织了相关展会以及相关活动时，多发一些活动贴，宣传公司的最新动态，吸引客户的眼球。
1.3 在活动开展前一天与市场部组织活动的人员联系，了解展会布置安排，在论坛上以帖子的形式展示。
2.组织团购活动，让客户了解本公司的优惠政策。
2.1 每周定期组织一次团购活动，由本公司自己发起，对产品作出适当的折扣。
2.1.1 每周三组织团购活动。
2.1.2 在活动发布前一天，做好产品折扣以及活动的安排。
2.1.3 发布采取怎样的优惠政策，怎样的销售套餐。
2.1.4 对于本公司自己搞的活动目标要明确，要让客户实实在在地了解到我们有怎么样的一种优惠政策，做到一种对比的效果。
3.积极参加××网站中组织的团购活动，提升本公司在××网站中论坛的人气，让客户能够很真实地了解某产品。
3.1 密切留心观察××网站中最近的活动动态，并且做好相关记录，选择适合本公司的活动。
3.1.1 每天上午 10 点到 10 点半观察××网站中最新动态。
3.1.2 选择适合本公司的活动做好记录，在下班前交给市场部活动策划人员。
3.2 向组织展会活动的同事进行沟通交流，做好团购事前准备。
3.2.1 在展会前 5 天与市场部活动人员交流关于展会布置问题。
3.2.2 在展会前一天作出相关安排，确定本岗位该做的事，在市场部活动策划人员分配表上体现。
3.3 积极做好活动的相关记载，以及照片的上传。
3.3.1 在活动当天结束后做好相关记录，活动的进展状况，方便网上的展示。
3.3.2 活动结束后第二天与企划部人员取得联系，从他们那里获得活动相关照片。
3.3.3 上午 9 点开始上传照片，到 9 点半之前要搞好，上午 10 点之前把活动帖子写好。
4.积极向公司提出××网站中相关的营销方案及建议。
4.1 每月提交 2 次关于××网站中网站的营销策略及建议。
4.1.1 在每月 15 号左右根据本月网络的营销情况提出建议，次日将建议交给市场部经理审阅，在本月月底之前 28 号到 29 号再次提交相关建议。
4.1.2 每月月底制订下月的网络销售计划，次日交给市场部经理，同时次月按照计划进行相关工作。</td></tr>
</table>

<table>
<tr><td rowspan="2">职责二</td><td colspan="2">职责表述：查看××网站中最近的营销情况，并作出处理</td></tr>
<tr><td>工作任务</td><td>1.每天查看××网站中网店的客户留言情况，及时作出答复，解决客户的疑问，进行跟踪，促成销售。
1.1 每天 9 点到 9 点半，打开电脑查看留言情况，如有留言及时作出相关的答复，争取尽早解决客户的问题，遇到自己不能解决的及时向市场部其他同事进行咨询，每天下午 4 点半到 5 点之前也要再看一下，步骤同上。
1.2 对于相关报价咨询的客户第一时间为其解答，如对方允许的话，向其索要联系方式方便后期的跟踪，争取促成日后的销售。
2.对于已经下了订单的客户，及时作出处理，与客户进行联系，确认后把信息反馈给市场部销售
2.1 已经在××网站中上下了订单的客户，应该在第一时间与其联系，确认信息的真实有效性，每天下午在 1 点到 2 点将客户信息进行整理。
2.2 每天下午在 5 点到 5 点半前将整理过后的客户信息交给市场部销售人员，促成销售订单，后期要进行跟踪和及时反馈。</td></tr>
</table>

案例讨论

案例 1：奥运明星开网店叫好不叫座：名气未换来销量

随着伦敦奥运会落幕，又一批运动员面临退役，现在当他们离开赛场之后，人生规划又多了一个新选择——去淘宝开明星网店。

日前，随着淘宝网在其官方微博上公布的一批通过官方认证的体育明星开设网店的信息，这些由体育明星开设的网店逐渐为公众所知晓。

据淘宝网相关负责人透露，现在的体育明星店铺都处在起步阶段，但不少奥运明星都很感兴趣。目前，刘璇、朱启南、王治郅等人都有意向开网店，淘宝正在接洽当中，预计到年底会产生 50 多家体育明星店铺。

虽然这些奥运明星开网店的热情很高，但从目前的运营状况来看，似乎并没有他们想象中的那般美好。

经营大多非体育产品

在《每日经济新闻》记者拿到的“淘宝星店招商方案”中，淘宝网细数了为星店提供，包括日均超过 200 万的 UV、淘宝首页入口、明星品牌效应加成、店铺千万收营等福利。

事实上，这些奥运明星的网店并不好找。浏览淘宝网，记者发现，在一个并不显眼的位置找到了“主题市场”，点击“主题市场”的最后一个标签——“明星开店”后才能够进入到淘宝星店的界面。

截至 8 月 16 日 16 时 30 分，淘宝星店共有 101 家明星网店，其中体育明星的网店有 15 家，占比不到 15%。

然而，这些奥运明星的网店所经营的商品似乎与体育用品无关。在“跳水皇后”高敏的网店里，卖的不是与跳水有关的用品，而是专营时尚女包；体操公主范晔经营着一家韩国饰品店；篮球明星朱芳雨涉足时尚界，销售时尚休闲鞋；女篮运动员张帆做的是萌系礼品店。

明星名气未换来销量

在这些奥运明星的网店中，做得最好的要算张帆的萌系礼品店，这家开业于 2007 年的淘宝店，目前已是银冠店铺。

然而，这些网店不论是宝贝数量、收藏人气还是成交情况都不能与同类产品的热门网店相比。

而娱乐节目主持人杜海涛的店铺“熊先生”今年 6 月一上线，当日就卖出 4500 件商品，24 天就冲上了皇冠。

对此，体育营销专家纪宁指出，奥运明星相比娱乐明星在曝光度上普遍不足，与此同时这种曝光度还存在一定的周期性，在非重大赛事期间，媒体对这些奥运明星的关注度普遍不高。奥运明星的影响力还要与其所获的奖项有关，是否拿到奥运金牌对于运动员的影响力至关重要。

北京商业管理干部学院院长杨谦看来，体育明星做不好网店是必然的。他指出，对于奥运明星而言，开网店唯一有优势的就是可以通过奥运明星效应赢得点击率，可惜在网络销售上，这些点击率并不能很好地转化成销量。因为，对于网购的消费者而言，这些网店产品本身并不占据优势，仅仅靠店主的名气似乎不足以构成消费的理由。

来源——《每日经济新闻》2012 年 8 月 22 日

案例思考题

1．从本材料来看，奥运明星开网店并没有预期那么火爆，试分析奥运明星开网店所具有的优势是什么？为何没能拉动销量？

2．请你帮助一个奥运明星策划，提出一些网络营销建议。

案例 2：肯德基的关系营销

2011 年肯德基制作了一个“肯德基感谢中国”广告，广告中的文案如下：

1987 年我满怀期待来到中国，

从此我与 26 万多名员工与你一同成长，

对我来说不只要让你吃得安心，
更为健康生活提倡天天运动，
24年来在700多个城市和乡镇，
已超过3200家餐厅遍布中国，
我们的未来在中国，
肯德基感谢中国。

从刚进入中国，店门高挂的“美式快餐”到今天“立足中国、融入生活”，肯德基在中国的成功，关系营销是其“法宝”。以美国原汁原味的炸鸡、汉堡进入中国占领市场的肯德基，并没有满足于当一个“洋快餐”，随后开始与顾客一起设计了烧饼、油条、粥、饭、川香等中国元素产品，对肯德基这家一向注重传统和标准化的老店来说，这是前所未有的转变。当遭到“反式脂肪酸”、“高热量”、“垃圾食品”的质疑时，肯德基又迅速作出反应，开始赞助三人篮球赛，倡导运动，把自己和“健康”相联系。“我们的未来在中国”，肯德基坚持做到员工100%的本地化并不断投入资金人力进行多方面各层次的培训，力图建立合作伙伴关系，肯德基能够越来越像顾客身边的“朋友”，24小时温柔守候你。

案例思考题

1．从本材料来看，肯德基是如何进行关系营销的？具体举措有哪些？
2．结合肯德基目前的营销活动，它又有了哪些新的关系营销举措？
3．思考肯德基目前的网络营销是如何开展的？
4．肯德基对我国开展网络营销的企业有哪些启示和借鉴？

思考题

1．请谈谈网络营销与建网站+建微博+发广告的差别。
2．企业为什么要进行网络营销活动？
3．网络营销产生和发展的原因是什么？
4．科特勒认为其实90%的网络营销实践还是传统的营销方式，你是否赞成此观点？请谈谈自己的看法。
5．请简述舒尔茨的SIVA理论，并举例说明当前有没有应用这种理论的企业？
6．请举例说明当前哪些网络营销活动中有数据库？

7．你怎么理解“关系营销理论对拓展网络营销的思维有着重要的指导意义”的观点？请举例说明。

8．请谈谈你对网络营销与传统营销关系的看法。

9．请对网络营销的利与弊进行分析。

10．很多企业的网络营销只是“形象工程”和“烂尾工程”说明了什么？如何改变？

11．网络营销能够帮助企业做什么？

实验实训

1．登录 CNNIC（中国互联网络信息中心），了解最新发布的中国互联网络发展状况统计报告，对当前网络营销的环境进行了解。

2．访问当地一些企业的官方网站，对其网络营销现状和效果进行评估。

学习情境2

如何开展网络营销策划

学习目标

知识目标：理解网络营销策划的概念、步骤，掌握网络营销策划书的撰写方法。

能力目标：掌握并能运用正确的网络营销策划方法，能够撰写网络营销策划报告。

学习导航

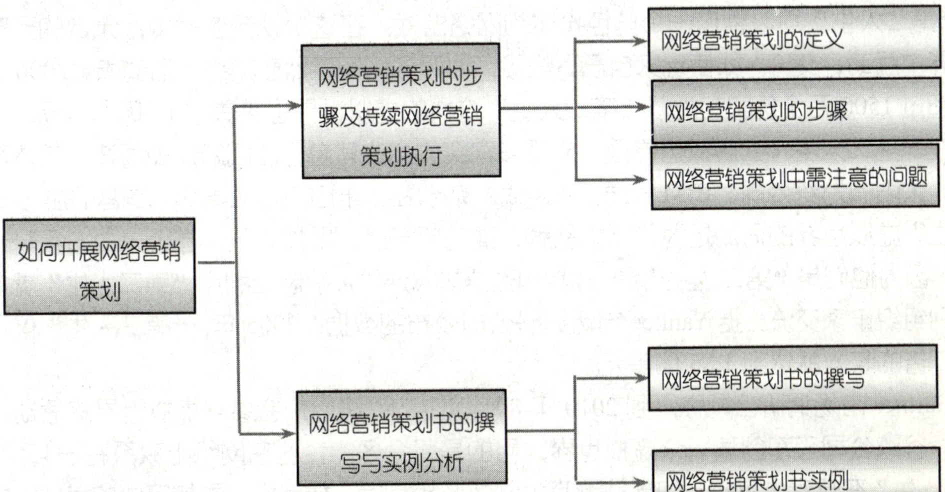

职业指导

网络营销策划是关系企业长远发展和全局利益的重大决策，其选择正确与否，直接影响到网络营销的成败和经济效益的大小。它使企业确立明确的网络营销目标，并朝着目标努力；它也可以提高网络营销活动的计划性；提供新观念、新思路、新方法，从而降低成本，增强企业竞争力；它是企业全体员工行动的纲领，在企业的网络营销活动中起着重要作用。在不断变化的营销环境中，为使企业的网络营销活动不盲目、不被动、不滞后，就必须在战略计划的约束下，有预见性地、主动地、方向明确地随时调整其营销活动，使企业临危不乱、稳步前进，提高企业经营的稳定性与安全性。策划的工作对于任何一个企业都不可或缺，因此，对于这项能力，对于从事相关工作的我们必须熟知甚至掌握。

引导性案例

网络营销策划“第二人生的故事”

假设你打算到虚拟世界去听课，你会不会把自己打扮成一个蜘蛛侠，或者一个摇滚乐歌星？据 Wikipedia.com 网站上公布的资料，全球有 115 所高校在“第二人生”网站上开设课程。美国哈佛大学、宾州大学的老师像许多意大利、泰国、德国的同行们一样，在网络上开设形形色色的课程，有的教授物理学，有的则教授数字媒体技术。

“第二人生”是一个三维的虚拟世界。这个虚拟世界是由它的“居民”共同创造的。“第二人生”于 1999 年问世，到 2008 年，它已经拥有了 230 万“居民”。一星期中，近 50 万用户登录该网站访问。虚拟世界的“居民”开始时可以免费注册，然后在“第二人生”网站上建立一个自身的化身。用户可以随意地装扮自己，在虚拟世界几百万平方米的土地上自由地行走。在那里，用户的化身可以建造楼房，用林登币进行交易，还可以与其他的化身交谈、约会。有些用户因为接受了实体世界中的活计而真的赚到钱，也有的是转让自己独特的装备或者其他什么虚拟的商品而有了真实的收入。TMP Worldwide 劳务公司在“第二人生”上开设了劳务市场，有人到劳务市场去转悠，居然真的找到了一份工作。

“第二人生”可以看作一个角色扮演的网络游戏。在这个视频游戏中，无数的玩家在虚拟世界中互动、交流。即使玩家自己下线了，他们的化身依然在网络上活动着。2006 年，全球有超过 1500 万个玩家在类似“第二人生”这样的虚拟世界里花费了 10 亿多美元。

在“第二人生”的虚拟世界里，5 万多家实体企业有自己的门店，如阿迪达斯体育用品公司、太阳微系统公司、IBM 公司、《连线》杂志社、丰田汽车公司等。这些企业参与“第二人生”虚拟世界的活动是为了创立品牌、推销新产品、聚拢人气，甚至只为与年轻人联络感情，因为他们是“第二人生”虚拟世界的主题。《连线》杂志社利用“第二人生”虚拟世界的空间组织作家交流。据 Yankee 市场调研公司公布的数据，2005 年，“第二人生”仅在美国网络广告的收入就达到 1.86 亿美元。

Gartner 市场调研公司称，到 2010 年 80%以上的网络用户会参与虚拟世界的活动。有消息说，谷歌公司正在创建一个虚拟世界，目的是将众多的企业在网络上联系在一起。目前，“第二人生”在玩家中盛行，如果谷歌等大网站紧随其后，并且推出更加简单的模式，虚拟世界活动就会在企业的战略规划中占有一席之地。因此，赶紧到网络世界里去占据自己的一席之地吧，你现在投入的时间有助于将来在竞争中胜出。

案例分析

毫无疑问，这是一个非常成功的网络营销策划。游戏采用 3D 世界，完全摈弃了传统网游的职业、等级、经验等模式。玩家在游戏中就如在现实世界中生活一样，一出来只有少量的钱和一栋可以预订的房子。至于随后的发展，玩家完全可以真正地随心所欲。玩家可以选择去任何一个地方旅行，交通方式也多种多样，可以坐火车、汽车、轮船，当然还有先进的空中飞行。玩家还可以创造并改造这个世界，在西部荒野或者地图的海岸和岛屿上开垦。游戏生活中玩家可以做坏蛋，可以逛超市购买或者出售东西，也可以在赌场中厮混，总之，一切就如人们在现实中的生活。Second Life 是全球最大的虚拟世界游戏，注册用户超过六百万。

在这个游戏中，每个人可以建立自己的一个虚拟的“第二人生”，与同在这个虚拟世界中的其他人发生各种各样的关系，实现自己在第一人生中没能实现的梦想。

正如《Second Life：商业的重新想象》里面所说，这种 3D 虚拟社区游戏，未来它会成为纸媒、电视、广播、门户网站、博客等营销工具之后的另一种最重要的营销手段。

任务 2.1 网络营销策划的步骤及持续网络营销策划执行

“让天下没有难做的生意！”这句话不仅是马云对阿里巴巴的定义，也道出了网络营销和电子商务的真谛。以前，企业普遍接触互联网较少，能够利用的推广手段只有借助电子商务平台，这种局限造就了阿里巴巴的成功。随着互联网的普及，企业自身的成熟与壮大，可获得的推广手段越来越丰富，企业正逐渐走向网络营销自主化之路。技术门槛和费用都在降低，企业能够自己建设电子商务网站，能够独立地进行网络营销选择。

一个公司想进入互联网市场，或者希望借助互联网来引起自身的变革，一定要从自身和互联网两个方面进行。面对互联网，绝大部分公司都能够找到新的发展机遇，并将这些机遇与自身的优势相结合，做好这一点很容易扩展自己的发展空间和销售渠道。更进一步说，公司往往获得前所未有的视野和创造伟大的变革力量。网络营销策划的目标是制订一个网络营销计划来指导网络营销的顺利开展并获得成功。网络营销计划也是进行网络商业所需要制订的第一个计划。网络营销计划将决定开展网络商业的第一步，也是最重要的一步。

延伸阅读

餐巾纸计划

众所周知，许多互联网企业的创业者往往是一边用餐，或者参加鸡尾酒会，一边随手将自己的创业灵感写在餐巾纸上，然后就凭着这张餐巾纸去筹集创业资金，这就是所谓的“餐巾纸计划”。这样把公司做大的过程，就是快速行动，做起来再说，是一种颠倒的设计计划。例如，Digg.com 网站的创业者凯文·罗斯偶然想到可以建立一个网站，把人们喜欢的种种故事都放上去供网友浏览，于是着手建立网站。如今，Digg.com 已成为一个非常成功的网站。又如，一个在滑雪设备供应商店工作的网络营销专业的学生向店主提议需要 500 美元购买软件，每月还需要 50 美元的租赁费以建立一个实验性的电子商务网站，他在网站上张贴了一些滑雪设备的图片，还告诉人们如何向店主电话订购商品。该站点每周都能接到几张网络订单，很快收回了投资。这一类的拍脑袋计划有时候确实会起一些作用。如果一家企业因循守旧、故步自封，这样的做法甚至是必不可少的，但是，若是一项需要很多投资的创意，这样做是不合适的。不管是开展传统商务还是电子商务活动，若要取得长期的成功，就必须有合理的计划和周密的措施，这是人们从网络企业大起大落的经历中总结出来的教训。

2.1.1 网络营销策划的定义

所谓策划，就是为了达成特定的目的或实现预期目标，从当前的环境条件出发，不断分析、构思和筛选未来的行动方案，并付诸实施的过程。换言之，策划就是预先决定做什么、何时做、何地做、何人做、如何做的问题，就是对未来的行动谋划方案。

市场营销策划是指企业通过内外部稽核和有效的信息收集、分析，制定企业营销活动的目标、策略、方案，并加以执行和控制，使企业的资源、目标和千变万化的市场环境与机会之间保持适应，以期获得令人满意的利润与发展。

网络营销是市场营销的一种方式，它是借助于联机网络、电脑通信和数字交互式媒体来实现企业营销目标的。因此，和其他营销方式一样，在网络上进行营销也必须进行一系列的策划活动。

所谓网络营销策划，是指企业在特定的网络营销环境和条件下，为达到一定的营销目标而制订的综合性的、具体的网络营销策略及活动计划。网络营销策划遵循了营销策划的一般原理、法则和技巧，同时，还结合现代营销的新环境、新理论、新策略，围绕消费者行为变化的新特点进行了符合网络经济特点的营销策划。它是对网络营销活动的全面运筹和规划，从属于企业总体战略规划和企业市场营销战略计划，是企业营销管理活动的核心。

2.1.2 网络营销策划的步骤

网络营销策划，首先是明确策划的出发点和依据，即明确企业的网络营销目标，以及在特定的网络营销环境下企业所面临的优势、弱势、机会和威胁（即 SWOT 分析）。然后在确定策划的出发点和依据的基础上，对网络市场进行细分，选择网络营销的目标市场，进行网络营销定位。最后对各种具体的网络营销策划进行设计和集成。

1. 明确组织任务和远景

要设计网络营销方案，首先要明确或界定企业的任务和愿景。任务和愿景对企业的决策行为和经营活动起着鼓舞和指导作用。企业的任务是企业所特有的，它包括公司的总体目标、经营范围以及关于未来管理行动的总的指导方针。网络营销活动的开展应该有助于企业总任务的实现。

2. 确定组织的网络营销目标

任务和愿景界定了企业的基本目标，而网络营销目标和计划的制订将以这些基本目标为指导。一般情况下，一份网络营销策划中的目标包括三个方面：任务、可量化的工作指标以及时间限制。但事实上，大部分的网络营销策划旨在完成如下多个目标：增加市场占有率；

增加销售收入；增加品牌知名度；降低成本；完成品牌目标；完善数据库；完成客户关系管理目标；改进供应链管理等。表述合理的网络营销目标，应当对具体的营销目的进行陈述，如“利润比上年增长 10%”、“品牌知名度达到 40%”等。网络营销目标还应详细地说明达到这些成就的时间期限。

3．形势分析

除了企业的任务、愿景和目标之外，企业的资源和网络营销环境是影响网络营销策划的两大因素。企业可从政治、技术、市场几方面来进行分析，比较常用且权威的一种方法是 SWOT 分析法，作为一种战略策划工具，SWOT（Strengths，Weaknesses，Opportunities，Threats）分析指的是在环境和竞争力分析时，对公司内部的优势与劣势，以及公司外部存在的机遇和挑战进行分析。分析可以帮助公司确定目标市场或者开发新产品的机会。而挑战则是指企业面临的风险。SWOT 分析有助于公司审时度势，正确评估公司完成其基本任务的可能性和现实性，而且有助于正确地设置网络营销目标并制订旨在充分利用网络营销机会、实现这些目标的网络营销计划。

例如，当初亚马逊公司抓住在线销售的机遇时，市场上的竞争还不是很激烈。亚马逊公司面临的最大风险是，一家大型连锁书店（巴诺书店）声称要全面进入在线市场。亚马逊公司最大的劣势是没有销售书籍的经验，甚至没有利用信用卡交易的经验。此外，亚马逊公司也不了解如何把图书装箱托运。而该公司最大的优势是具有一个精明的团队，他们肯钻研、善学习。对于亚马逊公司来说，幸运的是那些大书店动作较为迟缓。正是他们的延迟进入，给了亚马逊一个创建网上品牌的机会。直到亚马逊公司股票的上市前夕，巴诺书店才开始反击，但为时已晚。

4．网络营销定位

为了更好地满足网上消费者的需求，增加企业在网上市场的竞争优势和获利机会，从事网络营销的企业必须做好网络营销定位。例如，营销人员所进行的营销机遇分析（Market Opportunity Analysis，MOA），包括对市场的细分和目标市场定位两个方面的供求分析。需求分析（Demand Analysis）部分中的细分市场分析要对潜在的获利能力、可持续性、可行性以及潜在的细分市场规模进行描述和评估。

5．网络营销平台的设计

网络营销平台，是指由人、设备、程序和活动规则的相互作用形成的能够完成一定功能的系统。完整的网络营销活动需要五种基本平台：信息平台、制造平台、交易平台、物流平台和服务平台。此外，网络企业格外关注信息收集的策略，因为信息技术对自动化信息收集有很大的优势。企业可以运用网站表格、电子邮件反馈、在线市场调研等形式，来搜集关于现有客户、潜在客户及其他利益相关者的信息。网站日志分析软件帮助企业了解用户在网站上的行为，以便更好地满足客户需求。商业智能利用互联网进行二手调查，帮助企业了解竞争对手及其他市场力量的信息。

6. 网络营销组合策略

网络营销是在传统营销的基础上发展起来的，因此传统营销中的基本营销原理仍然适用于网络营销，成为网络营销中的基本策略。需要指出的是，美国营销学家麦卡锡提出 4P 策略，即产品（Product）、价格（Price）、分销（Place）和促销（Promotion）的策略，在网络营销中适用，而网络营销实践中从关注产品、价格、分销和促销逐渐转移到关注顾客需求、成本、方便和沟通，因此，也要注重营销沟通策略及客户关系管理策略。

1）产品策略

企业可以在网上销售商品、服务或广告，可以采用某种电子商务模式（如网上拍卖）来获取收入。企业可以在在线市场创建新的品牌，也可以依然销售离线市场正在销售的某些产品，或者对现有的产品进行一些改进。很显然，前期的市场分析意味着，企业有多种选择，对于网络营销来说，首选产品应满足以下条件：网络费用低、高技术性能、与计算机相关、地理范围广、不容易设店、网络市场大、方便配送、品牌影响大等。

如果企业在网上提供现有的品牌，就要设法解决许多问题。例如，显示在计算机屏幕上的颜色与印刷品上的颜色不同。很多精明的企业利用信息技术来改变它们在网上提供产品的方式。例如，戴尔公司可以在瞬间按照客户的要求定制个性化的产品：客户只要在网上配置自己所希望的电脑，数据库就会提供一张反馈表，上面有最新的电脑配置信息和价格信息。这也是我们常说的网络营销产品策略中的“设立虚拟组装室”，可以更好地满足消费者个性化的要求。

2）定价策略

企业应该判断在线产品的价格与离线产品价格的差异。要做到这一点，企业需要了解通过在线渠道进行产品分拣和配送会发生哪些成本，还要考虑竞争性因素和市场因素。在线定价主要有两种趋势：

（1）差别定价。这种策略主要是针对不同的客户或不同的情况，应用不同的价格水平。例如，初次购买者或数月未购买者享受比经常购买者低一点的价格，或者在销售淡季降价。在网络环境中，企业可以对商品进行自动定价，或者在销售淡季降价。企业也可以根据客户下单情况对商品进行自动定价，或者对网络用户实行浮动定价。

（2）在线竞价。这种方式为优化库存提供了一种方法。例如，西雅图的一些旅馆在淡季时允许旅客对旅馆房间进行竞价。他们指示承接房间预定的代理人根据当天的房间占有率来接受不同的最低竞价水平。

在进行定价时主要以降低采购成本费用、降低库存、生产成本控制为定价基础，充分利用互联网来整合如采购、供应商、库存等信息，还可利用虚拟生产等途径提前规划成本。

3）分销策略

很多企业利用互联网递送产品，或者利用互联网提高供应链成员的工作效率。例如，直复营销，很多公司跳过传统销售渠道中的中间商，直接把一些产品销售给顾客。在 B2B 市场中，很多公司使用互联网开展销售活动，使成本大幅降低。当然，对供货商的整合也不失为一种好的方法，当你从 Amazon 公司在线购买书籍时，这些书籍最早来源于某个出版商，然后由批发商将其买断。Amazon 公司在这中间的工作只是通过它的互联网网站收集整理消费者的订单，然后将订单发给批发商处理。批发商如果能供货，则将书发送到 Amazon 公司的仓库里。在 Amazon 公司的仓库里，批发商发来的书籍经过分装后最后递送到各个消费者手里。这种分销功能可以在互联网中实现交易，同时也增强了 Amazon 在分销渠道中的权力。一些企业（如 eBay 公司）则把买卖双方撮合在一起开展交易，从中收取中介费。

4）营销沟通策略

互联网产生了许多新的营销沟通方式，企业既可以用来把客户吸引到网络站点，也可以加强与传统企业客户的交流。企业可以建立自动的信息传递系统，一是要建立快捷、及时的信息发布系统，使企业的各种信息能及时地传递给消费者；二是要建立信息的适时沟通系统，加强与消费者在文化、情感上的沟通，并随时收集、整理、分析消费者的意见和建议，在改进产品开发生产、营销的同时，对于企业有帮助的好的建议，应给予信息提供者以相应的回报。一些公司利用互联网网页和电子邮件与目标市场以及业务伙伴进行沟通。通过这样的途径，还可以创建品牌形象，提高新产品的知晓度，对产品进行定位。

5）客户关系管理策略

很多网络营销沟通策略可以帮助企业与其合作伙伴、供应链上的成员及客户建立关系。然而，一些公司通过客户关系管理（Customer Relationship Management，CRM）或伙伴关系管理（Partner Relationship Management，PRM）软件，将客户沟通和购买行为信息整合到一个综合的数据库中，以此来提高自己的竞争力。他们使用 CRM 软件来维系客户，增加平均订单价值和客户终身价值。还有一些企业则建立外联网（相似于 PR 软件），以便企业间更好地沟通，更有效地开展交易。审视企业目标和网络营销战略的一种简单的方法是运用目标战略矩阵这种图示的方法帮助营销人员更好地理解执行计划的必要条件。

7. 预算

在预算中，企业运用固定的销售预测方法来评估网站在短期、中期、长期获取的收入。在计算的过程中企业要利用自己的历史数据、行业报告以及竞争对手的信息。收入预测的一个重要部分是评估网站在一段时间内的访问量，因为这些数字会对企业期望从网站获取的收入产生影响。网络经营的收入渠道主要包括网站的直接销售、广告销售、订阅费、会员介绍费、在伙伴站点实现的销售、佣金收入以及其他收入。企业通常以电子表格的形式对这些分析进行汇总，电子表格能显示一段时期内的期望收入和这些收入的来源。

1）无形收益

与实体企业的经营情况相似，网络营销战略中的无形收益也很难确定。例如，美国航空公司开展了一项活动，在活动期间，客户会定期收到关于他们计算账户余额信息的电子邮件。这项工作能创造多少品牌价值呢？网站帮助提高了品牌知晓度，它的价值有多大？用财务数据来显示这样的收益是一项非常艰巨的工作，但又是必不可少的。

2）降低成本

通过网络的高效率所节约的成本被称为企业的软收入。例如，如果在分销渠道中通过批发商、分销商和零售商将制造商和客户联系起来，那么每一个中间商都要从中获益。

一个典型的提价方案是：制造商把价格提高 10%卖给批发商，批发商将价格提高 100%卖给零售商，零售商将价格提高 50%卖给消费者。因此，如果一个制造商以 50 美元的价格将其产品卖给批发商，那么终端消费者需要支付 165 美元才能够购买到此产品。如果制造商跳过那些中间商而在网上直接将产品卖给消费者，就可将产品定价为 80 美元，增加 30 美元的收入。这种策略能否为厂商带来利润，取决于将产品递送给消费者所花费的成本。

3）网络营销成本

开展网络营销会产生各种成本，例如，人员工资，购置硬件、软件等设备的开支，项目设计费用等。此外，一些传统的营销成本也可能会出现在网络营销预算中，例如，为增加网络访问量而支付的离线广告成本。为简明起见，这部分只讨论与技术相关的成本。从“相关技术”专栏中可以看到，建立一个网站需要许多步骤，除了最基本的开支以外，建立一个网站的成本少则几千元，多则几万元甚至更高。以下列出的是网站开发可能发生的一些费用。

（1）技术费用。包括软件、硬件购置费用、联网费用，服务器购置费用。教育方面的资料及培训费用，以及站点的运营及维护费用。

（2）站点设计。网站需要平面设计师来创建具有吸引力的页面，包括图片和照片。

（3）人员工资。所有参与网站开发与维护的工作人员的工资都要列入预算项目。其他网站开发费用：除去技术费用和人员工资，其他的费用都在这一项中列支，比如，域名注册、雇用专家编写内容或进行其他开发和设计活动所需的费用。

（4）营销沟通费用。凡是与增加网站访问量、吸引回头客消费直接相关的费用（比如，在线或离线的广告、公关、促销活动等）都列入营销沟通费用。其他费用包括搜索引擎注册、在线咨询费用、邮件列表租金、竞赛奖励，等等。

（5）杂项费用。其他项目费用可能包括差旅费、电话费、网站建设初期发生的文具用品费用等。

应采取准确、适时的度量手段来保证网络营销计划启动和发展各阶段费用支出的合理性。

8. 形成网络营销策划书

当所设计的网络营销策划方案经过充分的论证或试行认为可行时，就进入了策划书的书写阶段。这一阶段的主要任务是将设计好的方案加以充实、编辑，并用文字和图表等形式表达出来，写成具体的、可操作的策划书，以指导策划实施过程的各项工作。

9. 方案实施，效果测评

方案一经确定就应全面贯彻实施，不得任意更改。好的方案要有强有力的行动来落实，否则会由于贯彻不到位而前功尽弃。另外，任何方案在实施过程中都可能出现与现实情况不相适应的地方，因此，方案贯彻的情况必须不断向决策者进行反馈，决策者也应根据反馈的情况及时对方案的不足之处进行调整。这就需要在方案实施后，运用特定的标准及方法对其效果进行检测和评价。通过实施效果的检测和评价，适时地充实策划方案或调整策略，使策划活动逐步完善，进入良性运转状态。

2.1.3　网络营销策划中需注意的问题

1．紧盯市场，锁定客户群

网络营销策划是有针对性的，应针对一定的目标群体，采取相应的策略。同时，持续关注并挖掘潜在客户，为下一期的策划积累资料。

目标消费群的锁定是一个包含多种概念的组合体系，其中属于战略范畴的有两个：一个是目标客户群定位，一个是产品定位。其中目标客户群是产品定位的前提，首先我们要为自己的产品建立市场定位，如果你正在寻找市场利基，千万记住：任何商品都有特定顾客！试图将所有人一网打尽只是徒然浪费时间和金钱罢了。

开展网络营销应该先锁定你的销售对象，再寻求最佳广告渠道。传统的观念认为，市场定位就是在每一个细分市场上生产不同的产品，实行产品差异化。事实上，市场定位与产品差异化尽管关系密切，但有着本质的区别。市场定位是通过为自己的产品创立鲜明的个性从而塑造出独特的市场形象来实现的。

一项产品是多个因素的综合反映，包括性能、构造、成分、包装、形状、质量等，市场定位就是要强化或放大某些产品因素，从而形成与众不同的独特形象。产品差异化乃是实现市场定位的手段，但并不是市场定位的全部内容。市场定位不仅强调产品差异，而且要通过产品差异建立独特的市场形象，赢得顾客的认同。需要指出的是，市场定位中所指的产品差异化与传统的产品差异化概念有本质区别，它不是从生产者角度出发单纯追求产品变异，而是在对市场分析和细分化的基础上，寻求建立某种产品特色，因而它是现代市场营销观念的体现。

其次是构建自己的潜在客户群体，锁定富有潜力的顾客和探勘金矿其实差不多。对于运营电子商务的企业来说，除了少数的大企业客户的采购，大多数都是零散的客户，尤其是在网络经济时代，绝大多数电子商务网站的消费者都是年轻一代，他们具有鲜明的个性和特殊的爱好，网络消费群体的生活形态特征可以归结为：自信独立、注重休闲、高品牌忠诚、高购买冲动、热衷数码产品和音乐。他们不在乎花钱，却在意品牌和休闲，喜欢新鲜事物和高购买冲动的特征是网络消费群的共性：想要知道哪家手机厂商推出了什么新款，哪里有最新的打口碟……这些新鲜玩意，在网上冲浪的年轻人总是显得兴趣盎然。作为网络的追逐者和积极尝试者，多数人表现出了对喜爱网站的高度忠诚。

以此为鉴，在锁定目标群之后，必须根据群体的特征精心设计和包装自己的产品和网站。你需要先拟订宣传计划，列出可能需要你的商品或服务的潜力顾客的来源，他们可能来源于：专业论坛、博客圈友、企业的网页、商业公会名册、google 搜索、亲朋好友、生意往来的朋友等。重要的是你要想方设法融入他们活动的“圈子”，成为他们的一份子，这将使你的努力事半功倍。

2．网络营销的过程是否满足用户需求

营销的过程就是企业寻找客户并且满足其需求的过程。真正有实力的企业有能力开发一

项产品，并且利用各种手段服务和满足顾客的需要。为了做到这一点，企业首先必须面对市场，以便了解和掌握客户真正的需求。

首先，企业要展开商业联系。电子商务的一大优势就是可以利用网络做有效的、免费的商业信息宣传。在网站及时发布时间性强的信息，吸引公众的注意力。利用 SEO 的技术优化网站的商业信息，比如企业的营业时间、服务项目、联系方法、支付方式、所在地址、产品资料、服务条款等，让客户更容易搜索到你的网站并且获得所需的商业信息，这是挖掘潜在客户的重要途径。如果企业能够让客户明白获得产品的原因和好处，那么就不愁生意不上门。

其次，从短暂的渴求周期获利。几乎每种引入市场的产品的使用期都是有限的。一个极端是，计算机的软件和硬件的使用周期在美国约为 6 个月，中国大约 2 年；另一个极端是，电冰箱一类的商品使用期长达 20 年。然而不管产品的使用期有多长，都有自己的更新周期。

这个策略的关键是：使用期确切多长并不重要，重要的是你知道什么是心理渴求期。一旦你知道，你将发现有待开发的金矿。如果你对产品不熟悉，你会查看资料或向同行业中的其他人请教。当你查看以前的销售资料时，将会发现很多的销售机会点。如果不知道产品的渴求周期，就做一些人们什么时候开始萌生需要新产品念头的调查。

为了确定这点，只需联系目前使用该产品的消费者。你可以把这看做是调查或者市场研究，问几个简单的问题。深受产品益处的客户大多会愿意帮助你并回答你的问题的。你可以从确定他们是否还在使用产品开始，然后问他们在使用该产品之前使用什么产品。只有当你问及的消费者第一次使用你的产品时，这样的调查才会陷入失败。如果这是第二次，第三次，你问这样的产品使用周期一般为多少年，就可以得到答案。

再次，利用客户名单，挖掘现有客户价值。以往有些企业把更多的注意力集中在获取新客户而不是保持老客户上，追求市场份额，但现在已经有很多企业后悔他们早期的这种盲目追求销售额的策略。赢利性不完全与市场份额有关，准确地说，赢利性是与高质量的市场份额相关的。如果企业的客户流失率很高，则很难保持其原有的赢利性。

国际咨询公司 Bain&Company 认为：即使很小的客户保持率的提升，也会给企业带来显著的利润增长。客户保持率平均增长 5%，可以使企业利润增长 25%～85%。因此认为老客户可以比新客户带来更多的利润，原因如下：获得新客户的成本很高；客户关系越好，客户越愿意更多地使用一个企业的业务；关系越好，越容易达成合作，从而降低营销成本，实现规模经济性；老客户更愿意为运营商推荐新客户，使这部分新客户的获得成本大大降低；忠诚的客户还常常是价格不太敏感的客户，不会因为价格原因而轻易流失。所以，企业应把更多的注意力放在老客户的保留上，通过不断挖掘和提升老客户的价值，从而实现企业自身的价值提升。

最后，把握技术进步的潮流。为什么每种商品都有自己的“渴望”周期？在某些情况下，只是因为商品用坏了；其他情况，更多是个人原因，这种情况使销售人员受益匪浅。商品有时是身份的象征，他们希望拥有最新、最精彩、最耀眼的顶级商品，因为这样的商品将会迎来啧啧的赞叹，引人注目，拥有它能显示自己境况不错。

3．网络营销不同阶段的不同目标

经过网络营销策划，从电子商务网站的建立之初就开始了网络营销，在网站运营过程中，网络营销及进一步的网络营销策划是一个持续不断的循环过程。网络营销不仅可以为网站带来源源不断的新客户访问和增加商品的销售，而且也可以促进网站的品牌和形象的建立。任何的网络营销活动都需要投入金钱和精力，所以电子商务网站进行网络营销之前要仔细分析和计划。一般来说，网站运营的不同时期，网站所处的状况不同，网络营销的目标也是不同的。这里我们将网站发展过程分为三个时期：初期、中期和后期。从网站上线到网站业务逐渐达到一定规模称为初期，网站业务不断上升到大致稳定的时候称为中期，网站业务非常平稳以后称为后期。

1）网站运营初期

为了快速进入市场，缩短投资回报的周期，最好的网络营销手段就是在搜索引擎上投放关键字广告。因为网站刚上线，几乎没有人知道，也不会有访问量，这个时候其他的网络营销方式不是转化时间慢就是效果低，而投放关键字广告就是最快速最有效的网络营销方式了。关键字广告的投放在一天之内就可以完成，然后就会有相关的流量通过搜索引擎提供的关键字广告链接进入。投放关键字广告要注意深入分析每个关键字的效果，这时计算每个关键字的广告投放费用和带来的流量的比例是必不可少的，然后计算订单的转化率。

在进行关键字广告的同时，可以开始整个网站的搜索引擎优化（SEO）工作。一般来说，在编写页面的时候就已经按照 SEO 的知识优化了页面，当网站上线以后，主要就是网站外部的优化工作，如登录各大搜索引擎、外部链接的建设等。这个周期一般会持续两到三个月的时间，这段时间凭借关键字广告的应用经验，需要对 SEO 的工作进行调整，对于高质量的关键字优先进行 SEO 优化。随着 SEO 工作的开展，一部分关键字会排在自然排名的前列，这个时候就可以停止这些关键字的搜索引擎广告以节省成本。

2）网站运营的中期

通过进行搜索引擎营销（SEM），网站的流量会逐步上升并稳定，网站上的销售量也越来越多，到这个时候网络营销的方向就需要调整。在通常情况下，调整的方向是为了提高流量的转化率，换句话说就是在流量一定的情况下获得更多的订单。提高转化率的方法可从两个方面下手，第一，网站内容的建设和优化，如提供在线客服、优化流程、美化页面等；第二，网站外部相关内容的建设，如果有需要的话可以建立一些辅助站点，提供与销售相关的内容，如企业形象网站、客户讨论社区、售后服务网站等。

3）网站运营后期

当处于平稳运营的后期的时候，通过一系列的营销手段，网站的流量和转化率都会接近一种极限，很难再获得突破。即便在这个时候，网络营销仍然要开展下去，但是营销的重点要发生变化，这一变化就是从单纯地追求直接业务量转变为留住老客户、稳固市场份额和树立自己的互联网品牌。互联网市场上的竞争愈加激烈，竞争者会沿着你走过的道路奋起直追，这个时候网站需要一个长远的战略，而支持长远发展的两个核心就是打造响亮的互联网品牌和提高用户的品牌忠诚度。围绕着这两个核心，几乎所有的网络营销手段都可以应用上：网络软文营销、博客营销、电子邮件营销、电子杂志营销、RSS 营销等，甚至关键字广告也是一种品牌塑造的方法。建立互联网品牌最好的营销方式就是口碑营销，作为口碑营销的辅助工具常用的有网络软文营销和博客营销，另外不要忽略大的论坛和社区。提高用户的品牌忠诚度换句话说就是留住老客户，可以采用电子邮件营销、电子杂志营销等方式。

案例

苏宁电器网络营销策划书之营销策略

作为中国家电零售业的领先企业，苏宁一直以细致缜密的超前战略和前后台同步配套实施的发展策略而在喧嚣热闹的家电连锁业内显得异常稳健。苏宁开展网络营销后带来了巨大的效益，同时也加快了企业的发展速度，通过网络营销在互联网上建立并推广了企业的品牌。

（1）产品策略：苏宁网上商城销售的迪士尼卡通小电器、保利安田系列个性化电器等区别于苏宁实体店的电器产品，深受网民消费者的青睐。据B2C管理部相关数据显示，经过一段时间经营后，苏宁网上商城的点击率与去年同期相比，分别增长了60%和75%。从该两大指标分析来看，半成以上的网民更关注特色类电器产品。苏宁在春节过后即开始第二年度空调产品的备货，苏宁电器先后在网上向海尔、美的、海信、松下等备货100万台，其中定制包销机型达到30%以上，4级以上高能效空调占70%以上。这批提前储备、低进价的巨量空调也成为苏宁“踩闸议价”的重要武器。除了足够确保3、4月份不涨价的100万台春节前库存外，苏宁电器还启动了总量达120万的新品采购行动，备足后期市场资源，在这一过程中，苏宁通过对采购品牌、采购型号的调整来实施过年后的整体产品策略。

（2）价格策略：由于苏宁电器的网上店铺没有实体店面的店面租金、水电、人员工资等成本，其价格均比市场价格优惠至少 5%左右。所以在苏宁网上商城购买同等型号价格的家电产品，与实体门店相比还是比较便宜的，此外算上外出购物的车马费、时间成本，就更加划算了。

（3）渠道策略：在苏宁网上商城订购、异地取货的交易量也成为返乡网民较为热衷的一种购物方式，80%的网民消费者选择以该方式购买彩电、冰箱等传统大家电。

订货系统。苏宁电器网上商城为消费者提供了完善的产品信息，方便消费者在第一时间获取信息，产生购买欲望，以求达到供求平衡。所以说一个完善的订货系统，可以最大限度地降低库存，减少销售费用。

结算系统。消费者在网上购买苏宁电器后，可以通过多种方式方便地进行付款，其付款的方式有：电子货币、网上拨款等。

任务 2.2 网络营销策划书的撰写与实例分析

2.2.1 网络营销策划书的撰写

网络营销策划书是网络营销策划成果的文字形式，是未来企业网络营销操作的全部依据。有了一流的策划，还要形成一流的策划书，用它去指导企业的行动，否则，会影响策划实施的效果。

一般来说，网络营销策划书的格式应包含以下几项内容：

1. 封面

封面的构成要素应该包括呈报对象、文件种类、网络营销策划名称及副标题、策划者姓名及简介、所属部门、呈报日期、编号及总页数。其中，网络营销策划名称要尽量简洁明了，但必须具体全面。如果标题不足以说明问题，还可以加上副标题。

2. 目录

除非策划书的页数很少，否则千万不要省略目录页的内容。因为通过目录可以让读者对策划书有个概括的了解。在目录中还应该有主标题、副标题、附件或资料及以上内容的页码。

3. 前言及策划摘要

在前言中应清楚地表述所阐述的重点问题，具体内容包括策划的目的及意义、策划书所展现的内容、希望达到的效果及相关内容、致谢等。摘要一般要阐明策划书所有内容的重点及核心构想或策划的独到之处，用词应简练，篇幅要短，让人容易把握策划书的整体内容。

4. 正文部分

正文部分即策划内容的详细说明。表现方式要简单明了，要充分考虑委托人的理解力和习惯。在这部分文字中，不仅仅局限于文字来表述，也可以适当地加入照片、图片、统计图表等。策划书包括以下几个方面：

（1）企业现状及网络营销环境状况分析，包括企业现状分析、消费者分析、网上竞争对手分析及宏观环境分析。还要对企业当前网络营销状况进行具体分析，找出企业网络营销中存在的具体问题，并分析其原因。针对企业产品的特点分析其上网营销的优劣势。从问题中找劣势予以克服，从优势中找机会，发掘其市场潜力。

（2）网络营销目标，在网络营销目的任务的基础上企业网络营销所要实现的具体目标，即在网络营销策划方案执行期间，经济效益目标能够达到某个具体数字。

（3）网络营销战略，包括网站策划、产品策略、价格策略、渠道策略、促销策略、客户关系管理策略等。

（4）具体行动方案，根据策划期内时间段的特点，推出各项具体行动方案。行动方案要细致、周密，操作性强又具有灵活性，还要考虑费用支出。

（5）策划方案各项费用预算，这部分记载的是整个网络营销方案在推进过程中的费用投入，包括网络营销过程的总费用、阶段费用、项目费用等，其原则是以较少投入获得最优效果。费用预算直接涉及企业资金支出情况，对网络营销方案的实施有很大影响，所以费用预算部分应当列得很详细，以便决策层对此有充分了解和准备。

（6）方案调整，在方案执行中可能出现与现实情况不相适应的地方，因此在方案的执行过程中必须随时根据市场的反馈及时对方案进行调整。

（7）预期收益及风险评估，对方案何时产生收益、产生多少收益及方案有效收益期的长短等进行评估。另外，内外部环境的变化，不可避免地会给方案的执行带来一些风险。因此，应说明失败的概率有多少，造成的损失是否会危及企业的生存，是否有应变措施等。

5．参考资料

列出完成本策划方案的主要参考文献，以增强可信度。

6．注意事项

列出保证策划方案顺利推行应具备的条件。

2.2.2 网络营销策划书撰写实例

在要么触网、要么死亡的互联网时代，海尔作为国内外著名的电器公司，迈出了非常重要的一步，开始了网络营销之路。海尔公司与 SAP 公司合作，首先进行企业自身的 ERP 改造，随后便着手搭建 BBP 采购平台，每月接到 6000 多销售订单，定制产品品种逾 7000 个，采购的物料品种达 15 万种。下面就以海尔公司为例展示网络营销策划书的具体撰写。

1．网络营销环境分析

1）市场环境分析

2011 年家电市场分析显示，2011 年低碳、节能、环保方面仍是主旋律，这是时代潮流所致。在这一期间，转型升级是家电业的重点任务，在新形势面前，中国家电业的发展可谓机遇与挑战并存。中国的家电制造企业如何抓住“十二五”规划的机遇实现产品的升级呢?这仍然需要企业在创新上面下工夫。

2012 年家电行业面临着更为复杂的局势，国内“十八大”即将召开，重要的人事换届引人注目，通货膨胀加剧、房地产价格居高不下，人力成本上涨，但是，也要看到利好因素，2012 年家电行业主动应对市场周期性调整，更好满足消费升级的需求，2012 年依然存在支持产业发展的技术因素。包括：首先，我国正处于城市化发展时期，长期来看刚性消费仍然上升；第二，家电市场处在消费升级的历史机遇期；第三，房地产市场价格调整有望打破僵局，暂时受到抑制的刚性需求一旦释放必将拉动家用电器的消费回升；第四保障性住房建设，在 2012 年有望进一步落实和扩大，能带动家电销售的新领域。

2）产品分析

（1）引领未来家电市场新趋势。在低碳生活大背景下，海尔将以成套化、低碳化、个性化和智能化的先锋产品引领未来家电市场的“四化”趋势，让消费者乐享品质生活。

①选购家电成套化。目前，成套购买家电已然成为一种消费潮流。元旦期间，全国各大卖场的销售均呈现出成套购买的强劲态势。据了解，“80 后”群体正逐渐步入结婚大军，构成了现今家电市场的消费主力。这一群体具有鲜明的时代烙印。较之传统的频繁逛商场来逐一挑选适合自己的家电的消费方式，“80 后”群体更青睐于便捷的消费方式，并且要有国际水准的服务商来提供“一步到位”的高品质家电和专业服务。而在生活节奏日益加快的今天，

省去烦琐，一步到位的成套选购无疑是最理性而又超值的消费首选。

②绿色节能低碳化。海尔变频系列家电拥有低电磁辐射、更环保、低速运转更稳定、安全等技术优势，实现了噪声小、用电少、效果好、寿命长等优势。如果全国用户使用海尔模卡 LED 电视，每周就能节省 2 亿度电……海尔一系列的低碳化产品正是海尔践行绿色环保理念，助推低碳潮流生活的有力彰显。

（2）海尔质量。任何品牌都有高、中、低端产品，海尔也不例外，笼统地判断海尔质量不太好说，要看对质量好坏的判断标准，如海尔低端的冰箱，要说不出故障就是质量好，那可以认为海尔冰箱质量好，要认为不仅要故障率低还要噪声小、温度控制比较准确等才算质量好，那海尔的低端做不到。海尔在国内品牌中质量控制、工艺水平是不错的，但部分产品与西门子、伊莱克斯、松下等主打高端的品牌相比，还是有差距的。

3）竞争者分析

竞争者分析是指企业通过某种分析方法识别出竞争对手，并对它们的目标、资源、市场力量和当前战略等要素进行评价。其目的是为了准确判断竞争对手的战略定位和发展方向，并在此基础上预测竞争对手未来的战略，准确评价竞争对手对本组织的战略行为的反应，估计竞争对手在实现可持续竞争优势方面的能力。对竞争对手进行分析是确定组织在行业中战略地位的重要方法。

企业参与市场竞争，不仅要了解谁是自己的顾客，而且还要弄清谁是自己的竞争对手。从表面上看，识别竞争者是一项非常简单的工作，但是，由于需求的复杂性、层次性、易变性，技术的快速发展和演进、产业的发展使得市场竞争中的企业面临复杂的竞争形势，一个企业可能会被新出现的竞争对手打败，或者由于新技术的出现和需求的变化而被淘汰。企业必须密切关注竞争环境的变化，了解自己的竞争地位及彼此的优劣势，只有知己知彼，方能百战不殆。

4）消费者分析

消费者分析，它包括购买量与购买频率、购买时间与地点、购买动机、品牌转换情况与品牌忠诚度四个方面的内容。

（1）数字化时代下的消费者分析。随着数字化时代的到来，媒介传播环境出现了新的变化，传播领域发生了根本性的改变。传统的传受关系被颠覆，原本处于被动地位的消费者拥有更多的话语权和参与权，消费者的中心地位得以凸显。数字化时代的传播特征势必会导致消费者行为特征出现新的变化，因此，深入洞察数字化时代背景下消费者的行为特征，有助于企业制定数字化时代的营销策略。

②海尔冰箱的营销状况。据了解，中国品牌格局和市场格局都较为稳定，基本延续了近两年的走势。高端市场更加受到青睐，中低端市场竞争日趋白热化，利润薄弱化。与此同时，家电下乡、以旧换新等政府扶持政策行将结束，政策对于市场的推动作用也在减弱，在各大品牌厂商产能扩张、需求增速放缓的情况下，国内市场将迎来更加激烈的竞争。

2．SWOT 分析

海尔是世界大型家用电器第一品牌、中国最具价值品牌，世界品牌 500 强企业前 50 名，是中国电子信息百强企业之首，海尔品牌已经享誉世界。它重点发展科技、工业、贸易、金融四大支柱产业。下面是有关海尔的SWOT分析。

1）优势

健康的整体形象，较强的品牌渗透力，理想的预购率，良好的服务口碑，具有竞争优势，产品线宽，利于组合促销，新品开发能力较强，物流管理先进，便于迅速反应市场需求。

2）劣势

价格相对偏高，往往超出预购者的心理价位。AV（音频 Audio 和视频 Video ）、IT 产品缺乏技术上的竞争力。SP（销售促进 Sales Promotion）预算分散，各产品系列较竞争品牌均缺乏力度，SP 对消费者没有吸引力。缺乏真正的核心技术。管理、市场、技术人才与跨国企业存在差距。

3）机会

现如今，消费者持币待购心理削弱，换购需求加大。由于马太效应，消费信心向强势品牌集中，海尔品牌优势显露。家庭收入提高而家电产品价格回落，家电换购更新速度加快。产品同质化使家电消费日趋感性，为促销和差异化行销手段提供了更多机会。

4）威胁

对海尔的信息化，国内同行们是一边看海尔外部信息化的热闹，一边加紧自身内部信息化的推进，这就是海尔所面临的威胁，竞争对手的虎视眈眈使海尔如芒刺在背，敢于吃螃蟹的也许是英雄，但不一定是成功者。海尔外部信息化的停滞不前，也给国内的信息化产业当头一棒，可以预见到，一旦外部信息化的时机成熟，从技术角度上讲，谁也不会比谁慢多少，倘若撇开这些年来的海尔品牌宣传效应不谈，海尔竞争对手们外部信息化的成长也只是旦夕之间。

3. 网络营销方案

当人类社会跨入 21 世纪之际，以全球经济一体化、网络化、信息化为特征的新经济时代随之到来。作为新经济时代的核心工具，互联网的交互性可以说是信息时代最具魅力的营销工具。网络将企业和消费者连在一起，给企业提供了一种全新的销售渠道。这种新渠道不仅简化了传统营销中的多种渠道的构成，而且集销售，售前、售后服务，商品与顾客资料查询于一体，因此具有很诱人的优势。当越来越多的人享受着网购的乐趣、越来越多的企业尝试到网络销售的甜头之时，传统的白色家电巨头——海尔营销模式，也向这片浩瀚的蓝海扬起了风帆。

1）营销目标和战略重点

中国最大电子制造企业海尔集团正式宣布其独立的网络销售平台——海尔商城正式运营，全面开展网络营销业务。垂直类 B2C 电子商务市场的快速增长，吸引了更多人加入这个市场，竞争也愈发激烈。最初消费者关注的是价格，在长久的价格战过程中，商品的价格越发透明，因此，要想在同类型的网络商城中脱颖而出，海尔商城除了拥有巨大的品牌优势和良好信誉之外，还必须通过更多的手段来更好地吸引顾客！

2）营销策略及策略组合

（1）营销策略。

①优化供应链，取代本公司的部分制造业，变推动销售的模式为拉动销售模式，一是采用 B2B 的网络营销，以企业对企业，促使了外部供应链取代自己的部分制造业，二是 B2C 的模式，促进企业和消费者的继续深化的交流，全方位地增强了企业的品牌形象。通过网络营销采购系统供应商可以在网上参加招标、查订单、跟踪订单等工作，网络信息传输非常快，保证了企业调研信息的准确性和及时性。

海尔特别重视商家的作用，商家了解顾客需要的是什么样的产品，商家能代替顾客来定制产品，通过 B2B2C 的模式能做到与商家零距离密切合作。

②“个性化”定制不增加成本：通过网络的互动性，使顾客真正参与到整个营销过程中来成为可能，网络上丰富的信息使顾客的选择余地变得很大，顾客只要一上海尔的网页，就能定制自己所需要的产品。

③注重网络顾客需求的满足：满足顾客了解企业所提供产品更新换代及服务信息需求，顾客直接接触企业有关人员的需求以及顾客了解并参与企业产品从设计、生产到运输等全过程的需求。

④海尔网络营销的特色：与 SAP 公司合作搭建了国际物流中心，通过其系统搭建一个面对供应商的 BBP 采购平台，它能降低采购成本，优化分供方，为海尔创造新的利润源泉，形成了如今的“一流三网”特色物流，即“一流”是以订单信息流为中心，“三网”是全球供应链资源网络，全球用户资源网络和计算机信息网络，“三网”同步运动，为订单信息流的增值提供支持。

通过 BBP 采购平台，所有供应商均在网上接受订单，并通过网上查询计划与库存，及时补货，实现 just in time（准时制生产方式）的采购，大大提高了货物配送和流动运输的效率。

海尔的网络营销主要靠“一名两网”，“名”是名牌，品牌的知名度和顾客的忠诚度是海尔的显著优势。“两网”是指海尔的销售网络和支付网络。海尔遍布全球的销售、配送、服务网络以及与银行之间的支付网络,是解决网络营销的两个难题的答案。

（2）营销策略组合。

①品牌策略：从“名牌产品”走向“名牌企业”，强调以品牌树立企业及产品的差异化形象。在缺乏诚信和好的服务理念的时期，海尔要更加关注服务，海尔应以其独特性、差异性、价值性和延展性获得消费者的青睐，争取获得持续发展的竞争优势。

②促销策略：不同的企业在实际的营销中采取了会员制、积分兑换礼品、购物返还积分、积分购买商品等促销策略。而海尔通过广告、公关、服务的价值等效应促进消费者的了解，消除消费者的疑虑，获得消费者的信任。同时，通过赠品促销、降价促销、技术促销、文化促销等方式来吸引公众的眼球，扩大知名度，以此扩大业务范围。

③产品策略：“要么不干，要干就要争第一”，海尔的产品不靠铺天盖地的广告狂轰滥炸吹出来，而凭借高科技，以质量取胜。 海尔一直有句格言：“质量是产品的生命，信誉是企业的灵魂，产品合格不是标准，用户满意才是目的。”因为，只有给市场提供了最满意的产品和服务，才会给企业回报最好效益。

4．实施计划

1）准备阶段

近几年的科技进步日新月异，海尔公司一直以市场为导向，充分把握信息科技的发展趋势，满足顾客的需求，因此发展网络营销势在必行。应当逐渐将网络营销试用于企业内部，与计算机服务商、中间商签订合同，各企业业务间形成一个统一的系统，供应商与零售商之间形成一个统一的系统，从而及时了解企业的销售情况，各零售商之间也要形成及时的响应，保证信息的准确性。招聘高端的网络人才，参与对网络营销系统的建立维护。

2）实施阶段

在其实施阶段应与各供应商与零售商积极合作，建立一个可靠的网络营销环境。注重各方面的实施与链接问题，确保网络系统的准确无误，密切关注，如有问题及时反映，确定网络营销的过程中，系统无误。设计一个及时、安全可靠的系统，让消费者放心购物。

3）测试阶段

聘用一些高级工程人员，实施全方位的测试。测试供应商和零售商的各级代理商的网络运行，确保整个系统的无误性。及时发现问题进行处理，把问题消灭在最初阶段。

5．费用预算（略）

案例讨论

案例1：麦当劳的世界杯消息短信营销

快餐业的顾客流失是非常快的，你在大学的时候可能会去吃快餐，但是等你有一些生活经验之后会发现一个星期吃10次快餐并不是一个十分有益健康的选择。这就是麦当劳为什么时时刻刻地需要增加新的消费者，因为它已有的消费者在经过一段时间之后就逐渐消失，所以要不断地大量补充消费者，并且消费一段时间，以保住他们的收入。麦当劳在中国有一个非常有创意的举动，它利用手机短信，并结合了世界杯的最新消息，来吸引消费者，不仅是吃快餐，而且是吃麦当劳的快餐。

麦当劳在一个月内，总共发出了 15 万的手机短信，由于它的短信是非常有针对性的，它只针对它的目标客户，并且是在正确的地方，合适的时间，合适的场合，把这个手机短信送到消费者手中，它获得的效果非常好，对它的这种短信的促销回应率有12%，这比传统的直接促销手段只有1%～5%有很大的提高。这是麦当劳做过的最为有效、最为成功的一个营销活动之一，为麦当劳获得了新的消费者。

案例思考题：

1．从本材料来看，麦当劳营销策划的是何种网络营销策略？

2．麦当劳所用的这种营销策略在书中是否有提到？谈谈你对它的理解。

案例 2：安琪酵母网络营销

2008 年 6 月，当时有很多关于婆媳关系的电视剧在热播，婆媳关系的关注度也很高。因此，公司策划了《一个馒头引发的婆媳大战》事件。事件以第一人称讲述了南方的媳妇和北方的婆婆关于馒头发生争执的故事。帖子贴出来以后，引发了不少的讨论，其中就涉及了酵母的应用。这时，由专业人士把话题的方向引入到酵母的其他功能上去，让人们知道了酵母不仅能蒸馒头，还可以直接使用，并有很多的保健美容功能。比如减肥。由于当时正值 6 月，是减肥旺季，而减肥又是女人永远的关注点，于是论坛上的讨论，让这些关注婆媳关系的主妇们同时也记住了酵母的一个重要功效——减肥。为了让帖子引起更多的关注，公司选择有权威的网站，利用它们的公信力把帖子推到好的位置。

当时，就选了新浪女性频道中关注度比较高的美容频道，把相关的帖子细化到减肥沙龙板块等。果然，有了好的论坛和好的位置，马上引发了更多普通网民的关注。

案例思考题：

1．你认为安琪酵母的网络营销策划成功吗？为什么？

2．根据案例归纳一下安琪酵母网络营销策划的执行过程。请想想如果是你来策划并执行，是否有其他方法可以做得更好？

思考题

1．请简单介绍一下网络营销策划的主要步骤。

2．请简述 SWOT 分析方法，并对至少一家企业使用此方法进行分析。

3．请谈谈策划过程中网络营销策略与传统营销策略有何区别与相同点？

4．请简单说说如何持续地执行网络营销策划。

5．“网络营销策划书写好之后不能再改动”，你同意这种观点么？为什么？

实验实训

选择一个产品或项目进行网络营销的策划，并撰写网络营销策划书。

学习情境3

了解企业开展网络营销的经营环境

学习目标

知识目标：理解网络营销环境的概念、掌握网络环境下消费行为模式及其特征，掌握网络市场调研分析的基本方法，掌握网络市场细分、目标市场选择和市场定位的相关理念。

能力目标：能结合企业实际情况对消费行为及其特征进行分析，能熟练使用互联网收集商务信息，能对企业所处的网络营销环境进行分析，能独立或协助企业完成市场细分、目标市场选择和市场定位的工作。

学习导航

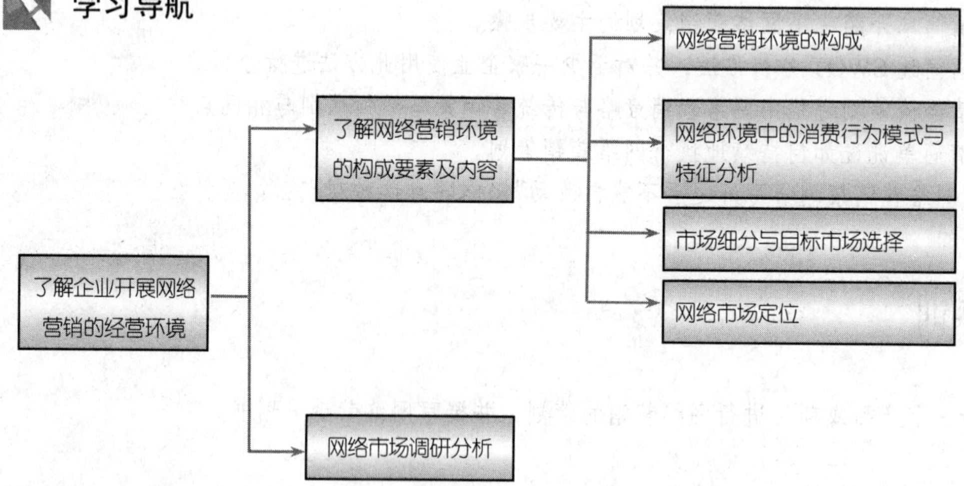

职业指导

网络营销环境是指对企业的生存和发展产生影响的各种外部条件，即与企业网络营销活动有关联因素的部分集合。营销环境是一个综合的概念，由多方面的因素组成。环境的变化是绝对的、永恒的。随着社会的发展，特别是网络技术在营销中的运用，环境更加变化多端。虽然对营销主体而言，环境及环境因素是不可控制的，但它也有一定的规律性，我们可通过对营销环境的分析从而对其发展趋势和变化进行预测和事先判断。企业的营销观念、消费者需求和购买行为，都是在一定的社会经济环境中形成并发生变化的。因此，对网络营销环境进行分析是十分必要的。

引导性案例

来自星星的网络营销

2014 年《来自星星的你》风潮来袭，在各地的初雪到来之时，“炸鸡和啤酒”也成为人们面对雪景最时髦的词语。无论是网络营销还是整合营销，都期望能达到它这样火的效果。

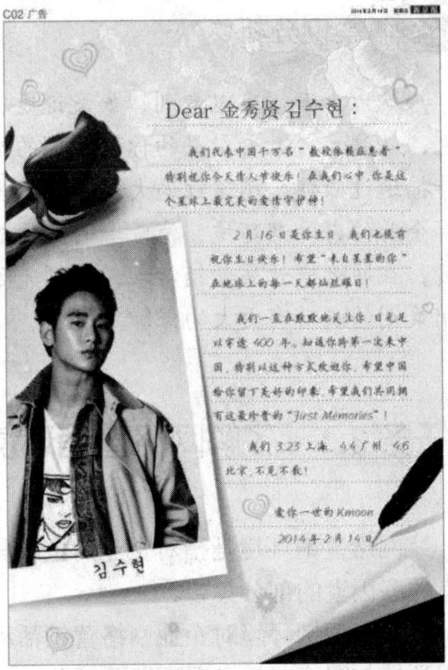

这种火热远不止这些，看看微博上那些疯狂的粉丝，还有很多明星追剧的疯狂，有粉丝统计不少于 200 多个明星提到过《来自星星的你》，伊能静、唐嫣、叶一茜、陈紫函等都在微博里分享追剧心情。

情人节的时候有粉丝买了《新京报》的广告，真叫人感叹，怎一个火字了得。

在这个“星星”漫天飞的时节里，客户的推广也学着借势，借“星星”的画面、台词等，单单是借势热剧倒不如从一个热剧学习如何做整合营销。

第一，产品力才是营销关键点。《来自星星的你》从演员阵容上华丽丽地强力吸粉，400 年的爱情更是让粉丝们穷追不舍，场景高大上，制作精良。想想一个明星不养眼、不知名，故事不够好的电视剧怎么也不会吸引人注意的。当下我们做产品营销推广，从产品层面就要考虑它是不是有传播点、会不会引发粉丝的兴奋点，这样我们就会找到粉丝兴奋的元素整合其中，产品力够好，营销才会有力道！

第二，渠道助推营销。在中国《来自星星的你》我们是在网上看到的，爱奇艺平台的用户基数是观看的一个保障，在互联网时代，网络视频平台的播出更容易传播，视频平台、社会化分享平台的组合，让这部剧很快成为网络热门话题，想一想 2013 年红米在 QQ 空间抢购，这就是一个产品选择一个助力的平台造就的营销奇迹。还有 2013 年双十二京东卖车事件，牧马人选择了京东商城，好的平台与产品的关系很重要。

第三，意见领袖的挖掘与培养。这部剧在中国瞬间火爆，很大程度上与众多中国明星的追捧有关系，伊能静、高圆圆、赵薇等一线明星在微博上分享观看的感受以及剧中台词，这些明星都有百万、千万的粉丝，正是因为这些意见领袖的尝鲜体验，让很多粉丝跟进观看，由于剧本身不错，看后觉得推荐果真名副其实，粉丝还会进行二次分享。我们在做产品营销推广时，意见领袖的作用不可小觑，记得国美在线的“北欧净石”产品，文怡、急诊科女超人于莺等意见领袖的试用体验，让这个产品瞬间火爆，产品虽在上市阶段不知名，但经过意见领袖的推动，效果非凡。

第四，粉丝基地的打造。在这样一个火爆的韩剧出现后，各大粉丝团、贴吧、明星粉丝网站都建立起来，很多都是网友自发，这是娱乐产品特有的，其他产品很难比拟，但是类似粉丝团、贴吧等这些粉丝基地的模式值得学习。做一款产品是要把喜欢这个产品的粉丝聚集起来，不管是在第三方网站建立的专区还是自己建立专属论坛，或者是一个专门的微博、微信账号，总之是关于粉丝的，为这个专有的族群服务的，就如同小米社区、魅族社区一样。

案例分析

从以上案例可以看到，如果说过去还是以报纸、电视担任社会主流信息发布者的主要角色，从这部《来自星星的你》韩剧的热映可以看出，它的播出通过网络视频平台，它的口碑传播通过微博，迅速红遍大江南北。当前互联网与移动互联网应用得到了爆发性的发展，使得企业的内外部环境、消费者的行为模式和生活习惯都发生了巨大的变化。作为网络营销人员，在网络中开展营销活动，必须先了解这种变化，并学会如何利用这种变化，才能使得营销策划的成功有更大的保障。

任务 3.1　了解网络营销环境的构成要素及内容

网络营销环境是指对企业的生存和发展产生影响的各种外部条件，与企业网络营销活动有关联因素的部分集合。

根据营销环境对企业网络营销活动影响的直接程度，网络营销环境可以分为网络营销宏观环境与网络营销微观环境两部分。

网络营销微观环境是指与企业网络营销活动联系较为密切、作用比较直接的各种因素的总称，主要包括企业内部条件和供应商、营销中介、顾客、竞争者、合作者以及公众等企业开展电子商务、网络营销的上下游组织机构。不同行业企业的微观营销环境是不同的，因此，微观营销环境又称行业环境因素。

网络营销宏观环境是指对企业网络营销活动影响较为间接的各种因素的总称，主要包括政治法律、人口、经济、社会文化、科学技术、自然地理等环境因素。

3.1.1　网络营销环境的构成

1. 网络营销的宏观环境

宏观环境是指一个国家或地区的政治、法律、人口、经济、社会文化、科学技术等影响企业进行网络营销活动的宏观条件。宏观环境对企业短期的利益可能影响不大，但对企业长期的发展具有很大的影响。所以，企业一定要重视宏观环境的分析研究。宏观环境主要包括以下六个方面的因素。

1）政治法律环境

政治法律环境包括国家政治体制、政治的稳定性、国际关系、法制体系等。在国家和国际政治法律体系中，相当一部分内容直接或间接地影响着经济和市场。所以，我们要进行认真的分析和研究。

2）经济环境

经济环境是内部分类最多、具体因素最多，并对市场具有广泛和直接影响的环境内容。经济环境不仅包括经济体制、经济增长、经济周期与发展阶段以及经济政策体系等大的方面的内容，同时也包括收入水平、市场价格、利率、汇率、税收等经济参数和政府调节取向等内容。

3）人文与社会环境

企业存在于一定的社会环境中，同时企业又是社会成员所组成的一个小的社会团体，不可避免地受到社会环境的影响和制约。人文与社会环境的内容很丰富，在不同的国家、地区、民族之间差别非常明显。在营销竞争手段向非价值、使用价值型转变的今天，企业营销必须重视人文与社会环境的研究。

4）科技与教育水平

科学技术对经济社会发展的作用日益显著，科技的基础是教育，因此，科技与教育是客观环境的基本组成部分。在当今世界，企业环境的变化与科学技术的发展有非常大的关系，特别是在网络营销时期，两者之间的联系更为密切。在信息等高新技术产业中，教育水平的差异是影响需求和用户规模的重要因素，已被提到企业营销分析的议事日程上来。

5）自然环境

自然环境是指一个国家或地区的客观环境因素，主要包括自然资源、气候、地形地质、地理位置等。虽然随着科技进步和社会生产力的提高，自然环境对经济和市场的影响整体上是趋于下降的趋势，但自然环境制约经济和市场的内容、形式则在不断变化。

6）人口

人是企业营销活动的直接和最终对象，市场是由消费者来构成的。所以在其他条件固定或相同的情况下，人口的规模决定着市场容量和潜力；人口结构影响着消费结构和产品构成；人口组成的家庭、家庭类型及其变化，对消费品市场有明显的影响。

2．微观环境

微观环境由企业及其周围的活动者组成，直接影响着企业为顾客服务的能力。它包括企业内部环境、供应者、营销中介、顾客或用户、竞争者等因素。

1）企业内部环境

企业内部环境包括企业内部各部门的关系及协调合作。企业内部环境包括市场营销部门之外的某些部门，如企业最高管理层、财务、研究与开发、采购、生产、销售等部门。这些部门与市场营销部门密切配合、协调，构成了企业市场营销的完整过程。

市场营销部门根据企业的最高决策层规定的企业的任务、目标、战略和政策，作出各项营销决策，并在得到上级领导的批准后执行。研究与开发、采购、生产、销售、财务等部门相互联系，为生产提供充足的原材料和能源供应，并对企业建立考核和激励机制，协调营销部门与其他各部门的关系，以保证企业营销活动的顺利开展。

2）供应者

供应者是指向企业及其竞争者提供生产经营所需原料、部件、能源、资金等生产资源的公司或个人。企业与供应者之间既有合作又有竞争，这种关系既受宏观环境影响，又制约着企业的营销活动，所以企业一定要注意与供应者搞好关系。供应者对企业的营销业务有实质性的影响。

3）营销中介

营销中介是协调企业促销和分销其产品给最终购买者的公司。其主要包括销售中间商，即销售商品的企业如批发商和零售商；代理中间商（经纪人）；服务商，如运输公司、仓库、金融机构等；市场营销机构，如产品代理商、市场营销咨询企业等。

由于网络技术的运用，给传统的经济体系带来巨大的冲击，流通领域的经济行为产生了分化和重构。消费者可以通过网上购物和在线销售自由地选购自己需要的商品，生产者、批发商、零售商和网上销售商都可以建立自己的网站并营销商品，所以一部分商品不再按原来的产业和行业分工进行，也不再遵循传统的商品购进、储存、运销业务的流程运转。

网上销售，一方面使企业间、行业间的分工模糊化，形成“产销合一”、“批零合一”的销售模式；另一方面，随着“凭订单采购”、“零库存运营”、“直接委托送货”等新业务方式的出现，服务与网络销售的各种中介机构也应运而生。

一般情况下，除了拥有完整分销体系的少数大公司外，营销企业与营销中介组织还是有密切合作与联系的。因为若中介服务能力强，业务分布广泛合理，营销企业对微观环境的适用性和利用能力就强。

4）顾客或用户

顾客或用户是企业产品销售的市场，是企业直接或最终的营销对象。网络技术的发展极大地消除了企业与顾客之间的地理位置的限制，创造了一个让双方更容易接近和交流信息的机制。互联网真正实现了经济全球化、市场一体化。它不仅给企业提供了广阔的市场营销空间，同时也增强了消费者选择商品的广泛性和可比性。顾客可以通过网络得到更多的需求信息，使他的购买行为更加理性化。虽然在营销活动中，企业不能控制顾客与用户的购买行为，但它可以通过有效的营销活动，给顾客留下良好的印象，处理好与顾客和用户的关系，促进产品的销售。

5）竞争者

竞争是商品经济活动的必然规律。在开展网上营销的过程中，不可避免地要遇到业务与自己相同或相近的竞争对手；研究竞争对手，取长补短，是克敌制胜的好方法。

竞争对手的类型主要有下列几种：

（1）愿望竞争者，指满足消费者目前各种愿望的竞争者。

（2）一般竞争者，指以不同的方法满足消费者同一需求的竞争者。

（3）产品形式竞争者，指满足消费者某种愿望的同类商品在质量、价格上的竞争者。

（4）品牌竞争者，指能满足消费者某种需要的同种产品的不同品牌的竞争者。

3.1.2　网络环境中的消费行为模式与特征分析

1. 传统的消费者行为模式

1）消费者购买行为的基本模式

消费者购买行为的研究，关键是弄清消费者在以下一系列问题上的决策。①谁参与购买活动（Who）？②他们购买什么商品（What）？③他们为什么要购买（Why）？④他们在什么时候购买（When）？⑤他们在什么地方购买（Where）？⑥他们准备购买多少（How much）？⑦他们将如何购买（How）？这些决策的作出是消费者在外部刺激下产生的心理活动的结果，我们将外部刺激被消费者接收后，经过一定的心理过程，产生的看得见的行为反应，称为消费者购买行为模式。

2）消费者的购买决策过程

消费者的购买决策过程由确认需要、搜集信息、评价选择、决定购买、购后行为共五个环节构成。

（1）需求确认。购买过程开始于需求确认——购买者认识到一个问题或需求。购买者觉察到他或她目前实际状况与理想状况的差异。需求可能由内部刺激引起，也可能由外部引起。

（2）信息寻求。产生了需求的消费者可能会也可能不会寻求更多的信息。如果消费者的动机很强烈而周围又有现成满意的产品，那么消费者极有可能进行直接购买。

消费者可以从下列来源中寻求信息：

个人来源：家庭、朋友、邻居、熟人。

商业来源：广告、销售人员、经销商、包装、陈列。

公共来源：大众媒体、消费者信誉机构。

经验来源：接触、检查及使用某产品。

（3）选择评价。营销人员应了解选择评价——即消费者如何利用信息来评价可供选择的品牌而作出抉择。第一，消费者会把产品看成是一系列产品属性的集合。第二，消费者会根据他或她独特的需要和希望而区别不同属性的重要性程度。第三，消费者会形成一系列关于各个属性中不同品牌的性能如何的品牌信念。第四，消费者期望的产品全部满意程度随不同的属性水平而变化。第五，消费者通过某种评价程序而形成对不同品牌的态度。

（4）购买决策。一般来说，消费者的购买决策将是购买他最爱的品牌，但在购买意向和购买决策之间还会受到两个因素的影响。第一是他人的态度，第二是不可预料情况因素。

（5）购买后行为。购买产品后，消费者可能会满意，也可能会不满意，答案在于消费者的期望和产品的被觉察到的性能之间的关系。如果产品未达到消费者期望，消费者就会失望；如果达到了期望，消费者就会满意；如果超出了期望，消费者就会惊喜。因此，公司的明智之举是定期衡量顾客的满意程度并采取额外的行动来减少顾客购买后的不满意程度。

2. 网络环境下消费者的行为模式

1）网络环境下消费者的消费新特点

由于互联网商务的出现，消费观念、消费方式和消费者的地位正在发生着重要的变化，使当代消费者心理与以往相比呈现出新的特点和趋势。

（1）个性消费的回归。在过去相当长的时期内，工商业都是将消费者作为单独个体进行服务的。在这一时期内，个性消费是主流。只是到了近代，工业化和标准化的生产方式才使消费者的个性被淹没于大量低成本、单一化的产品洪流之中。然而，没有一个消费者的心理是完全一样的，每一个消费者都是一个细分市场。心理上的认同感已成为消费者作出购买品牌和产品决策的先决条件，个性化消费正在也必将再度成为消费的主流。

（2）消费需求的差异性。不仅仅是消费者的个性化消费使网络消费需求呈现出差异性，对于不同的网络消费者因所处的时代、环境不同而产生不同的需求，不同的网络消费者在同一需求层次上的需求也会有所不同。所以，从事网络营销的厂商要想取得成功，必须在整个生产过程中，从产品的构思、设计、制造，到产品的包装、运输、销售，认真思考这种差异性，并针对不同消费者的特点，采取有针对性的方法和措施。

（3）消费主动性增强。消费主动性的增强来源于现代社会不确定性的增加和人类追求心理稳定和平衡的欲望。

（4）对购买方便性的需求与购物乐趣的追求并存。

（5）价格仍然是影响消费心理的重要因素。

（6）网络消费仍然具有层次性。网络消费本身是一种高级的消费形式，但就其消费内容来说，仍然可以分为由低级到高级的不同层次。在网络消费的开始阶段，消费者侧重于精神产品的消费，到了网络消费的成熟阶段，消费者在完全掌握了网络消费的规律和操作，并且对网络购物有了一定的信任感后，消费者才会从侧重于精神消费品的购买转向日用消费品的购买。

（7）网络消费者的需求具有交叉性。在网络消费中，各个层次的消费不是相互排斥的，而是具有紧密的联系，需求之间广泛存在着交叉的现象。

（8）网络消费需求的超前性和可诱导性。

（9）网络消费中女性占主导地位。

延伸阅读

移动互联网趋势分析

研究机构 Latitude Research 进行的一项调查表明，预计会有将近三分之二（63%）的智能手机用户在未来几年使用他们的移动设备进行购物。

此外，对于移动用户来说，节约时间和金钱是他们使用移动设备购物的主要原因。

73%的智能手机用户表示，选择移动购物是因为省时。

69%的受访者表示（这样做）是因为省钱。

69%的受访者表示（这样做）是因为可以在路上购物。

63%的受访者表示（这样做）是因为可以一边购物一边做别的事情。

研究结果显示，女士们会更倾向于从移动设备的优点中获益，享受更“有效的”购物经历。和男士相比，她们更偏向移动平台，因为不必再去排队，而且可以一边移动购物，一边做别的事情。

与之相反，移动购物吸引男士们的地方在于货品经过更好地甄选——意味着去浏览更少的产品。

该研究还包括题为“下一代零售移动平台”的相关结论，基于对900名英美两国智能手机用户的调查结果（在这个样本数据中，大约有590名平板设备用户）。

移动购物随处可见

移动购物已经融入人们每天的日常生活当中——从工作到家庭，以及这两点之间的位置：81%的智能手机用户表示，因为有了移动设备，他们在“持续不断地购物”。

令人惊讶的是，只使用智能手机的用户里面有77%的人表示，他们会定期在家使用移动设备购物，而不选择有更大屏幕且更全面的台式或笔记本电脑，59%的受访者在看电视时候购物。

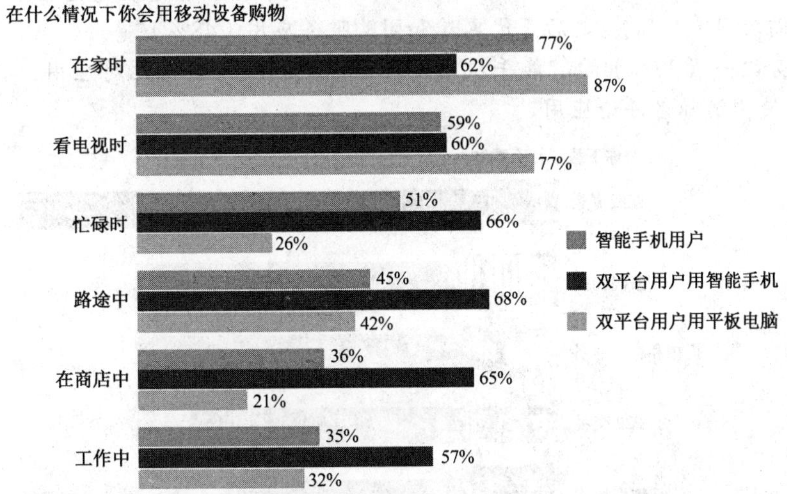

Source:Next-Gen Retail Mobile and Beyond,Latitude,2012.

双平台用户（该研究对其定义为拥有且定期使用智能手机和平板设备的人）偏好在家使用平板设备（87%），在其他地方他们则使用智能手机购物。

此外，将近三分之二（65%）的双平台用户曾经在店内使用智能手机进行购物。

有趣的是，每五个智能手机用户里面就有两个表示，有了移动购物的帮助，他们有更多“自我”的时间，感觉更加放松了。

店内购物，什么是用户最怀念的？

当被问到他们是否一定要在网上购物的时候，智能手机用户会提到店内购物的几个优点，如下是他们最怀念的：

①试用产品：52%

②即刻购买取货：39%

③不必宅在家里：39%

④和朋友家人一起购物：32%

⑤逛的乐趣（window shopping）：25%

线上和线下零售店合二为一

有60%的智能手机用户曾经在店内购物时使用过一台移动设备。在这些购物者当中：

82%的人曾经阅读过其他人留下的产品评论或者推荐

94%的人进行过产品比对

92%的人曾经用“智能”海报获取过优惠券

87%的人曾经查看店内地图来查找产品

移动购物激动人心的地方不仅只是零售环节，88%的智能手机用户表示，移动设备带来的实时信息让他们有了自发的购物行为，也就是说，对于探索新鲜事物抱更开放的心态。

此外，好的移动体验会对品牌有所助益：61%的智能手机用户表示，当移动体验很棒的时候，他们对品牌的看法也会更好。

移动应用

购物者同样会使用各种应用程序来满足需求。在线零售应用是最受欢迎的（61%），接着是条形码扫描应用（48%），之后是优惠券和团购服务应用（48%）。

超过三分之一（37%）的智能手机用户表示，他们使用价格比对应用，将近四分之一（22%）的人使用消费者评论应用。

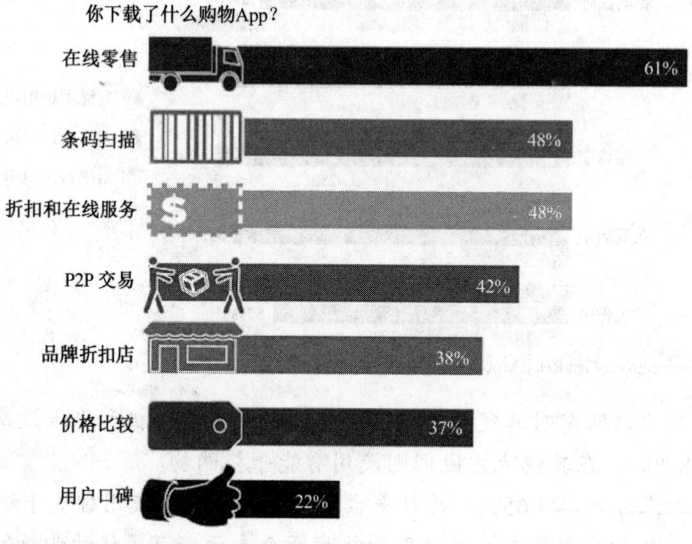

Source:Next-Gen Retail Mobile and Beyond,Latitude,2012.

本地搜索结果的惊喜

请求式获取地理信息（如 Google Maps、Yelp 等）让人们更好地了解周围的环境——Groupon、LivingSocial 和 Field Trip 等移动应用也做到了这一点。

总体来看，大约45%的智能手机用户表示，有了移动设备，他们会发现更多附近的好地方，发现更多的新产品和新体验。

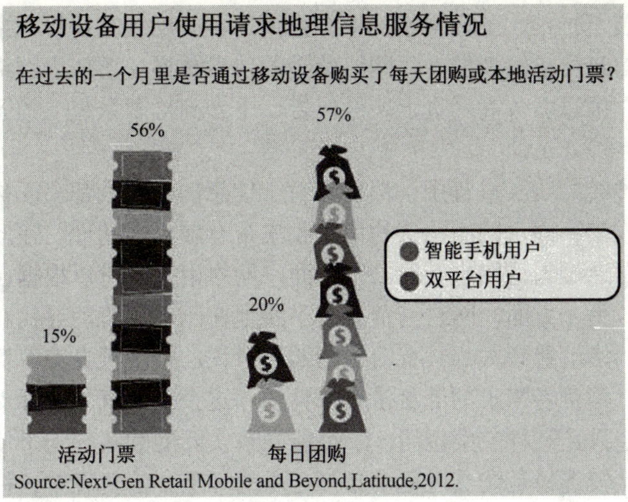

双平台用户尤其热衷于这种本地探索体验：

①和只使用智能手机的用户相比，有56%的双平台用户表示，他们曾在过去一个月用移动设备购买本地活动门票。

②有57%的双平台用户在过去一个月通过移动设备购买每天的团购，只使用智能手机的用户群体这一数据则是20%。

2）网络环境下消费者的购买过程

网络环境下消费者的购买过程，也就是网络消费者购买行为形成和实现的过程。网络环境下消费者的购买过程可以粗略地分为五个阶段：唤起需求、收集信息、比较选择、购买决策和购后评价。

（1）唤起需求。网络环境下购买过程的起点是诱发需求。消费者的需求是在内外因素的刺激下产生的。当消费者对市场中出现的某种商品或某种服务发生兴趣后，才可能产生购买欲望。这是消费者作出消费决定过程中所不可缺少的基本前提。如若不具备这一基本前提，消费者也就无从作出购买决定。

对于网络营销来说，诱发需求的动因局限于视觉和听觉。文字的表述、图片的设计、声音的配置是网络营销诱发消费者购买的直接动因。从这方面讲，网络营销对消费者的吸引具有相当的难度。这要求从事网络营销的企业或中间商注意了解与自己产品有关的实际需求和潜在需求，了解这些需求在不同时间的不同程度，了解这些需求是由哪些刺激因素诱发的，进而巧妙地设计促销手段去吸引更多的消费者浏览网页，激发他们的需求欲望。

（2）收集信息。在购买过程，收集信息的渠道主要有两个——内部渠道和外部渠道。内部渠道是指消费者个人所储存、保留的市场信息，包括购买商品的实际经验、对市场的观察以及个人购买活动的记忆等；外部渠道则是指消费者可以从外界收集信息的通道，包括个人渠道、商业渠道和公共渠道等。

个人渠道主要提供来自消费者的亲戚、朋友和同事的购买信息和体会。这种信息和体会在某种情况下对购买者的购买决策起着决定性的作用。网络营销绝不可忽视这一渠道的作用。

商业渠道，如展览推销、上门推销、中介推销、各类广告宣传等，主要是通过厂商的有意识的活动把商品信息传播给消费者。网络营销的信息传递主要依靠网络广告和检索系统中的产品介绍，包括在信息服务商网页上所做广告、中介商检索系统上的条目以及自己主页上的广告和产品介绍。

一般说来，在传统的购买过程中，消费者对于信息的收集大都出于被动进行的状况。与传统购买时信息的收集不同，网络购买的信息收集带有较大主动性。在网络购买过程中，商品信息的收集主要是通过因特网进行的。一方面，网络消费者可以根据已经了解的信息，通过因特网跟踪查询；另一方面，网络消费者又不断地在网上浏览，寻找新的购买机会。由于消费层次的不同，网络消费者大都具有敏锐的购买意识，始终领导着消费潮流。

（3）比较选择。消费者需求的满足是有条件的，这个条件就是实际支付能力。没有实际支付能力的购买欲望只是一种空中楼阁，不可能导致实际的购买。为了使消费需求与自己的购买能力相匹配，比较选择是购买过程中必不可少的环节。消费者对各种渠道汇集而来的资料进行比较、分析、研究，了解各种商品的特点和性能，从中选择最为满意的一种。一般说来，消费者的综合评价主要考虑产品的功能、可靠性、性能、样式、价格和售后服务等。

网络购物不直接接触实物。消费者对网上商品的比较依赖于厂商对商品的描述，包括文字的描述和图片的描述。网络营销商对自己的产品描述不充分，就不能吸引众多的顾客。而如果对产品的描述过分夸张，甚至带有虚假的成分，则可能永久地失去顾客。

（4）购买决策。网络环境下消费者在完成了对商品的比较选择之后，便进入到购买决策阶段。与传统的购买方式相比，网络购买者的购买决策有许多独特的特点。首先，网络购买者理智动机所占比重较大，而感情动机的比重较小。其次，网络购买受外界影响较小，大部分的购买决策是自己作出的或是与家人商量后作出的。再次，网上购物的决策行为较之传统的购买决策要快得多。

网络环境下消费者在决策购买某种商品时，一般必须具备三个条件：第一，对厂商有信任感；第二，对支付有安全感；第三，对产品有好感。所以，树立企业形象，改进货款支付办法和商品邮寄办法，全面提高产品质量，是每一个参与网络营销的厂商必须重点抓好的三项工作。这三项工作抓好了，才能促使消费者毫不犹豫地作出购买决策。

（5）购后评价。消费者购买商品后，往往通过使用，对自己的购买选择进行检验和反省，重新考虑这种购买是否正确，效用是否理想，以及服务是否周到等问题。这种购后评价往往决定了消费者今后的购买动向。

为了提高企业的竞争力，最大限度地占领市场，企业必须虚心倾听顾客反馈的意见和建议。互联网为网络营销者收集消费者购后评价提供了得天独厚的优势。方便、快捷、便宜的电子邮件、微博、微信等紧紧连接着厂商和消费者。厂商可以在订单的后边附上一张意见表，消费者购买商品的同时，就可以同时填写自己对厂商、产品及整个销售过程的评价，或鼓励消费者通过微博、微信反馈和分享产品及购物体验。厂商从网络上收集到这些评价之后，通过计算机的分析、归纳，可以迅速找出工作中的缺陷和不足，及时了解到消费者的意见和建议，随时改进自己的产品性能和售后服务。

3）网上购物的类型

网上顾客一般可分为三种类型，即冲动型购买者——迅速购买商品；有耐心的购买者——在进行了某些比较后进行购买；分析型购买者——在作出购买决策前要进行大量的调查。

消费者的购买行有功利型和快乐型之分。前者是为了达到某种目的和完成某种任务而进行的购买；后者则是通过购买可以从中感觉到乐趣而采取的行为。功利型购买行为通常与合理推理和相关任务联系在一起，其购买行为具有针对性并讲求效率。快乐型购买行为表现为购物的娱乐性，追求购物过程的刺激性、高度参与感和快乐满足感，体会购物过程的自由度和对于现实的逃避，而购买是整个购物过程的附带品。网上商店往往会对功利型购买行为给予更多的关注，而对购物的快乐性在网上环境考虑得不够充分。

网上购物一般分为四种类型：

（1）专门计划型购物：需求在进入网上商店前已经确定，消费者购买预计的商品。

（2）一般计划型购物：需求在进入网上商店前已经确定，但是购物者在店内根据商品的制造商，确定满意的商品。

（3）提醒购物：网上商店的营销带来了顾客的需求，如网上广告、促销活动带来的消费者的需求。

（4）完全无计划购物：进入网上商店前毫无目的。

4）影响消费者行为模式与消费特征的因素

所谓消费者行为是指消费者为满足其个人或家庭生活需要而发生的购买商品的决策或行动。消费者的行为是受动机支配的，因此研究消费者的购买行为应先分析消费者的需求和欲望。影响消费者行为的主要因素有以下几个方面：

（1）产品因素。

①产品特性。网上市场不同于传统市场，根据网上消费者的特征，网上销售的产品，首先要考虑产品的新颖性，因为网上消费者以青年人为主，他们追求商品的时尚和新颖；其次要考虑产品购买的参与程度，对消费者要求参与的程度比较高且要求消费者需要现场购物体验的产品，一般不宜在网上销售。但这类产品可以采用网络营销推广的功能来扩大产品的宣传，辅助传统营销活动。

②产品的价格。从消费者的角度讲，价格不是决定消费者购买的唯一因素，但却是消费者在购买商品时肯定要考虑的因素，而且是一个非常重要的因素。当今市场是一个不完全竞争的市场，这个市场最明显的特征就是完全垄断。寡头垄断、垄断竞争和自由竞争并存，决定商品的价格的主要是企业，尤其是那些具有垄断性质的大企业，互联网的出现为创造一个完善的市场机制创造了条件，互联网上的信息具有透明性、完全性和平等性等特点，网上营销的价格对于互联网用户而言是完全公开的，价格的制定要受到同行业、同类产品价格的约束，从而制约了企业通过价格来获得高额垄断利润的可能，使消费者的选择权大大提高，交易过程更加直接。

另外，消费者对于互联网有一个免费的心理预期，那就是：即使网上的商品不是免费的，那么价格也应该比传统的销售渠道的价格要低。网络市场与传统营销市场相比，能够减少营销活动中的中间费用和一些额外的信息费用，可以降低产品的成本和销售费用，这正是互联网商业应用的巨大潜力所在。

③购物的便捷性。方便快捷的购物方式也是消费者购物时要考虑的因素之一，消费者选择网上购物的便捷性主要体现在以下两个方面：

一是时间上的便捷性。网上虚拟市场全天候提供销售服务，随时准备接待顾客，而不受任何限制。

二是商品挑选范围的便捷性。消费者可以足不出户就在很大的范围内选择商品，对于个体消费者来说购物可以“货比多家”、“精心挑选”；对单位采购进货人员来说，其进货渠道和视野也不会再局限于少数几个定时、定点的订货会议或者几个固定的供应厂家，而可以大范围地选择品质最好、价格最便宜、各方面最实用的产品，这是传统购物方式难以做到的。

④安全可靠。影响消费者进行网络购物的另一个重要因素，就是安全性和可靠性问题。对于现阶段的网络营销来说，很多问题归根结底最重要的还是安全问题。1999 年 1 月，曾有人利用在新闻组中查到的普遍技术手段，轻而易举地从多个商业站点闯入美国军方一个控制卫星的计算机系统。因此，对网上购物的各个环节，都必须加强安全和控制措施，保护消费者购物过程的信息传递安全和个人隐私，以树立消费者对网站的信心。网络购物与传统营销购物不同，在网上消费一般需要先付款后送货，这种购物方式就更决定了网络购物安全性、可靠性的重要。

（2）心理影响因素。消费者的个性心理包括消费者的需要、动机、兴趣、理想、信念、世界观等个性心理倾向以及能力、气质、性格等个性心理特征，这是影响消费者行为的内在因素，消费者在购买决策上受到四种主要的心理因素的影响。

①动机。所谓动机，是指推动人进行活动的内部原动力（内在的驱动力），即激励人行动的原因。人只要处于清醒的状态之中，就要从事这样或那样的活动。无论这些活动对主体具有多大的意义和影响，对主体需要的满足具有怎样的吸引力，也无论这些活动是长久的还是短暂的，它们都是由一定的动机所引起的。网络消费者的购买动机是指在网络购买活动中，能使网络消费者产生购买行为的某些内在的驱动力。

动机是一种内在的心理状态，不容易被直接观察到或被直接测量出来，但它可根据人们的长期的行为表现或自我陈说加以了解和归纳。对于企业促销部门来说，通过了解消费者的动机，就能有依据地说明和预测消费者的行为，采取相应的促销手段。而对于网络促销来说，动机研究更为重要。因为网络促销是一种不见面的销售，网络消费者复杂的、多层次的、交织的和多变的购买行为不能直接观察到，只能够通过文字或语言的交流加以想象和体会。

网络消费者的购买动机基本上可以分为两大类：需求动机和心理动机。前者是指人们由于各种需求，包括低级的和高级的需求而引起的购买动机，而后者则是由于人们的认识、感情、意志等心理过程而引起的购买动机。

②知觉。知觉是指个人选择、组织和解释外来信息以构成其内心世界景象的一种过程，人们受动机激发以后就会准备行动，但是被激发的人将如何行动则取决于其对情况的知觉。处于相同激发状态和客观情况的两个人，可能因为对情况的知觉不同而产生不同的行为。

③学习。学习是指个人由于经验而改变其行为。大多数的人类行为是从学习中得来的。人类的学习是通过冲动、刺激、提示、反应和增强等相互作用而产生的。冲动是指迫使一个

人采取行动的强大内在刺激；刺激是指某种对象给予一个人的提示诱因和驱动力；提示是较微弱的刺激，它决定个人在何时、何地及如何反应；反应是指一个人对刺激所作出的回应行为；增强是指一个人在获得行为结果的正效应后，自身的刺激反应会进一步加深。

④信念与态度。信念是指个人对某些事物所持有的想法；态度则是指个人对某些事物或观念所始终持有的评价、情感和行动倾向。通过行动与学习过程之后，人们会形成某些信念和态度，这些观念又将影响他们的购买决策。公司应该尽可能使产品符合消费者已有的信念或态度。

（3）社会影响因素。社会因素所指的是消费者周围的人对他所产生的影响，其中以参考群体、家庭以及角色地位最为重要。参考群体是影响一个人态度、意见和价值观的所有团体，分为两类：成员团体——自己身为成员之一的团体，如家庭、同事、同业工会等；理想团体——自己虽非成员，但愿意归属的团体，如知名运动员、影视明星等，对消费者行为具有相当的影响力。参考群体对消费者购买行为的影响，表现在三个方面：

①参考群体为消费者展示出新的行为模式和生活方式。

②由于消费者有效仿其参考群体的愿望，因而消费者对某些事物的看法和对某些产品的态度也会受到参考群体影响。

③参考群体促使人们的行为趋于某种“一致化”，从而影响消费者对某些产品和品牌的选择。

社会文化对消费者购买行为也有影响，这一点在网络环境下也不例外，人类的某种社会生活，久而久之，必然会形成某种特定的文化，包括一定的态度和看法、价值观念、道德规范以及世代相传的风俗习惯等。文化是影响人们欲望和行为的一个很重要的因素。企业的最高管理层作出市场营销决策时必须研究这种文化动向。

3.1.3　市场细分与目标市场选择

市场细分（Market Segmentation）是指营销者通过市场调研，依据消费者的需要和欲望、购买行为和购买习惯等方面的差异，把某一产品的市场整体划分为若干消费者群的市场分类过程。每一个消费者群就是一个细分市场，每一个细分市场都是具有类似需求倾向的消费者构成的群体。

目标市场选择是指企业在划分好细分市场之后，估计每个细分市场的吸引力程度，并选择进入一个或多个细分市场。

1．市场细分的必要性

细分市场不是根据产品品种、产品系列来进行的，而是从消费者（指最终消费者和工业生产者）的角度进行划分的，是根据市场细分的理论基础，即消费者的需求、动机、购买行为的多元性和差异性来划分的。市场细分对企业的生产、营销起着极其重要的作用。

1）有利于选择目标市场和制定市场营销策略

市场细分后的子市场比较具体，比较容易了解消费者的需求，企业可以根据自己经营思想、方针及生产技术和营销力量，确定自己的服务对象，即目标市场。针对着较小的目标市场，便于制定特殊的营销策略。同时，在细分的市场上，信息容易了解和反馈，一旦消费者的需求发生变化，企业可迅速改变营销策略，制定相应的对策，以适应市场需求的变化，提高企业的应变能力和竞争力。

2）有利于发掘市场机会，开拓新市场

通过市场细分，企业可以对每一个细分市场的购买潜力、满足程度、竞争情况等进行分析对比，探索出有利于本企业的市场机会，使企业及时作出投产、移地销售决策或根据本企业的生产技术条件编制新产品开拓计划，进行必要的产品技术储备，掌握产品更新换代的主动权，开拓新市场，以更好地适应市场的需要。

3）有利于集中人力、物力投入目标市场

任何一个企业的资源、人力、物力、资金都是有限的。通过细分市场，选择了适合自己的目标市场，企业可以集中人、财、物及资源，去争取局部市场上的优势，然后再占领自己的目标市场。

4）有利于企业提高经济效益

前面三个方面的作用都能使企业提高经济效益。除此之外，企业通过市场细分后，可以面对自己的目标市场，生产出适销对路的产品，既能满足市场需要，又可增加企业的收入；产品适销对路可以加速商品流转，加大生产批量，降低企业的生产销售成本，提高生产工人的劳动熟练程度，提高产品质量，全面提高企业的经济效益。

2．如何进行市场细分

1）市场细分之前，需要先把市场进行区隔

市场可以细分，因为人从性格上可以分为很多类，市场主要说的是人的一种需求。人从婴幼儿到老年都是有需求的，但是相同的产品不可能适合所有人。一个产品适合一个年龄段的人群，这个年龄段就叫整体人群的区隔人群。群体大就是大的区隔人群，小的就是小的区隔人群。人群划分出几块儿来，有婴儿、幼儿、少儿、少年、青年、壮年、中年、老年，这是从年龄上分出来的区隔，还可以从性别上、经济能力上进行区隔。有些产品适合从年龄上区隔，有些产品适合从性别上区隔，还有些适合从经济能力上区隔。

共性的需求产品一般从年龄上直接区隔就可以了，但是市场上的产品不仅是共性需求的产品，还有满足其他方面需求的产品，有满足爱好的、满足娱乐的，还有满足欲望的。不同的产品针对的人群不一样，只要把产品对应的人群给分开，就会形成一个个区隔的人群范围。

区隔市场与市场细分不同，区隔是区隔出一个大的市场人群，也叫市场区隔。它可以用一个产品类别去对应，除了对应不同年龄，还可以对应男性、女性。在男性和女性当中，还可以从年龄上对应青年女性、青年男性，或者是中年女性、中年男性，反正这些都叫区隔，用一个大产品类别对应市场的一类人群的就叫区隔市场。

2）在区隔市场的基础上细分市场

在区隔市场的基础上细分市场。在区隔市场中，还会把这些已经区隔的人群进行细分。

比如，一个产品面对 25～35 岁的女性群体，这就是它的消费人群。如果它是女性化妆品，其市场已经非常成熟了，这个年龄段的消费者已经不满足这个产品给她们带来的产品的共性利益了，所以要进行细分。

如何细分呢？就是在产品的共性利益基础上加上个性利益，然后针对这个年龄段不同个性特点的人所要求的个性利益点，这就是细分。怎么叫对应利益点呢？比如，生产一块香皂，共性的利益是去污、杀菌。这个利益对这个年龄段的人都有作用。但细分之后就产生了不同，美白香皂就对应了一类既去污，又杀菌，还需要美白的人群。另外，润肤的香皂就对应了需要润肤的人群，还有需要保养的、需要防衰老的等。用产品的特点对应 25～35 岁的人群里每一种个性化的利益需求人群，这就叫细分。

3）随着市场的成熟，细分越来越细

由于市场竞争的加剧，在大的细分条件下还出现了更细的细分。比如，服装的细分，服装可以从职业上分，可以从生活方式上分，还可以分早上、中午、晚上的服装。在这些服装当中，每一种还可以对应不同的性格人群。比如，一个女孩如果比较活泼，可以穿活泼一点儿的服装；如果比较内向，可以穿比较素雅或者比较内敛的服装。

服装的大类别里面可以分出商务的、休闲的，还可以有商务休闲的。在休闲里面还有很多种类。比如说，休闲里边有户外攀岩的、户外野游的、户外运动的，还有户外时尚的。同样，有室内的、室内休闲的、户内时尚的、户内放松的和户内性感的等。总之，可以分很多，这些都是对应不同人群里边不同的需求方式。

在一个需求方式里，同一个人在不同时间点上的需求也不同，这也是细分。这些细分是有条件的。条件是什么？就是市场条件。什么叫市场条件？就是做细分产品时要考虑这个市场成熟不成熟。市场没有成熟到一定程度的时候不要细分。

比如，从计划经济进入到市场经济，产品开始丰富起来，人们的需求方式随之改变。以前，大家都搽雪花膏，早上起来往手上搽点儿蛤蜊油、往脸上搽点儿雪花膏润润肤就很不错了。但随着市场经济的活跃和人们生活水平的提高，好的产品逐渐被认识，人们对美的认识也改变了，对一些高档化妆品也从被动需求变成主动需求了，这个时候市场就逐渐成熟起来了。

市场成熟之后，就会有更多细分的产品出现。从以前用雪花膏简单的润肤到美白这个概念是一个过程，后来美白已经不能满足人们的需求了，人们想让皮肤更滋养、更有弹性，所以不同概念的产品需求都产生了。有了这样细分的需求，才会有细分的产品来对应。

4）依靠调研考量市场的成熟程度进行细分

一个需求满足之后，人们会追求更高层次的需求。如果一个市场还处于简单的、基本需求的时候，企业生产一个细分产品进入这个市场就要先教育市场跟上其步伐，这是很难做到的。

消费者的认识是逐步发展的，还没有认识到的时候，单靠一家企业的力量去把他教育到跨一个时代的理解程度是不可能的。如果在英国有这个市场，人们希望中国也有这个市场，这种想法不一定完全现实。中国有企业可能会有这个条件和能力，但是不一定有这种意识。市场的前进是按部就班的，企业要根据市场的调研结果来考虑产品的市场是处于什么阶段，只有到了相对成熟的状态下，才可以用产品去细分。用产品细分的目的也是对应市场的需求，所以说，市场细分是在成熟条件下产生的。

3. 目标市场选择标准

在目标市场的选择中，我们可以参考以下几条标准。

1）有一定的规模和发展潜力

企业进入某一市场是期望能够有利可图，如果市场规模狭小或者趋于萎缩状态，企业进入后难以获得发展，此时，应审慎考虑，不宜轻易进入。当然，企业也不宜以市场吸引力作为唯一取舍，特别是应力求避免“多数谬误”，即与竞争企业遵循同一思维逻辑，将规模最大、吸引力最大的市场作为目标市场。大家共同争夺同一个顾客群的结果是，造成过度竞争和社会资源的无端浪费，同时使消费者的一些本应得到满足的需求遭受冷落和忽视。

现在国内很多企业动辄将城市尤其是大中城市作为其首选市场，而对小城镇和农村市场不屑一顾，很可能就步入误区，如果转换一下思维角度，一些目前经营尚不理想的企业说不定会出现“柳暗花明”的局面。

2）细分市场结构的吸引力

细分市场可能具备理想的规模和发展特征，然而从赢利的观点来看，它未必有吸引力。波特认为有五种力量决定整个市场或其中任何一个细分市场的长期的内在吸引力。这五个群体是：同行业竞争者、潜在的新参加的竞争者、替代产品、购买者和供应商。他们具有如下五种威胁性。

（1）细分市场内激烈竞争的威胁。如果某个细分市场已经有了众多的、强大的或者竞争意识强烈的竞争者，那么该细分市场就会失去吸引力。如果出现该细分市场处于稳定或者衰退，生产能力不断大幅度扩大，固定成本过高，撤出市场的壁垒过高，竞争者投资很大，那么情况就会更糟。这些情况常常会导致价格战、广告争夺战，新产品推出，并使公司要参与竞争就必须付出高昂的代价。

（2）新竞争者的威胁。如果某个细分市场可能吸引会增加新的生产能力和大量资源并争夺市场份额的新的竞争者，那么该细分市场就会没有吸引力。问题的关键是新的竞争者能否轻易地进入这个细分市场。如果新的竞争者进入这个细分市场时遇到森严的壁垒，并且遭受到细分市场内原来的公司的强烈报复，他们便很难进入。保护细分市场的壁垒越低，原来占领细分市场的公司的报复心理越弱，这个细分市场就越缺乏吸引力。某个细分市场的吸引力随其进退难易的程度而有所区别。

根据行业利润的观点，最有吸引力的细分市场应该是进入的壁垒高、退出的壁垒低。在这样的细分市场里，新的公司很难打入，但经营不善的公司可以安然撤退。如果细分市场进入和退出的壁垒都高，那里的利润潜量就大，但也往往伴随较大的风险，因为经营不善的公司难以撤退，必须坚持到底。如果细分市场进入和退出的壁垒都较低，公司便可以进退自如，然而获得的报酬虽然稳定，但不高。最坏的情况是进入细分市场的壁垒较低，而退出的壁垒却很高。于是在经济良好时，大家蜂拥而入，但在经济萧条时，却很难退出。其结果是大家都生产能力过剩，利润下降。

（3）替代产品的威胁。如果某个细分市场存在着替代产品或者有潜在替代产品，那么该细分市场就失去吸引力。替代产品会限制细分市场内价格和利润的增长。公司应密切注意替代产品的价格趋向。如果在这些替代产品行业中技术有所发展，或者竞争日趋激烈，这个细分市场的价格和利润就可能会下降。

（4）购买者讨价还价能力加强的威胁。如果某个细分市场中购买者的讨价还价能力很强或正在加强，该细分市场就没有吸引力。购买者会设法压低价格，对产品质量和服务提出更高的要求，并且使竞争者互相斗争，所有这些都会使销售商的利润受到损失。如果购买者比较集中或者有组织，或者该产品在购买者的成本中占较大比重，或者产品无法实行差别化，或者顾客的转换成本较低，或者由于购买者的利益较低而对价格敏感，或者顾客能够向后实行联合，购买者的讨价还价能力就会加强。销售商为了保护自己，可选择议价能力最弱或者转换销售商能力最弱的购买者。较好的防卫方法是提供顾客无法拒绝的优质产品供应市场。

（5）供应商讨价还价能力加强的威胁。如果公司的供应商——原材料和设备供应商、公用事业、银行、公会等，能够提价或者降低产品和服务的质量，或者减少供应数量，那么该公司所在的细分市场就会没有吸引力。如果供应商集中或有组织，或者替代产品少，或者供应的产品是重要的投入要素，或转换成本高，或者供应商可以向前实行联合，那么供应商的讨价还价能力就会较强大。因此，与供应商建立良好关系和开拓多种供应渠道才是防御上策。

3）符合企业目标和能力

某些细分市场虽然有较大吸引力，但不能推动企业实现发展目标，甚至分散企业的精力，使之无法完成其主要目标，这样的市场应考虑放弃。另外，还应考虑企业的资源条件是否适合在某一细分市场经营。只有选择那些企业有条件进入、能充分发挥其资源优势的市场作为目标市场，企业才会立于不败之地。

4．目标市场选择战略

根据各细分市场的独特性和企业自身的目标，有三种目标市场战略可供选择。

1）无差异性目标市场策略

该策略是把整个市场作为一个大目标开展营销，它们强调消费者的共同需要，忽视其差异性。

采用这一策略的企业，通常实力强大，采用大规模生产方式，又有广泛而可靠的分销渠道，以及统一的广告宣传方式和内容。

2）差异性目标市场策略

该策略通常是把整体市场划分为若干细分市场作为其目标市场。针对不同目标市场的特点，分别制订出不同的营销计划，按计划生产目标市场所需要的商品，满足不同消费者的需要。

3）集中性目标市场策略

该策略是选择一个或几个细分化的专门市场作为营销目标，集中企业的优势力量，对某细分市场采取攻势营销战略，以取得市场上的优势地位。

一般来说，实力有限的中小企业多采用集中性市场策略。

3.1.4 网络市场定位

网络目标市场确定以后，企业必须进行市场定位，为本企业以及产品在市场上树立一定的特色，塑造预定的形象，并争取目标顾客的认同。它需要向目标市场说明，本企业与现有的及潜在的竞争者有什么区别。这种勾画企业形象和所提供的价值，以使目标顾客理解和正确认识本公司有别于其竞争者的象征的行为，就是市场定位。

在市场营销过程中，市场定位离不开产品和竞争，因此市场定位（Market Positioning）、产品定位（Product Positioning）与竞争性定位（Competitive Positioning）三个概念经常交替使用。市场定位强调的是企业在满足市场需要方面，与竞争者比较，应当处于什么位置，使顾客产生何种印象和认识；产品定位是指就产品属性而言，企业与竞争对手的现有产品，应在目标市场上各自处于什么位置；竞争性定位则突出在目标市场上，和竞争者的产品相比较，企业应当提供何种特色的产品。三个术语在实质上是从不同角度认识同一事物。

目标市场决策决定了一个企业的顾客和竞争对手。市场定位则进一步限定了这个企业的顾客和竞争对手。市场定位还有利于建立企业及其产品的市场特色。在现代社会，同一市场上有许多同质化的产品出现的情况大量存在，给这些产品的生产厂家和经营者造成了严重的威胁。企业为了使自己生产或经营的产品获得稳定的销路，防止被别家产品所替代，唯有从各方面为其产品培养一定的特色，树立一定的市场形象，以期在顾客心目中形成一种特殊的偏爱。也就是说，进行市场定位。

随着商品经济的发展，市场竞争日趋激烈，企业想让顾客在浩如烟海的产品中找到自己的产品、购买自己的产品，得有一定的特色，要与竞争者的产品有所差别，培养顾客的忠诚度。可以预测，随着电子商务的发展，网络营销的关键之一，也在于市场定位。

在营销策略中，营销组合策略是非常重要的内容。然而，定位是在它的前面的。只有当定位的问题解决了之后，企业才能决定营销组合是什么。营销组合的各个方面必须与定位策略相互配合。

1. 市场定位的依据

企业进行市场定位，突出企业及产品的特色，在市场上树立鲜明形象，以求体现与竞争者产品的差异。这种差异可以从以下四个方面去寻找、突出。

1）产品实体差异化

产品差异化的关注重点是产品实际上的、看得见的、可感觉到的差别，这是顾客理解和认同定位诉求的基石，但出发点依然是顾客的心理需要。当我们突出产品实体的某种特色时，这种特色是从顾客的心理出发的，要切入顾客的心中，打动顾客的心。产品差异化的具体变量有：产品特征、性能、结构、耐用性、易修复性、质量、式样及产品设计。其中产品的特征是公司产品差异化极具竞争力的工具。

要注意的是，产品差异化不是市场细分。市场细分的着眼点是要针对不同顾客的需求特点开发出不同的产品；而产品差异化的着眼点则是已经存在的产品，使它的某种特征与竞争者的同类产品有明显的区别。

广州宝洁公司的洗发剂的定位比较成功，“海飞丝”突出其去头屑的特征，飘柔强调洗后头发的飘逸柔顺，而潘婷则强调对头发的护理和保养，它们分别抓住了有头屑的、长发少女、发质受损女性的心理。

2）服务差异化

服务差异化是“附加产品”的差别化。除了对有形产品进行差别化外，企业还可以对服务进行差别。当产品实体难以进行差异化时，竞争成功的关键往往取决于服务的优劣。

服务是软性的，在这方面做好是不太容易的，好与坏的标准也较难确定，但企业可从送货服务、顾客培训服务、安装服务、咨询服务、修理服务等几个方面寻求与竞争者的差异，而这种差异又是消费者十分关注的。

3）形象差异化

在市场上，当实体产品以及附加产品都相似时，企业可树立独特的形象，以显示与竞争者产品的不同。如都是纯净水，“娃哈哈”以情感动人，一句“我的眼里只有你”，深深打动消费者的心；而农夫山泉强调“有点甜”。这是由于公司或品牌的不同，消费者也会作出不同的反应。因为，品牌可以形成不同的“个性”，以供消费者选择。

消费者之所以对某个品牌感兴趣，是由于每个人都有突显自己个性的心理需要。当某种品牌正好切合自己的个性特点时，顾客通常就会把这种品牌的商品买下来，并向别人显示，以表现其个性。

形象不可能一夜之间在公众心目中形成，也不可能凭借一种媒体就可以塑造。设计鲜明的产品形象，需要摸透消费者心理，并需要创造力和艰苦的工作。

4）人员差异化

人员差异化对服务性企业尤为重要。企业可以通过雇用、培训出比竞争对手更优秀的员工，来赢得强大的竞争优势。例如，麦当劳的员工都十分礼貌，IBM 的员工技术水平很高，迪士尼公司的员工态度都非常乐观热情。正是依靠这些具有不同特点的优秀员工，这些公司在顾客的心中留下了深刻的印象。

人员差异化可从以下几个方面进行：员工的能力、言行举止、可信度、可靠性、敏捷性与可交流性等。但要注意的是，员工的总体表现是员工个体表现的总和，特别是与顾客直接接触的员工，只要有个别表现不佳，就有可能使全体员工乃至整个公司蒙受恶名。

2．市场定位策略

所谓知己知彼，百战不殆。因此企业首先要了解市场上有哪些竞争对手，他们生产哪些产品，这些产品各具何种特色；然后，进一步分析竞争者产品的市场占有率、销售量排名、价格以及顾客对产品满意度的排名。除此之外，还要关注这些产品所利用技术的进展、替代品的发展状况、可能出现的新产品等，把企业的产品与主要竞争者进行比较。

产品定位中有一大误区，企业为了强调与竞争者产品的差异，而忘了产品是卖给消费者的，以至于为“定位”而定位。因为一种属性再怎样与众不同，如果不是顾客关心之处，亦是枉然。

例如，消费者购买手机，可以突出手机的颜色、款式、型号、功能、服务等的不同，但不同目标顾客对手机的上述特征的重视程度是不同的，如女性顾客比较关注的是手机的颜色和款式，而对一位发烧友来讲，他更关注的是手机性价比、手机的功能。这就需要企业深入调查，切忌闭门造车想当然，否则易得“竞争近视症”。

企业在具体探索定位策略时，大致有六种定位策略可供选择。

1）比附定位

比附定位就是比拟名牌，攀附名牌来给自己的产品定位，以借名牌之光而使自己的品牌生辉。比附定位的主要办法有三：

一是甘居“第二”，就是明确承认本门类中另有最负盛名的品牌，自己只不过是第二而已。这种策略会使人们对企业产生一种谦虚诚恳的印象，相信企业所说是真实可靠的，这样自然而然地使消费者能记住这个通常不易进入人们心中的品牌。

二是攀龙附凤。其切入点亦如上述，首先是承认同一门类中已有卓越成就的名牌，本品牌虽自愧不如，但在某地区，或在某一方面还可与这些最受顾客欢迎和信赖的品牌并驾齐驱，平分秋色。如内蒙古的宁城老窖，以“宁城老窖——塞外茅台”的广告诉求来定位，就是一个较好的例子。

三是奉行“高级俱乐部策略”，就是企业如果不能取得第一名，或攀附第二名，便退而采用此策略，借助群体的声望和模糊数学的手法，打出入会限制严格的俱乐部式的高级团体牌子，强调自己是这一高级群体的一员，从而提高自己的地位形象。如可宣称自己是某某行业的三大企业之一，50 家大企业之一，10 家驰名商标之一等。

2）属性定位

属性定位即根据特定的产品属性来定位。如广东客家酿酒总公司生产的“客家娘酒”，把其定位为“女人自己的酒”，突出这种属性，对女性消费者来说就很具吸引力。因为一般名酒酒精度都较高，女士们多数无口福享受，客家娘酒宣称为女人自己的酒，就塑造了一个相当于“XO 是男士之酒”的强烈形象，不仅可在女士们心目中留下深刻的印象，还会成为不能饮高度酒的男士指定选用的品牌。

3）利益定位

利益定位即根据产品所能满足的需求或所提供的利益、解决问题的程度来定位。如佳洁士清新牙膏定位为“超洁爽口”，中华健齿白牙膏定位为“快白牙齿”，云南白药牙膏定位为“疗效牙膏”，宣称对牙周炎、牙龈出血等多种口腔疾患有显著疗效。这些定位都各能吸引一大批顾客，分别满足他们的特定要求。

4）与竞争者画定界线的定位

该定位就是与某些知名而又属司空见惯类型的产品作出明显的区分，给自己的产品定一个相反的位置。如美国的七喜汽水，之所以能成为美国第三大软性饮料，就是由于采用了这种策略，宣称自己是“非可乐”型饮料，是代替可口可乐和百事可乐的消暑解渴饮料，突出其与两“乐”的区别，因而吸引了相当部分的两“乐”品牌转移者。

5）市场空档定位

企业寻找市场上尚无人重视或未被竞争对手控制的位置，使自己推出的产品能适应这一潜在目标市场的需要的策略。作出这种决策，企业必须对下列问题有足够的把握：①制造这种新产品在技术上是可行的；②按既定计划价格水平，在经济上是可行的；③有足够数量喜欢这种产品的购买者。如果上述问题的答案是肯定的，则可在这个市场空档进行填空补缺。比如凉茶就是原我国南方部分地区性的饮料，加多宝率先将其推向全国，成为了凉茶领导者品牌。

6）质量 / 价格定位

质量/价格定位即结合对照质量和价格来定位。产品的这两种属性通常是购买者在做购买决策时最直观和最关注的要素，而且往往是相互结合起来综合考虑的。但这种综合考虑，不同的购买者在这两个因素方面会互有侧重。如某种选购品的目标市场是中等收入的理智型的购买者，则可定位为“物有所值”的产品，作为与“高质高价”或“物美价廉”相对立的定位。如雕牌洗衣粉的“只买对的不买贵的”。

案例

雕爷牛腩定位学 ZARA 做加减法

所谓众口难调，一家餐厅不可能海纳百川，做所有人的生意。对于如何定位自己的客户群？雕爷的做法是参考 ZARA 做“加减法”。

“我的核心顾客群一般是两三个人的小聚餐，如果我想赚酒水的钱，就得伺候那些家庭聚会或者商务宴请的客户，这样一来，就把我的核心顾客得罪了。”

雕爷极其热爱美食，但他同时对消费体验又极为挑剔。“中餐的美味特别讲究‘锅气’，比如一条蒸鱼，最好吃的就是出锅后的 5~10 分钟，而一旦凉了，美味就差了很多。如果一桌菜里有一条蒸鱼，这条鱼上来后，就不应该马上上其他的菜，而应该让食客有充分的时间来享受这条鱼最美味的 10 分钟。但是在传统的中餐中，却并不怎么讲究上菜顺序，往往是要么不上，要么一起上。”在雕爷看来，西餐在这方面就比较讲究，顾客吃完一道菜，再上下一道。不过，高档的西餐厅也有很多的不便，如菜单没图片、不给客户提供湿纸巾和餐巾纸，只提供餐布等。

在综合上述优劣点后，雕爷将自己的客户群定位于和自己喜好相当、爱好美食且特别注重体验的中产阶级。

围绕着目标用户群的价值需求做到极致，ZARA 在这方面获得了极大的成功。ZARA 作为一个服装品牌，人们往往将其成功归结于快速反应的供应链、轻库存等。然而在雕爷看来，ZARA 实际上重构了服装的价值链。

“假设女装可以划分星级的话，将市场上所有女装划分为一星级到五星级。一星级是地摊货，五星级是国际一线大牌。你会发现，诸如香奈尔、纪梵希等一线大牌所对应的卖场、设计师、面料、生产以及价格都是五星级的，而与之相反，地摊货对应的价值链每个环节都是一星的。在市场充分的竞争后，一星级和五星级品牌都在自己的价值链体系按部就班，一星级品牌想卖五星级的价格或者五星级的品牌想对接一星级的成本都是不可能的。”雕爷分析认为，ZARA 的高明之处正在于：围绕着“服装风格时尚变化”这条用户的核心诉求重构了价值链：让用户在顶级卖场中用二、三星级的价格购买了时尚标准接近五星级的产品。

ZARA 重构价值链的方式是做加减法。比如减去明星代言、广告投放以及单品的生产量，在品质方面也只是体现出风格，而面料和做工则较为一般。此时，ZARA 大幅增加的是在卖场档次方面的投入，比如 ZARA 选址往往与国际一线大牌看齐，而且几乎是商场里面积最大的。

“ZARA 通过重构价值链，紧紧锁定了自己的用户群：即那些追求时尚和卖场体验，但对价格又相对敏感的人群。而其他诸如不翻单，即时反馈等都是为这个核心用户群的价值诉求进行服务的。”在雕爷看来，要做好一家餐厅，也完全可以借鉴这种思路。

雕爷牛腩做减法体现在很多方面：首先是削减菜品数，比如同一季度，菜单上只有 12 道菜；另外是削减客户群，比如不让 12 岁以下儿童进入，不做家庭聚会、商务宴请等此类客户的生意。“很多餐厅的利润来源于酒水，而我们只卖单杯的红酒和小瓶的啤酒，放弃了通过酒水来赚取利润的一贯做法。”雕爷指出，酒水销售的背后，往往伴随着客户用餐时的喧哗，而不让 12 岁儿童进入也是基于这个考虑。

“我的核心顾客群一般是两三个人的小聚餐，如果我想赚酒水的钱，就得伺候那些家庭聚会或者商务宴请的客户，这样一来，就把我的核心顾客得罪了。”雕爷认为，正如 ZARA 一样，为了紧紧围绕自己核心客户群的价值诉求，追求一线大牌质量的用户肯定是被 ZARA 所放弃的。

“花 100 多块钱就可以在高档精致装修风格的环境下吃到港式、西式、法式菜品，享受到安静的用餐环境以及高档西餐厅的服务。”在雕爷看来，自己在这些方面大力做加法，就是为了符合核心顾客的价值诉求。

任务 3.2 网络市场调研分析

网络市场调研分析是指以科学的方法，充分运用网络，借助于信息技术系统地、有目的地收集、整理、分析和研究所有与市场有关的信息，特别是有关消费者的需求、购买动机和购买行为等方面的市场信息，从而提出解决问题的建议，以作为营销决策的基础。

1. 网络市场调研的优势

与传统市场调研方法相比，利用互联网进行市场调研有很多优点。

1）网络调研信息的及时性和共享性

由于网络的传输速度非常快，网络信息能够快速地传送到连接上网的任何网络用户，而且网上投票信息经过统计分析软件初步处理后，可以看到阶段性结果，而传统的市场调研得出结论需经过很长的一段时间。同时，网上调研是开放的，任何网民都可以参加投票和查看结果，这又保证了网络调研的共享性。

由于企业网络站点的访问者一般都是对企业产品有一定的兴趣，对企业市场调研的内容作了认真的思考之后进行回复，而不像传统的调研方式下为了抽号中奖而被动地回答，所以网络市场调研的结果是比较客观和真实的，能够反映消费者的真实要求和市场发展的趋势。

2）网络调研方式的便捷性和经济性

在网络上进行市场调研，无论是调查者或是被调查者，只需拥有一台能上网的计算机就可以进行网络沟通交流。调研者在企业站点上发出电子调查问卷，提供相关的信息，或者及时修改、充实相关信息，被调研者只需在电脑前按照自己的意愿轻点鼠标或填写问卷，之后调研者利用计算机对访问者反馈回来的信息进行整理和分析即可，这种调研方式是十分便捷的。

同时，网络调研非常经济，它可以节约传统调查中大量的人力、物力、财力和时间的耗费，省却了印刷调研问卷、派访问员进行访问、电话访问、留置问卷等工作；调研也不会受到天气、交通、工作时间等的影响；调查过程中最繁重、最关键的信息收集和录入工作也将分布到众多网上用户的终端上完成；信息检验和信息处理工作均由计算机自动完成。所以网络调研能够以最经济、便捷的手段完成。

3）网络调研过程的交互性和充分性

网络的最大优势是交互性。这种交互性也充分体现在网络市场调研中。网络市场调研某种程度上具有人员面访的优点，在网上调查时，被访问者可以及时就问卷相关的问题提出自己的看法和建议，可减少因问卷设计不合理而导致的调查结论出现偏差等问题。

消费者一般只能针对现有产品提出建议甚至是不满，而对尚处于概念阶段的产品则难以涉足，而在网络调研中消费者则有机会对从产品设计到定价和服务等一系列问题发表意见。这种双向互动的信息沟通方式提高了消费者的参与性和积极性，更重要的是能使企业的营销决策有的放矢，从根本上提高消费者满意度。

同时，网络调研又具有留置问卷或邮寄问卷的优点，被访问者有充分的时间进行思考，可以自由地在网上发表自己的看法。把这些优点集合于一身，就形成了网络调研的交互性和充分性的特点。

4）网络调研结果的可靠性和客观性

相比传统的市场调研，网络调研的结果比较可靠和客观，主要是基于以下原因：首先，企业站点的访问者一般都对企业产品有一定的兴趣，被调查者是在完全自愿的原则下参与调查，调查的针对性强。而传统的市场调研中的拦截询问法，实质上是带有一定的“强制性”的。

其次，被调查者主动填写调研问卷，证明填写者一般对调查内容有一定的兴趣，回答问题就会相对认真，所以问卷填写可靠性高。

此外，网络市场调研可以避免传统市场调研中人为因素干扰所导致的调查结论偏差，因为被访问者是在完全独立思考的环境中接受调查的，能最大限度地保证调研结果的客观性。

5）网络调研无时空和地域的限制性

传统的市场调研往往会受到区域与时间的限制，而网络市场调研可以 24 小时全天候进行，同时也不会受到区域的限制。

6）调研信息的可检验性和可控制性

利用 Internet 进行网上调研收集信息，可以有效地对采集信息的质量实施系统的检验和控制。首先网上市场调查问卷可以附加全面规范的指标解释，有利于消除被访者因对指标理解不清或调查员解释口径不一而造成的调查偏差。其次，问卷的复核检验由计算机依据设定的检验条件和控制措施自动实施，可以有效地保证对调查问卷 100%的复核检验，保证检验与控制的客观公正性。最后，通过对被调查者的身份验证技术可以有效地防止信息采集过程中的舞弊行为。

根据收集数据的形式不同，利用网络进行市场调研可分为两种方法：一种方法是充分利用互联网中的海量信息，在互联网上收集二手资料，即网上间接调查。另一种是直接进行的一手资料调查，即网上直接调查。

2. 商务信息收集

网上间接调查可以认为是一种通过网络收集商务信息的行为。网络商务信息是指存储于网络并在网络上传播的与商务活动有关的各种信息的集合，是各种网上商务活动之间相互联系、相互作用的描述和反映，是对用户有用的网络信息。

目前已经进入信息爆炸性增长的时代，商务信息收集目前面临的最大问题不是信息不够，而是如何将有用的信息从网络中找出来并且做到及时、准确、适度和经济。

1）及时

所谓及时，就是迅速、灵敏地反映销售市场发展各方面的最新动态。信息都是有时效性的，其价值与时间成反比。及时性要求信息流与物流尽可能同步。由于信息的识别、记录、传递、反馈都要花费一定的时间，因此，信息流与物流之间一般会存在一个时滞。尽可能地减少信息流滞后于物流的时间，提高时效性，是网络商务信息收集的主要目标之一。

2）准确

所谓准确，是指信息应真实地反映客观现实，失真度小。在网络营销中，由于买卖双方不直接见面，因而准确的信息就显得尤为重要。依据准确的信息才可能作出正确的市场决策。信息失真，轻则会贻误商机，重则会造成重大的损失。信息的失真通常有三个方面的原因：一是信源提供的信息不完全、不准确；二是信息在编码、译码和传递过程中受到干扰；三是信宿接受信息出现偏差。

3）适度

适度是指提供信息要有针对性和目的性，不要无的放矢。没有信息，企业的营销活动就会完全处于一种盲目的状态。信息过多、过滥，也会使得营销人员无所适从。在当今的信息时代，信息量越来越大，范围越来越广，不同的管理层次又对信息提出了不同的要求。在这样的情况下，网络商务信息的检索必须目标明确，方法恰当，信息收集的范围和数量要适度。

4）经济

这里的“经济”是指如何以最低的费用获得必要的信息。追求经济效益是一切经济活动的中心，也是网络商务信息检索的原则。应当明确，没有力量，也不可能把网络上所有的信息全部收集起来，信息的及时性、准确性和适度性都要求建立在经济性基础之上。此外，提高经济性，还要注意使所获得的信息发挥最大的效用。

3. 搜索引擎在商务信息采集中的应用

要达到以上要求，使用搜索引擎，并灵活运用搜索引擎提供的高级指令对搜索结果进行筛选，无疑是网络营销人员必须掌握的技能。甚至有人将其上升到“搜商”，作为一种与智商、情商相并列的人类智力因素的高度。

当前我们在检索时搜索引擎往往返回的结果以百万页为单位，且其中包含大量无效的结果，因此通过搜索引擎收集商务信息的重点在于如何运用高级检索指令帮助我们对结果进行筛选，以返回尽量少而优和相关性高的结果，以减少下一步人工审阅的工作量。下面介绍在搜索引擎中一些常用的高级指令。

（1）双引号（“”），代表完全匹配搜索，通俗讲就是返回页面包含双引号中出现的所有词，顺序也必须完全匹配。百度和 google 都支持这个指令，如用“网络营销”进行检索，内容里包含网络、营销、营销网络或网络和营销中间间隔开的结果都不会显示。

（2）减号（-），代表搜索不包含减号后面的词的页面。注意使用这个指令时减号前面必须是空格，减号后没有，紧跟着需要排除的词。百度和 google 同时支持，如用“网络营销-广告”进行检索，就可以把结果中包含广告的筛选掉。

（3）星号（*），是常用的通配符，就是“*”可以在搜索中代表任何文字。但百度不支持该“*”号搜索指令。

（4）inurl 指令，用于搜索查询词出现在 URL 中的页面。百度和 google 也都支持该指令，如搜索 inurl：网络营销，返回的结果都是网址 URL 中包含网络营销的页面，可以用于精确查找。

（5）inanchor 指令，返回的结果是导入链接锚文字中包含搜索词的页面。但可惜的是百度不支持这个命令。比如 inanchor：网络营销，简单说就是用网络营销做锚文字链接的页面。

（6）intitle 指令，返回的是页面 title 中包含关键词的页面。百度和 google 都支持 intitle 指令，就是在搜索时网页的<title></title>中有你输入的要查询的词。<title></title>中的位置相当于整个网页的标题，一般<title></title>包含有关键词的网页基本是以此关键词为核心内容，如 intitle：网络营销。

（7）filetype，用于查找特定的文件格式，百度和 google 都支持。一些研究报告、报表通常会用如 pdf 、doc、xls、ppt 等专业格式进行存储，用 filetype 配合关键词进行搜索，可以更快找到商务类信息，如 filetype:pdf 2014 汽车行业调研。

（8）site，用于搜索某个域名下的所有文件。也就是在某个网站被搜索引擎收录的所有页面中找到包含关键词的页面，百度与 google 同时支持。比如 site:www.iresearch.cn 网络营销，就是查找包含有网络营销关键词的艾瑞网的页面。

以上八个高级指令也可以结合使用。

比如用 intitle：网络营销 site:www.iresearch.cn“网络营销”进行检索，就是只返回网页标题中含有网络营销，关键词完全匹配网络营销的艾瑞网中的页面。

4．其他网络商业信息来源

除了使用搜索引擎主动检索外，我们也可以通过下列途径去获得一些专业性、指向性更强的信息。

1）政府机构网站

世界各国政府都有相应的部门搜集商务信息并定期发布各种系统的统计数字。比如中国的信息产业部会定期发布电子商务发展情况的统计报告，海关会定期发布进出口情况的统计报告等。

2）国际组织

目前，许多国际组织尤其是经济和贸易组织在互联网上建立了网站，这些网站已成为企业寻找新的商机、开展网上贸易和营销活动的重要调研渠道。

3）专业调研机构网站

专业调研机构网站通常是由一些专业的研究机构和咨询公司设立，专门从事对各国或各类市场的研究和咨询工作，并定期通过其网站发布研究报告或专题研究论文，虽然许多资料的价格不菲，但许多研究报告的摘要、目录、图表等通常是免费的，从中也可以获得一些有价值的商务信息。

4）相关行业或企业网站

各类行业或企业网站也是商务信息的重要来源，比如通过智联招聘网站，我们就可以了解到大量的招聘信息，这些招聘广告中隐含着许多有价值的资讯，从中不仅可以了解这些企业对人才与工作的要求及薪酬水平，还可以了解到一些其他信息，如某企业招聘的目的很可能是由于业务发展需要和成立新的部门。再比如旅游类企业，我们就可以通过其发布在携程网的线路信息去了解他的线路设计、价格等信息。

此外，企业自己建立的网站也是我们获得信息的重要途径，除了页面中的商务信息外，运用多种分析方法还可以得到更多资讯，如通过查询其搜索引擎排名情况、Alexa 排名、反向链接数量、关键词优化情况，通过研究网站设计专业化程度就可以大致了解其部分网络营销水平。

5）专业数据库

百度和谷歌等搜索引擎在其搜索范围之外还存在着海量的信息或因搜索引擎的定位，或因搜索引擎在技术上无法搜索还被排斥在外。比如一般需要质量较高的论文、会议、年鉴、工具书等可以通过知网（www.cnki.net）。

5. 百度指数在商务信息收集中的应用

百度指数（index.baidu.com）是以百度海量网民行为数据为基础的数据分享平台，是当前互联网乃至整个数据时代最重要的统计分析平台之一，自发布之日便成为众多企业营销决策的重要依据。百度指数能够告诉用户：某个关键词在百度的搜索规模有多大，一段时间内的涨跌态势以及相关的新闻舆论变化，关注这些词的网民是什么样的，分布在哪里，同时还搜了哪些相关的词，从而帮助用户优化数字营销活动方案。

目前百度指数的主要功能模块有：基于单个词的趋势研究、需求图谱、舆情管家、人群画像；基于行业的整体趋势、地域分布、人群属性、搜索时间特征。

延伸阅读

百度指数显示 72%网民更关注情人节

2014 年 2 月 14 日，是中国传统的农历马年元宵节，也是一年一度的西方情人节。两大节日“狭路相逢”，可谓 19 年来头一回。“究竟是享受浪漫的二人世界，还是回家陪父母吃元宵看晚会”，已成为网友热议的话题。根据百度指数最新数据显示，在广大网民中，“情人节”凭借高达 72%的累计关注人数完胜“元宵节”。

百度指数显示，1 月 1 日到 2 月 12 日期间，情人节的累计关注人数高达 72%，元宵节累计关注人数占比仅为 28%。

有趣的是，在关于元宵节的搜索中，“元宵节放假吗”成为网民最热检索词，这也在一定程度上反映了广大网民的“心声”。

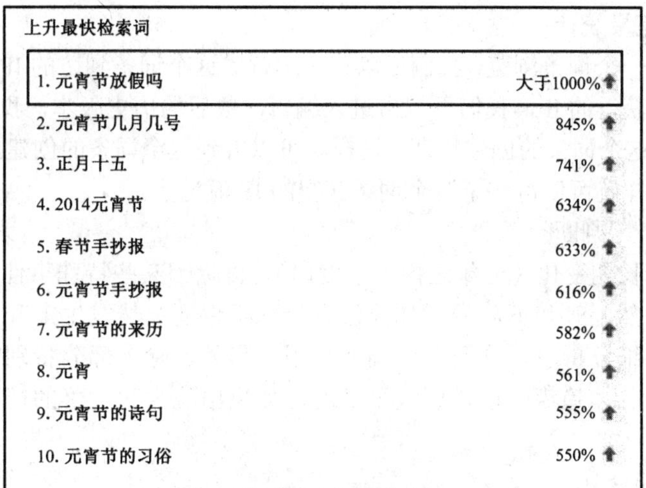

图：元宵节搜索上升最快检索词

如果此时的你还在为挑选情人节礼物而烦恼，百度指数告诉你：巧克力和玫瑰花依旧是表达爱意的热门选项。其中，从人群属性上看，30 岁以下的网民喜欢送巧克力，30 岁以上的网民则更偏爱送玫瑰花。

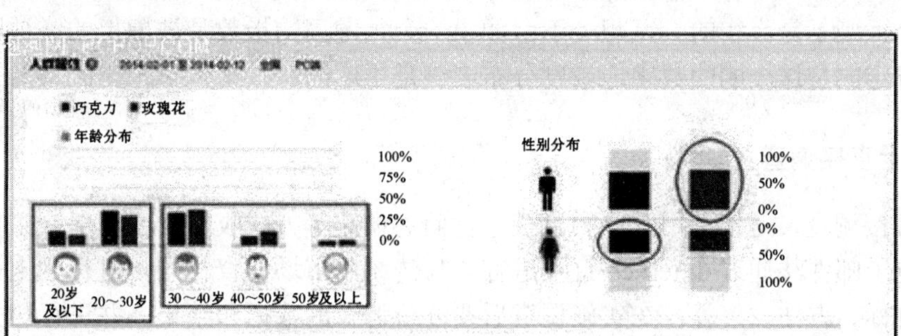

巧克力玫瑰花搜索人群对比图

另外值得一提的是，有趣的地域指数让我们发现，北京网民是最爱省钱的群体，他们最喜欢团购，而小资的上海网民则最顾家。

对于百度搜索大数据的火爆和广泛应用，有分析人士认为，百度指数通过对情人节数据精准分析，让网友感受到了数据的魅力和互联网的人性化，其背后折射的是，大数据在信息革命时代已成为最重要的资源之一。

互联网分析师高杨表示，“通过对百度搜索数据的整合与分析，可以让网友看到许多未曾注意的有趣现象，这是非常有意义的一件事。大量的数据能够让一个行业更好地了解客户需求，从而提供个性化的服务。基于此，只有对大数据进行分析，最终才能实现数据和需求之间的精准、智能匹配，进而对个人生活和企业决策提供重要的驱动作用。

（来源　泡泡网）

由于百度指数是可以弄虚作假的，如企业想扰乱竞争对手的脚步，利用高指数关键词让对手找不到准确方向，带他们走向死路。如何判断百度指数是否真实要结合下列方法：

1）观察词条流量统计

词条统计中有一个词条浏览，我们可以将它理解成这个词条到访的 IP 量，只是这个是这个词条自创建以来获得的 IP，我们再点击进入编辑次数后的历史版本，我们就找到它的第一个创建版本，获得这个词条的创建日期，这样就可以得到这个词条的创建总天数，用总 IP 量除以创建天数，这样就可以得到了这个词条获得的 IP 流量了。

2）从热点趋势来判断

观察关键词的长期变化（一年之内、季度内），排除因某些特殊事件外，关键词的百度指数应该是不会突然上升和下降的，如果没有特殊事件而突然发生上升和下降，那么这类关键词就需要你仔细分析了，这类关键词要慎用。另外，除了部分特别的词外，大部分的关键词百度指数的总体趋势应该是比较平稳的，如果出现大起大落的情况，最好不要选择此类关键词。

3）从检索词来分析

一个关键词指数越高，就表示此类词受到的关注越大，流量也越高，那么相应的，这个关键词的检索词也是应该比较多才正常。

4）从地域分布来看

排除特殊原因外，一个关键词的百度指数是真实的，指数较高，分布地域应该是相应广泛的，反之，则不是真实的。试想一下：如果一个关键词的指数是被虚拟的，被刷出来的，那么可以肯定的是这个刷的数字地域度分布应该是不广的。

6. 网上直接调查

网上直接调查，是指利用互联网直接进行问卷调查等方式收集一手资料，主要采用站点法辅助以电子邮件法通过 Internet 直接进行。与传统的市场调查相同，进行网上调查首先要确定调查目标、方法、步骤，在实施调查后要分析调查的数据和结果，并进行相关的定量分析和定性分析，最后形成调研结论。

目前常用的直接调查法主要有：

1）电子邮件问卷

以较为完整的 E-mail 地址清单作为样本框，使用随机抽样的方法通过电子邮件发放问卷，并请调查对象以电子邮件反馈答卷。这种调查方式较具定量价值。在样本框较为全面的情况下，可以将调查结果用以推论研究总体，一般用于对特定群体网民的多方面的行为模式、消费规模、网络广告效果、网上消费者消费心理特征的研究。

2）网上座谈

直接在上网人士中征集与会者，并在约定时间利用网上视频会议系统举行网上座谈会。该方法适合于需要进行深度或探索性研究的主题，通过座谈获得目标群体描述某类问题的通常语言、思维模式以及理解目标问题的心理脉络。该方法也可与定量电子邮件调查配合使用。随着微信等低成本视频工具的普及，未来网上座谈将成为一种方便、低廉、高效的直接调查工具。

3）在网站或其他平台上设置调查专项

在那些访问率高的网站、专门提供问卷服务的平台或自己的网站上设置调查专项网页，访问者按其个人兴趣，选择是否访问有关主题，并以在线方式直接在调查问卷上进行填写和选择，完成后提交调查表，调查即可完成。此方式所获得的调查对象属于该网页受众中的特殊兴趣群体，它可以反映调查对象对所调查问题的态度，但不能就此推论一般网民的态度。调查专项所在网页的访问率越高，调查结果反映更大范围的上网人士意见的可能性也越大。因此为获取足够多的样本数量，一般设计成调查问卷网页都要与热门站点进行直接链接，如 CNNIC 的网上调查就与国内著名的站点都进行链接。

由于网上调查的数据可以立刻保存到数据库中，调查对象在填写完调查表后，一般就能看到初步的调查结果。这种调查方式适用于对待某些问题的参考性态度研究。目前许多企业站点都是通过设置调查专页以征询用户意见、了解受众需求。随着 APP 应用的普及，很多手机软件也开始采用这种方法，通过手机上问卷的填写来了解用户对产品的看法。

7. 网上市场调查的步骤

网上市场调查应遵循一定的程序，一般而言应经过五个步骤：

1）确定目标

虽然网络市场调研的每一步都很重要，但是调研问题的界定和调研目标的确定是最重要的一步。只有清楚地定义了网络市场调研的问题，确立了调研目标，方能正确地设计和实施调研。在确定调研目标的同时还要确定调研对象，网络调研对象主要包括：企业产品的消费者、企业的竞争者、上网公众、企业所在行业的管理者和行业研究机构。

2）设计调研方案

其具体内容包括确定资料来源、调查方法、调查手段和接触方式。

3）收集信息

在确定调查方案后，市场调研人员即可通过电子邮箱或者一些在线问卷平台等方式向用户发送相关问卷，之后就进入收集信息阶段。与传统的调研方法相比，网络调研收集和录入信息更方便、快捷。

4）信息整理和分析

收集得来的信息本身并没有太大意义，只有进行整理和分析后信息才变得有用。整理和分析信息这一步非常关键，需要使用一些数据分析技术，如交叉列表分析技术、概况技术、综合指标分析和动态分析等。目前国际上较为通用的分析软件有 SPSS、SAS、BMDP、MINITAB 和电子表格软件。

5）撰写调研报告

这是整个调研活动的最后一个重要阶段。报告不能是数据和资料的简单堆积，调研人员不能把大量的数字和复杂的统计技术扔到管理人员面前。正确的做法是把与市场营销决策有关的主要调查结果报告出来，并遵循所有有关组织结构、格式和文笔流畅的写作原则。

案例讨论

案例 1：消费者行为的 AISAS 模式

AISAS 模式是由电通公司针对互联网与无线应用时代消费者生活形态的变化而提出的一种全新的消费者行为分析模型。

营销方式正从传统的 AIDMA 营销法则（Attention——注意；Interest——兴趣；Desire——欲望；Memory——记忆；Action——行动）逐渐向含有网络特质的 AISAS 发展（Attention——引起注意；Interest——引起兴趣；Search——进行搜索；Action——购买行动；Share——人人分享）。

在全新的营销法则中，两个具备网络特质的“S”[Search（搜索）、Share（分享）]的出现，指出了互联网时代下搜索（Search）和分享（Share）的重要性，而不是一味地向用户进行单向的理念灌输，充分体现了互联网对于人们生活方式和消费行为的影响与改变。

案例思考题：

1．你是否同意 AISAS 的消费者行为模型？

2．结合这种消费者行为模型谈谈如何进行网络营销。

案例 2：艺龙转亏案例：企业定位如何封死发展之路？

艺龙网 2013 年的财报并不漂亮：虽然营收达到人民币 10.1 亿元，但净亏损 1.68 亿元，同比转亏，这是自 2009 年实现年度盈利五年来的首次年度亏损。以笔者的观点，天花板早就在艺龙定位酒店之初就已经埋下。当初的艺龙为什么将战略定位为酒店业务？有迹可循的是艺龙网 CEO 崔广福的发言。崔广福曾经对艺龙战略进行如是总结：

“我们首先分析行业的重心在哪里？对手整体的重心在哪里？研究对手有几个重心？如果有可能，就攻击它最重要的一个重心。要采取几次攻势，如果有可能就集中力量做成一次攻势，打掉对手的重心，让它失去平衡，最终赢得战争。”

可以看出，崔广福对于里斯和特劳特的定位理论的深刻理解和推崇（在这两位定位之父的著作《商战》中有相似思想的表述）。2007 年，崔广福上任不久就迅速为艺龙确定了“专注酒店预订”的增长策略，为此不惜缩减产品线，砍掉了度假和差旅服务。

专注酒店业务，使得艺龙可以集中资源从竞争对手手中争抢份额。经过苦心经营，到了 2012 年，其市值在携程从 1/14 一路飙升到 1/5。随着携程对内部业务框架、管理架构的改革以及美团等团购网站杀入酒店行业，进入 2013 年，艺龙的发展遭遇了瓶颈。

痛点一：客户群被分流

从整个 OTA 的产业链上看，主要存在三个节点：从开头的订机票、火车票，到中间订酒店，再到后端的景点门票。2007 年时，艺龙认为最容易攻破的点是订酒店。在当时的情况下，集中酒店业务的战略有其正确性。主要有两个原因：

（1）在 2007 年消费者认知中，携程在 OTA 前段（订票业务）成为消费者最主要的应用，艺龙定位在 OTA 中段的酒店业务，可以有效避开携程强势地区，在消费者心中筑建自己独有的强势区域。

（2）在 OTA 产业链上订酒店的业务需求量很大，是一块有油水的肥肉。

当年的正确战略，发展到今天却成为了公司发展的瓶颈。“订酒店用艺龙”，这个当年如一把利剑杀出重围的定位为什么今天却成了强弩之末呢？一切市场问题的根源都在客户群。

订酒店的客户群主要是哪些呢？大体来说可分为三类：公司类的客户、异地旅游客户和本地客户。

公司类客户，意指出差的客户。特点是不在乎价格，但是很关注方便性。携程和去哪儿网从订票出发，成为了出差类客户最先的入口，之后携程和去哪儿网再顺势推出酒店预订服务，消费者不需要再转换网站，所以在便利性上占据优势，更吸引此类消费者。

异地旅游客户，本身看重价格，但是订酒店的战略依然占不到多少便宜。原因有两个：①公司类的客户因为对携程和去哪儿网的消费习惯，而更容易坚持使用携程或去哪儿网。②订酒店业务同质化严重。占据前段的携程或去哪儿网同样会占据便利的优势。

对于这两类用户，艺龙面对最大的竞争对手是 OTA 一站式网站。在酒店业务相差无几的情况下，占据订票入口在竞争中更有优势。（多谈一句，携程业务都是自签，而去哪儿网主要靠抓取，所以在服务上，携程更占据优势，更吸引公司类客户；在价格上，去哪儿网更占据优势，更吸引异地旅游客户。）

那么，本地客户呢，酒店需求的频率并不是很高，美团等团购网站在本地团购中加入酒店板块就完全可以满足他们的需求，为此专门下载艺龙 APP 就成为麻烦且不实用的选择。

以此来看，对于订酒店的主流消费群，艺龙的竞争对手们都将分食不同类型的垂直客户群，占据了先天的优势。而艺龙的酒店定位瓶颈就在于此：客户群不明确。

痛点二：在整体市场缺乏竞争优势

也许有人会指出，“同类网站的酒店业务相差无几”这个前提可以推翻。同样的市场，如果艺龙用更大的力度、更集中资源，有没有可能在酒店上远远甩开其他竞争对手呢？

笔者看来，这几乎没有机会。订酒店可能形成产业优势的地方有两个：更全的酒店和更低的价格，但艺龙想要在这两个方面形成突出优势很难。

先看酒店数量方面。从行业规律来讲，一家网站开拓一个酒店难，但是同类网站销售跟进就很容易——这个差距非常容易弥补，无法产生竞争优势；另外，以现有各大OTA网站拥有的在线酒店数量来讲，已经基本可以满足消费者需求。每一个区域都存在很多选择，即使有更多的酒店选择，吸引力也很有限（笔者的意思是，艺龙投入去做增量已经无法获得明显的效果和业绩。——钛媒体注）。

酒店价格方面。其一，也是同类产品价格容易跟进。其二，其他竞争对手同样拥有打价格战的实力。其三，无论如何，OTA网站只是酒店的平台，酒店是要盈利的，所以不会有太大的降价空间。如果单靠网站自己补贴，降价的幅度也很小，对于异地用户的一站式需求和本地用户低频次的需求很难作出大的影响。

痛点三：没跟上消费需求的变化

从2007年到2013年艺龙一直坚持酒店战略，但这几年间公司却由高速发展到增长乏力，其中的根本原因是消费者的需求改变了。

艺龙在2007年的策略（攻击有利润且对手薄弱的点）是正确的，但疏忽的是未来消费者习惯的演变。这也是传统的定位理论（Business Position）在互联网时代的弊端，传统的定位理论是在一个点上占据足够的优势，就可以发展壮大。而互联网打消了点与点之间的界限，在行业初期确实可以依靠某个点的强势竞争，但是在后期，必须把一个点变成一条链才能生存。

对于纯互联网企业，互联网的开放性，使互联网产品趋于同质化。同时互联网极大降低了链接的成本。如果一条链上的服务，人们需要的是从单一入口完成而不是转换。一站式将成为消费者越来越重要的需求。同时随着移动互联网的深入，这个趋势正在进一步加速。携程和去哪儿网在OTA链上完成一站式，美团等团购网站在本地团购方面完成一站式。艺龙在酒店方面的单点经营在一站式的链式经营面前已经力不从心。

定位之困如何破解？

那么艺龙网将如何破解定位之困？这是个很复杂的问题，笔者姑且妄自揣度：首先排除做“一个点”的企业，同时现阶段又没有做一张网的能力（现在基本只有BAT有整合多条链的能力），艺龙的选择只有一个：做一条链。

而要做一条链，一般有两种选择：

（1）针对某一类消费群整合链作为现阶段战略

举例来说，针对差旅人士，将方便性做到极致。这种战略代表性成功案例是豆瓣针对有共同喜好的年轻人在社群网站中占据自己的一席之地。但对于OTA行业来说，各类消费群所需要的产品差异不大，很难找到有效的方法提供针对性的服务。个人认为这种方法并不可行。

（2）直接下一步主打艺龙旅游。这是个可以一试的战略

为什么？记得汽车行业在美国有一个轰动一时的案例。众所周知，沃尔沃汽车最初的定位是“安全”。但是，随着行业的发展，“安全”对消费者的吸引力越来越小，而且在当时调查显示，大部分消费者对沃尔沃有“老气”、“呆板”的不良印象。因此，沃尔沃为了转变这种形象，开展一次大规模的广告活动叫作“要命的沃尔沃”来主打沃尔沃的跑车，将速度、潮流作为主要诉求来吸引年轻人。最后这款跑车获得了巨大的成功。更神奇的是，在这次广

告活动后的再次调查中，消费者对沃尔沃安全的心理认知并没有因为这次广告活动而衰减，并且还对沃尔沃的品牌印象增加了潮流的认知。

那么，对比来看艺龙主打旅游是否可行?

OTA 行业虽然一直竞争激烈，但是主要以价格战为主，将旅游作为重点的推广还没有开始。那么，有没有可能在艺龙旅游上的突然发力，就像当年的沃尔沃一样，形成对艺龙更加丰富的认知呢？酒店与旅游本身就是联系紧密的业务，如果艺龙可以在酒店上做得很好，那么消费者同样有理由相信艺龙可以在旅游上做好。当然要想成果最大化需发动“奇袭”。在推广上找寻对手在媒体种类、时间上的空档；产品上，暗度陈仓完善产品，集中力量一举突破。如果成功，那么艺龙在 OTA 链上的布局就可以初见规模了。

除此之外，现在主打艺龙旅游，还有一个额外的机会——微信入口。OTA 行业将来必将有企业得到微信的入口。微信入口现在还没有给任何一家 OTA，除了现在 OTA 的使用频率不算太高之外，还有一个重要的原因：微信想要的是一条成熟的链的企业，而不是要机票、酒店、门票造成相互竞争。所以从现有情况来看，携程是现阶段最合适的企业。但如果艺龙能够在旅游上发力，以 OTA 整条链作为竞争主体，那么凭借腾讯早已入股艺龙，算得上“自家人”的优势，获得微信入口的机会将会大增。

总而言之，艺龙遇到的瓶颈，是企业坚持在做点的策略与如今消费者需要的是产业链之间的矛盾。传统模式如何改变以适应市场环境的变化，还要靠艺龙的持续探索。

（资料来源：鲁涛，首发于《钛媒体》）

案例思考题：

1．案例中作者认为艺龙对自身定位的失误导致了 2013 年的亏损，文中提到的定位问题主要有几点？请简单描述。你是否同意这些说法？谈谈自己的看法。

2．案例中作者最后向艺龙的定位提出了自己的调整建议，你觉得是否可行？谈谈自己的看法。

案例 3：泡泡玛特创业之路

摆地摊、卖校园纪录片、开格子店……大学四年王宁都在不停地“折腾”。在新浪工作一年后，家境殷实的他打起了零售店的主意，但至于卖什么，他心里没有底。

2010 年的一趟香港之行让王宁找到了答案，他邂逅了“LOG-ON”——一家售卖最新时装饰物、电子玩意、文具、家居饰品及个人护理用品的潮品店。受此启发，王宁于 2010 年 10 月在位于中关村的 Shopping Mall 欧美汇开了自己的第一家创意产品店——泡泡玛特（英文名“Pop Mart”），售卖家居、文具、箱包、饰品、玩具等生活创意产品。截至今年 8 月底，泡泡玛特已经拥有 6 家店面，这些店全部开在 Shopping Mall 中。

在王宁看来，泡泡玛特有点类似日本杂货品牌无印良品，后者不仅卖衣服，也卖文具、食品和家居产品。不同的是，无印良品销售的产品都是自有品牌，而泡泡玛特则是卖场形式，除了自有品牌产品，也卖 ZUNY、Hello Kitty、NICI 等近 200 个其他品牌的产品。

为什么这些知名品牌会和泡泡玛特合作?王宁的解释很简单，因为在 Shopping Mall 开店不再像过去的百货公司可以租一个柜台，商户必须承租一整间店。这对于只卖饰品或者杯子的自有品牌来说，昂贵的租金是一个无法逾越的门槛，每平方米销售额当然也无法保证，这就需要一个平台来和它们共享渠道及消化产品。这时，泡泡玛特似乎有点“应运而生”的意味了。

“我们把无数小而美的公司的产品集合在一起，在一个大型的 Shopping Mall 里，买衣服除了优衣库还有 ZARA，但是以后要买创意潮品只能去 Pop Mart。”王宁还有更乐观的理由，不同于传统的百货商店，Shopping Mall 将吃喝玩乐集合在一起，通过集聚效应吸引更多顾客，向 Shopping Mall 转变正成为中国零售业的大趋势，而自己好似“赶上了风口”。

此外，随着微信等移动端的火热，O2O 模式愈加成为创业者追逐的香饽饽。王宁也不想错过互联网这个利器，目前泡泡玛特已经开放了微信会员系统，用户可以通过微信查询消费记录和接受优惠券。此外，泡泡玛特也涉猎线上业务，不仅开设了淘宝店，也建立了独立的线上商城，王宁为此还花几万美元买了域名 popmart.com。

案例思考题：

1．案例中泡泡玛特的市场定位是什么？

2．泡泡玛特的消费者具有什么特征？王宁有没有根据这种特征进行营销？举例说明。

思考题

1．请简单说说网络营销的环境包括哪些要素。

2．请简述网络营销中市场定位对企业的意义。

3．请结合自身情况举例说明网络环境中消费者行为的变化。

4．请试着分析你和父母消费行为的差别，并分析这种差别的原因。

5．网络商务信息收集的方式有哪些？

6．网络市场调研需满足什么样的要求？

实验实训

1．选择一个你感兴趣的产品，对其进行网络营销环境分析。

2．选择一个你感兴趣的产品，判断其有没有细分市场，有没有进行市场定位，使用的是什么定位策略。

3．使用百度搜索引擎，尝试寻找最新的当地旅游市场分析调研报告，综合运用搜索引擎提供的高级指令，提高搜索的结果质量与搜索过程的效率。

4．对智联招聘或当地人才市场招聘网站的信息进行调查，试归纳对于电子商务或网络营销人才，企业有什么样的招聘要求。面对这样的要求，需要我们掌握什么样的知识？具备什么能力？

学习情境 4

如何设计网络营销中的产品

学习目标

知识目标：重新认识网络营销中的产品，掌握网络环境下开发新产品的思路，了解品牌对于产品的重要性，掌握品牌资产内涵，熟悉网站的构成要素，了解客户关系管理的概念及其重要性，掌握客户服务的基本知识，了解网站与客户关系管理对于网络环境下产品的重要性。

能力目标：能用产品整体概念帮助企业设计产品、制订产品策略；能进行品牌的建立、传播、管理；能帮助企业建立舆情监测系统预防品牌危机；能对网站进行诊断与优化，发挥网站最大效益；能够熟练运用客户服务的技巧。

学习导航

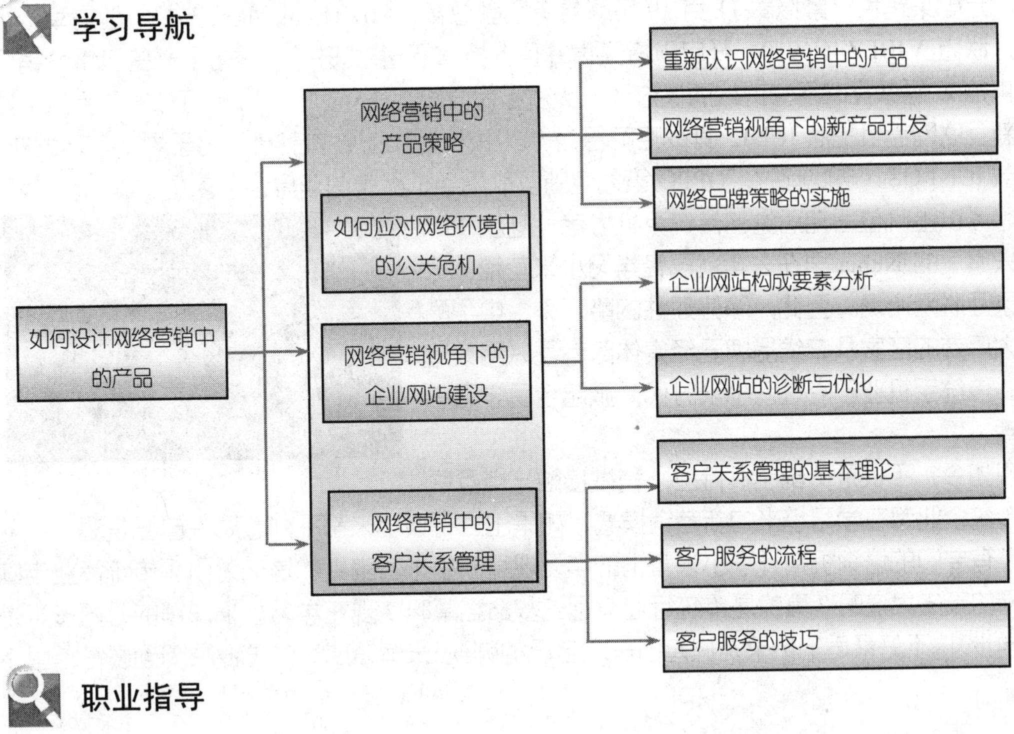

职业指导

当前网络环境下，什么是企业的产品，有的企业认为生产出的有形产品是产品，而服务是企业额外提供的那部分，因此企业提供产品是天经地义，提供服务就是随心所欲了。有这样想法的企业在供不应求的卖方市场时代还可以生存，然而到了当前这样的买方市场，特别是网络又使得信息不对称情况大大降低，消费者可选择余地空前多，企业比拼的不仅是有形产品，当产品效用同质化时比拼得更多的是服务、品牌等无形产品。

正如前文所说，随着竞争加剧，消费者对于产品要求越来越高，对于价值的判断越来越准确，越来越难感到满意。作为网络营销人员，如何设计出消费者满意的产品？当前如品牌、企业网站、客户服务等在大多数情况下已经成为产品的一部分。如果你没有提供，消费者会认为是没有得到应有的产品中的一部分。所以我们就必须重新认识产品的概念，通过塑造品牌，向消费者提供精神上的享受，增加产品价值；通过企业网站提供更便利、更互动、更全面的产品信息、售前售后服务等；通过客户关系管理识别出最有价值的客户，并对其进行分析，量身打造产品，提供更有针对性的服务将成为网络时代企业产品设计中制胜的重要措施，也构成了本学习情境的主要内容。

引导性案例

全民学小米

近期，手机行业掀起一股学习小米的浪潮。先是11月15日华为副总裁余承东在微博上透露12月将发布两款比小米和红米更有竞争力更超值的荣耀手机，将荣耀品牌从华为独立出来专门走电渠销售。紧接着11月19日联想集团副总裁、MIDH中国业务部总经理冯幸公开表示，联想VIBEZ（K910）开启现货预售并且以抢Z码形式进行，学习小米的饥饿营销开启预售抢Z码做互联网营销。而仅过了一天就被金立抢了头条，金立20日开发布会声称推出全新互联网手机品牌IUNI，其战略口号为“以小米反小米”。首款产品将于春节前后发布，将搭载IUNI OS。与此同时，OPPO策划全新互联网手机品牌的消息也甚嚣尘上。

除了以上几位后知后觉的传统手机大佬，魅族MX和中兴旗下的Nubia早在去年就已经学习小米营销并抢滩登录互联网市场。至此，除偏理性的酷派外，中华酷联四大厂商的三家及二线品牌已经集体踏向互联网改造之路。传统手机业已经进入小米时代，掀起全民学习小米浪潮。

现如今，不仅是传统手机行业，稍微接触一点互联网的传统企业都在学习小米的新营销模式，如果出去不谈小米都不好意思说自己是混互联网的，还有专门的培训机构开了小米营销的学习课程。小米营销真的是一条引领传统行业走向互联网的康庄大道吗？真的是传统行业突围的救命稻草吗？现在学习小米营销的公司多半是邯郸学步，搞不好最后的结果是搬起石头砸自己的脚。小米营销成功的关键原因到底在哪里？

案例分析

小米手机作为手机行业的“新军”，已经交出了年营业收入 300 亿的答卷，成绩斐然。然而和传统的手机行业厂商相比，小米手机依然没有自己的工厂。如果说是通过卖手机这个产品达到了今天的高度，为什么中（兴）华（为）酷（派）联（想）四大厂商既有工厂又有供应链支持，却让小米抢尽风头？小米提供给用户的除了手机硬件以外还有什么呢？想要了解小米制胜的法宝，就要向雷军一样，以网络营销时代的视角重新审视自己的产品，通过本学习情境内容的学习，将教会我们不一样的产品概念和设计方法。

任务 4.1　网络营销中的产品策略

企业的一切生产经营活动都是围绕产品进行的，即通过及时、有效地提供消费者所需要的产品而实现企业的发展目标。企业生产什么产品？为谁生产产品？生产多少产品？这是企业产品策略必须回答的问题。企业如何开发满足消费者需求的产品，并将产品迅速、有效地传送到消费者手中，构成了企业营销活动的主体。

产品是什么？这是一个不是问题的问题，因为企业时时刻刻都在开发、生产、销售产品，消费者时时刻刻都在使用、消费和享受产品。但随着科学技术的快速发展，社会的不断进步，消费者需求特征的日趋个性化，市场竞争程度的加深加广，导致了产品的内涵和外延也在不断扩大。

电视机、化妆品、家具等有形物品已不能涵盖现代观念的产品，产品的内涵已从有形物品扩大到服务（美容、咨询）、人员（体育、影视明星等）、地点（桂林、维也纳）、组织（保护消费者协会）和观念（环保、公德意识）等。本学习情境就从重新认识网络营销中的产品开始。

延伸阅读

为 90 后而生——桔子酒店

当 70 后变成中国的脊梁，80 后褪去青春的迷惘，90 后又闪亮登场了！2013 年，可谓 90 后入职元年。在我们还未来得及审视这个特殊群体的时候，90 后已经作为一种新势力风行而至，即将成为推动商业社会急速发展的主导力量。

在中国，这是一个约 1.4 亿人的庞大群体，其强大的消费能力正在进一步释放。眺望商业社会的前端，再过一二十年，就是 90 后的天下。谁抓住了 90 后商机，谁就抢先占领了属于自己的市场高地。

对于桔子品牌创始人吴海来说，颠覆一个行业，靠的不仅是胆略和智慧，更有意外灵感。在桔子品牌创立之前，吴海曾经在位于美国加州的桔子郡（Orange County）住过一家私人酒店。这家酒店的别致之处，就是以艺术般的店内装饰和橘色的时尚气息吸引客人，同时还配有舒缓美妙的拉美爵士乐唱片供欣赏。置身于如此温馨的环境中，顾客可以完全放松。这种煞费苦心的设计风格，让吴海体验颇深。他决定将这种另类的酒店模式复制到中国。他明白，中国的酒店业发展像哑铃，低端和高端竞争激烈，但处于中间的中高端酒店品牌非常少。因此，桔子酒店从一开始便与众不同——直接切入中高端市场，希望为顾客提供性价比最高的与众不同的酒店体验。

2006 年 10 月，第一家桔子酒店在北京开业。与那些经济型连锁酒店不同的是，桔子酒店一直保持着精细运营的直营模式，稳稳当当地开店，如今也不过 20 余家。2009 年，桔子酒店的高端品牌“桔子水晶”在杭州正式开启。同第一品牌桔子相比，桔子水晶定位于另类五星级的精品设计师酒店，超越了所有酒店止步于单纯住宿的需求，而是在酒店的传统功能以外增加了更多的创意。这首先体现在酒店的设计风格上。从以玛丽莲·梦露为背景的北京建国门店，到擎天柱双手托举的安贞店大堂，以及酒店业极其罕见的悬空式停车场，桔子水晶尽显对时尚与另类的追求。一款巨大的白色浴缸置于通透明亮的窗台旁边只是电影里的场景？不，桔子水晶已经将其变成了现实。“只有出乎意料的设计，才能使人印象深刻。”陈中。

在 90 后眼里，那些个性化的产品设计才是最能诠释他们青春的动感符号。在桔子水晶，无论是室内黑色基调的沉静低调，还是房间带有朱红院门和青青翠竹的温暖寂静，抑或是点点烛光中的高脚杯红酒，甚至备讨客人欢心的苹果电脑、高科技音响以及电动窗帘，无一不呈现着时尚、科技和体验感。“我们希望破除旧酒店的固有模式，让客人不仅把桔子水晶当做休息的场所，还能第一时间体验一种个性化的生活方式。”陈中自豪地说。显然，在桔子水晶已经不是单纯意义的住店了。这与时下 90 后的生活价值观完全契合。

在成熟的酒店行业，桔子水晶显然是“与众不同的产品”，80 后的陈中对此充满自信：“我们不仅把桔子当做酒店来做，更把它当做一种与消费者发生情感共鸣的产品来做。”事实上，如今，不与顾客产生情感共鸣，酒店很难打动客人，更留不住客人。传统意义上，即便是五星级酒店，多数也只是在奢华服务上下工夫，桔子水晶则更重视与消费者进行互动，这就是能够打动 90 后群的原因。

从产品角度看，桔子水晶开辟了除酒店作为住宿以外的功能，这就是为客人制造更多惊喜的体验。如本文开头所述，在桔子水晶的客房里，专门配备有支持苹果全系产品的高科技 Hi-Fi 音响。当客人进入房间时，音乐会自动响起，这个音乐可以由客人自己定制。实际上，哪怕只是点一首歌或者说一段表白，都会打动客人的心。“桔子水晶其实像一种大家都喜欢下载的互联网软件。”陈中形象地说。这个“软件”每天都在更新，所以才能创造更多的惊喜。在桔子水晶酒店，如果你还想体验更新鲜的，可以把 iPad 插入音响，从电视里播放视频，声音就从音响里传出来，就像自己动手组建一个家庭影院。当然，你还能与房间里的小鱼“对话”，它会对你说：“欢迎你来到桔子水晶，今天晚上将由我陪你度过。我是除了你之外的另一个小生命。你觉得孤单的时候，可以跟我说说话；你觉得累了的话，可以去玩旁边的魔方。”如果你听从它的建议去玩那个魔方，拼对三面之后，便可去前台领取一杯免费现磨咖啡。

这些极富情调的创意从何而来？“我们把客人的传统观念进行了改变，把客人的时间从床上扩展到了整个房间。”陈中说。显然，懂得客人需要什么，找到与其交流的方式，比传统意义上的“贵即好”更加讨巧。对于 90 后来说，用这些亲和的方式，与他们建立一种情感联系，他们才会觉得这个世界并不孤独。

（资料来源：《实战：打动90后消费群微营销支招》. 中国电子商务研究中心. 2013年5月）

4.1.1 重新认识网络营销中的产品

在现代经济生活之中，产品是联系生产者与消费者、企业与客户的纽带。市场经济运作的实质就是产品及其价值在生产者与消费者、企业与顾客之间的循环，这就涉及企业如何开发和生产产品，顾客如何选购和消费产品。如何更全面的认识和理解产品，进行更为科学合理的产品开发与营销，是提升企业竞争力的关键。随着社会经济的发展，人们对产品有了更多的认识，同时也提出了许多新的要求，从关注价格、质量、式样等有形产品，到关注服务、环保、体验等附加产品，使产品开发和生产面临新的挑战，要求企业从设计到生产，从市场营销到售后服务适应新的需求。因此，重新审视产品的真正内涵，分析其效用形成和价值评价就具有特别重要的意义。

1. 产品的整体概念

对产品概念的认识，有一个不断发展和逐渐深化的过程。大约在20世纪80年代之前，人们认为产品仅是有形的物品，即产品的实体部分代表了它的全部含义，这种对产品概念完全“物化”的理解，仅仅反映了消费者对产品需求最初始和表面的认识，或者说是从生产者的角度去认识和理解产品，已被公认是片面的和不准确的。

1988年著名的市场营销专家P.科特勒，出版了著名的著作《市场管理：分析、计划、执行与控制》，提出了一个产品的三层结构理论。该理论认为，任何一种产品都可被分为三个层次：核心利益（Core Benefit），即使用价值或效用；有形产品（Form Product），包括式样、品牌、名称、包装等；附加产品（Extra Product），即附加服务或利益，并认为这三个层次是相互联系的有机整体。

科特勒产品的三层次结构理论，较好地反映了消费需求的多层面性，特别是解释了消费需求的动机，以及实体产品与服务的不可分割性。这一理论影响至深，已得到市场营销界的广泛认同，产品每个层次所包含的内容又被后来学者不断扩充。但是，产品三层次结构说仍未摆脱生产者在产品效用和价值形成过程中的主体地位，更多的作用是引导生产者和销售者根据消费者的需求去提供产品和服务。

1994年P.科特勒在《市场管理：分析、计划、执行与控制》专著修订版中，将产品概念的内涵由三层次结构说扩展为五层次结构说。科特勒指出“产品是指为留意、获取、使用或消费以满足某种欲望和需要而提供给市场的一切东西”，广义的产品概念引申出整体产品概念。这种概念把产品理解为由五个层次所组成的一个整体，包括核心产品、形式产品、期望产品、附加产品和潜在产品，如图4-1所示。

1）核心产品

核心产品是指消费者购买某种产品时所追求的利益，是顾客真正要买的东西，因而在产品整体概念中也是最基本、最主要的部分。消费者购买某种产品，并不是为了占有或获得产品本身，而是为了获得能满足某种需要的效用或利益。

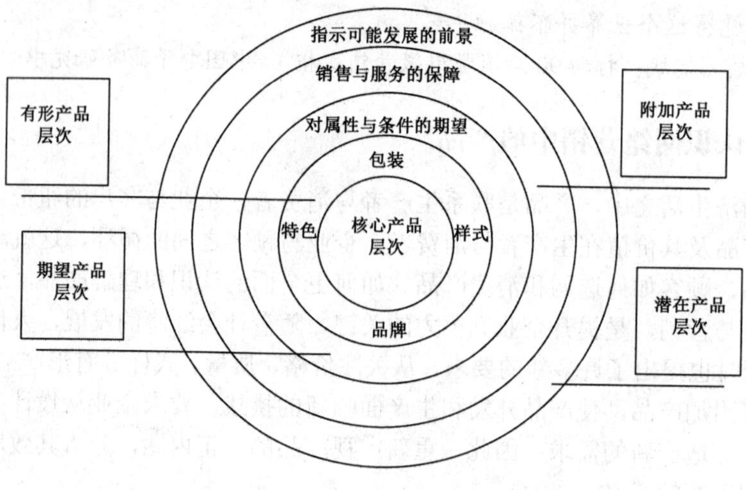

图 4-1 科特勒产品五层次结构

如买洗衣机并不是为了获得装有某些机械、电器零部件的一个箱子，而是为了这种装置能代替人力洗衣服从而满足减轻家务劳动的需要；买自行车是为了代步；买汉堡是为了充饥；买化妆品是希望美丽、体现气质、增加魅力等。

因此，网络营销中，企业应借助于互联网和信息技术获得消费者的基本需求信息，以此为基础开发产品、宣传产品，明确传达产品能提供的利益，使得产品更具有吸引力。

2）有形产品

有形产品是核心产品借以实现的形式，即向市场提供的实体和服务的形象。产品的基本效用必须通过某些具体的形式才得以实现，通常表现为产品质量水平、外观特色、式样、品牌名称和包装等。

在互联网中，消费者能够以极低的成本获得大量产品的信息，并且信息的不对称性相较于传统市场环境也大大降低，因此企业应首先着眼于顾客购买产品时所追求的利益，以求更完美地满足顾客需要，再去寻求利益得以实现的形式，进行产品设计。这说明形式产品的设计要以顾客需要为开始，以顾客满意为结束，质量并非越高越好，功能也非越多越好。

在产品同质化的今天，形式产品的差异化成为企业增强竞争力、吸引消费者注意力的最有效措施。常见的形式产品的差异化策略有提高质量、优化品牌形象、美化包装等。

延伸阅读

用户体验：从顾客的角度谈谈阿芙精油的包装

中午 11 点，收到短信“发货啦!您在阿芙订购的包裹已经飞奔在路上~披星戴月日夜兼程来到您身边!快递商：圆通快递单号：V11111111【阿芙】 ”。

收到货！开始拆包，接下来以一个买家的角度记录从收到货到现在的全部过程和心态变化!（图文形式）

心理 1：这个侧面包装感觉和别家的不一样!（全网销量第一这个词隐约出现在脑海里一次，第一品牌没看到）

心理 2：看到这个小贴纸感觉有点意思（有点意思的原因是从没有在别家的包裹上有这个），事后整个回想的话，“正规”、“专业”、“仔细”这些词可以体现出来了!

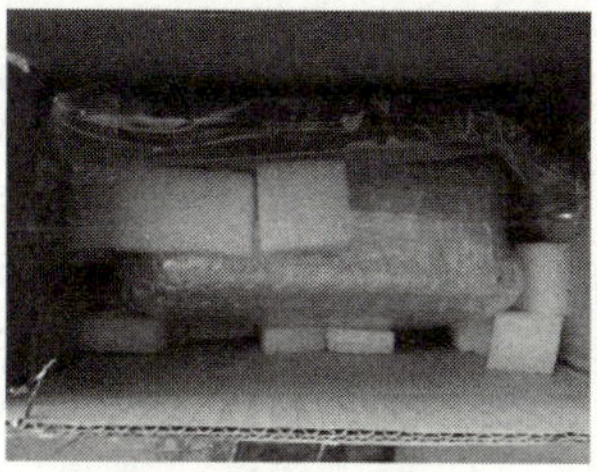

心理 3：实物防护霜好大一个，感觉很牢固的样子，最右边鼠标垫有点意思，不是那种普通的鼠标垫。

心理 4：实物防护霜的近照! 厚重、牢固，怎么摔都不会摔破的样子。

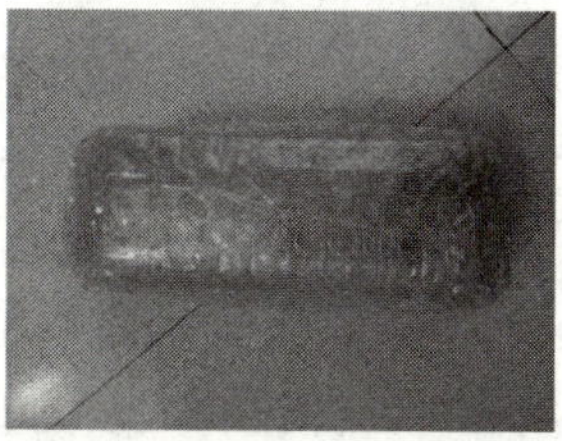

心理 5：这个玩意好难拆，用小刀花了我 5～7 分钟，足足用了 3 层薄膜!现在想起来，用一个自己编的理论来阐述就是，“你打开包裹的时间越长。顾客对你的印象感觉就越好”，因为我在拆的过程中，一边拆一边说“弄得这么牢”，其实心底里对这个包装是很满意的。

心理 6：这个我一开始看到就想扔，但是一看外观挺精细，所以没扔!看里面的内容多是“怎么用?怎么配？”，拿着也挺厚实，由于自己是男孩，没什么可以用，如果是女孩我估计很多会放在电脑桌旁边。（注意这个细节噢，是电脑桌旁边）

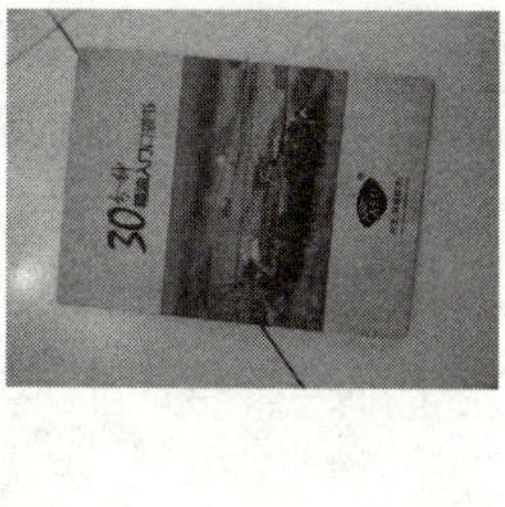

心理 7：这是鼠标垫的背面和正面，背面绿色的小标签和鼠标垫正面右上角都有阿芙的小广告，鼠标垫的内容曾在人人网上出现过，很火。这些都很重要，为什么？你看你看，我现在已经在用了，是已经在用了，说明了什么?不知道?如果有一天我想用到精油，我是不是会想起某某某呢???

心理 8：这是阿芙的全家福，包邮卡，感谢信（对了，感谢信上有客服的小签名，还有一些有意思的小玩笑，你看我已经记住这个东西了），礼品小样，阿芙原产地的薰衣草照。（貌似可以用来贴墙壁）

最后：搞了半天，我才想起我是买护手霜的，打开后第一眼包装感觉还行，第二闻味道很香，第三拆开口有薄膜，放心。

如果我是女孩，我去评价，肯定会说“包装好仔细，我只买了一个护手霜，但是送了我一大堆东西（其实真正有用、在用的就是鼠标垫），不过我是男的，没习惯去评价，虽然很好，但一样不去评，嘿嘿~~~

（资料来源：《用户体验：从顾客的角度谈谈阿芙的服务》，派代网，2013 年 9 月 14 日）

编者：作为淘宝网的精油销量第一品牌，从包装这个视角就可以看出其用心。消费者收到产品后，第一眼看到的就是包装，用心的包装留下了好的第一印象；与众不同的包装体现了产品的差异性；同时善用包装也可以将其变成企业广告的传播载体。

3）期望产品

期望产品是指购买者购买某种产品通常所希望和默认的一组产品属性和条件。一般情况下，顾客在购买某种产品时，往往会根据以往的消费经验和企业的营销宣传，对所欲购买的产品形成一种期望，如对于旅店的客人，期望的是干净的床、香皂、毛巾、热水、电话和相对安静的环境等。顾客所得到的，是购买产品所应该得到的，也是企业在提供产品时应该提供给顾客的。对于顾客来讲，在得到这些产品基本属性时，并没有太多的套for和形成偏好，但是如果顾客没有得到这些，就会非常不满意。

在网络营销中，顾客处于主导地位，消费呈现出个性化的特征，不同的消费者可能对产品的要求不一样，因此产品的设计和开发必须满足顾客这种个性化的消费需求。这种顾客在购买产品前对所购产品的质量、使用方便程度、特点等方面的期望值，就构成了期望产品的内容。为满足这种需求，对于实物类产品，未来的趋势是个性化定制，要求企业的设计、生产和供应等环节必须实行柔性化的生产和管理。对于无形产品如服务、软件等，要求企业能根据顾客的需要来提供服务。

4）附加产品（也称延伸产品）

附加产品是指顾客购买有形产品时所获得的全部附加服务和利益，包括提供信贷、免费送货、质量保证、安装、售后服务等。附加产品的概念来源于与市场需要的深入认识。因为购买者的目的是为了满足某种需要，因而他们希望得到与满足该项需要有关的一切，可见购买者的某项消费需要实际上是一个系统。认识到这一点就会理解，企业所出售的也必须是一个系统，即由有关的实物和服务组成的整体而不只是一个物体而已，这样才能充分满足需要。

美国学者西奥多·莱维特曾经指出："新的竞争不是发生在各个公司的工厂生产什么产品，而是发生在其产品能提供何种附加利益（如包装、服务、广告、顾客咨询、融资、送货、仓储及具有其他价值的形式）。"

附加产品的设计应该注意三点：

（1）任何附加产品都将增加企业成本，因此营销人员在设计附加产品时并不是越多越好，应考虑顾客是否愿意承担因而发生的额外费用。

（2）附加产品给予顾客的利益将很快转变为顾客的期望利益。这种现象是竞争促成的，竞争者为了吸引顾客而不断增加向顾客提供的附加产品。因而附加产品的设计并不是一劳永逸的事情，而是应该根据顾客的需要和竞争者的动向，不断改进。比如过去企业搭建网站，提供便捷的沟通与售后服务渠道是附加产品，但随着企业纷纷效仿，现在已经变成了期望产品。

（3）由于附加产品提高了产品的价格，因而促使某些竞争者剥除所有附加产品，以求大幅度降低价格，吸引其他细分市场的顾客。因此，与五星级豪华宾馆同时存在的也有廉价旅馆、汽车旅馆等设施简单的小旅店，以低廉的价格满足旅客在吃和住方面最基本的需要。

案例

春秋航空——低价航空的生存之道

春秋航空有限公司（以下简称春秋航空）是中国首家由旅行社投资组建的航空公司，也是中国第一家定位低成本的航空公司。从 2004 年筹建伊始，春秋航空就提出"让更多普通大众坐得起飞机，让乘飞机旅游进入千家万户"的口号。春秋航空与老牌航空公司相比，其航班的座椅空间略显狭小，搭乘其航班只有一瓶免费矿泉水，餐食要自掏腰包，免费行李额度通常要比老牌航空公司低 5 公斤……即便这样，仍然有人会选择它，原因很简单，它能提供 1 元、99 元、199 元、299 元、399 元的特价机票，此外它的每条航线的每张机票大约比主流航空公司便宜 36%。

5）潜在产品

潜在产品是指一个产品最终可能实现的全部附加部分和新增加的功能，它与附加产品的主要区别是即使产品没有潜在层次顾客仍然可以很好地得到满足。许多企业通过对现有产品的附加与扩展，不断提供潜在产品，所给予顾客的就不仅仅是满意，还能是顾客在获得这些新功能的时候，感到喜悦。所以潜在产品指出了产品可能的演变，也使顾客对于产品的期望越来越高。潜在产品要求企业不断寻求满足顾客的新方法，不断将潜在产品变成现实的产品，这样才能使顾客得到更多的意外惊喜，更好地满足顾客的需要。

在网络营销时代，高新技术迅猛发展，产品可以实现或满足顾客的许多潜在需求和利益还没有被顾客认识到，这需要企业通过引导来发掘消费者的各种潜在需求，并提供必要的支持来实现和满足消费者的潜在需求。

2. 产品整体概念的启示

产品并不是静态的实物，而是一个内涵丰富、动态和有生命的概念。五层次结构理论能完整地解释消费者选购和消费产品的全部心理过程，即如何从“核心产品”向“潜在产品”逐层扩展。

具体而言，消费者选购和消费产品：首先，必须有能够满足其自身需要的使用价值，即产品的核心利益（Core Benefit）；其次，寻求具备这些使用价值的实物形态，这就是所谓的形式产品；再次，在寻找和选购过程中，逐步形成了对该产品属性和功能的认知和心理要求，这就是所谓的期望产品。这也可以理解为对“核心产品”和“形式产品”的感知和要求，如产品属性要求、价格要求、使用性要求和保质期要求等。

在现代产品设计日趋完善和消费市场由卖方市场向买方市场转化的趋势下，消费者在寻求和选购产品的过程中，会发现产品还带有超出自身期望的附加利益，这就是所谓的附加产品。

最后，在购买并消费已选定产品时，还会发现具有以前未曾发现的功能和使用价值，这就是所谓的潜在产品。

虽然，从产品的设计和制造过程来看，似乎是由生产者决定的。但在产品的选购、消费和实现其价值的过程中，消费者却起关键和主导作用。由于产品的五层次是一个整体，所以企业不能从自身视角出发，认为只要提供给顾客产品的实物即可，其他可有可无。

正如前面所说，随着竞争加剧，消费者对于产品期望越来越高，当前如品牌、网站、客户服务、包装等在大多数情况下已经成为期望产品的一部分，结合课程定位，我们将网络品牌策略实施、企业网站建立和网络客户关系管理三个问题放在本学习情境后面的部分详细探讨。

延伸阅读

小米手机成功之道

引导案例中我们看到了手机企业“全民学小米”的现象，小米到底成功在哪？下面做简单分析：

（1）拥有权威的意见领袖。小米的创始人雷军是中国互联网早期的革命领袖之一。从卓越网到金山软件、风险投资、再到小米，作为公众人物，他的每一步人生履历都是中国互联网进程史上的一道丰碑。互联网作为当下世界最炙手可热的行业，面对这样的一个领袖型人物，媒体的闪光灯从来不吝啬于聚焦到他的身上。小米品牌的成长很大程度上依赖于雷军的个人品牌魅力。雷军已经让小米已经奠定了成功的先天性因素。而这一因素，又恰恰是众多传统手机行业大佬们所不具备的。假设雷军当初进军的不是手机行业，换成另外一个行业，谁敢说他成功的概率会低于手机呢?

（2）会制造故事会讲故事。小米从诞生之日起就是一个善于制造故事讲故事的高手。作为小米的创始人，单是雷军身上就有太多太多的故事可以挖掘。他身上代表着中国互联网行业一代人的梦想。到现在人们都津津乐道于挖掘他身上的各种故事：卓越卖了、金山上市了、天使投资投资凡客、UC 浏览器、多玩等。而关于七个老男人的创业故事、随身携带 9 部手机、寻找 100 个核心粉丝、可以当天文望远镜的小米、可以站体重 100 斤的小米包装盒等有嚼味的各版本故事都在不断对外制造传播，满足了客户对于这家公司对于其产品的好奇心。单这一点，就足以令国内大多数传统企业汗颜。且不说不懂如何制造故事，单是满足客户的好奇心就没有几家企业能做到。

（3）顺应天时，抓住了自媒体传播的大浪潮。不断借势新营销手段提升自己的品牌曝光度是小米最擅长的营销方法。金山的创业经验让雷军深刻认识到做事应当顺势而为。正如雷军自己所言，“98 年腾讯创业，99 年李彦宏创办百度，99 年末阿里巴巴创业。我们坚持 WPS，但却错过了整个互联网。他当年的那个决定叫做不顺势，顺势就应该做互联网”。今天，小米的成功很大一部分原因是顺应了微博、QQ 空间、微信等自媒体大发展的浪潮，顺应了天时。小米手机从操作系统开发到手机的发布，都赶上了新浪微博高速发展的上升期，借助于微博的广泛传播力，小米在粉丝营销上取得了巨大的成功。雷军本人的粉丝就超过 700 万，小米手机有 300 万的粉丝。2012 年年底小米联合新浪微博开卖手机 2.5 万台，小米手机 2 在 5 分 14 秒内售罄。除借助于微博外，小米还顺势借助了 QQ 空间，粉丝高达 1000 万，而红米的发布则借助于 QQ 空间，首批 10 万台红米手机在 90 秒内被抢空，预约人数超过 745 万人。今年的双 11 则借助天猫平台狂扫 5.5 亿成为销售额最高的店铺。前两天的微信发售 15 万台小米手机 3 短短 9 分 55 秒即被抢购一空。今天，微博已日渐式微，对于传统手机业而言，从头开始经营自己的粉丝，难度不是一般的大。

（4）基于超高产品性价比的饥饿营销。饥饿营销玩得巅峰造极者当属小米。因为稀缺，消费者会更加关注它并且变得更有价值。通过饥饿营销的手段制造稀缺性对于小米而言，一方面是为了保持客户对其产品的好奇心，提升小米的吸引力增加客户的购买欲望。另外一方面也是受到产能的限制。传统手机厂商如果要学小米的饥饿营销，先得掂量一下自己的斤两，到底会有多少粉丝愿意加入你的饥饿营销游戏，别最后搞饥饿营销把自己给饿死了。客户购买手机的几大痛点无外乎是价格、外观、电池续航能力、操作体验。小米就是深挖出了传统手机在打电话、发短信、操作体验上的众多痛点，从而找到了突破口。而时至今日，国内手机厂商重营销轻产品的模式都从未改变过。配置相同、但操作体验却相差甚远，在同一价位上跟小米厮杀只能最终沦为小米的炮灰。超高的性价比，这是小米之所以敢玩饥饿营销并且能在两年时间里就从国内众多传统手机厂商中杀出重围的重要原因。

（5）软件比硬件更重要。小米的核心是其基于 Android 平台的 miui 系统，现在的国内手机厂商有自己定制操作系统的有几个？除了魅族的 FlymeOS 3.0 操作系统还像个样子，其他手机厂商基本上都在用原生 Android 系统。传统手机厂商对于硬件的重视程度远高于软件。当所有的传统手机厂商都在用原生 Android 系统而将聚焦点放在硬件、质量、价格上时，学小米的结局都将会以失败告终。与硬件相比，小米更感兴趣的是操作系统。卖手机本来就是一锤子买卖，如果抛开硬件成本，小米手机亏损的概率很大。但在互联网时代，真正有价值的不是硬件，而是硬件背后的用户。当用户基数足够大时，任何商业模式都可以在 miui 系统上进行嫁接。

（6）粉丝经济的核心是参与感和用户体验。传统经济时代，产品质量好、价格实惠、环保等产品属性是产品的核心。但在互联网经济时代，产品属性只是产品的标配，真正的好产品应该是客户愿意分享的产品。传统营销强调的是教条式的品牌认知，而新营销的核心是用户参与感。冷冰冰的营销早已不适应互联网。今天中国的主流消费人群都是互联网的原住民，他们对填鸭式的营销广告深恶痛绝。看这些号称要进军互联网的传统手机大佬们开的发布会请来的都是媒体而不是自己的粉丝，实在看不出有任何让粉丝参与的诚意。再来说用户体验，用户体验是做互联网产品的核心。且不说这些手机厂商做互联网产品的决心如何，单看各自官网糟糕的用户体验就着实让人看不到未来，连互联网的门都还没入，何以谈得上学小米营销。

（资料来源：《全民学小米？歇歇》. 虎嗅网. 2013 年 12 月）

4.1.2 网络营销视角下的新产品开发

1. 产品生命周期

一种产品在市场上的销售情况和获利能力并不是固定不变的，而是随着时间的推移发生变化。这种变化和生物的生命历程一样，也经历了诞生、成长、成熟和衰亡的过程，称之为产品生命周期。产品生命周期是指产品从进入市场开始，直到被市场淘汰为止所经历的全部时间。这里的产品生命指的是产品的市场生命、经济生命，而不是使用生命、物质生命。

产品生命周期是以销售额和企业所获得的利润额的变化来衡量的。如果以时间为横坐标，以销售额和利润额为纵坐标，则产品生命周期表示为一条近似 S 形的曲线。产品生命周期一般经历五个阶段：开发期、引入期、发展期、成熟期和衰退期（如图 4-2 所示）。

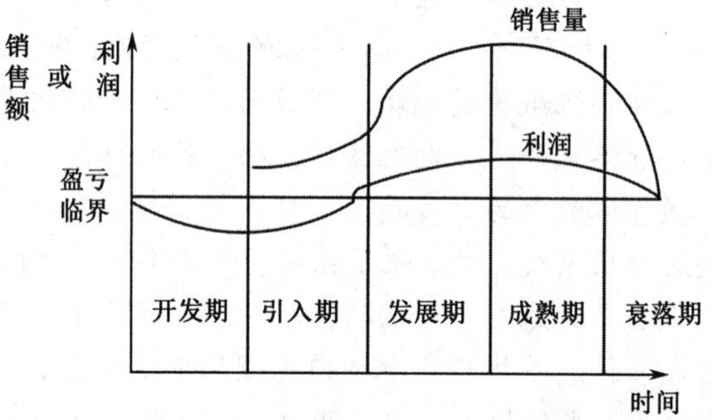

图 4-2 产品生命周期图

实际的产品生命周期曲线并不是严格按照图 4-2 所示的走势，不同的产品，其生命周期曲线是不一样的，有的很短、很陡，有的很长、很平，但一般来说，其走势大致如此。

根据产品的生命周期，企业应采取的策略是：在产品开发期和导入期，为打开产品销售渠道，企业应重点加强促销策略，鼓励消费者试用和体验、吸引中间商；在产品成长期，市场上的竞争者开始大量涌入，企业在加强各环节促销的同时，可重点实施差异化策略和品牌策略，建立品牌偏好，培育客户忠诚度；在产品成熟期，企业应将营销的重点放在关系营销和客户关系管理上，保持市场份额的稳定。

网络环境的产品生命周期通常会有所缩短，这是由于企业可通过网络迅速、及时地了解和掌握市场的需求状况，进而从新产品上市时起，便可知道产品应该改进的方向，于是在产品还处在成熟期甚至成长期时，企业便开始了新一代产品的研制和开发。

2. 新产品开发

市场营销意义上的新产品含义很广，除包含因科学技术在某一领域的重大发现所产生的新产品外，还包括：在生产销售方面，只要产品在功能和或形态上发生改变，与原来的产品产生差异，甚至只是产品从原有市场进入新的市场，都可视为新产品；在消费者方面，则是指能进入市场给消费者提供新的利益或新的效用而被消费者认可的产品。

1）新产品开发思路

按产品研究开发过程，新产品可分为全新产品、模仿型新产品、改进型新产品、形成系列型新产品、降低成本型新产品和重新定位型新产品，给我们提供了不同的新产品开发思路。企业可以根据自己的情况，同时选择多种方法进行结合，形成自己的新产品开发策略。

（1）全新产品是指应用新原理、新技术、新材料，具有新结构、新功能的产品。该新产品在全世界首先开发，能开创全新的市场。这种方法由于开发时间长，投入大，因此企业应根据自身情况慎重选择。

（2）改进型新产品是指在原有老产品的基础上进行改进，使产品在结构、功能、品质、花色、款式及包装上具有新的特点和新的突破，改进后的新产品，其结构更加合理，功能更加齐全，品质更加优质，能更多地满足消费者不断变化的需求。因为消费者的需求永远不会停止改变，所以这是企业在经营中需要一直保持的思路。

（3）模仿型新产品是企业对国内外市场上已有的产品进行模仿并在已有产品基础上进行改进称为本企业的新产品。当下，中国知名企业的成功大多受益于模仿型新产品的成功。模仿式创新一方面备受业界责难：造成了产品的同质化，是“价格战”的根源之一，使得市场中其他企业谨慎选择全新的产品开发方法；一方面又被很多企业当做通向成功的捷径：既可规避战略风险，又可节约前期研发费用。因此，后发企业不断从产品、商业模式以及品牌策略和营销要素层面对先行企业进行模仿式创新。

延伸阅读

马化腾：模仿也是一种创新

和大多数成功的国内互联网公司类似，腾讯的成功也是从模仿开始。但腾讯的不同之处是能够在模仿中进行有效的创新。其实，创新和引入并不矛盾，如日本和韩国的汽车工业，都是从引入做起然后才开始去创新。马化腾这样理解模仿：你可以理解成学习，是一种吸收，是一种取长补短的方法，况且模仿中也有创新。

马化腾所提倡的也是：聪明的引进，并不断地在此基础上进行创新。腾讯的核心产品 QQ 即是这种模仿创新的典型案例。实际上，马化腾从不讳言 QQ 当初是作为 ICQ 的一个模仿者出现在中国用户面前，但 QQ 的成功绝不是因为模仿。虽然 QQ 本身是一个仿制品，但是像离线消息、QQ 群、魔法表情、移动 QQ、炫铃等都是腾讯的创新。正是有了创新的产品才有了 QQ 庞大的用户群，这成为撬动整个腾讯体系的支点。这些创新是 QQ 能够最终超越 ICQ

的关键所在。

实际上在腾讯目前众多的产品中都能找到这种模仿式创新的影子：网络游戏、拍拍网、无线增值、门户网站、QQ空间、QQ邮箱等。和众多尝试多元化而惨遭失败的互联网公司不同，大举扩张的腾讯几乎在所有的领域都取得了成功。

腾讯能够在互联网的各个领域取得成功，不仅仅是因为拥有即时通信软件QQ这一强大的平台，还在于腾讯对用户体验的理解。在多次采访中马化腾一直强调，技术出身的他在某种意义上不是公司的CEO，而是公司的产品经理。正是凭着马化腾对用户体验的理解，能够让腾讯作出的产品相较于被模仿者更出色。例如，QQ邮箱除了拥有其他邮箱都拥有的功能外，它可以一起接收其他邮箱邮件，给用户提供了极为顺畅的产品体验。

“创新可以分为三个层次：技术创新、产品创新和应用创新，产品和应用层面的创新比较容易被人忽略。”一位资深互联网产品经理说，几乎腾讯的每款产品都能找出市场上其他同类产品所没有的优点。

用户的选择是残酷的，也只有像腾讯这样顺应用户需求的公司才能成功。不仅是在产品层面，在创新机制的建立上马化腾也已经远领先于竞争对手。2006年10月，腾讯宣布投资亿元人民币设立腾讯研究院，以吸引中国的科学家和技术人员加盟，除了将创新作为腾讯的核心价值观之外，马化腾还建立了一个健全的创新体系和机制让腾讯能够保持创新的活力。

在成功地进行模仿创新以及搭建起公司内部的创新体制以后，这个以小企鹅为标志物的公司正在步入自己全新的创新之旅。以后，腾讯的创新已不仅仅局限于技术、产品等方面，还包括商业模式的创新，以及用户体验的创新。

下面列出的一些模仿数据：

腾讯QQ——ICQ　　腾讯TM——MSN　　QQ游戏大厅——联众
QQ对战平台——浩方对战平台　　QQ团队语音——UCTalk
QQ堂——泡泡堂　　QQ音速——O2JAM　　QQ三国——冒险岛
QQ炫舞——劲舞团　　QQ飞车——跑跑卡丁车　　QQ直播——PPLive
QQ音乐——百度MP3/酷狗　　QQ播客——土豆
QQ拼音输入法——搜狗输入法　　QQ交友中心——亚洲交友中心
穿越火线——CS　　腾讯拍拍——淘宝　　财付通——支付宝
超级旋风——迅雷　　搜搜问问——百度知道　　搜吧——百度贴吧
腾讯滔滔——Twitter

……

（4）形成系列型新产品是指在原有的产品大类中开发出新的品种、花色、规格等，从而与企业原有产品形成系列，扩大产品的目标市场。

（5）降低成本型新产品是以较低的成本提供同样性能的新产品，主要是指企业利用新科技，改进生产工艺或提高生产效率，削减原产品的成本，但保持原有功能不变的新产品。

（6）重新定位型新产品指企业的老产品进入新的市场而被称为该市场的新产品。

2）新产品开发程序

一个完整的新产品开发过程要经历8个阶段：构思产生、构思筛选、概念发展和测试、营销规划、商业分析、产品实体开发、试销、商业化。

（1）新产品构思的产生。进行新产品构思是新产品开发的首要阶段。构思是创造性思维，即对新产品进行设想或创意的过程。缺乏好的新产品构思已成为许多行业新产品开发的瓶颈。一个好的新产品构思是新产品开发成功的关键。

企业通常可从企业内部和企业外部寻找新产品构思的来源。公司内部人员包括研究开发人员、市场营销人员、高层管理者及其他部门人员。这些人员与产品的直接接触程度各不相同，但他们总的共同点便是都熟悉公司业务的某一或某几方面。对公司提供的产品较外人有更多的了解与关注，因而往往能针对产品的优缺点提出改进或创新产品的构思。企业可寻找的外部构思来源有顾客、中间商、竞争对手、企业外的研究和发明人员、咨询公司、营销调研公司等。

（2）构思筛选。新产品构思筛选是采用适当的评价系统及科学的评价方法对各种构思进行分析比较，从中把最有希望的设想挑选出来的一个过滤过程。在这个过程中，力争做到除去亏损最大和必定亏损的新产品构思，选出潜在盈利大的新产品构思。构思筛选的主要方法是建立一系列评价模型。评价模型一般包括评价因素、评价等级、权重和评价人员。其中确定合理的评价因素和给每个因素确定适当的权重是评价模型是否科学的关键。

（3）新产品概念的发展和测试。新产品构思是企业创新者希望提供给市场的一些可能新产品的设想，新产品设想只是为新产品开发指明了方向，必须把新产品构思转化为新产品概念才能真正指导新产品的开发。

新产品概念是企业从消费者的角度对产品构思进行的详尽描述，即将新产品构思具体化，描述出产品的性能、具体用途、形状、优点、外形、价格、名称、提供给消费者的利益等，让消费者能一目了然地识别出新产品的特征。因为消费者不是购买新产品构思，而是购买新产品概念。新产品概念形成的过程也即把粗略的产品构思转化为详细的产品概念。任何一种产品构思都可转化为几种产品概念。

新产品概念的形成来源于针对新产品构思提出问题的回答，一般通过对以下三个问题的回答，可形成不同的新产品概念，即谁使用该产品？该产品提供的主要利益是什么？该产品适用于什么场合？

（4）制订营销战略计划。对已经形成的新产品概念制订营销战略计划是新产品开发过程的一个重要阶段。该计划将在以后的开发阶段中不断完善。营销战略计划包括三个部分：第一部分是描述目标市场的规模、结构和消费者行为，新产品在目标市场上的定位，市场占有率及前几年的销售额和利润目标等；第二部分是对新产品的价格策略、分销策略和第一年的营销预算进行规划；第三部分则描述预期的长期销售量和利润目标以及不同时期的营销组合。

（5）商业分析。商业分析的主要内容是对新产品概念进行财务方面的分析，即估计销售量、成本和利润，判断它是否满足企业开放新产品的目标。

（6）产品实体开发。新产品实体开发主要解决产品构思能否转化为在技术上和商业上可行的产品这一问题。它是通过对新产品实体的设计、试制、测试和鉴定来完成的。根据美国科学基金会调查，新产品开发过程中的产品实体开发阶段所需的投资和时间分别占总开发总费用的 30%、总时间的 40%，且技术要求很高，是最具挑战性的一个阶段。

（7）新产品试销。新产品市场试销的目的是对新产品正式上市前所做的最后一次测试，且该次测试的评价者是消费者的货币选票。通过市场试销将新产品投放到有代表性地区的小范围的目标市场进行测试，企业才能真正了解该新产品的市场前景。

市场试销是对新产品的全面检验，可为新产品是否全面上市提供全面、系统的决策依据，也为新产品的改进和市场营销策略的完善提供启示，有许多新产品是通过试销改进后才取得成功的。

新产品市场试销的首要问题是决定是否试销，并非所有的新产品都要经过试销，可根据新产品的特点及试销对新产品的利弊分析来决定。

如果决定试销，接下来是对试销市场的选择，所选择的试销市场在广告、分销、竞争和产品使用等方面要尽可能的接近新产品最终要进入的目标市场。

第三步是对试销技术的选择，常用的消费品试销技术有销售波测试、模拟测试、控制性试销及试验市场试销。工业品常用的试销方法是产品使用测试，或通过商业展览会介绍新产品。

第四步是对新产品试销过程进行控制，对促销宣传效果、试销成本、试销计划的目标和试销时间的控制是试销人员必须把握的重点。

最后是对试销信息资料的收集和分析，如消费者的试用率与重购率，竞争者对新产品的反应，消费者对新产品性能、包装、价格、分销渠道、促销发生等的反应。

（8）商业化。新产品的商业化阶段的营销运作，企业应在以下几方面慎重决策：何时推出新产品，针对竞争者的产品而言有三种时机选择，即首先进入、平行进入和后期进入；何地推出新产品；如何推出新产品，企业必须制订详细的新产品上市的营销计划，包括营销组合策略、营销预算、营销活动的组织和控制等。

延伸阅读

360周鸿祎：不要追求完美

①微创新一定要快，十年磨一剑的时代已经过去了；②你要在产品打动用户的那点上，尽可能把它做到极致；③你一定要容忍自己的产品是有缺点的，只要这个缺点不致命；④一旦你的微创新被市场验证是个假的，你就赶快把它收回来，再寻找下个突破点。

3）网络营销中的新产品开发

（1）运用数据库协助新产品构思。网络营销的一个最重要特性是与顾客的交互性，企业运用网络搜集与整理了大量用户数据，利用数据库进行存储，通过数据挖掘企业可以发现顾客的现实需求和潜在需求，从而形成产品构思。通过对数据的分析，可以对产品构思的筛选提供一定帮助，最终形成产品的概念。

（2）用户全程参与新产品研制和开发工作。与过去新产品研制与试销基本由企业主导不一样，网络营销中顾客参与新产品研制与开发不再是简单的被动接收测试和表达感受，而是主动参与和协助产品的研制开发工作。这得益于网络使得顾客参与新产品研制的成本极低，而 Web 2.0 时代的顾客更加具有表达自己想法的愿望与热情。通过网络，企业及其供应商、经销商可以和顾客进行双向沟通和交流，使得顾客可以全程参与概念形成后的产品研制和开发工作。

（3）网络成为新产品试销理想场所。网络市场中的消费群体一般具有很强的好奇性和消费领导性，比较愿意尝试新的产品。因此，通过网络营销来推动新产品试销与上市，是比较好的策略和方式。但需注意的是，网上市场群体还有一定的局限性，所以并不是任何一种新产品都适合在网上试销和推广的。

案例

试——是一种生活态度

20 台 iPod touch3 躺在屏幕中淘宝网免费试用的货架上，屏幕对面是成千上万虎视眈眈的试客。这是 5 月 10 日即将上线的新版淘宝试用中心为试客们准备的一份大礼，届时只要撰写同类目商品试用心得证明对数码产品的使用经验，就有机会获得价值 2290 元的 iPod touch3 免费试用。而在 5 月 9 日的淘宝嘉年华上，淘宝网免费试用中心也将重磅出击，为现场会员准备了总价值达发放上万件家居、日用、零食等免费试用品。

据相关统计数据显示，目前我国的“试客”群体已达 400～500 万人，其中 20～40 岁的白领女性占大多数。74.5%的人认为“试客”代表一种新的理性消费观，58.1%的人觉得“试客”模式避免了“盲从消费”，47.0%的人认为“试客”模式是未来消费的一种趋势。不过，纯线下免费试用由于花费巨大而且手机反馈困难，免费试用此前一直只能算个小配角，直到电子商务出现之后。“在网上可以很方便地选择有经验的试用者，保证试用的效果和试用报告的专业性，不管是作为产品调查反馈还是口碑营销的方式都非常合适。”一名报名提供试用产品的商家表示。事实上，越来越多的商家开始选择通过网络免费试用的方式，带动消费者口碑传播来作为营销的新重点。

iPod touch3 只是新版淘宝试用中心推出的试用品中比较有代表性的一个。据了解，“重装上阵”的淘宝试用中心在试用品方面做了较大扩展，每天同时在线的免费试用商品种类将从 50 种扩展到 200 种以上，数量将达到 1 万件以上，涵盖化妆品、数码、家居、美食、母婴用品等品类。

试用流程其实相当简单。首先登录淘宝试用中心选择中意的试用品，然后写一个同类目商品的使用心得获取经验就可以申请淘宝网免费试用了。试用申请通过以后，试用品会以商家包邮的方式快递上门，试用者只要在好好享用后提交一份真实的试用报告就可以了。试用报告质量比较好的话，还可以提高此后申请试用的成功概率。某资深试客表示：“现在很多东西几乎都不用去逛街买了，手头正用的香奈儿活肤精华液、水肌精美白水、相宜本草面膜还有一个施华洛世奇的项链等，都是免费领来的。”

4.1.3　网络品牌策略实施

品牌策略是一系列能够产生品牌积累的企业管理与市场营销方法，主要有品牌化决策

（企业决定是否给产品起名字、设计标志）、品牌使用者决策（企业决定使用本企业（制造商）的品牌，还是使用经销商的品牌，或两种品牌同时兼用）、品牌名称决策（企业决定所有的产品使用一个或几个品牌，还是不同产品分别使用不同的品牌）、品牌延伸策略（将现有成功的品牌，用于新产品或修正过的产品上）、品牌的更新（品牌的内涵和表现形式的变化发展）、品牌战略决策（公司将品牌作为核心竞争力，以获取差别利润与价值的企业经营战略）等。

品牌包含的内容十分广泛，根据本书定位，下面主要从三个方面来介绍关于网络品牌策略的实施：一是品牌的基础知识，二是品牌的资产（揭示了品牌的价值，体现了其重要性，为后面的品牌建立做好知识准备），三是品牌策略实施（品牌建立、品牌传播、品牌管理）。

1. 品牌的基础知识

品牌是一种名称、术语、标记、符号或图案，或是它们的相互组合，用以识别企业提供给某个或某群消费者的产品或服务，并使之与竞争对手的产品或服务相区别。

品牌的英文单词 brand，源出古挪威文 brandr，意思是“烧灼”。人们用这种方式来标记家畜等需要与其他人相区别的私有财产。到了中世纪的欧洲，手工艺匠人用这种打烙印的方法在自己的手工艺品上烙下标记，以便顾客识别产品的产地和生产者。这就产生了最初的商标，并以此为消费者提供担保，同时向生产者提供法律保护。16 世纪早期，蒸馏威士忌酒的生产商将威士忌装入烙有生产者名字的木桶中，以防不法商人偷梁换柱。到了 1835 年，苏格兰的酿酒者使用了“OldSmuggler”这一品牌，以维护采用特殊蒸馏程序酿制的酒的质量声誉。随着时间的推移，商业竞争格局以及零售业形态不断变迁，品牌承载的含义也越来越丰富，形成了专门的研究领域——品牌学。

品牌与商标是极易混淆的一对概念，这使得一部分企业错误地认为产品进行商标注册后就成为了一个品牌，实际上它们既有联系也有区别。

（1）商标是品牌的一部分。商标是品牌中的标志和名称部分，它使消费者便于识别。但品牌的内涵远不止于此，品牌不仅仅是一个区分的名称和符号，更是一种综合的象征，需要赋予形象、个性、生命。品牌标志和品牌名的设计只是建立品牌的第一道工作，也是必不可少的一道程序。

（2）商标是一种法律概念，而品牌是市场概念。商标的价值主要在于保护商标权所有者的合法权益，品牌的价值主要在于品牌资产。

（3）商标掌握在企业手中，而品牌是属于消费者的。当消费者不再重视你的品牌，品牌就一无所值了。

品牌和商标一个重要的差别就是品牌不仅是一个名称和符号，还具有品牌资产，下面具体来介绍品牌资产的构成。

2. 品牌的资产

品牌资产是 20 世纪 80 年代在营销研究和实践领域新出现的一个重要概念。20 世纪 90 年代以后，Aaker（1991）、Kapferer（1992）、Keller（1993）等人逐步提出并完善了基于消费者的品牌权益（Customer-Based-Brand-Equity）概念。在中文语境中，通常用“品牌资产”（而不是品牌权益）指代 Brand Equity。

品牌资产（Brand Equity）是与品牌、品牌名称和标志相联系，能够增加或减少企业所销售产品或服务的价值的一系列资产与负债。根据大卫・艾克（Aaker）的品牌资产五星模型，它主要包括五个方面，即品牌忠诚度、品牌认知度、品牌知名度、品牌联想、其他专有资产（如商标、专利、渠道关系等），并又提出 10 项评估指标（如图 4-3 所示），这些资产通过多种方式向消费者和企业提供价值。

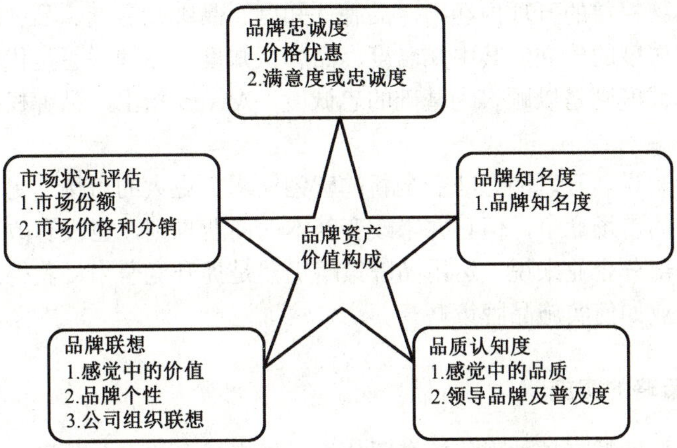

图 4-3 大卫・艾克品牌资产五星模型

（1）品牌知名度是消费者对一个品牌的记忆程度，品牌知名度可分为无知名度、提示知名度、第一未提示知名度和第一提示知名度四个阶段。

一个新产品在上市之初，在消费者心中处于没有知名度的状态；如果经过一段时间的广告等传播沟通，品牌在部分消费者心中有了模糊的印象，在提示之下能记忆起该品牌，即达到了提示知名阶段；下一个阶段，在无提示的情况下，能主动记起该品牌；当品牌成长为强势品牌，在市场上处于“领头羊”位置时，消费者会第一个脱口而出或购买时第一个提及该品牌，这时已达到品牌知名度的最佳状态。

（2）品牌认知度是指消费者对某一品牌在品质上的整体印象。它的内涵包括功能、特点、可信赖度、耐用度、服务度、效用评价、商品品质的外观等。它是品牌差异定位、高价位和品牌延伸的基础。研究表明，消费者对品牌的品质的肯定，会给品牌带来相当高的市场占有率和良好的发展机会。

（3）品牌联想度是指透过品牌而产生的所有联想，是对产品特征、消费者利益、使用场合、产地、人物、个性等的人格化描述。这些联想往往能组合出一些意义，形成品牌形象。它是经过独特销售点（USP）传播和品牌定位沟通的结果。它提供了购买的理由和品牌延伸的依据。

（4）品牌忠诚度是指在购买决策中多次表现出来的对某个品牌有偏向性的（而非随意的）

行为反应，也是消费者对某种品牌的心理决策和评估过程。它由五级构成：无品牌忠诚者、习惯购买者、满意购买者、情感购买者和承诺购买者。品牌忠诚度是品牌资产的核心，如果没有品牌消费者的忠诚，品牌不过是一个几乎没有价值的商标或用于区别的符号。从品牌忠诚营销观点看，销售并不是最终目标，它只是消费者建立持久有益的品牌关系的开始，也是建立品牌忠诚，把品牌购买者转化为品牌忠诚者的机会。

（5）品牌其他资产是指品牌有何商标、专利等知识产权，如何保护这些知识产权，如何防止假冒产品，品牌制造者拥有哪些能带来经济利益的资源，如客户资源、管理制度、企业文化、企业形象等。

Aaker 认为品牌权益的五项内涵中，品牌认知度、品牌知名度、品牌联想度、品牌其他资产有助于品牌忠诚度的建立，其中知名度、品牌认知度、品牌联想是代表顾客对于品牌的知觉和反应，而忠诚度则是以顾客为基础的忠诚度。Aaker 指出，品牌权益的核心是品牌认知度和品牌联想。

对于许多企业来说，互联网意味着全新的营销渠道、更大的市场、更多的客户、全球化的品牌及更为激烈的市场竞争，但它并未改变基本的商业规则，也没有改变品牌的基本定义和基本作用。对大部分企业来说，运用品牌策略仍然是提升竞争力，获得溢价的一种选择，下面就简单谈谈企业如何实施品牌策略。

3. 网络品牌策略的实施

品牌由于其重要性越来越被现代社会所认识，越来越多的人对其进行研究，已经形成了专门的研究领域——品牌学，本着够用实用好用的原则，这里简单将网络品牌策略的实施归纳为三个方面，即品牌的建立、品牌的传播和品牌的管理。

1）品牌的建立

品牌的建立主要做好四个方面：

（1）精定位。品牌定位是着眼于目标消费群的心理感受，对品牌进行系统设计，依据目标消费群的心理特征，设计产品属性，从而在目标消费群心中树立该品牌的独特位置。品牌定位是品牌经营的首要任务，是品牌建设的基础，是品牌经营成功的前提；品牌定位在品牌经营和市场营销中有着不可估量的作用，品牌定位是品牌与这一品牌所对应的目标消费者群建立一种内在的联系，品牌定位是市场定位的核心和集中表现。

延伸阅读

南慕家族：横扫淘宝的经济适用男

很多人问：“我想在天猫做一个渠道品牌，我该怎么做？我卖的都是别人的货，我怎么做品牌定位？我如何吸引消费者爱我呢？”

这一期，我们分享一个“经济适用男”的案例，那就是南慕家族。

目前淘宝 3C 类目第一店，一个做 3C 配件的渠道品牌，完全没有自己的货，但却有着很高的粉丝量。

为什么？为什么亲们都爱他？

我们把他的秘籍一一分享出来。

“经济适用男”为何很受欢迎？

首先，我们得知道一个经济适用男为什么在当代很受欢迎。

（1）他能帮你省钱。

（2）他不高高在上，很亲切。

（3）他可以帮你解决很多很实际的问题。

（4）可信度高，真诚不做作。更重要的是，经济适用男，很值得你依赖。

南慕家族就是这样一个经济适用男。

作为一个渠道品牌，从诞生那天，它只是在干一件事——不卖货，而是帮消费者选货。

南慕家族的前身是一个巨大的校友录，粉丝有几十万，南慕家族的创建者是庄氏兄弟。他们从开始卖数码配件开始创业，在淘宝开了一家叫作南慕小记的 C 店。短短两年的时间，已经得到了两个金冠！

后来，他们以南慕品牌为基石，开设了多家渠道店及数码配件品牌代理店，两年时间全网渠道年销售额破亿元，成为淘宝创业的一个奇迹。

很少有人能跟自己的第一个顾客成为哥们吧？南慕家族就做到了，这也是我认为经济适用男才能博得女人芳心的最好证明。

让她依赖你

南慕家族的客服基因从庄氏兄弟开始传承。他们绝对没有高高在上，而是把每一个顾客都变成了自己的朋友，把“亲”文化做得很极致。

比如，顾客有一个件要退货，他们甚至会把退货快递叫到顾客家门口。比如，一旦有不好的评价，大老板亲自上门解决，即使做到了今日的规模，庄老大还是亲自上门，跟顾客把事情协调好。

追一个“亲”，如果你能如此放下架子，给她足够的“脸”！你觉得她能不爱你吗？

然后，南慕家族又使用各种方式让“亲”开始依赖他。

（1）它帮你省钱。南慕使用了屈臣氏的营销方式，经常有换购及限时特卖的产品、会员价、周末惠等丰富的方式，帮你勤俭持家。

（2）南慕制定了行业最为苛刻的品控制度，对品牌商的产品进行审核，只有通过南慕层层审核的精品才能上架。每月都有 3～5 家品牌商的产品被淘汰。

南慕以“不是所有的 3C 配件都可以在南慕销售”为企业竞争力。从单一移动电源来说，南慕的 5 款电源都是有自己的独特定位和受众群的。哪一款卖给年轻人，哪一款走二线城市，哪一款卖给中年理性用户，哪一款卖给数码极客，彼此之间的产品绝不打架，不会让消费者产生选择恐惧症。

（3）如何让消费者相信“南慕家族选择的 3C 配件就是行业最好”的呢？

南慕家族开始持续打造一个活动，南慕盛典，即南慕数码排行榜。最有公信力的活动，往往就是排行榜。南慕用这样的方式，让消费者产生信赖感。

下游品控上游?

那么，看到这，很多人会问“一个区区的渠道品牌，到底有什么能力，让它可以品控那些品牌商？”

这跟南慕家族的内部定位有关系。南慕家族的企业文化跟淘宝有些相像，他们认为在数码江湖中，手机就好像宝剑，iPad就像是法宝，而南慕家族就是独居一方的数码军师。要知道对品牌商来说，卖货的渠道可以找到很多，而帮他们做品牌的渠道，能有多少?

很多品牌商如屈臣氏不是为了赚钱，而只是为了提升地位。南慕家族也是同理。当市场充斥着PC塑料保护套的时候，南慕家族推出了真皮的iPad保护套理念，第一次让真皮保护类成为淘宝新贵。从那时起，南慕家族最多的工作是在帮品牌商打造在线品牌，如ROCK、电小二、派克、缤特朗……在南慕家族打造之前，它们的在线知名度基本上都很低。

一款移动电源产品，在南慕打造之前，完全没有人知道。而在南慕上架后的仅仅一个月时间，这个电源在全网铺开了各种销路，搜索排名及曝光率极大地提升。这就是南慕得以实施苛刻的品控制度的砝码。

总结一下：

渠道品牌要想让用户爱上你，首先要做到让他依赖你。

如何依赖?

首先对自己有个清晰的定位：

SASA是仪式性消费，一次屯一年的，多买多划算，是它的核心。

丝芙兰是高端美容顾问，那么他们的销售员，不是销售而是专家，不是在卖化妆品，而是在卖高档化妆品的使用技巧。

7-11干脆把服务变态化，从延长销售时间开始，甚至可以交电费，日本的7-11还可以收快递、买车票等。它定义了什么是“便利店”，太便利了!

而南慕是在讲，我们不卖货，而是帮消费者挑货，帮品牌商做品牌大于销售。那么，其大量的投入都放在了策划团队、设计团队、品控团队——卖少、卖精、卖准。对消费者来说，它是产品顾问；对厂家来说，它是品牌顾问。

淘宝小而美的趋势，其实就是在告诉渠道品牌，要么做第一，要么做唯一。

消费者之所以选择你而不选择他，是因为你有独特的东西在吸引。

比如，香草物语用彩妆师做客服，制造在线国货彩妆视频。

比如，广生行做产妇一条龙服务，按照时间段推送产品。从产妇刚刚知道自己怀孕，到产后一年塑形的时间，全面挖掘单一用户的最大购买价值，产护一体式营销。

如今都是这个小类目的绝对领导者。

所以，渠道品牌，在淘宝渠道的机会一样很大。但是一切，先从定位出发。想想，你用什么能让消费者依赖你。

（2）巧命名。从发展的角度看，对于一个品牌来说，最重要的就是品牌命名，说到这就不由得想起孔子的经典名言：“名不正、则言不顺，言不顺、则事不成”，并且根据这句经典延伸出的一个成语：名正言顺！一个好的品牌名称，能赢得目标消费群对品牌的关注、记忆和认同，它是企业最重要的无形资产。

（3）讲故事。品牌的产生以及过程就是品牌故事。翻开品牌的历史，都会发现拥有自己的品牌故事，它对于公司的营销起着正面积极的作用，对目标消费者造成一定的思维影响，并使其更容易认可品牌的价值观和文化观，一旦产生共鸣，便会对品牌产生信任感，并且不轻易改变。品牌故事的塑造，必须遵循以下几个原则：真实性、趣味性、独特性。

案例

品牌因故事而生动

营销学有谓“只谈价值，不谈价格”。我们去旅游，就会发现卖旅游纪念品是典型的“只谈价格，不谈价值”。

有一次去西安看兵马俑，和很多景点一样，一到门口就看到很多人在卖当地的特色产品，各种小的兵马俑。

卖兵马俑的老太太英文很溜，见到老外就大声叫卖：Ten dollar!Ten dollar!

老外久居中国，也都很有购买经验，一听 Ten dollar，觉得不值，马上就说：Too much! Too much!太贵了！

老太太反应很快，马上降价：One dollar! One dollar!老外仍然是一句：Too much!因为老外到中国后积累的经验就是不管对方开什么价，都说 Too much。最后老太太说：How much!你说，你说！这种方式就是典型的原始的销售方式。

高明的老太太她们不会这样卖，她们怎么卖呢?

她会拽住一个老外的胳膊，给他讲个故事：我儿子在兵马俑仓库工作，昨天正好下班看管不严，他带了一个出来。然后小心翼翼地打开一层层的报纸，把里面的兵马俑小心地拿出来，说你看看，这是真货，别让别人看见。这么一来，老外很感兴趣，看着老太太小声说 How much?老太太这个时候相当精明，说您看，您给个价钱。老外比较抠门，拿出 100 美元来，老太太一看怒了：你侮辱我呢?结果，老外把口袋里所有钱都掏出来买下老太太的兵马俑，鬼鬼祟祟得意洋洋地抱回酒店。可是回到房间一看，怎么看怎么不顺眼。

这个故事说明什么呢?说明品牌因故事而生动，其实营销就是讲故事，给产品增加附加值，让你的消费者愿意支付高价。如果营销不能产生附加值，营销就失去了意义。所谓的促销、买赠，这都是最原始的营销手段。

1893 年，可口可乐的创始人很神圣地宣布，可口可乐所以风味独特，是因为其中含有一种“7X”的特殊物质，而其秘密配方，据说收藏在世界某地一家信用极佳的银行里，全世界只有 7 个人知道这家银行的地址，他们中有 5 位持有存配方的保险柜的钥匙，另两位知道密码，所以，必须把 5 把钥匙同时转动，并对准密码才能开启保险柜。

这个配方引起许多人的关注，无数次对可口可乐成分的分析表明，难以找到“7X”。可口可乐又说，“7X 不可破译”，“7X 是永远的秘密”。于是，神秘性和公众性使得“7X”成为新闻媒体百年不渝的谈论焦点，可口可乐的神秘也博得了难以计数的忠实消费者。

（4）好形象。品牌形象有广义和狭义之分，广义的品牌形象是品牌在消费者心目中的总体印象，狭义的品牌形象是指品牌的 VI 系统——LOGO、标准字、标准色、标准组合及 VI 应用物品等。VI 系统是品牌建设之必要条件，倘若企业没有导入规范的 VI 系统，企业的品牌建设将很难实现。另外，企业要想创建品牌就必须在消费者心目中留下独特鲜明的印象，如热情、诚信、高贵等。品牌形象塑造应根据市场需求和消费群心理，突破思维定式，发掘品牌的价值，以良好的品牌形象打动消费者。

2）品牌的传播

品牌的传播主要做好三个方面：

（1）整合营销传播。把广告、促销、公关、直销、CI、包装、新闻媒体等一切传播活动整合起来，使企业能够将统一的传播资讯传达给顾客。

（2）发挥消费者交互性。Web 2.0 时代的到来，充分释放了网络大众的智慧和创造性，网络上的每个人，既是信息的接受者，同时也可以是信息的创造者和传播者。让品牌的消费者参与到品牌传播中，认识互联网“自媒体”的特性，充分发挥消费者的交互性。

（3）学会倾听与交流。企业在网络上要做一个认真的交流者和倾听者，因为“强势营销”已经过时，“自说自话”未必再有听众，来自消费者的声音，将会为品牌的前进指明方向。

3）品牌的管理

品牌的管理要做好五个方面：

（1）品牌形象要有连续性。品牌建设是一个不断积累的过程，品牌会随着消费者关注的增加会越来越有价值。但许多企业因缺乏品牌常识，往往只看到短期的市场需求，而没有考虑三五年后的市场状况，在品牌创建过程中经常变动品牌定位、形象、个性等。这些要素的随意改变会模糊品牌在消费者心中的形象，并成为制约品牌发展的绊脚石。企业在品牌建设之初就应该有长远战略，市场在变，产品在变，但品牌定位不能轻易变。

（2）品牌建设要持之以恒。世界上没有一劳永逸的品牌，一个强势品牌不是一朝一夕成就的，而是持之以恒打造的。只有不断坚持品牌建设才是品牌持续前进、增值的原动力。历数百年品牌，都是经历了相当长时间的品牌建设才取得了显著的成绩。肯德基在全球近一万家店都是一样的口味、一样的装修，万宝路历经 60 多年其“阳刚豪迈”的牛仔形象始终未变，这就是品牌塑造的持之以恒。

（3）品牌宣传要有头有尾。企业普遍存在这样一个现象，在企业规模小的时候不重视品牌宣传，待企业发展到一定规模后，开始“狂轰滥炸”式的广告投放，结果几轮广告轰炸下来，品牌知名度迅速增加，似乎成就了许多企业的品牌梦想。殊不知，这样的企业除了品牌认知度资产外，其他品牌资产少得可怜。需知今天的成功得益于昨天的规划，因此企业因从开始就具备品牌意识，结合自身情况在品牌上适当投入资源。当有一定规模后，也要理性认识品牌不可能一蹴而就，很短时间就可以花钱办到，更要有清醒的头脑和科学的方法。

（4）品牌延伸要慎之又慎。品牌延伸指在已有相当知名度与市场影响力的品牌基础上，将品牌运用到新产品或服务上，以减少新产品进入市场风险的一种策略。品牌延伸从表面上看是扩展了新的产品或产品组合，实际上从品牌内涵的角度，品牌延伸还包含有品牌情感诉求的扩展。如果新产品无助于品牌情感诉求内容的丰富，而是降低或减弱情感诉求的内容，该品牌延伸就会产生危机。不应只看到品牌的市场影响力对新产品上市的推动作用，而应该分析该产品的市场定位是否有助于品牌市场地位的稳固，两者是否兼容。品牌延伸曾经是许多知名品牌的陷阱。品牌延伸需要坚持三个原则：其一，在品牌关联度高的产品范围内延伸；其二，向品牌联想性强的产业延伸；其三，品牌延伸不能稀释原有的品牌形象，不能引起品牌间的相互冲突。

（5）建立品牌危机管理机制。品牌危机是指品牌所代表的产品（服务）及其组织的自身缺失或外部不利因素以信息的形式传播于公众，从而引发公众对该品牌的怀疑，降低好感甚至拒绝与敌视并付诸相应的行动，使该品牌面临严重损失威胁的突发性状态。品牌作为企业的一项无形资产，如何不让危机波及企业的品牌？这就涉及危机中的品牌管理。由于在 Web2.0 时代，品牌危机管理又出现了新的特点，相应的方法也有了很大变化，因此将在下一个子任务中专门进行介绍。

任务 4.2　如何应对网络环境中的公关危机

Web2.0 时代，企业将互联网作为一种全新的传播途径和平台，对产品宣传、品牌建立和推广起到了事半功倍的作用。而网络危机事件的激增也给企业敲响了警钟，因为与传统危机有着显著的区别，企业只有认真对待，转变观念，抓住新网络危机公关的特点，应用新策略，才能有效降低危机对企业的负面影响。

在自媒体崛起的 Web2.0 时代，网民以个人为中心，网络中话语权平等，传播渠道多，危机可能源自于客户一次不愉快的产品体验或者是没有接受到预期服务的抱怨，甚至可能是竞争对手散布的谣言。于是当这些残留在网络中的负面信息引起了一定范围的关注，又没有得到及时正确的处理时，危机就这样爆发了。

如果想通过传统的危机公关理论——控制主流媒体，营造有利于自己的舆论氛围，打压个别不利言论制造者，往往以失败告终，甚至可能激化矛盾。因为 Web2.0 给社会带来的改变，使得企业传统的危机公关措施和策略在应对海量的信息、不同的观点、千千万万的信息发布者时显得有些束手无策。因此只有首先认识网络环境下的公关危机具有怎样的特点，才能进行良好的应对，将危机造成的负面影响减到最小。

1. Web2.0 时代网络危机公关的特点

1）危机产生呈现常态化趋势但可以管理

Web2.0 时代的危机产生原因呈现多样化趋势。当客户购买的产品的期望值和实际情况存在差距时，于是通过博客、论坛进行倾诉，表示不满；或者竞争对手利用一些虚拟社区匿名散布捏造的负面信息；或者客户与企业个别服务人员发生争执，把相关视频发到了网络中，于是在 google、百度、雅虎等搜索引擎上搜索企业的公司名称或品牌的时候，就会出现一些不利于企业的新闻、报道、视频的网页，负面新闻就这样产生了。

危机发生的可能性对每个企业都始终存在，呈现了一种常态化的趋势，危机无处不在，然而，危机可以管理。缺乏良好的危机管理机制，小事件可以演化为大风险的导火索；成熟、高效的危机应对，也能让企业在遭遇毁灭性打击事件时绝处逢生。

2）话语权平等但“意见领袖”发挥主导作用

负面信息产生后，它的传播可以经过很多途径，如QQ群、虚拟社区、微博、微信、网站等，Web2.0时代这些平台的信息都能被网民看到，从话语权上普通网民和专业媒体、公司是相等的，因此想要“堵”住负面信息的传递是不可能的。

“三鹿奶粉事件”中三鹿集团曾经想拿出300万请百度删除搜索引擎中相关的负面链接，但是百度不敢接受。因为即使百度中没有负面新闻了，google中仍可以搜到，受害者博客中仍可以看到，论坛中的讨论仍然热火朝天，如果敢那样做，百度也会受到网民质疑。因此话语权平等使得截断负面新闻是不可能的。

虽然话语权平等，但是“意见领袖”才起到主导作用。大部分的信息传播者只是简单的复制，而在网络中，逐渐形成的一批“意见领袖”，如各论坛中的版主、名人博客主、QQ群主、民间学者、微博中的大V，他们的言论是有权威的，他们的影响力是长期积累的，他们的话能改变相当一部分人的看法，当他们提出了有利于企业的言论时，往往左右了后面传播者的基调。保持和他们的良好关系，可以成为化解危机的关键。

3）个人媒体崛起但门户、专业网站仍起到至关重要的作用

信息的传播渠道在Web2.0时代由主流媒体向个人媒体转变。传统情况下，企业只要与相关地区的主流报纸和电视等媒体建立良好的关系，对于舆论的动向就能够在某种程度上进行把握。Web2.0时代，每个人都可能是负面信息的发布者，通过QQ群、虚拟社区、微博、微信、网站，信息以几何级的速度在增长。怎样减少负面信息的影响，好像变得束手无策。

但是在Web2.0新应用快速发展的今天，传统的门户、专业网站仍然是信息传播的重要枢纽。个人作者身份，制约了信息的可信度，制约了信息更新的速度，制约了信息的汇总程度。因此人们仍然倾向于访问拥有专业的编辑，更新快，信息全面，具有一定权威性的门户、专业网站。当一些负面新闻爆出时，人们也会去门户网站进行求证。因此网站编辑对危机不同措词的报道，产生的影响相差很大。

所以在网络危机公关中，和门户、专业网站保持良好的关系，当危机爆发时，快速通过门户网站、专业网站公布真实情况，表达企业的态度，再加上门户网站对事件客观公正的报道，能有效削弱危机的负面影响。

综上所述，Web2.0时代的网络公关危机的产生不可控，传播快，影响范围广，放任或者不及时处理都可能很快引起网络和传统媒体的连锁反应，造成难以弥补的负面影响。因此必须依托网络，根据Web2.0时代网络危机公关新特点，建立有效的应对机制和流程，才能有效控制危机的影响。

案例

农夫山泉“标准门”公关危机失败案例

农夫山泉“标准门”，是指 2013 年 4 月以来，在 27 天的时间里《京华时报》创造了“一家媒体批评一个企业”的记录，持续 28 天以连续 67 个版面、76 篇报道，称农夫山泉“标准不如自来水”，引发了不少市民对饮用水问题的强烈担忧。2013 年 5 月 6 日，北京市质监局介入调查，农夫山泉桶装水因标准问题停产。

针对危机处理，有管理专业人士提出了“5S”原则，即速度第一原则（speed）、系统运行原则（system）、承担责任原则（shoulder）、真诚沟通原则（sincerity）、权威证实原则（standard），而农夫山泉此次的危机处理恰恰是和这五个原则背道而驰。

1. 速度第一

危机发生之后公司必须当机立断，快速反应，果决行动，迅速控制事态，使其不扩大、不升级、不蔓延，是处理危机的关键。

《京华时报》针对农夫山泉的第一篇报道是 4 月 10 日发布的。而实际上，在 4 月 9 日，《京华时报》已和农夫山泉进行了采访沟通，并按照农夫山泉的要求发去了采访提纲，而且采访提纲火药味十足，业内人一看就会明白《京华时报》是奔着负面报道来的。但遗憾的是，农夫山泉的公关居然没有引起重视，错过了最好的处理时机。试想，如果农夫山泉此时就此事和《京华时报》的采访记者及报社领导进行深入沟通，及时控制住负面报道的源头，还会有后来的这些花数千万元也搞不定的负面信息吗？

其次，4 月 10 日《京华时报》发布报道《农夫山泉标准被指不如自来水》，措辞严厉，并引发网络媒体大量转载，一时间农夫山泉处于风暴的中心。按照常理，农夫山泉应该第一时间赴京和《京华时报》进行沟通，与《京华时报》建立一个良好的关系，阻止《京华时报》的后续负面报道；如果《京华时报》拒不合作，按照中国的办事规则，就应该第一时间找其主管部门。但是，农夫山泉的处理态度却非常傲慢、滞后，一直到 4 月 10 日的 17 点 30 分，才由负责公关的员工给《京华时报》记者胡笑红发了个短信，说有个声明发给她。接着到了 4 月 11 日早上 8 点 50 分，才发了一个针对此次负面报道的声明，距离《京华时报》的报道发出达 28 小时，错过了危机处理的黄金 24 小时，错过了控制危机的最佳时机，事态进一步恶化。

2. 系统运行

这个外界不好判断，但是从农夫山泉此次整体危机处理的表现来看，农夫山泉针对此次危机处理只能用手忙脚乱、手足无措、找不着北来形容，完全看不出有系统运行的效果。

3. 承担责任

危机发生之后，无论是不是企业的产品真的有问题，企业首先应该做的都是承担责任，真诚检讨。实际上《京华时报》第一篇报道批评的是农夫山泉的水的执行标准有问题，但并没有说农夫山泉的水的质量有问题。如果农夫山泉此时承认此次执行的标准有问题，但水的质量没有问题（通过权威声音证实），事情也许就到此结束，消费者最多抱怨下管理部门不作为，就此了了。

但农夫山泉的做法却出人意料，把矛头指向了其竞争对手怡宝。对于农夫山泉来说，可能其认为这种做法能够起到转移视线、围魏救赵，而且突出怡宝的国企身份、自己的民企身份，想博取公众的同情。但农夫山泉明显打错了算盘，此时将责任推给竞争对手，只能是给媒体提供更多的弹药，企业互相攻击本来就是个充满戏剧性的话题，媒体正愁没料可爆。实际上，消费者关心的是你的水的质量到底有没有问题，不关心有没有幕后黑手，是狗咬狗还是狼咬狗消费者完全没有兴趣，只关心自己还能不能喝农夫山泉的水。但农夫山泉却把这最关键的一点直接给无视了。

危机公关的首要目的是及时止损和最大限度降低损失。为处理危机赢得时间和空间才是正道，一味坚持自己立场，或是打着所谓探求“真相”、“公理”的旗号的行为，都只会赔了夫人又折兵。

4. 真诚沟通

媒体是人办的，而中国人最讲的就是人情，俗语云伸手不打笑脸人。但农夫山泉在处理此次危机事件时，却是非常傲慢，指责媒体、行业协会、竞争对手，最后使自己成为了孤家寡人。即使《京华时报》第一篇报道是蓄意为之，如果农夫山泉抱着真诚沟通的原则，和《京华时报》进行沟通就不会导致事态愈演愈烈。而农夫山泉却选择跟《京华时报》打骂战，指责《京华时报》无良，指责记者报道不严谨，用心不端，这样的后果只能是惹怒《京华时报》，刺激《京华时报》，使其不得不连续用60多版来报道农夫山泉事件，以证实自己的声誉。而最后的新闻发布会上，农夫山泉的表现则更是非常不冷静和不理智，使其和《京华时报》起冲突的新闻占据了媒体报道的重要位置，而关于农夫山泉的水到底有没有质量问题却仍然没有解释清楚，消费者要不要继续喝农夫山泉的问题仍然没有解决，却引起了媒体报道农夫山泉和《京华时报》“打官司”的热潮，再一次给农夫山泉加了一个负面分。

5. 权威证实

一般情况下，企业和行业协会的关系基本都是“鱼水情”，因为协会基本靠企业养着。但是在整个危机事件的处理过程中，一直缺少政府相关主管部门的声音，连模棱两可但影响力巨大的“下架”新闻，源头竟然是一个协会给出的“建议”。

如果农夫山泉在《京华时报》发出负面报道的第一天，就请国家相关管理部门对其水质进行检测，公告其产品质量没有问题，告诉消费者农夫山泉的水可以放心喝。《京华时报》即使想曝光也碍于权威部门的面子，不敢乱放炮。但非常遗憾的是，在整个事件的处理过程中，除了农夫山泉在CCTV及各大媒体花重金砸的广告，我们没看到任何权威部门出来替农夫山泉说话，农夫山泉自己提供的所谓美国标准检测报告也缺乏可信度。

所以说，农夫山泉此次的危机处理可以称为失败危机处理的教科书，危机公关处理中不应该做的农夫山泉都做了。不管农夫山泉和《京华时报》的官司如何了结，对农夫山泉来说，都是一场已经输得很惨的战役，品牌形象受损，市场销量下滑，还要为处理危机投入大量广告成本。

2. 网络危机公关机制

网络危机公关机制主要分三部分，即舆情监测、危机应对和危机修复。

1）舆情监测

网络环境下的危机呈现了常态化的趋势，而且一旦任由其传播，很短时间内，就会引起更多的关注，从而造成难以挽回的恶劣影响。而即使是没有引起危机，存在于网络中的负面信息，也会给企业带来负面的影响。因此必须建立起一套新的舆情监测机制，帮助企业快速正确应对来自网络的危机、维护品牌信誉、防止恶性竞争，将网络危机带来的负面影响减到最低。

我们认为一个有效的舆情监测管理系统应该包括舆情监测预警平台、网络公关平台、危机管理小组三个部分。

（1）舆情监测预警平台。分别对主流搜索引擎中与公司相关的关键词，一些知名度高、与企业相关性高的社区、门户网站、专门网站和近期网络中的热点问题进行监测。

当发生一些产品服务未达到预期或不愉快体验事件时，可以立刻与相关部门进行沟通，由相关人员找到信息发布人进行解释、赔礼道歉，从源头上清除负面信息，防止信息残留对企业产生不良影响。

如果出现的问题不能处理，如企业产品缺陷引起的大面积网络投诉、竞争对手恶意散布虚假信息、企业卷入一些热点事件等，应立刻上报公司主要负责人，将所收集的信息进行记录、分析、汇总，并提交给危机管理小组和网络公关平台。预警监测平台主要工作和主要职责如图 4-4 所示。

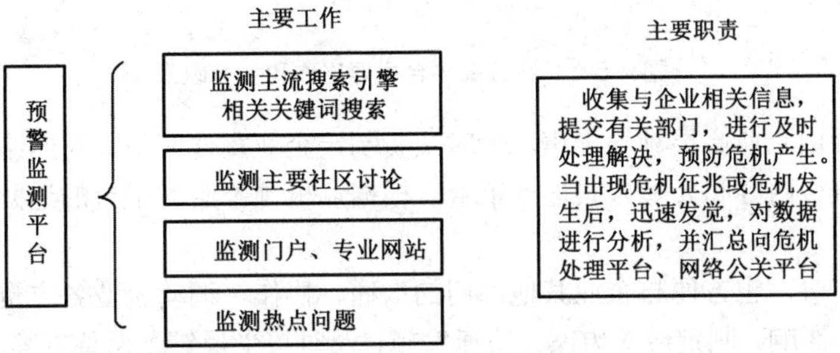

图 4-4　预警监测平台主要工作和主要职责

（2）网络公关平台。网络公关平台，是企业公关活动的重要实施平台，肩负着对内对外两层使命。对内，要通过危机知识学习、行业内危机事件教育、危机预演培养全体员工的危机意识，加强员工的责任心，避免自身成为企业危机的源头，减少危机由内部产生的几率。当危机发生时知道如何应对，防止处理不当造成情况恶化。危机发生后，公关人员和企业领导能否冷静、灵活、正确地应对网民、应对媒体，是化解危机的关键，因此网络公关平台需定期对他们进行这方面的培训和考核。

对外，要避免当危机产生后才临时抱佛脚，花钱请“写手”、请“专家”进行反驳，请门户、专业网站进行封杀，而应在平时就注重企业品牌宣传、正面事迹报道，通过搜索引擎优化的方法将一些核心关键词搜索结果中的负面网页“沉”到后几页。与相关知名门户网站、专业网站与“意见领袖”进行长期的沟通，将企业的愿景、文化、近况实时通报，使得他们从心底对企业产生信任与认同，维持良好的关系。

当危机产生时，品牌美誉度高会使得网民对负面信息产生怀疑，而门户网站、专业网站与“意见领袖”也会基于对企业一贯的了解，作出谨慎的判断，甚至自发地对一些不实的内容进行反驳，对企业的危机处理工作将有很大的帮助。网络公关平台的主要工作和主要职责如图 4-5 所示。

（3）危机管理小组。危机管理小组应由企业高层和公关人员、危机处理人员组成。Web2.0时代的网络危机，爆发不可预见，传播速度快，如果监测到危机的征兆再层层上报，等待回应，往往已经错过了最佳处理时机。

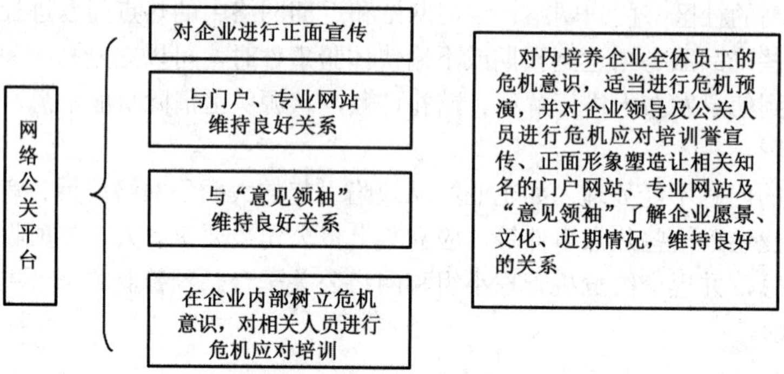

图 4-5 网络公关平台主要工作和主要职责

因此，需要由企业高层领导坐镇，平时负责制定企业宣传策略，对网络公关平台的工作进行指导，对宣传内容和公关方案进行审查，根据危机预警监测平台的返回数据，动态调整宣传策略。

当危机产生时，也方便与企业其他部门的沟通、协作，调动企业各方资源，分析情况，评估可能造成的影响，制定应对方案，快速实施，及时接受反馈，调整方案，削弱负面影响，化解危机。危机管理小组主要工作和主要职责如图 4-6 所示。

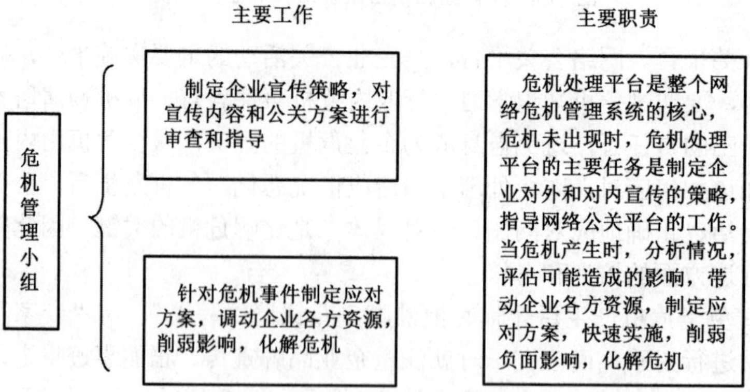

图 4-6 危机管理小组主要工作和职责

2）危机应对

在危机未能由舆情监测系统“消于无形”而爆发时，应对时除了前面案例中提到的“5S”原则[即速度第一原则（Speed）、系统运行原则（System）、承担责任原则（Shoulder）、真诚沟通原则（Sincerity）、权威证实原则（Standard）]之外，还应考虑以下原则：

（1）以顾客为本，诚信经营。企业加强产品质量监控，不断提高自身服务水平，以顾客为本，运用危机监测系统去发现危机源头，真心地为顾客去解决问题，得到顾客主动的谅解；以诚信经营为基本原则，不欺骗顾客，勇于承担责任，主动补偿顾客损失，以这样的态度才能将从根本上防止危机的产生和扩大，否则只能起到欲盖弥彰的作用。

（2）加强自身产品和品牌建设。Web2.0 时代危机的产生呈现一种常态，企业更加应该注重对产品本身质量的监控，对服务质量的监督，这样才能减少危机的源头。通过对品牌品质认知度、忠诚度等的建设，使得公众至少对企业有基本的信任，当危机产生时，基于这样的信任，公众会对负面的信息产生怀疑，减缓负面信息的传播速度，甚至将一些来自于竞争对手的虚假信息自动抵制掉。

（3）尊重公众但不纵容诽谤。Web2.0 时代，公众更愿意对弱者抱以更多的同情，而对来势凶悍者保持一定的心理敌意。因此危机管理的重心要放在自我批评和保障公众利益上，而不是一味忙着辩解或者指责消费者和网络传播平台。当然，对于明显带有恶意的攻击和诽谤，企业需要借助法律行动来进行回击。虽然打官司从来都不是解决危机的最好方式，但在面对恶意攻击时却是一种必要的姿态，一是传递“经得起检验”的信息，二是对恶意进攻者施加压力，促使其停止诽谤，同时促使媒体改变片面的报道方式。

3）危机修复

网络环境下企业的负面信息会不可避免，危机发生后，不可避免地对品牌产生了负面影响；即使危机防患于未然，并未爆发，由于网络中信息残留时间长，这些负面信息会对通过搜索引擎了解企业的网民造成恶劣的影响。因此需要通过 SEO（搜索引擎优化）的方法，将负面信息“沉”到搜索引擎结果页的后面，而将企业的正面宣传“升”到前面，配合各种媒体的品牌推广，重新建立品牌资产，此为危机修复。

3. 危机处理的基本流程

功能齐全的舆情监测系统，可以保证对网络信息的实时监测，可以营造良好的网络环境，为一旦发现问题迅速作出反应创造可能，为危机发生后，争取信任和支持做好了准备。正确的危机处理原则，可以保证企业应对危机时不会投机取巧，偏离诚实的基本道路。而是否预先制定了危机处理流程，是危机处理系统自动化程度高、反应速度快的保证。危机处理流程是否科学、高效，对危机的处理速度、最终的效果有至关重要的影响。这里我们设计了一个危机处理流程，如图 4-7 所示。

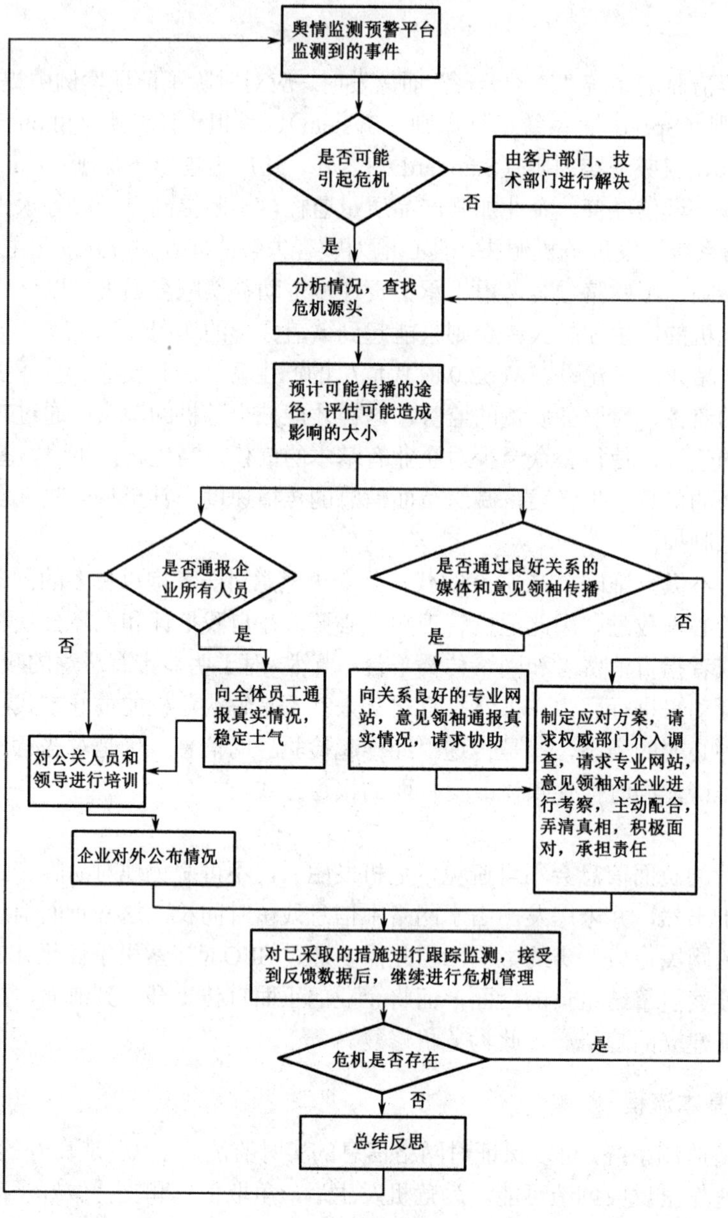

图 4-7 舆情处理流程示意图

案例

苹果危机公关——迟来的道歉

3 月 15 日晚，央视 3·15 晚会曝光苹果手机在中国市场实施不同于国外的售后政策，其在中国宣称的“以换代修”、“整机交换”并没有真正实现更换整机，而通常沿用旧手机后盖，以逃避中国手机“三包”规定，涉嫌歧视中国消费者。

随后，在没有开通企业微博的情况下，苹果公司通过@新浪科技发布名为《苹果回应央视 3·15 报道》的官方声明，声明称“苹果公司致力于生产世界一流的产品，并为所在市场的消费者提供无与伦比的用户体验。这也是为什么我们在每一家苹果零售店的 Genius Bar（天才吧）提供深受消费者喜爱的面对面支持。我们也与全国 270 多个城市的超过 500 个授权服务点密切合作。我们的团队一直努力超越消费者的期望，并高度重视每一位消费者的意见和建议”。

3·15 晚会结束后，大批媒体记者一起来到苹果西单大悦城店。在现场，一些消费者看了电视节目后来讨说法。对于苹果手机如何执行整机交换政策，店内工作人员表示暂时还不能回答，会通知苹果公司公关人员予以解释。该店负责人王先生联系了苹果公司公关部门，王先生称相关负责人将来到店内，但记者始终未见到。

这位王先生提供的媒体热线座机号码也无人接听。3 月 16 日上午，多名记者来到苹果公司北京办公地点进行采访，虽然灯是亮着的，但始终没有人出现。

之后连续多天，央视《新闻联播》、《焦点访谈》、CCTV2《经济半小时》等栏目不断曝光苹果相关问题。

3 月 23 日，苹果公司二度回应：中国消费者享有苹果最高标准的服务，“我们的政策完全符合本地法律法规，苹果在中国所提供的保修政策和在美国及世界各地大致相同”。

3 月 25 日，《人民日报》连续 5 天“炮轰”苹果。

3 月 29 日，央视记者采访苹果总部未果，被拒视频网上疯传。

4 月 1 日晚间，苹果中文官网在主页醒目位置，发布了苹果 CEO 提姆·库克《致尊敬的中国消费者的一封信》。苹果表示，对过去两周里收到的在中国维修和保修政策的反馈意见进行了“深刻的反思”，意识到对外沟通不足而导致外界认为苹果“态度傲慢，不在意或不重视消费者的反馈”，并对此表示“诚挚的歉意”。同时，苹果提出四项改进，包括 iPhone4 和 iPhone4S 维修政策、在 Apple 官方网站上提供简洁清晰的维修和保修政策说明、加大力度监督和培训 Apple 授权服务提供商，以及确保消费者能够便捷地联系 Apple 以反馈服务的相关问题。

对于此前被广泛质疑的保留后盖的维修方式，苹果称，对 iPhone4 和 iPhone4S 维修政策进行改进，自 2013 年 4 月起，Apple 将 iPhone4 和 iPhone4S 服务包升级为全部采用新部件的设备更换，并且自更换之日起重新计算 1 年保修期。

任务 4.3　网络营销视角下的企业网站建设

网站当前已经越来越成为企业提供产品服务中必不可少的一部分，如何让网站成为有效的营销工具是本节将要解决的问题。不过在这里并非去系统研究网站建设的技术（如 HTML、CSS、ASP 等），因为这是网站建设课程中所需要解决的，而是从网络营销的视角去对网站的各组成要素进行学习，了解它们之间的关系，并从顾客的角度去分析对于这些要素有什么要求，使企业网站达到良好的营销效果。

CNNIC（中国互联网信息中心）2013 年 1 月公布的《中国中小企业互联网应用状况调查报告》中，“根据最近几次中国中小企业互联网应用状况调查结果显示，中小企业建站率基本保持在 40%～50%的水平上。由于企业越来越多地开展互联网活动，所以企业建站也正逐渐成为重要的基础建设工作。目前来看，我国中小企业的建站水平，无论是在用户体验或是在实际功能方面，都还有很大的提升空间”。

以上报告选取的片段中反映出目前企业的网站现状。很多企业老板认为只要我建立了一个自己的网站，把产品信息和图片发布上去，就能满足客户的需求。而实际情况是，很多企业网站无人问津，有的即使花了大价钱做了推广，招揽来了客户，不仅没有让顾客得到自己需要的信息，没有体现出品牌的价值，反而留下了负面的印象。表面上看是因为企业网站“华而不实”、“缺乏互动”、“信息单调”、“无人管理”等原因，而从深层次看则是因为没有正确认识企业网站与网络营销之间的关系。

如何以网络营销视角去审视企业的网站，下面我们就先从企业网站的构成要素开始学习。

4.3.1 企业网站构成要素分析

网站构成要素从不同角度可以有很多种分法，比如从技术设计角度可以分为域名、空间、程序；又可以从网站规划角度分为目的、资源、技术、对象、效果。本书主要从网络营销视角出发，因此是以用户为中心，以良好的用户体验为目标，把网站构成要素分为互相关联的三个方面。

1. 网站内容和服务

内容是用户想从网站得到的信息，也是企业要传递的主要信息。服务是网站可以提供给用户的价值，如问题解答、优惠信息、资料下载等。

2. 网站结构

结构是为了向用户更好地传播网站信息和提供服务采用的网站布局。

3. 网站功能

功能是为了实现发布各种信息，提供服务等必需的技术支持系统。

用户只关心最终有没有得到自己需要的信息或服务，这个过程是否顺利、是否方便，至于使用了什么样的技术并不是用户所关心的。因此很多企业使用计算机专业人士、美术设计人员负责网站运营，如果没有站在用户的角度设想，而只是用技术方法是把网站建起来，是导致很多网站用户体验比较差的原因。

比如为了网站的美观，每页内容安排很少，用户需要点击很多次，浏览很多页面才能找到自己所需信息；再比如为了网站的“酷炫”效果，使用了 FLASH 界面，却使得一些并不是很有经验的浏览者找不到所需的信息；还有在主页上放置一些公司老板的照片、公司大门的照片，而这些实际上并没有用户想去看。

要解决以上这些问题，就需要深入分析企业网站三要素，从网络营销的角度来了解它们的要求以及作用。按照重要性来排序，首先是网站的内容和服务。

网站的内容和服务是网站的价值核心，用户之所以来访问企业网站，主要是为了内容和服务，而不是去欣赏网页颜色、构图等。

比如我们访问携程网是为了旅游票务类信息和服务，访问淘宝网是为了商品类信息和服务，访问新浪微博是为了社交类信息和服务，所以网站内容和服务的核心在于企业到底要在网站中提供什么。

对于这个问题的回答并不是由企业老板或网站负责人员拍脑袋想出来的，而是需要对自己的用户进行分析，对他们的上网行为进行调查，以自己的品牌价值为参照，以自己的产品和服务为基础挑选组织起来的。

为了让用户满意，往往还要达到有明确定位、内容丰富具有原创性和更新及时这三个要求。

其次是网站结构。内容和服务已经挑选好了，如何让用户更省时省力地找到，更舒服愉快地浏览就是网站结构要素中要考虑的。

比如网站配色和字体方案是为了让用户看起来愉悦；网站布局是让内容和服务在网页中的分布更合理，让用户容易查阅和使用；网站栏目是为了把众多内容分门别类地进行归纳，节省用户的查找时间和精力。各式导航条和网站地图也是为了这样的目的；网站风格和创意是为了给用户留下印象，也是为了和自己的品牌相呼应，更好地体现产品和服务的价值。

最后是网站功能，要实现以上两个网站要素，必须要使用一系列技术系统，如静态网页的 HTML 语言，动态网页的 ASP、JAVA 语言，布局相关的 CSS 语言，还有网站架设涉及的空间、域名等问题，但这部分内容并不是网络营销的主要研究方向。

下面再结合一个实例来说明在网站规划过程中是怎样运用网站三要素帮助思考的。

案例

某手机行业网站规划的三要素分析

对手机行业的分析，你可能会无从下手，但每个人都使用过手机，每一个人都是手机用户，从这个角度去思考，这就是网站的内容和服务要素。一部手机包含生产、销售、维修等，手机自己是不可以工作的，还必须有运营商提供网络，那么手机行业网站的内容已经具备雏形了。

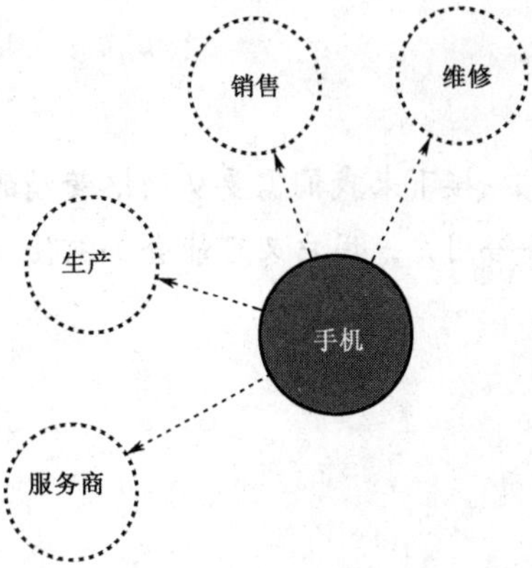

对手机再做进一步思考又关联出若干内容：

上面所列出的都是手机相关的概念，概念是现实世界的逻辑映射（是逻辑关系，而非物质关系），我们把圈定的所有概念一一加以判定，其是否存在实体映射，如果有，那么就把这些实体补充到概念设计中。

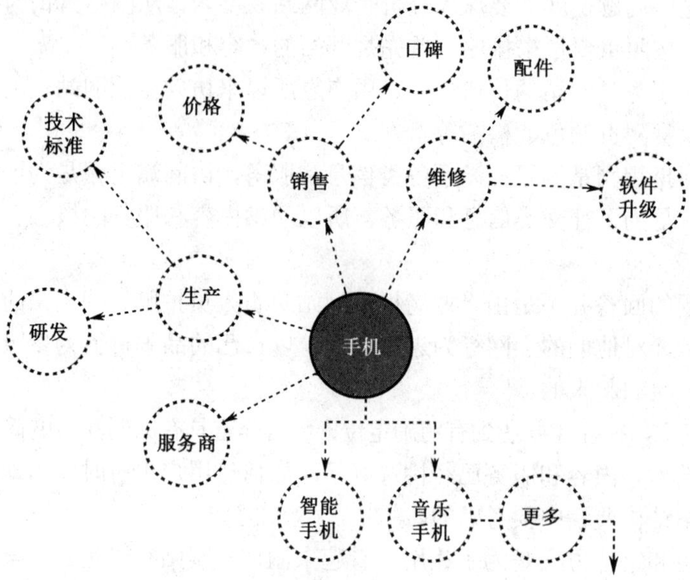

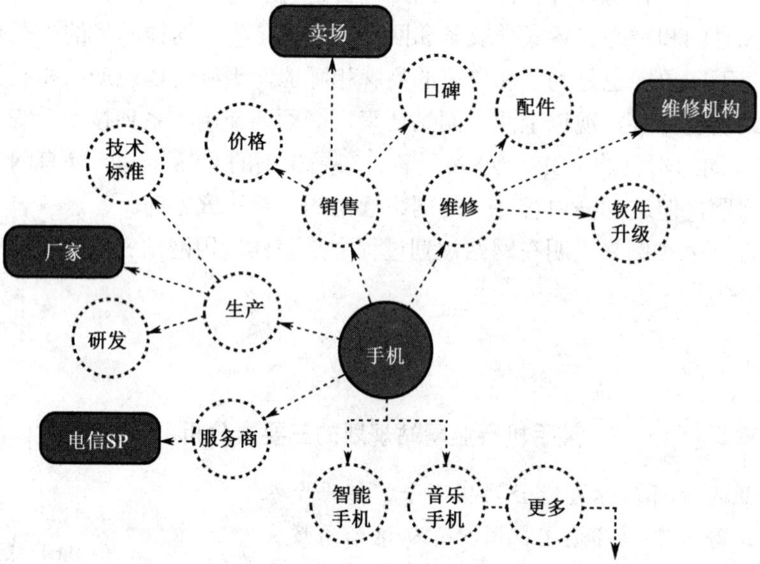

接下来我们需要从网络营销的视角，即从用户的角度出发去考虑网站提供哪些内容和服务给用户，用户又可能会如何使用网站。

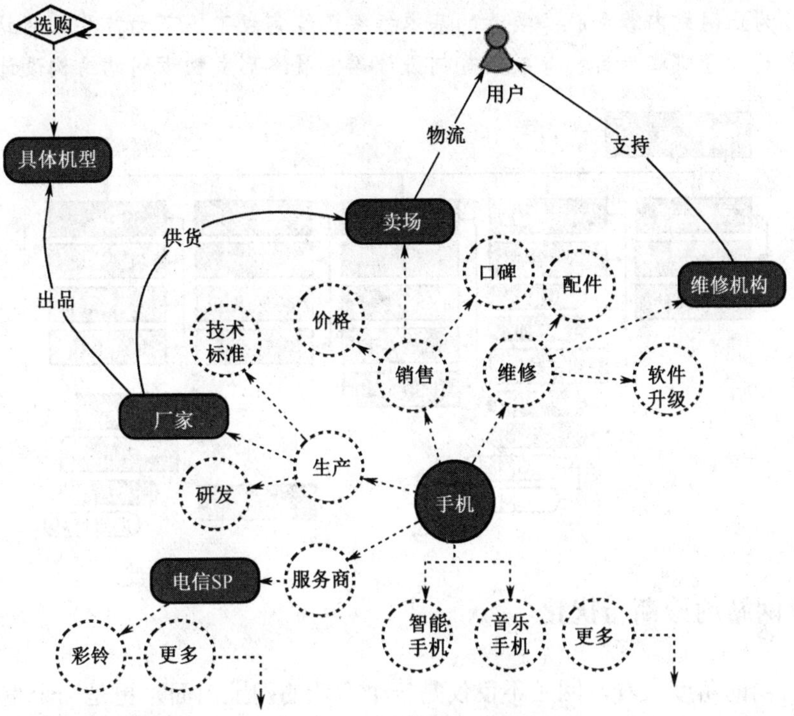

我们最终的产品是网站，还需要进一步对内容和服务做一些细化的思考。

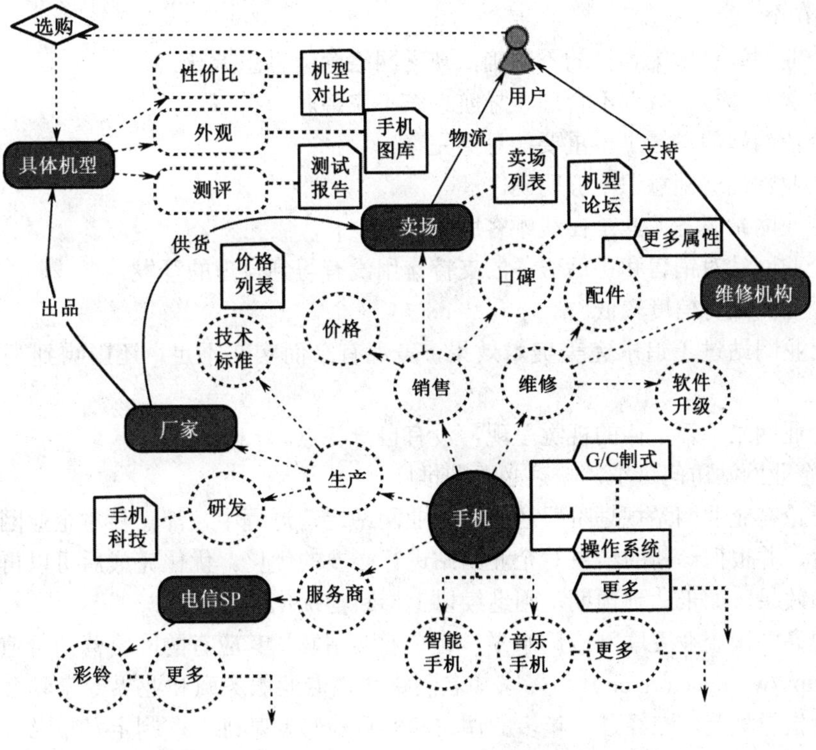

到这一步为止网站内容和服务要素的基本框架已经完成了，下面就要从网站结构要素考虑主页如何布局、分哪些栏目、导航条如何设计等，最终形成初步网站结构设计结果。

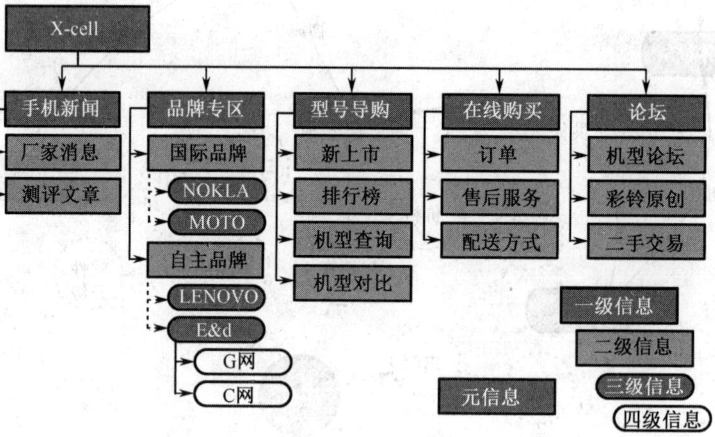

4.3.2 企业网站的诊断与优化

从网络营销的角度来看，网站不仅仅是一个企业的网上门面，更是一个重要的营销工具，但是，目前许多网站并没有做到这一点，你所看到的，只是一些毫无创意的文字加图片，有的页面设计得很漂亮，但仔细分析，与网站内容毫无关系。总结归纳目前常见的问题有以下 10 个：

（1）企业网站总体策划目的不明确，缺乏网络营销思想指导。

（2）企业网站栏目规划不合理、导航系统不完善。

（3）企业网站信息量小、重要信息不完善。

（4）企业网站促销意识不够明确。

（5）企业网站服务尤其是在线顾客服务比较少。

（6）企业网站对销售和售后服务的支持作用没有得到合理的开发。

（7）企业网站可信度较低。

（8）企业网站过于追求完美美术效果，美观有余而实在不足，还影响到正常的浏览和应用。

（9）企业网站千篇一律的视觉呈现，没有自身特点。

（10）企业网站访问量小，缺乏必要的推广。

因此不论在企业网站规划阶段还是在企业网站运营过程中，都需要对企业网站进行全面的诊断评价，并根据诊断的结果对企业网站进行必要的优化。优化完成后可以再观察与监测网站的营销效果，如未达到预期，则继续以上诊断与优化的过程。

为了提高中国企业互联网应用水平，让企业网站发挥其应有的网络营销价值，中国互联网协会（http://www.isc.org.cn）与多家知名网络营销专业服务商和业界专家联合发起建立企业网站建设指导规范，在经过一年多的调研和实践检验的基础上，制定发布《中国互联网协会企业网站建设指导规范纲要》，包括八个方面共计 72 条内容。目前来说仍然是比较系统地对网络营销视角下企业网站建设进行系统研究的规范，网站诊断与优化工作可以引用此为参考，规范内容如下。

1．建设网络营销导向企业网站所应遵循的一般原则

（1）企业网站的系统性原则。企业网站是网络营销策略的基本组成部分，应充分了解企业的营销目标、行业竞争状况、产品特征、用户需求行为以及网站推广运营等基本问题，并将这些要素融入到网站建设方案中。

（2）企业网站的完整性原则。企业网站是企业在互联网上的经营场所，应该为用户提供完整的信息和服务：网站的基本要素合理、完整；网站的内容全面、有效；网站的服务和功能适用、方便；网站建设与网站运营维护衔接并提供支持。

（3）企业网站的友好性原则。网站的友好性包括三个方面：对用户友好——满足用户需求、获得用户信任；对网络环境友好——适合搜索引擎检索、便于积累网络营销资源；对经营者友好——网站便于管理维护、提高工作效率。

（4）企业网站的简单性原则。在保证网站基本要素完整的前提下，尽可能减少不相关的内容、图片和多媒体文件等，使得用户以尽可能少的点击次数和尽可能短的时间获得需要的信息和服务。

（5）企业网站的适应性原则。企业网站的功能、内容、服务和表现形式等需要适应不断变化的网络营销环境，网站应具有连续性和可扩展性。

2．网站建设基本流程规范

基于网络营销导向企业网站的一般原则，企业网站建设（或者升级改版）应包含下列基本流程：

（1）制定网站规划方案，包括网站预期目标、行业竞争状况分析、网站栏目结构、用户行为分析及内容规划、网页模版设计、网站服务器技术选型、网站运营维护规范等基本内容。

（2）网站技术开发、网页设计。

（3）网站测试。

（4）网站内容发布。

（5）网站维护及管理。

3．网站域名及网站技术规范

（1）采用基于 XHTML 的国际 WEB 标准（CSS+DIV）。

（2）网站首页为顶级域名而不是多级层次，如 www.yuming.cn，而不是 www.yuming.cn/cn/html/new1/index.jsp。

（3）网站首页及各栏目和内容页面均不采用网址跳转方式，不采用过渡页/桥页等网址重定向。

（4）合理应用静态网页与动态网页，网站栏目首页和其他重要页面采用静态网页。

（5）网页内容页面层次不宜过多，建议不超过四个层次。
（6）采用主流域名，如.cn、.com.cn、.com 等。
（7）一个网站对应一个主域名，如果有多个域名应统一。
（8）网站链接错误率在一定范围之内，首页等重要页面无死链接。
（9）网站设计对不同浏览器具有兼容性。

4．企业网站的基本功能和内容

作为一个能为用户提供有价值信息和服务并且考虑到网站推广运营效果的企业网站，至少应该具备下列基本功能和内容：
（1）具有信息发布和管理功能。
（2）具有产品发布和管理功能。
（3）产品推荐/广告管理功能。
（4）详细的公司介绍。
（5）详细的联系方式。
（6）合理的产品分类/汇总/列表。
（7）详细的产品介绍内容。
（8）销售及售后服务相关的联系和服务信息。
（9）在线服务信息。
（10）持续更新的企业动态/产品信息。
（11）相关网站链接管理功能。
（12）规范的网站地图。
（13）网站访问统计功能。

5．网站优化规范

网站优化的最终目的是为用户获取有价值信息提供方便，网站优化包括三个方面：对用户获取信息优化、搜索引擎优化、网站维护优化。
（1）网站栏目结构合理，栏目设置不要过于复杂。
（2）网站导航清晰且全站统一，通过任何一个网页可以逐级返回上一级栏目直到首页。
（3）网页布局设计合理，网站设计符合用户浏览习惯。
（4）重要文字信息尽可能出现在网页靠前位置。
（5）字体清晰，CSS 风格协调一致。
（6）最多三次点击可到达产品详细内容页面。
（7）通过网站任何一个网页不超过三次点击可达到站内其他任何一个网页。
（8）遵照搜索引擎为管理员提供的网站优化指南，通过网站结构和内容等基本要素的优化为搜索引擎检索信息提供方便，不采用任何被搜索引擎视为垃圾信息的方法和欺骗搜索引擎的方式（如堆积关键词、用户不可见文本、页面跳转、复制网页等）。
（9）网站首页、栏目首页及产品内容页面均有一定的文字信息量。

（10）每个网页有独立的、可概括说明该网页核心内容的网页标题（而不是全站或者一个栏目共用一个网页标题）。

（11）每个网页有独立的、与该网页内容相关的 META 标签设计（包括 description 和 keywords）。

（12）每个网页有独立的 URL。

（13）产品内容页面 URL 尽可能简短且体现出产品属性。

（14）产品/企业新闻详细内容页面是独立网页不是弹出窗口。

（15）对于产品品种多的企业网站，要有合理的产品分页方式。

（16）网站内容保持适当的更新周期。

6．网页模版设计规范

（1）重要信息尽可能出现在用户最关注的位置。

（2）网页宽度定位适应当前主流屏幕分辨率模式。

（3）保持整站 CSS 风格一致。

（4）超级链接有下画线或颜色的明显指示。

（5）整个网站中在新窗口打开或原窗口打开网页的规则一致。

（6）网站首页字节数不宜过大。

（7）多语言版本网站内容之间的切换方式设计合理。

7．企业网站可信度规范

（1）网站具有必需的法定证书。

（2）对企业基本状况的介绍真实可信。

（3）公布顾客服务/售后服务承诺。

（4）有必要的个人信息保护声明。

（5）网站公布的联系方式有效，尤其是地址、固定电话和 E-mail 地址。

（6）网站公布的 E-mail 地址与企业网站域名后缀一致而不是免费邮箱。

（7）网站主域名与企业名称、品牌、核心产品一致或相关。

（8）网站提供的信息及时有效。

（9）网站有自己独立的风格；

（10）网站各项功能和服务方便易用。

8．网站运营维护规范

（1）建立网站内容发布审核机制，始终保持网站内容的合法性。

（2）保持网站服务器正常工作，对网站访问速度等进行日常跟踪管理。

（3）保持合理的网站内容更新频率。

（4）网站内容制作符合网站优化所必须具备的规范。

（5）重要信息（如数据库等、访问日志等）的备份机制。

（6）保持网站重要网页的持续可访问性，不受网站改版等原因的影响。

（7）对网站访问统计信息定期进行跟踪分析。

9．其他建议

由于网络营销环境和用户行为在不断发展变化，企业网站需要增强适应性，可通过改版、重建等方式进行网站升级。建议网站改版升级周期不超过一年。如果一个网站一年以上没有内容、功能等方面的更新，可以认定为死站。

案例

网络营销视角下的企业网站首页设计

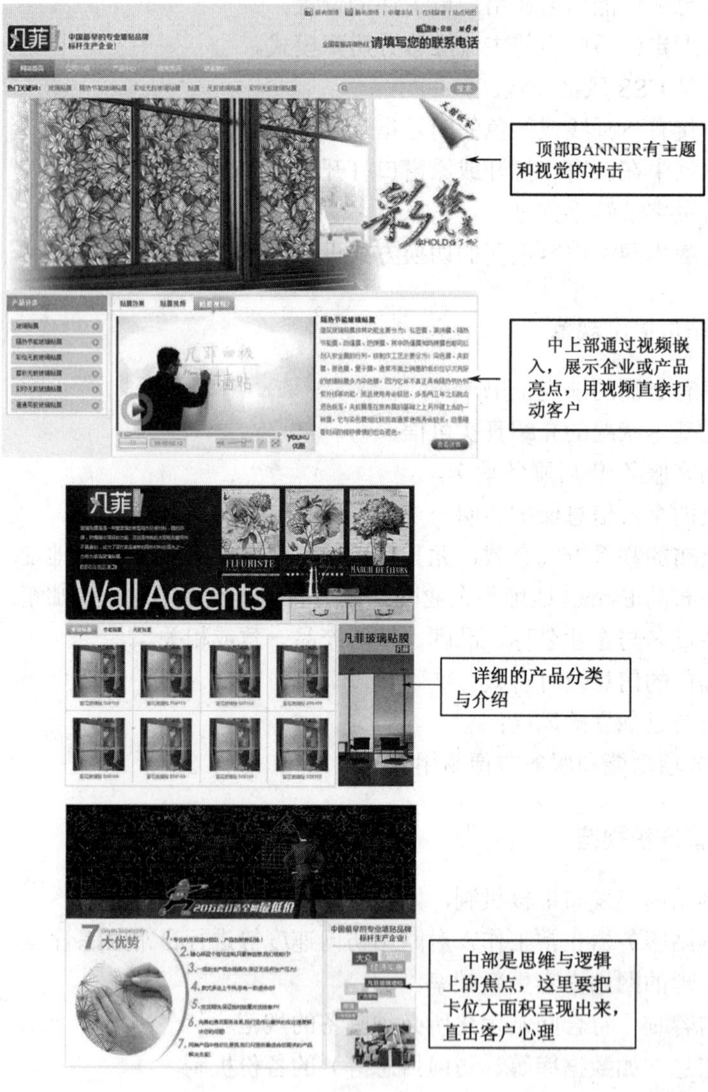

大部分人在网上逛是为了寻找信息，而不是为了买东西。那些很明确要在网上买东西的，会自然而然地货比数家。毕竟在网站上比较性能、价格，比在现实生活中购物时方便多了。所以流量与销量之间并没有必然的因果关系。企业网站得下工夫提高转化率，引导浏览者成为客户。从上面的案例可以看到，这个引导浏览掏钱购买的过程是要经过细心设计的，而不能让浏览者随心所欲，更不能让用户自己探索，自己去克服困难。下面将介绍以网络营销为导向的网站设计需要注意的几个方面。

1．为目标用户设计网站

在网上产生流量并不难，难的是产生来自目标市场的精准目标流量。在漫无目的地浏览新闻时，偶然点击广告来到网站的浏览者，他们心里完全没有购物的欲望，也不知道会在你的网站上看到什么，这样的流量要想转化为付费用户是相当困难的。而一个在育儿知识论坛点击帖子中介绍的尿不湿产品链接后来到你的网站的用户，在点击之前就已经知道你的网站应该是卖育儿产品的，用户就算没有想买东西，也至少对育儿话题感兴趣。这样的流量要转化为付费用户，则要简单得多。

在网站设计过程中，必须做到以目标流量或者目标用户为中心设计网站。无论是网站内容、视觉上的设计、促销上的安排等，都要考虑到是否适合目标用户的心理。

一个在 IT 公司工程部门的编程人员，与一个正在抚养两三岁小孩的全职家庭妇女，其购物心理、浏览习惯是差异巨大的。网络营销人员必须很清楚地知道自己的目标用户是哪些人，这些人有哪些特点。这和现实生活中不同人群的购物习惯不同很相似。最简单地，男人和女人购物习惯就截然不同。男士逛商场时比较习惯自己研究产品的性能价格，而女士则喜欢询问售货员。大部分男士更喜欢自助，而大部分女士更喜欢听取别人的意见。

在网站上也同样如此，有的用户喜欢自己在网站上寻找需要的信息，有的就更喜欢找客服人员询问，或者到网站论坛和其他人交流看法。再比如对促销的运用，有的目标市场对价格并不敏感，而是更关注于产品质量、规格等，如工业设备，最重要的不是购物券、春节减价之类的信息，而在于怎样全面展现产品特征。有些目标市场对促销就很敏感，提供二三十元的优惠券、免费送货等促销活动，就可能是潜在用户选择在你这里购物而不选其他网站的直接原因。

2. 强有力的文案写作

在网站上，你要靠文字内容说服浏览者买东西。用户看不到你人长得多敦厚，说话表情多诚恳，一切都体现在文字上。除非你卖的是设计服务，不然仅靠精美的网页是不能卖出去奶粉、电池、数码相机、搬家服务等的。强有力的方案写作就像一个好的催眠师，它能让用户不知不觉地就被说服了，心甘情愿地掏钱购买。

研究网站方案写作最主要的不是研究写作，没有人要求你的网站文字文学水平有多高。网站方案需要研究的是心理学。比如网页口号的写作，浏览者来到你的网站，你只有几秒的时间吸引他停留在你的网站上，这时候，网站的口号就是吸引他继续看下去的最重要的手段。有太多网站进去一看，像个门户，不知道最特色的地方在哪里。网站口号需要在首页，使用大号特殊颜色字体，醒目地让第一次来的浏览者一眼就看到。口号的内容要在20个字以内，一句话讲清楚浏览者为什么必须再继续看你的网站。最好达到这么一种心理效果：如果没接着往下看，以后会后悔的。

下面对文案写作中常见的一些思路进行列举。

1）信任自己的产品

要想说服别人，首先要说服自己。写作者首先要对自己的产品或服务充满热情及信任，相信自己的产品是最好的，最适合用户的，是最能给用户解决问题的。只有对自己的产品和服务带有由衷的热情，才能写出能说服别人的文案。

2）好的标题是成功的一半

整个文案写作最重要的部分就是标题。这里所说的标题既可以是网站首页正中间的口号，可以是内容页的文章标题，可以是搜索竞价广告使用的广告标题，也可以是电子邮件营销中的邮件标题。在互联网上，所有的用户都很忙，不像在线下有细心读书的时候。在网上，大家都是处于寻找、浏览、离开的快速动作中。一个用户来到你的网站，你只有3～5秒的时间说服用户留下来继续看里面的内容。在这3～5秒的时间内，不要奢望用户能耐心看你长篇大论，唯一的机会就是通过吸引人的标题让用户产生必须看下去一探究竟的冲动。

好的标题一般有三个特性：首先，说明对用户的好处；其次，有新闻性，对用户来说是没听说过的内容；最后，引起好奇，使用户不得不往下看。

娴熟使用好标题的例子在线下比比皆是，尤其是在杂志出版界更是有很多高手。读者可以去报亭看看各种杂志封面，上面所列出的内容标题是不是都能立即抓住游览者的眼球？诱惑着路人掏出钱包一看究竟。

常见而屡试不爽的标题格式包括：

×××揭秘

怎样×××

你想×××吗

十大最热门×××

20 个做好×××的方法

终极×××指南

8 个你不知道的×××

必须收藏的 20 个×××工具

专家不想让你知道的×××

3）用词简洁生动，带有主动性

尽量使用具有积极正面心理效果的词，避免那些负面心理效果词汇。这是一个潜移默化地影响用户心理的过程。下面这些词比较容易引起读者正面积极的情绪：免费、怎样、尽快、爱、保证、价值、安全、简单、快速、节省、快乐、秘密、解决、舒适、立即、现在、证明等。

而下面这些词正相反，容易引起读者消极和负面的情绪：失败、费用、损失、困难、死亡、税务、合同、责任、成交等。

比较下面两句话哪个更让人想买东西：

怎样立即赢得 50 元优惠券！

我们愿意少赚您 50 元！

4）格式清晰简洁

用户看网站与读书的方式完全不同，虽然都是看文字。在网站上用户基本上不是在读，而是在浏览，很少人能像看书一样看每一段网站文字，而是把整篇文章用极快速的方式浏览一下。这就要求网站文案的排版格式有利于这种浏览方式，不要写很长的段落，尽量使用小标题，尽量多使用列表和要点分列。

5）用户能得到什么好处

网站文案的写作必须是站在用户角度思考。整个文章必须清楚回答一个问题：用户能得到什么好处？

这里说的是好处而不是功能，这两者之间有着微妙的区别。比如卖花的网站，红色、新鲜的玫瑰是功能描述，但用户买的既不是红色也不是玫瑰，用户要买的是女朋友脸上的笑容，这是好处。这里可以参照前面产品的整体概念里的产品核心产品层次。

写网站文案时必须强调自己的产品和服务给用户带来哪些好处。写作者可以把产品的功能列出一张表，然后把每一项功能给用户带来的好处也列出来，作为写作的重点。指出好处后具体解释是因为产品的哪项功能才能带来这个好处，小标题要强调的，并且一眼就要抓住用户的，是给用户带来的好处，标题下的解释文字再具体阐述哪个功能产生这个好处。另外一个要注意的是写文案时的人称，尽量以第二人称“你”为主写作。强调你（用户）会得到什么好处，而不是我们给你什么好处。

6）用数字说话

在文案中尽量可能地使用非常具体的数字，以数据说明产品的效能和好处。比如“您的销售额将有很大增长”，就不如说“经过客户实验，您的销售将增长 23.7%”。使用非常精准的数字，给读者和潜在用户很多暗示。首先效果是真实的，经过测试的，或者是真实的案例。模棱两可的、笼统的说法，给人的感觉往往是不想揭露实情，而给出十分具体的数字，就代表自信和真实。其次，给出具体的数字意味着企业的认真态度，不是空口说白话，而是花时间进行了实验及测量。

7）直接倾诉情感

人是情感动物，即使在购物时也是如此。就算是最精明、最冷静、最理智的消费者，也免不了被情感所左右，虽然消费者不一定意识得到。最容易触动人情感的话题包括赚钱、健康、快乐、显得年轻、被尊重、爱情、休闲的生活方式。对可能造成损失的恐惧等。站长应该审视自己的产品，看看自己的产品能给用户带来哪些快乐，然后把这种快乐展现在用户眼前。比如卖数码相机的，卖的不是高分辨率的相机，而是与恋人或子女相处时光的永久记忆；卖信用卡的，卖的不是金融服务，而是潇洒自如的生活方式；卖减肥药的，卖的不是一个月减 5 斤这个事，而是自信的恢复，众人羡慕的眼光。

8）行动呼吁

这是很多网站方案最容易被忽视的地方，那就是以明确、积极主动的文字，呼吁用户采取行动，或者购买产品，或者填写在线表格，或者打电话。总之，推动用户完成你事先设定的网站目标。在英文中，叫作 call to action。

在网上浏览的用户经常是处在一种比较随意的状态中，你不明确地告诉和推动用户采取某种动作，用户往往就不知道下一步可以做什么，这就产生了很多的可能性。大部分的用户可能都不是沿着网站运营者所设定的通往网站目标的路线。在页面文案结尾处明确提醒用户采取某种行为，很多用户也不会拒绝，这样就会顺着网站运营者给定的路线进行下去。

最后总结一下网站文案写作最重要的，可以总结为一句话：积极、简洁有力，强调给用户的好处，略带煽情。

3. 诱导浏览者采取行动

网站必须要有一个明确的目标，也就是你想让浏览者做什么。你想让浏览者采取的行动必须能让浏览者清楚地看到。如果是想让客户把货物放入购物车，那么放入购物车的那个按钮就要够大、够清楚、颜色够突出。如果你能让浏览者拿起电话，就别把电话号码藏起来。如果你想让浏览者注册电子杂志，就要把注册表格放在所有页面最显著的位置。不要让用户琢磨下一步该做什么，能做什么。在每一个用户可能停下来的节点，如网页的小标题、文字结尾处、最打动人的口号等旁边，都要明确地告诉用户下一步做什么，用各种手段把用户引导到网站目标完成页面。如果你能一直引导用户的目光和心理活动，完成网站目标就是一个自然而然的结果。当然诱导的过程不应该像某些推销人员那样惹人厌烦，在线下惹人烦还可能因为顾及面子而不好拒绝，可在网上用户就不容易拒绝。

4. 购买流程必须方便

不要让用户琢磨该怎么订购。很多电子商务网站是使用第三方设计的购物车。在选择购物车程序时，购物流程是否方便是其中一个要仔细考虑的条件。比如，允许浏览者登录之前可以把货物放入购物车，还是需要先留下客户资料？如果需要先留下客户采取的行动必须越简单越好。想让用户注册电子杂志，只要留下电子邮件或姓名就足矣，别问用户电话、工作单位等。问得越多，注册的人越少。

5. 尽可能详尽的信息

网上购物优势之一，就是用户可以在自己方便的时候慢慢查看详细资料，所以站长应该把尽可能多的产品和服务资料放在网站上。如果用户在网站上能找到每一个问题的答案，即使有什么疑惑，你都已经为他先解决了，就减轻了购买的阻力。不要为了图省事，让用户“欲知详情，请联系我们”，很多人不会联系你，因为网站上购物，图的就是方便。

6. 取得用户信任

在网上购物最大的心理障碍就是用户不信任网站，因为不知道网站背后是不是骗子，不知道产品质量将会怎样。对中小型企业网站来说，建立用户信任是最头疼的问题之一。网站没有知名度，网站上的一切都是虚拟的，缺乏权威的第三方保证，用户该怎样才能信任你呢？

在网上建立用户信任没有一个十分有效、一劳永逸的方法，必须靠一点一滴地从细节积累而成。下面提供一些这方面的建议。

（1）专业的网站形象。和现实生活中与人的交往一样，第一印象非常重要。第一眼看上去喜欢的或感觉对的人，大家都愿意继续交往下去。网站也是如此。用户打开网站，如果第一眼看上去就很业余，如果所卖的东西还是高档商品，用户恐怕根本就没有兴趣再去调查研究这个网站是真是假，而是简单地离开再也不回来了。

这里所说的专业形象，绝不是指把网站做得像个门户。也可能是因为很多网站都是使用那几种开源CMS系统，连模板也都差不多，很多公司网站明明不是门户，却做得像是门户。我们应该配合自己的产品和目标用户特征，展现出适合特定网站的专业形象。

（2）翔实的各类信息。大量有用的信息最能让用户信任网站，进而放下心防，导向购买。这里说的网站信息形式有很多种，包括产品的详细性能、使用说明、材料、产地、制作方法、公司组织结构、员工培训，任何与公司产品或服务相关的窍门、技巧、行业新闻、新闻报道等。这些内容不是用户在很多网站能看到的、被抄来抄去的或采集来的内容，而是原创的，针对特定公司产品服务的说明文字。这些原创内容越多、越细，说明企业或站长越认真。

（3）第三方资质认证。网络上的文字无论怎么写，都是网站自己说的，说服力总不如第三方信息来源高。所以如果企业或站长有任何来自第三方的资质认证，都要尽可能放在网站上。比如支付宝、贝宝、网银在线等支付网关的授权使用logo，国际ISO组织颁发的ISO证书，专业的第三方认证机构证书等。

（4）一切都是可以验证的。除了第三方资质尽可能引用第三方网站或扫描图片作为证据之外，其他关于产品、服务或公司背景的信息，也都应该尽可能给予证明。在网页上夸自己的产品或服务，大部分站长和企业都会这么做。要想进一步建立信任度，就要证明你在网站上所说的一切。比如你的网站销售化妆品，不仅要用文字表现你的化妆品让人青春永驻，为证明是真的，为什么不放上一些使用了你的化妆品的亲戚朋友，甚至客户的照片呢？为证明真实，使用广告明星的照片并没有什么效果，放上普通人的照片更能证明一切。

（5）讲述实情。所有人都知道天下没有免费的午餐。把自己的产品描述得再好，哪怕完全符合事实，用户也知道你还是要赚钱的。有的网站为了吸引顾客购买，喜欢标榜自己的产品价格多么低廉，质量多好，自己是在赔本赚吆喝。但是谁都知道，商人不会真的赔本卖东西。如果你的产品价格确实比竞争对手低，质量又与竞争对手相当，你就要详细告诉大家为什么，才有可能取得信任。

比如，我们的产品零售价格比其他所有竞争对手都低50%，不是因为我们要赔本甩卖，而是因为：第一，我们自己就是生产商，网上很多商家都是批发商；第二，我们建立了自己的配货系统，不必使用其他运输服务，进一步降低了成本；第三，我们是全国最大的某某商品制造商，规模效益使我们原材料、人工成本都降到最低；第四，我们使用全自动化的生产设备，使生产效率达到同行业最高。只有这样清楚地讲述实情，告诉用户为什么你的价格比别人低，用户才能相信。

（6）用户条款及隐私政策。大部分人很少看网站的用户条款和隐私权政策。看这些东西都是希望与你的网站做生意、买东西的、对你的产品感兴趣的潜在用户。面对这些很可能已经放下心防，准备与你做生意的人，你应该在用户条款、隐私权政策、退换货政策上再次表明你是替用户着想的。通常这类文件都写得非常官方、严谨、冗长、充满法律词汇。当然为了保护自身利益，详细的、符合法律规定的条款是无法避免的，但是可以在这些页面的最上面，用两三句话打消潜在用户的疑虑，以普通人看得懂、也愿意看的文字解释你的条款。

（7）联系方式一应俱全。网站应该建立单独的联系页，列出尽可能多的联系方式，包括E-mail地址、通信地址、电话、QQ、MSN、微博、微信等。

（8）退款保证。提供无条件退款，并确实做到，往往能极大提高转化率。浏览者之所以在买与不买之间犹豫，很大一部分担心就是怕买回来才发现不合适。如果商家强有力地保证，无论什么情况，只要用户对产品不满意或者只是不适合，商家百分之百无条件退款。对用户来说，购买就变成零风险，喜欢就留下，不喜欢就退回，不会吃亏，那么何乐而不为呢？当然实行无条件退款有一定的风险，尤其是在某些行业或地区，这还有待于用户群体素质的提高。

（9）鲜活的网站形象。网站运营者应该想其他方法让浏览者看到网站背后活生生的人，而不只是一个虚无缥缈的公司，或只是一个冷冰冰的网页。最好的方式就是放上企业员工的照片，如果可能的话，还可以放上一段视频。这些照片或视频不必是正儿八经的身份证照，而是具有真实感的生活照或工作照，像公司员工新年聚会、在办公室为员工庆祝生日、员工代表公司参加社会活动、抗震救灾、参加行业大会、接受媒体采访等。很多企业都有各种各样、丰富多彩的公司活动，这些活动能非常具体地证明公司的存在和历史，但是因为懒惰或觉得这些是小事，没有充分利用起来。往往能打动浏览者，让浏览者信任的就是这些小事情。你比其他网站多走一小步，就多了一份亲切感和信任感。

（10）真实可信的客户评论。“王婆卖瓜——自卖自夸。”自己说自己好，说服力总是不够高，但是其他人夸就不一样了。前面讨论的第三方认证、新闻报道是一方面，客户是另外一项极具说服力的信息来源。很多时候客户的评论比任何文字都管用。应该在网站上建立专门的客户评价页面，尽可能找现有客户帮你写一些评价文字。不一定都是夸奖的话，也可以提不足，最要紧的是写得真实可信。有一些负面的评价，看起来更真实。

（11）占领搜索引擎结果。网络营销人员应该经常在搜索引擎搜索自己的公司名和品牌名称，检查排在前面的搜索结果是否有对公司造成影响的负面新闻。最需要避免的两种情况：一是搜索公司名称或品牌名称，几乎没什么内容返回，这说明公司基本上没历史、没用户、没评价；二是返回结果前十或前二十名中大部分是负面新闻。很多用户在购买产品前都会在搜索引擎上寻找关于公司或站长的背景信息，而不是完全相信网站上所说的话。搜索引擎结果与网站互相印证对照，会让用户更加放心。至于怎样占领搜索引擎，可以参照前面舆情监测系统以及本书后面关于搜索引擎优化的相关内容。

（12）实时在线客服。实时客服不应该仅仅作为辅助用户寻找信息、弥补网站缺陷的工具，而更应该作为建立信任的工具。大部分用户能找到一个“活人”与之对话，无论是通过在线聊天或是电话，哪怕只是短短的一句，只要能找到一个活生生的人，用户心里就踏实了很多。

7. 消除购买风险

不管在网上还是线下，所有购物的阻力之一就是购买风险。消费者怕被骗，怕质量太差，怕产品不合适退换太麻烦，怕买了以后老婆不满意等。怎样把购买风险从用户身上尽量转移到自己身上，这是应该考虑的问题。

8. 促销配套

有了好的产品，用户也相信了网站，正在犹豫不决时，促销配套常常成为最后推动用户掏出钱包的助力。免费礼品、打折、免运费等都可以包装在一个让用户没办法拒绝的套餐里。

任务 4.4　网络营销中的客户关系管理

4.4.1　客户关系管理的产生与核心内涵

最早发展客户关系管理的国家是美国，在 1980 年年初便有所谓的“接触管理”（Contact Management），即专门收集客户与公司联系的所有信息；1985 年，巴巴拉•本德•杰克逊提出了关系营销的概念，使人们对市场营销理论的研究又迈上了一个新的台阶；到 1990 年则演变成包括电话服务中心支持资料分析的客户关怀（Customer Care）。

1999 年，Gartner Group Inc 公司提出了 CRM 概念（Customer Relationship Management，客户关系管理）。Gartner Group Inc 在早些提出的 ERP 概念中，强调对供应链进行整体管理。而客户作为供应链中的一环，为什么要针对它单独提出一个 CRM 概念呢？

原因之一在于，在 ERP 的实际应用中人们发现，由于 ERP 系统本身功能方面的局限性，也由于 IT 技术发展阶段的局限性，ERP 系统并没有很好地实现对供应链下游（客户端）的管理，针对 3C 因素中的客户多样性，ERP 并没有给出良好的解决办法。另外，到 20 世纪 90 年代末期，互联网的应用越来越普及，CTI、客户信息处理技术（如数据仓库、商业智能、知识发现等技术）得到了长足的发展。结合新经济的需求和新技术的发展，Gartner Group Inc 提出了 CRM 概念。从 90 年代末期开始，CRM 市场一直处于一种爆炸性增长的状态。

关于 CRM 的定义，不同的研究机构有着不同的表述。

最早提出该概念的 Gartner Group 认为：所谓的客户关系管理就是为企业提供全方位的管理视角；赋予企业更完善的客户交流能力，最大化客户的收益率。

Hurwitz Group 认为：CRM 的焦点是自动化并改善与销售、市场营销、客户服务和支持等领域的客户关系有关的商业流程。CRM 既是一套原则制度，也是一套软件和技术。它的目标是缩减销售周期和销售成本、增加收入、寻找扩展业务所需的新的市场和渠道以及提高客户的价值、满意度、营利性和忠实度。CRM 应用软件将最佳的实践具体化并使用了先进的技术来协助各企业实现这些目标。

CRM 在整个客户生命期中都以客户为中心，这意味着 CRM 应用软件将客户当作企业运作的核心。CRM 应用软件简化协调了各类业务功能（如销售、市场营销、服务和支持）的过程并将其注意力集中于满足客户的需要上。CRM 应用还将多种与客户交流的渠道，如面对面、电话接洽以及 Web 访问协调为一体，这样，企业就可以按客户的喜好使用适当的渠道与之进行交流。

而 IBM 则认为：客户关系管理包括企业识别、挑选、获取、发展和保持客户的整个商业过程。IBM 把客户关系管理分为三类：关系管理、流程管理和接入管理。

从管理科学的角度来考察，客户关系管理（CRM）源于市场营销理论。

从解决方案的角度考察，客户关系管理（CRM）是将市场营销的科学管理理念通过信息技术的手段集成在软件上面，得以在全球大规模的普及和应用。

综上所述，客户关系管理（CRM）有三层含义：

（1）体现为新态企业管理的指导思想和理念。

（2）是创新的企业管理模式和运营机制。

（3）是企业管理中信息技术、软硬件系统集成的管理方法和应用解决方案的总和。

其核心思想就是：客户是企业的一项重要资产，客户关怀是 CRM 的中心，客户关怀的目的是与所选客户建立长期和有效的业务关系，在与客户的每一个“接触点”上都更加接近客户、了解客户，最大限度地增加利润和利润占有率。

4.4.2 网络营销中的客户关系管理

由于网络的出现，网络逐渐成为客户与企业联系的主渠道，网络营销与客户关系管理的有机整合必将成为一种新的选择。网站、论坛、博客、微博、微信、电子发行物和邮件等基于 Web 的客户关系管理渠道，能方便企业与客户的沟通，促进企业向潜在客户提供更好的客户体验。只有网络营销策略与客户关系管理的业务模型同步，才能确保客户体验的一致性。

否则，相互独立的两种系统必然会导致资源的浪费，并产生不协调的结果，从而使客户感到失望。

在网络营销中，通过客户关系管理，将客户资源、销售、市场、客服、决策集成为一体，将原本疏于管理，各自为战的销售、市场、售前和售后服务于业务统筹起来，既能规范营销行为，了解新老客户的需求，提升客户资源的整体价值，也可以跟踪订单，帮助企业有序地监控订单的执行过程，同时也有助于避免销售隔阂，帮助企业调整营销策略。一个精彩的客户关系营销系统应该是客户和企业双赢的情形，最终用户可以获得增值服务，企业也因为准确、全面、及时、统一的客户信息和决策而全面提升其核心竞争力。

网络客户关系管理的主要内容包括销售力量自动化，营销自动化和客户服务三个方面。销售力量自动化就是通过客户信息、后台作业信息的高度共享和销售流程的规范化以及实现销售力量分配的“合理化”，提高企业整体的销售业绩。营销管理自动化可以使企业通过对以往客户交易的相关记录的分析，进行产品的改进与新产品的开发，对客户细分，并对不同客户开展分组管理，并可根据已有客户的个性特点发掘潜在客户。客户服务主要指企业帮助客户解决在线购买活动中所遇到的一系列问题，进而提高客户服务的自动化程度。在线技术交流、在线技术支持、常见问题解答、资料图书馆、实时通信以及在线续订等服务，可以帮助消费者便捷地购买和使用商品。

最后结合本书前面的内容，从产品的整体概念角度来看，基本效用类似的产品，在网络环境下，信息越透明，有形产品层次越趋同，因此提供更好的客户服务，保持更稳定长期紧密的客户关系，成为企业在竞争中取得优势的必要条件。

4.4.3　客户关系管理的基本理论

学习客户关系管理（CRM）基础理论的目的，就是为了给 CRM 实践提供理论指导，下面将从支持 CRM 实践基本任务完成的思路出发，构建一个 CRM 基础理论框架体系。

CRM 有广义和狭义之分。广义 CRM 包括新客户获取和老客户保持两大方面。相应地，广义 CRM 的目标有两个：一是将有价值的潜在客户转化为现实客户；二是保持有价值的客户。为了实现这些目标，客户关系管理必须完成相应的任务。CRM 任务分解如图 4-8 所示。

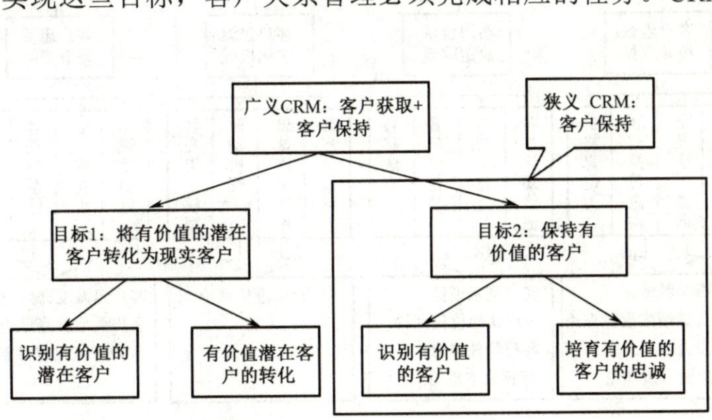

图 4-8　CRM 任务分解图

从图 4-8 可知，广义的 CRM 具有四项基本任务：

（1）在庞大的潜在客户群中，识别出有价值的潜在客户。

（2）将有价值的潜在客户转化为现实客户。

（3）在现有客户群中，识别出有价值的客户。

（4）培育有价值客户的忠诚，避免他们转向竞争对手。

狭义 CRM 只涉及如何保持已有客户，它的基本任务仅包括第（3）、（4）两项。

本书从支持完成狭义 CRM 的两项基本任务出发构建 CRM 基础理论体系总体框架，由客户价值识别理论和客户忠诚理论两大理论构成，分别用于支持完成 CRM 的识别有价值客户和培育有价值客户的忠诚两项基本任务。客户价值识别理论主要解决客户价值判别指标的选取、计算（或预测）以及基于客户价值判别指标的客户细分、客户保持策略设计等问题，相应形成了五大理论模块，如图 4-9 所示。客户忠诚理论主要解决客户忠诚的绩效度量、决定因素、进化机理和培育策略等问题，相应形成了 12 大理论模块，如图 4-10 所示。

如图 4-9、图 4-10 所示，CRM 的两大基础理论都有一个较为庞大的理论体系，这里并不全面介绍两者组成理论的研究进展，只是介绍其中的一些核心和关键理论。

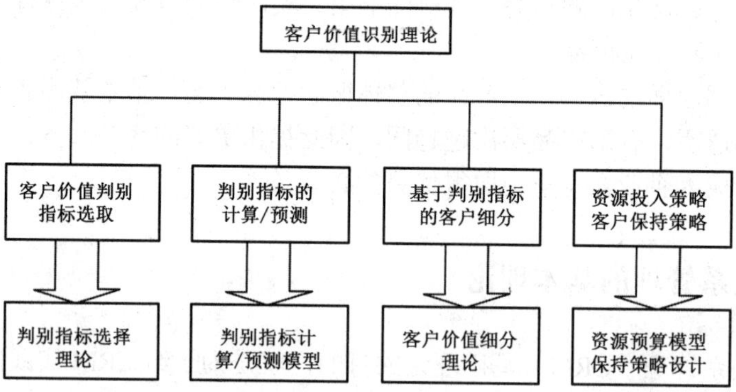

图 4-9 客户价值识别理论框架

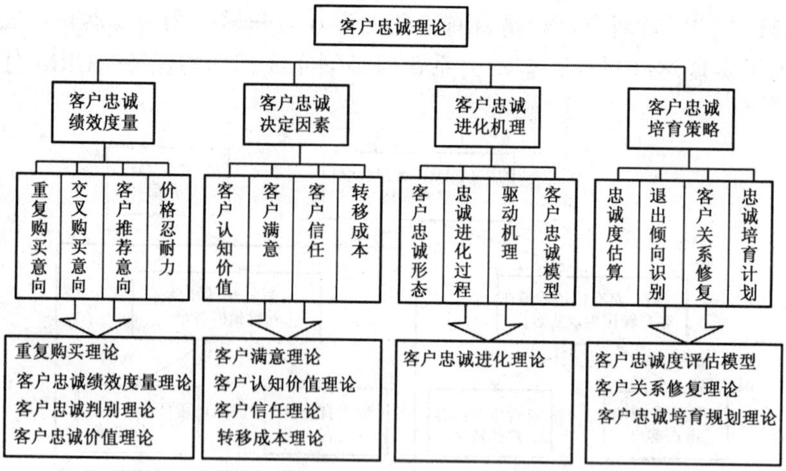

图 4-10 客户忠诚理论框架

1. 客户生命周期和客户终身价值

作为企业的重要资源，客户具有价值和生命周期。客户生命周期可分为考察期、形成期、稳定期和退化期四个阶段，如图 4-11 所示。考察期是客户关系的孕育期，形成期是客户关系的快速发展阶段，稳定期是客户关系的成熟期和理想阶段，退化期是客户关系水平发生逆转的阶段。

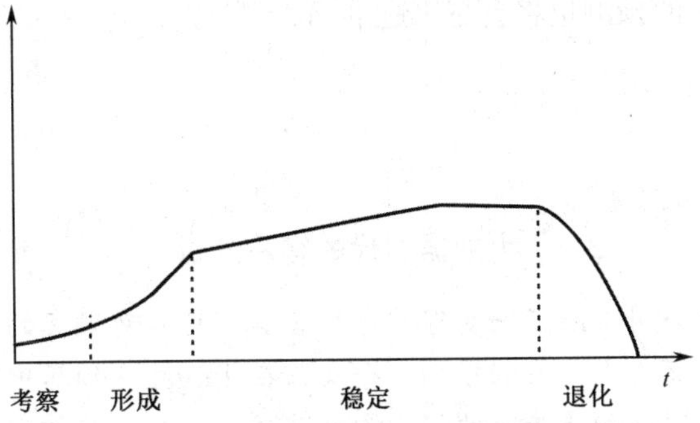

图 4-11　客户生命周期

在客户生命周期不同阶段，客户对企业收益的贡献是不同的。在考察期，企业只能获得基本的利益，客户对企业的贡献不大；在形成期客户开始为企业做贡献，企业从客户交易获得的收入大于投入，开始盈利；稳定期内客户愿意支付较高的价格，带给企业的利润较大，而且由于客户忠诚度的增加，企业将获得良好的间接收益；在退化期，客户对企业提供的价值不满意，交易量回落，企业利润快速下降。

根据客户生命周期理论，客户关系水平随着时间的推移，从考察期到形成期和稳定期直至退化期依次增高，稳定期是理想阶段，而且客户关系的发展具有不可跳跃性。同时，企业利润随着生命周期的发展不断提高，考察期最小，形成期次之，稳定期最大。

客户成熟期的长度可以充分反映出一个企业的盈利能力。因此，面对激烈的市场竞争，企业针对客户生命周期的不同特点，提供相应的个性化服务，进行不同的战略投入，使企业获得更多的客户价值，从而增强企业竞争力。

客户价值的核心是客户价值判别指标的选取和计算。解决了这两个问题，基于判别指标的客户细分、客户资源投入策略及客户保持策略等问题都迎刃而解。客户终身价值（Customer Lifetime Value）作为客户价值的判别标准已经在学术界和企业界得到比较广泛的认可。因此这里主要介绍 CLV 的预测方法。

每个客户的价值都由三部分构成：历史价值（到目前为止已经实现了的顾客价值）、当前价值（如果顾客当前行为模式不发生改变的话，将来会给公司带来的顾客价值）和潜在价值（如果公司通过有效的交叉销售可以调动顾客购买积极性，或促使顾客向别人推荐产品和服务等，从而可能增加的顾客价值）。

CLV 的预测有多种方法，比较流行和具有代表性的是 DWYER 方法和顾客事件预测法。

这里介绍一种目前营销领域比较有代表性的方法——客户事件预测法。这种方法的基本要点是：针对每一个客户，预测一系列客户相关事件（产品购买、产品使用、营销活动、坏账等）发生的时间，并向每个事件分摊收益和成本，从而为每位客户建立一个详细的利润和费用预测表。每个客户 CLV 预测的精度取决于事件预测的精度和事件收益与成本分摊的准确性。客户事件预测可认为是为每个客户建立了一个盈亏账号。客户事件集越详细，与事件相关的收益和成本分摊得越精确，CLV 的预测精度就越高。在大数据时代，客户的信息越来越多地被企业收集和分析，CLV 的预测也将会越来越准确。

延伸阅读

大数据时代的客户分析

美国的 Target 百货公司上线了一套客户分析工具，可以对顾客的购买记录进行分析，并向顾客进行产品推荐。有一次，他们根据一个女孩在 Target 连锁店中的购物记录，推断出这一女孩怀孕，然后开始通过购物手册的形式向女孩推荐一系列孕妇产品。这一做法让女孩的家长勃然大怒，事实真相是女孩隐瞒了怀孕消息。看似杂乱无章的购买清单，经过对比发现其中的规律和不符合常规的数据，往往能够得出一些真实的结论。这就是大数据的应用。

iPhone 进入中国后，铁杆的移动用户王永铭加入了联通合约机大军。由于合约机承担了大量通话内容，王永铭将全球通换成了动感地带。三个月之后，王永铭接到了中国移动的 10086 电话，向他介绍中国移动的优惠资费活动。一位移动的工作人员称，运营商会保管用户数据，如果话费锐减，基本上就是流失先兆。给数亿用户建立一个数据库，通过跟踪用户的话费消耗情况，运营商就能知道哪些用户在流失。这也是大数据的应用。

从 CLV 的预测企业可以看出如何在顾客终身价值中赢得最大的利润，随后企业可以根据这些数据将顾客分成具有不同特征、不同行为模式和不同需求的组。比如说企业可以用聚类分析法将顾客分成苛刻的顾客、犹豫不决的顾客、节俭的顾客和久经世故的顾客，根据每个组制定相应的措施。衡量“顾客终身价值”的目的不仅可以是确定目标市场和认知消费者，还要设计出能吸引他们的交叉销售方法（Cross-selling）、向上销售方法（Up-selling）、附带销售方法（Add-on Selling）、多渠道营销（Multi-channel Marketing）和其他手段，尽可能将客户的潜力开发出来。

2．客户忠诚相关理论

随着市场竞争的日益加剧，顾客忠诚已成为影响企业长期利润高低的决定性因素。以顾客忠诚为标志的市场份额，比以顾客多少来衡量的市场份额更有意义。

通常可以将顾客忠诚划分成四个层次：

最底层是顾客对企业没有丝毫忠诚感。他们对企业漠不关心，仅凭价格、方便性等因素购买。

第二层是顾客对企业的产品或服务感到满意或是习惯。他们的购买行为受到习惯力量的驱使。一方面，他们没有时间和精力去选择其他企业的产品或服务；另一方面，转换企业可能会使他们付出转移成本。

第三层是顾客对某一企业产生了偏好情绪，这种偏好是建立在与其他竞争企业相比较的基础之上的。这种偏好的产生与企业形象、企业产品和服务体现的高质量以及顾客的消费经验等因素相关，从而使顾客与企业之间有了感情联系。

最上层是顾客忠诚的最高级阶段。顾客对企业的产品或服务忠贞不贰，并持有强烈的偏好与情感寄托。顾客对企业的这种高度忠诚，成为企业利润的真正源泉。

顾客忠诚有利于企业巩固现有市场，有利于降低营销成本，可以使企业在竞争中得到更好的保护，因此成为近年来国内外的一个研究热点。相关理论研究成果很多，目前识别出了客户忠诚的四个主要决定因素，即客户认知价值、客户满意、客户信任和转移成本。

这里选择学者陈明亮（2003）的基于客户关系生命周期的客户忠诚进化模型（如图 4-12 所示）。该模型用基本信任、行为忠诚、精神忠诚、可持续忠诚表示客户忠诚发展的四个阶段，它们按一定的顺序在客户关系生命周期的不同阶段里形成：信任在考察期后期初步形成，在形成期进一步加强并在形成期后期进化为行为忠诚，随着信任的不断增强，在稳定期前期开始形成精神忠诚，并在稳定期后期逐渐进化到忠诚的最高境界——可持续忠诚。

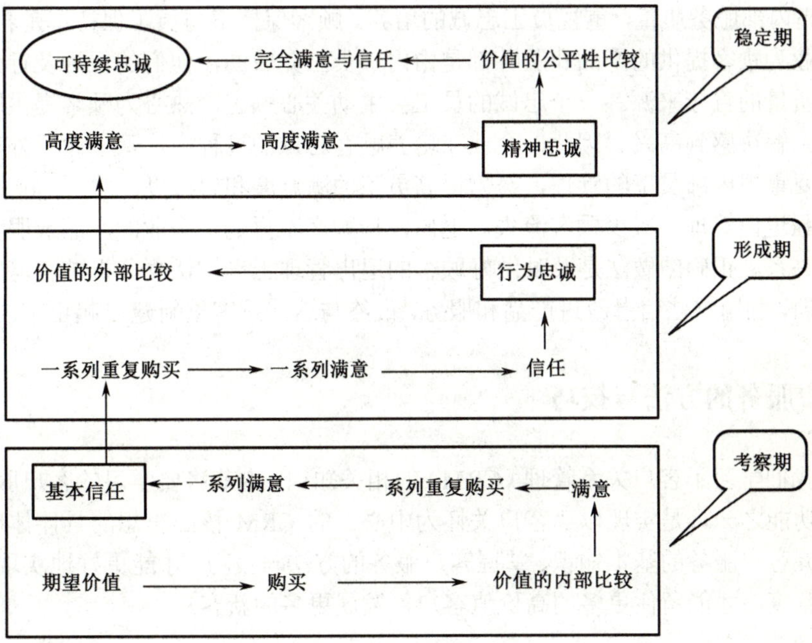

图 4-12　客户忠诚进化模型

该模型不仅揭示了客户忠诚的四因素是如何驱动客户忠诚不断发展，并在客户关系生命周期不同阶段建立不同层次客户忠诚的，而且揭示了四因素与客户忠诚和客户关系生命周期之间的相互关系，将本书前后内容做了一个贯通。

在企业的实践中，为了提高客户忠诚，往往采取的策略有：

（1）建立顾客数据库。

（2）识别企业的核心顾客。企业的实践证明，企业利润的 80% 来自于其 20% 的顾客。只有与核心顾客建立关系，企业稀缺的营销资源才会得到最有效的配置和利用，从而明显提高企业的获利能力。

（3）超越顾客期望，提高顾客满意度。顾客的期望是指顾客希望企业提供的产品和服务能满足其需要的水平，达到了这一期望，顾客会感到满意，否则，顾客就会不满。所谓超越顾客期望，是指企业不仅能够达到顾客的期望，而且还能提供更完美、更关心顾客的产品和服务，超过顾客预期的要求，使之得到意想不到的、甚至感到惊喜的服务和好处，获得更高层次上的满足，从而对企业产生一种情感上的满意，发展成稳定的忠诚顾客群。

（4）正确对待顾客投诉。

（5）提高顾客转换成本。一般来说，顾客转换品牌或转换卖主会面临一系列有形或无形的转换成本。对单个顾客而言，转换购买对象需要花费时间和精力重新寻找、了解和接触新产品，放弃原产品所能享受的折扣优惠，改变使用习惯，同时还可能面临一些经济、社会或精神上的风险；对机构购买者，更换使用另一种产品设备则意味着人员再培训和产品重置成本。提高转换成本就是要研究顾客的转换成本，并采取有效措施人为增加其转换成本，以减少顾客退出，保证顾客对本企业产品或服务的重复购买。

（6）提高内部服务质量，重视员工忠诚的培养。顾客保持率与员工保持率是相互促进的。这是因为企业为顾客提供的产品和服务都是由内部员工完成的，他们的行为及行为结果是顾客评价服务质量的直接来源。一个忠诚的员工会主动关心顾客，热心为顾客提供服务，并为顾客问题得到解决感到高兴。因此，企业在培养顾客忠诚的过程中，除了做好外部市场营销工作外，还要重视内部员工的管理，努力提高员工的满意度和忠诚度。

（7）加强退出管理，减少顾客流失。退出，指顾客不再购买企业的产品或服务，终止与企业的业务关系。正确的做法是及时做好顾客的退出管理工作，认真分析顾客退出的原因，总结经验教训，利用这些信息改进产品和服务，最终与这些顾客重新建立起正常的业务关系。

4.4.4 客户服务的方法与技巧

上一节我们学习了客户关系管理（CRM）的相关知识，本节将要学习的客户服务是 CRM 系统的基本功能之一，是实现以“客户关怀为中心”的 CRM 核心思想的具体体现。因此，企业必须掌握客户服务的基本知识、掌握客户服务的方法与技巧，才能更好地实现客户服务，提高客户满意度，才能留住更多的高价值客户，发展更多的新客户。

1. 客户服务的基本知识

营销大师科特勒（Kotler）对服务下的定义是：“服务是一方为实际上无形的另一方提供的任何行为或工作，它不会导致任何事物的所有权的产生，它的产生可能会或可能不会受到事物的限制。”

可见客户服务具有一定的无形性，或者说是非实体性。这表现在两方面：首先，生产过程与消费过程同步，不存在质量检验后销售的问题，这就给服务质量提出了高要求；其次，不可储存性。基于服务与消费同步进行，使得其使用价值不能脱离生产者和消费者而固定在一个耐久的物品上。心理综合感知代替了有形的具体感受。

另外，由于服务是双方的协作过程，因此还具有差异性。这表现在两方面：首先，接受服务的客户由于年龄、文化、生活背景等的差异导致了个体的消费偏好具有多样性，也就是说，对同一服务不同个体的感受和体验具有差异性；其次，提供服务的人员同样由于上述原因也具有个体化特性。因此提供与被提供服务双方的个性化特点给服务工作带来了很大的困难。

上述分析表明，传统意义的客户服务作为无形的产品其主要特点有非实体性、不可分离性、差异性、同步性、易逝性等。但随着互联网技术的发展，客户服务的手段不断提高；市场竞争导致客户服务竞争的升级；客户消费心理的变化，要求提供个性化的服务等，都对客户服务提出了许多新的要求，客户服务也增添了新的内涵。CRM 正好迎合了市场的需要，提出了新的客户服务的理念，体现了客户服务的新变化，因此越来越受到企业的重视。客户服务的新变化具体表现在以下几方面。

1）增加顾客的感性认识

服务的最大局限在于服务的无形性和不可触摸性，因此在进行网络营销时，可以对服务进行有形化，通过一些有形方式表现出来，以增强顾客的体验。如快递行业中，人们可以实时在网上查询包裹的状态、行程，使得人们通过网络提升对服务的感性认识。

2）突破时空不可分离性

服务的最大特点是生产和消费的同时进行，因此服务受到时间和空间的限制。顾客为寻求服务，往往需要花费大量时间去等待和奔波。而互联网的远程服务则可以突破服务的时空限制。如现在的远程医疗、远程教育、远程培训、远程订票等，通过互联网都可以实现，尽管存在消费方和供给方的空间分离。

3）提供更高层次的服务

顾客的消费需求是有层次的，当一个层次的需求得到满足后，高一层次的需求就产生了。传统服务的不可分离性使得顾客寻求服务受到限制，互联网的出现突破了传统服务的限制。顾客可以通过互联网得到更高层次的服务，顾客不仅可以了解信息，还可以直接参与整个过程，最大限度地满足顾客的个人需求。

4）顾客寻求服务的主动性增强

顾客通过互联网可以直接向企业提出要求，希望得到更多的自助服务，他们需要的不只是好的网站，而是能够让他们自行寻找所需信息、进行交易、查询订单处理进度等整合完善的渠道。企业必须针对顾客的要求提供特定的一对一服务，而且企业也可以借助互联网降低成本来满足顾客的一对一服务的要求。当然企业必须改变业务流程和管理方式，实现柔性化服务。

5）服务成本降低，效益提高

一方面，企业通过互联网实现远程服务，扩大服务市场范围，创造了新的市场机会；另一方面，企业通过互联网提供服务，可以增强企业与顾客之间的关系，培养顾客忠诚度，减少企业的营销成本费用。

6）个性化服务成为服务的主要特色

个性化服务是指通过不断调整用户档案的内容和服务，达到基于客户的喜好或行为来确定客户的兴趣的目的。在基于客户的喜好和行为的基础上组建经营规则、搜寻相关信息内容，进而以一个整合的、相互联系的形式将这些内容展示给客户。个性化服务可以归纳为服务时空、服务方式和服务内容的个性化。

案例

沃尔玛的客户服务

一位大爷拿着一个轮胎到沃尔玛客服柜台，说轮胎不能用，要求退款，服务人员很有礼貌地解释，但是坚持不退钱，这时值班经理过来了，问清缘由之后问：“大爷，您的发票带来了吗？”大爷说来得匆忙忘记了，最后值班经理拿出50元给大爷，把大爷送到门外，再三地跟大爷说：“大爷，如果您下次记得的话可以把发票送过来。”大爷拿着钱走了。可是过了半个小时大爷又来了，把50元往桌上一放，连声说对不起，原来在沃尔玛根本就不出售轮胎，大爷走错地方了。

上面的案例经常在一些教材被列出，为了表明沃尔玛的服务很好，真是如此吗？请思考以下三个问题：

第一个问题，客户永远是对的吗？

有一句老话：“客户永远是对的。”真的如此吗？客户也是人，难免会犯错，比如说有的客户因为误解大肆批评产品或销售员，有的客户故意找茬出难题，有的客人甚至借酒装疯骚扰服务员，这时我们就不能纵容客户。但是要记住一点，客户是最重要的，所以面对问题时我们要委婉地处理，在自己受到伤害的同时，也尽量不要伤害客户。

第二个问题，客户就仅是消费者吗？

所谓客户就是需要服务的对象，可分为外部客户和内部客户。其中，外部客户指那些需要服务但不属于企业员工的社会群体和个体，如中间商和产品的终端消费者。内部客户则是指工作流程的下一道工序，在整个工作流程当中，每一道程序都有前一道和后一道，自己是前一道工序的客户，而下一道工序则是自己的客户，只有每个部门、每个岗位都把自己的客户服务好，最后面对终端消费者，即终端客户的时候才能真正提供优良的服务。

第三个问题，客户就是上帝吗？

我们常常说：“客户就是上帝”，可是企业资源是有限的，如果所有客户都是上帝，企业必须要服务好所有客户很显然是不可能的。而如果为了尽可能多地服务好客户，也会使得资源分散，很难进一步提高服务质量。根据80/20原理，20%的优质客户带来企业80%的利润，所以只有VIP客户、黄金大客户才是真正的上帝，集中企业资源向他们提供超出预期的服务才能将他们转化为忠诚客户。因此我们要对客户进行重新定位，要选择目标市场，区别出客户是受欢迎的还是不受欢迎的，区别出客户是重点的还是非重点的，从而分级对待。

客户服务可以分为四个层次：基本的服务、满意的服务、超值的服务和难忘的服务。

所谓基本的服务，如顾客在超市里购买了一百元的商品，付款后买方与卖方，互不相欠，这时候顾客的基本物质价值利益得到满足，这就是基本的服务。

所谓满意的服务就是提供服务的商家态度友善，使得客户得到精神方面的满足，如顾客去超市购物，超市的服务人员对顾客殷勤问候、热情招待、语气很友善、态度很礼貌，这就是满意的服务。

所谓超值的服务是指具有附加值的服务，指那些可提供可不提供，但是提供了之后能够使客户更加满意，觉得有更大的收获。

所谓难忘的服务是客户根本就没有想得到的，远远超出他的预料的服务。

案例

满意的服务与超值的服务

陈先生每个月都要去银行存钱，今天他又来到银行。服务人员小李向他微笑，接过他的现金和存折，帮他把钱存好，并祝他有愉快的一天，这是满意的服务。如果小李面带微笑接过陈先生的现金、存折，当他知道陈先生每个月都固定存款之后（通过 CRM 系统），说：“陈先生，如果您每个月继续到这里存同样数额的钱，我会介绍一种特别为每个月固定存款的客户而设立的账户，这种账户能够为您带来更高的利息。”这是超值的服务。第二种服务与第一种相比，不仅有基础的服务，而且还能站在客户的立场上为客户着想，成为他的利润和绩效伙伴。

2. 客户服务的流程

在当前，企业要想在激烈的竞争中生存与发展，必须至少提供达到满意的服务层次，这样才能既满足客户物质上的需求，还满足客户精神上的需求，因此我们的客户服务就需要科学的方法与技巧。

首先我们学习的是客户服务的流程。虽然在网络环境中，客户服务并不一定是当面提供的，而是借助于一些其他工具（如微信、企业论坛、呼叫中心等），但是基本流程仍然是一样的，主要有如下四步：

第一步，对顾客显示出积极的态度。当客户出现在我们面前的时候（网络中并不一定是真正地面对面），首先要表现出来积极、友善的态度，态度压倒一切。

第二步，识别客户的需求。客户到底想做什么？他需要的是什么？

第三步，识别了客户的需求以后，如何来满足客户的需求。

第四步，想办法让客户成为企业的回头客。

接下来对每一步重点内容进行学习。

1）对客户显示积极的态度

态度是一个人心灵的表白，受感情、思想和行为倾向的影响。根据牛顿定律，你给对方多大的作用力，对方就会给你多大的反作用力；在生活中我们对别人采取什么样的态度，别人回馈我们也是同样的态度，这就是同理心的奇妙。所以客户服务人员必须注意自己的态度，要以积极的、友善的态度对待客户。在传统的客户服务活动中，我们主要通过外表、肢体语言、语气和饱满的精神来传达，在网络中，则需要通过两点，即反应及时和热情亲切，前者要求客服人员打字速度要快，不能有错别字。第一次响应顾客的时间不能超过 30 秒。每次回答顾客问题，让顾客等待时间不能超过 15 秒，如回答太长，则应该分次回答。后者要求客服人员用语规范，礼貌问候，让顾客感觉热情，不是很生硬的话语，做到亲切称呼，自然亲切，忌使用代表不好情绪的表情。

2）识别客户的需求

对顾客的咨询、需求给予准确的回应，并快速提供顾客满意的答复，需求不明确时做到引导顾客产生需求。要做到以上要求，有两个理论可以帮助我们更好地理解顾客的需求。

一是马斯洛的需求层次理论。人的需求从低到高有五个层次，分别是生理需求、安全需求、社会交往的需求、尊重与爱的需求、自我实现的需求。心理学家认为，人的所有行为都可以从两个方面进行分析，或者是为了解决问题，或者是为了实现快乐，我们称之为“远离痛苦”或“实现快乐”。服务也可以从两个方面进行分析，要么帮助客户解决问题，要么帮助客户实现快乐。通常的生活必需品以及生活中必不可少的服务等都是解决问题型；那些时尚的、品牌的，彰显荣誉、身份、地位的商品和服务则属于实现快乐型。

解决问题型产品和服务通常采用危机行销法，也就是告知客户如果问题不解决，将会产生什么样的后果，使客户产生危机感，从而愿意购买产品或服务来解决问题。实现快乐型产品和服务通常采用精神催眠法的行销方式，即通过描述客户获得产品后的美妙情景，对他“催眠”，让他处在快乐的想象之中，为了得到这份快乐而产生购买行为。

案例

危机行销法与精神催眠行销法

新肤螨灵霜的生产厂商在进行宣传的时候，总是强调一个人的脸上往往会生长可怕的螨虫，并展示长有螨虫的图片，让人印象深刻，然后保证使用螨灵霜就能去除螨虫。看到这个宣传片的人往往会忍不住购买新肤螨灵霜，这就是危机行销法。名牌化妆品的广告宣传则相反，它们通常会展示光滑、有弹性的美丽肌肤，声明只要使用它们的产品，女人就可以得到和展示画面上一样的漂亮肌肤，这就是精神催眠法。

除了马斯洛的需求层次理论可以帮助我们分析消费者需求外，另一个需求冰山理论可以帮助我们从心理学角度去分析。一个人的心理感觉常常会影响他的判断，美国的心理学家做了一个非常著名的冰激凌试验，就是分别在容量 300ml 的杯子里装上 350g 的冰激凌，在 1000ml 的杯子里装上 400g 的冰激凌，让实验者选择，结果大部分人都选择了 350g 装的冰激凌，原因是“感觉多一些”，事实上 400g 装的冰激凌更多，可是只有 5%的人选择了它。所以说，大部分人都喜欢凭经验、凭感觉办事，真正做到标准化测量的人并不多。

当我们的产品、价格、质量和服务与别人差不多的时候，客户为什么不选择我们，却选择了别人呢？我们可以用需求的冰山理论来解释。一个人的需求就像一座冰山，冰山的最上面是明显的利益，如产品、价格、质量等，透过冰山的一角往深处看，第二个层面是隐藏的利益，包括关系、维护和交往等，冰山的最深处是深藏的利益，也就是真正影响成交的因素，那就是情感、感受和信任。

真正影响客户购买的决定因素不是我们过去所想象的产品、价格、质量和服务本身，而是情感、感受和信任。在中国，人们往往愿意把生意交给熟悉的朋友，而不是陌生人，即使要给，也要一步步地试探，因为与陌生人第一次打交道，彼此之间的信任为零，需要慢慢地培养，所以企业客服人员在与客户交往的过程当中，必须注意一步步地去培养信任度。

客户在拒绝成交的时候，一般不会说因为我与你没有情感、对你不信任、与你没有关系，所以不购买你的产品，这些都是主观的原因，他不会表明，而是使用客观上的理由，如产品不够好、价格太高等，事实上这些都是借口。通过需求的冰山理化可以看出，我们真正要做的是与客户沟通感情，增加彼此的信任度。我们不仅要舍得在客户身上投资金钱，还要舍得花时间投资情感。

3）满足客户的需求

表面上看这一步要做的就是为客户提供优质的服务，最大限度地满足客户的需求。然而对于一个优秀的客服人员，还需要注意做好以下几点：第一，服务的过程中以专业的言语、专业的知识、专业的技能，让顾客感觉我们是专家，建立信任，打消顾客疑虑。第二，善于向顾客推荐公司主推款，引导顾客需求并给予关联推荐，达成更高的客单价。第三，通过经验，找到和顾客共鸣的话题，想顾客所想，给顾客恰当的建议，建立亲密关系。第四，碰到顾客刁难、啰唆或针对产品弱点问题提问，保持良好心态，事先准备好应对方案，做到有备无患，或耐心倾听，缓解客户怒气，以理服人；或迅速转移话题（但要不漏痕迹）；或坦诚面对自身弱点（但要客观比较，强调自身优点所在），最终引导销售，并促成交易。

延伸阅读

标准服务用语与客服话术举例

情　　境	标 准 用 语
顾客刚进店铺	首语自动回复：您好！欢迎光临×××旗舰店，我是客服×××，很高兴为您服务。”（如果有活动或者好的提示语也可以加入：如新店开张，全场包邮，仅限七天。） ①新顾客马上跟上：亲，有什么可以帮您的吗? ②老顾客则马上跟上：亲，很高兴您的再次光临，请问有什么可以帮您的吗? ③如果咨询的买家比较多时：您好，实在是不好意思。因为咨询的客户比较多，让您久等了，非常感谢您的耐心等待！（此处：富有亲和力的表情）
顾客联系之后表示考虑或看看	亲，还有什么疑问或者相关的问题，或者我哪里没有讲清楚?
拍下后未付款跟进	亲，我是×××旗舰店，您拍的宝贝我们已经包装好了，宝贝安静地躺在精美的包装袋里默默等待跟您见面的那一刻，您××点之前付款以后我们今天就能发出去了哦（配合Q表情）。

客服话术举例（情境——向顾客推荐产品）

1. 了解买家的基本情况：您好，那您对您需要买的产品有什么样的要求呢？例如，买给谁的？喜欢的风格？可以承受的价格范围？穿衣的风格？肤色？

2. 了解店铺的情况：明确店铺货源、产品、价格的优势及参考店内销量走势，库存备货情况进行推荐。

3. 话术：

（1）若客户要的款式没货，推荐差不多的款式给客户或是热销的款。

话术：

①亲，您可以看一下这款。跟您想要的那款是同一个系列的，同时也是我们这个系列最近主打的一款（同时如有相应的活动可以加上），卖得也很好，您看一下是否喜欢？（链接）

②当然如果您不是很喜欢这个系列的，那么您也可以看一下这款，这款是我们店铺卖得最好的。它适合的人群比较广，属于百搭型的哦，客户的反映也是不错的。

③在推荐的过程中最好加上一些产品的知识。当然在介绍之前需询问买家是否需要我们介绍。例如，“亲，对于以上款产品您喜欢的是哪一个呢，是否需要我给您详细地介绍一下？”

（2）客户在多个款式间徘徊，引导客户让亲人或者朋友给出建议。

话术：亲，您可以请您身边的亲朋好友或是同事一起来看看，结合您的气质要求给出建议哦。

注：在推荐产品之前一定要先了解买家的需求及结合店铺实际情况，不能盲目推荐，要体现是从专业角度进行推荐的。

客服话术举例（情境——关于商品信息）

1. 是不是新品？

话术：

【是】亲，这款是我们设计师最新设计并准备主打的××系列××产品的新品哦。（如果对于新品有相应的活动的话也可以加上。）

【否】亲，您看的这款是我们设计师之前设计的经典产品，不是新品，但之前购买过这个产品的买家都很喜欢。（如这款是卖得很好的则可以加上“并且卖得也十分的好”）如果您想看我们最近设计的产品请到我们的新品专区中查看详情。（链接）

2. 关于商品尺寸及推荐

（1）买家询问尺寸规格信息：

话术：亲，在我们每个宝贝页面中都会有我们产品详细的规格尺寸信息。您在浏览宝贝的时候可以查找一下，至于您这款的信息是这个，您看一下。（添加宝贝页面的规格信息截图）

（2）买家可能会因为是我们推荐的尺寸信息而要求我们对推荐的产品进行负责，如果到时不喜欢不适合的话则要求退换货，将责任归到我们客服的身上。

话术：亲，关于尺码，我们只是根据大部分人的情况来推荐，毕竟每个人都是有差异滴！您也可以根据自己的实际情况，对照描述里的尺码表，自己选择的哦！

3. 是新品牌吗？

话术：嗯嗯，是的，亲，我们艺之造是一个全新的品牌，我们立志做最有趣的贵金属。用心把贵金属材质的饰品做得有趣、时尚，更适合日常穿戴搭配。希望有您喜欢的款式，同时也希望您能够多提意见。

4. 关于成色

话术：亲，您放心。我们的每一件商品都是经过浙江省省检检测合格的，都有相应的质检报告的。如果真的不放心，亲也可以自己去检测。如果检测出来真的成色不足，那由我们承担检测的费用，并给予您相应的赔偿。

5. 关于色差

话术：亲，请放心。我们所有产品都是按实物拍摄，但可能会因为每个人的显示器等其他原因出现轻微的色差，属于正常现象哦。

6. 关于产品的品质

（1）是正品吗？

话术：亲，艺之造品牌目前仅此一家旗舰店哦，旗舰店的申请需要公司的营业执照、商标注册证、税务登记证、产品质检报告等手续证明才能开张的。所以您这个问题大可以放心，并且我们所有出售的金银首饰上都会有我们的品牌 logo、相应的吊牌及字印，保证是正品。而且我们的宝贝都是我们设计师的独家设计，宝贝的外观、图片全网仅此一家，如果您发现有其他不法商家盗用我们的图片欢迎举报。

（2）产品的质量问题

话术：关于质量问题您可以放心。我们的每一步生产工序都有专门的 QC 做严格的品控，如果由于设计原因导致的工艺上的问题，批次取消，重设计重做，如果因为工厂的问题，取消批次，重做。每一件货品都经过浙江省省检，绝对不会将有质量问题的货品上柜。您在佩戴过程中出现任何疑问，请及时联系我们。

4）力争客户成为回头客

当前企业面临竞争越发激烈，开发新顾客一般都需要支付高昂的成本，怎样才能让新客户变成老客户，从没有忠诚度的客户变成忠诚客户，才能摊薄客户开发成本，创造更高利润？首先要做的就是尽量使其成为回头客。这里主要做好两点：一是服务过程中给顾客找准记忆点，强化顾客记忆，给顾客良好的体验并留下愉悦的回忆（如专业、卖萌、亲切、快速等）；二是服务后做好客户资料的整理和收集（目前很多软件都有强大的功能可以帮助企业实现），对客户的性格特点、偏好、购买频率等进行分析，利用网络积极与客户互动，不时推送一些优惠促销活动，做好客户流失管理并进行挽回。

3. 客户服务的技巧

1）如何应对抱怨与投诉

客户服务人员在工作中难免会遇到客户前来抱怨或投诉，有的客服人员面对投诉的客户惊慌失措，有的避之大吉，还有的则百般推脱，这些都是错误的处理方法。其实对客户的投诉大可不必紧张，只要正确处理，及时解决问题，就能化解客户的抱怨。

首先是正确看待客户的抱怨。客户的不满源于服务的不足，客户的抱怨给我们指出了问题的所在，是我们改进学习的机会，而不是故意找茬。据调查，只有 4%的客户会将抱怨表达出来，其他 96%的不满意客户只是进行无声的抗议，比如说以后不再光顾。可以说抱怨是一种信任，客户表达出的抱怨句句是黄金，是给企业的宝贵意见。客户愿意前来投诉，说明他对我们还有期待，就像松下幸之助所说："挨骂是进步的原动力。"企业最危险的事情莫过于听不到任何抱怨声。

其次是保持诚恳的接待态度。客户抱怨通常会有各种原因，如产品的品质不良、广告宣传夸大其词、售后服务不到位、服务技能不佳或者服务态度不好等。面对客户的抱怨，客户服务人员首先要保持诚恳的接待态度，一定要诚心诚意地和客户进行沟通，不要怕花时间，因为客户的信赖可以给我们带来财富和成功。服务人员首先要表示歉意，缓解客户的情绪，同时了解客户抱怨的原因，并作出解释，尽最大的可能给客户满意的答案。面对客户的抱怨和投诉，我们要敢于认错，而不是到处找理由，推卸责任。消除客户怨气最有效的方法就是仔细聆听。

最后是妥善解决并给予适当合理补偿。详细倾听客户抱怨的内容，向客户道歉，是为了与其一起探讨产生问题的原因，找到解决问题的方法。我们要实事求是地承认客户提出的异议，但是只能承认真实的有效的异议，同时及时提出产品和成交条件的有关优点和利益，有效解决客户的异议，并且要针对客户主要的购买动机进行补偿。

2）客户服务中的沟通技巧

客户服务中沟通的基本功包括五项：看、听、说、笑、动。这五个要素是客户服务人员必须要做的基本训练。所谓看，就是要学会观察客户；听，则是学会倾听客户；说，是在与客户交谈的时候学会委婉地表达，并且善于运用询问发现客户的需求点；笑，提倡的是微笑服务；动，是一个人整体的外在表现，具体到一举手、一投足，构成了商务礼仪范畴。这五项基本功环环相套，是一个有机的整体。在网络客户服务中，主要运用前三项。

在沟通中运用同理心可以起到事倍功半的效果。所谓的同理心，就是将心比心，尝试站在对方的角度考虑问题，体验对方的感受。怀着同理心进行沟通，自然会减少一些摩擦和争执。我们按照同理心的使用情况，可以把服务分为四个等级：最低的等级 LL 级，服务人员丝毫不理会客户的感受，甚至故意讽刺、挖苦、嘲笑、对抗、伤害客户；第二级 L 级是忽略客户，不理会客户的情绪、感受，对于客户的要求和问题视而不见、听而不闻；第三等级 H 级，服务人员认同客户，能够照顾到客户的感受，对客户表示理解；最高的级别 HH 级，服务最优秀，服务人员能够充分地尊重人格，设身处地地为客户着想。

案例

同理心运用举例

一位女顾客看中一件衣服，了解了价格后，说了一句："这么贵啊！"客服人员这时有四种应对方式：

客服人员说："嫌贵就不要买，买不起就不要看。"这是最伤害人的 LL 等级服务。

客服人员说："一分价钱一分货，好货不便宜，便宜没好货。"这是完全就事论事、忽略客户感受的 L 等级服务。

客服人员说："没错，这件衣服看上去价格是贵了一点，但是衣服的品质、做工、原料等都是最上乘的，所以这个价钱是值得的。"这是认同客户、理解客户的 H 等级服务。

客服人员说："小姐好眼力，这是本店最新上柜的时装。看得出来小姐穿衣服很有品位，对服装的鉴赏力也很强。"这是 HH 等级的服务，先处理心情再处理事情，没有讨论价格，而是先关照客户的情绪。

最后我们总结出一个非常有用的沟通公式，那就是：沟通=认同+赞美+转移+反问。前两步为处理心情，后两步为处理事情。苏格拉底曾说："我们要跟别人求同存异。"意思就是，在沟通时，首先讨论相同、一致的问题，然后慢慢过渡到不一致的地方。认同的意思是宽容、包容，不一定是同意和赞同。中国人讲究"和而不同"，"和"不是"同"的意思，是要肯定和认同对方；赞美的最高境界应该是和声原则：听的人很受用，旁边的人不反感；转移是要适时地把话题转移到我们的产品上，特别是产品的优点上；反问是要试探客户对产品的认可度。

案例

沟通公式运用举例

某顾客到了一家电器连锁卖场，看到某品牌的空调后说你们的外表为什么都用红色，真难看。如果你是服务人员，下面哪种回答更符合沟通公式？

A. "公司要这样设计的，我也不知道。"

B. "都说我们的好看，就你说难看。"

C. "您买多少价位的？"

D. "是啊，初一看上去好像太艳了些，不过您对中国文化的了解一定是很深的，这是一种中国的富贵红，代表着富贵、祥和，而且我们最大的特点是品质，可能外表确实不怎么好看，但压缩机非常好，心脏很好。我们这个款式具有多种款式，您房间多大面积？"

案例讨论

案例 1：愚人节的愚人客服

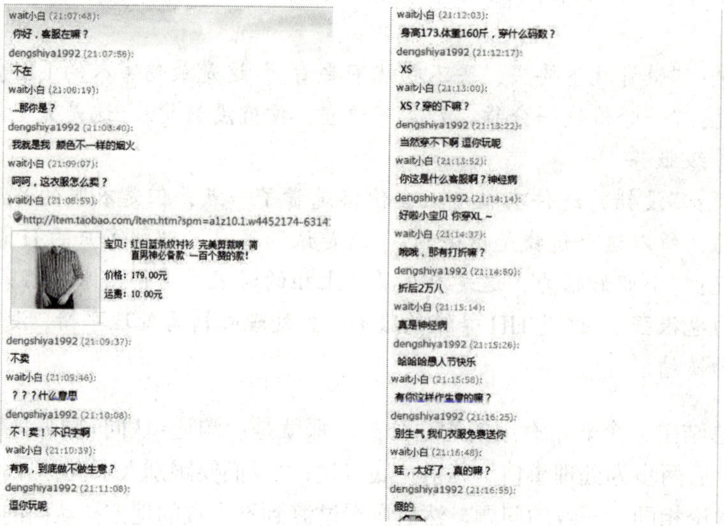

案例思考题

1. 从本材料来看，客服人员的行为是否恰当？请说出理由。

案例 2：品牌资产的 Keller 模型

Keller 认为品牌资产来源于顾客的思维，或者说是品牌知识对消费者及对营销活动反应的影响，他构建了品牌资产的 Keller 模型，如下图所示：

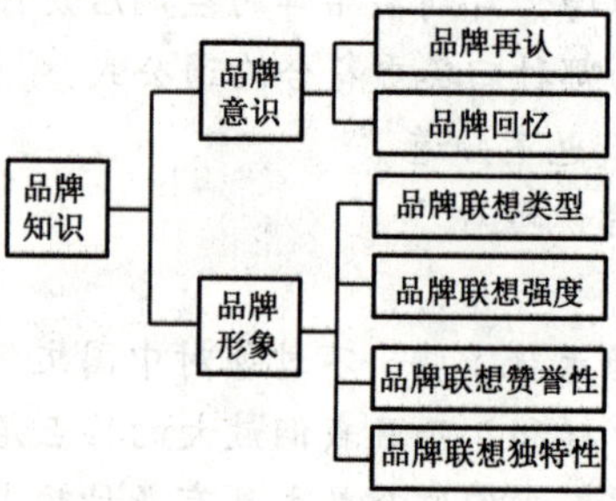

思考题

1. 试比较 Aaker 品牌资产五星模型和 Keller 品牌资产模型，它们有什么联系与区别？
2. 你认为哪种模型更好，请说明理由。
3. Keller 品牌资产模型对企业建立品牌有哪些启示？

案例 3：苏宁反思：我们做了什么？又做错了什么？

在 2014 易观电商大会上，苏宁副董事长孙为民做了一个名为《电商平台巨头转型后的创新版图》的演讲。在演讲中，他提到苏宁现在正在发生的变化，这个变化不仅是平台的策略的变化，更重要的是苏宁对于互联网认知的变化。下面文章来自于 i 天下网商对口述的整理。

我想跟大家分享两方面，第一个把苏宁这几年走过的战略性路径跟大家分析一下，第二对我们战略路径的过程做一些思考。

苏宁的转型

在 1999 年，我跟当时中国 B2C 先驱性的人物一起交流，他提到未来经济是鼠标加水泥的模式。当时我认为鼠标加水泥不能融在一起，因为鼠标是想点哪就可以点哪，但水泥不是想运到哪就运到哪。最后我们没有走那条路，走的线下连锁的道路。

从 2007 年以后，我们明显感觉到线下连锁受到两种势力的挑战。一方面线下连锁的成本迅速上涨，产出开始出现徘徊的状态。如果去看 1999 年的环境，我们会发现那个年代开店成本非常低。但 2007 年以后，随着整个中国房地产迅速攀升，很多企业的流量成本越来越高。而另一方面，在互联网崛起的情况下，互联网的渠道分流已经成为不可逆转的趋势。

在这样的背景下，我们开始了互联网渠道的打造。我们打造了线上的苏宁易购，打造苏宁连锁，开始两条腿走路。

今天来看，这种思维方式还是比较简单的。当时我们认为，有一些消费者在线下，有一些消费者在线上。我们做两个渠道可以同时进行消费者的拦截，进行不同模式的销售。但随着我们大力度地推广线上的时候，实际上我们发现，双渠道的策略越来越不靠谱，这种不靠谱尤其是在移动互联崛起之后体现得越来越明显。

互联网对实体渠道的分流，从 2007 年到 2010 年再往后已经成了不可逆转的趋势。在这种情况下，我们又进一步加强了两个渠道的融合。在 2012 年我们规划新的路径的时候，开始思考苏宁到底做什么？

一开始我们讲到全品位，全渠道。

2013 年年初，我们做了企业名称的变更，苏宁电器到苏宁云商，开始了线上线下的融合。

相比名称的变更，企业内部的融合是非常困难的过程。融合首要解决的，就是企业内部阻力的问题。在过去，两个渠道互掐。不过还好，由于有统一规划并不混乱。但真正到要变成两条腿交叉的时候，还是有一定难度的。因为这个过程中，我们首先要进行采购融合，然后就是价格融合。

按照计划，融合之后就是开放。不管线上线下怎么融合，最终还是要开放。开放是借鉴互联网模式，现在不能一次性作出评价，但我们至少是朝着传统企业向互联网企业过度的路子走的。

苏宁的反思：零售出现了三个变化

从今天来看，苏宁从 2010 年到 2013 年这几年一直都在战略布局上做转型。战略层面上，虽然我认为这些战略的转型是对的，但从现在的结果来看并不好（苏宁的利润是下降的）。这使我们开始反思：为什么战略上正确的东西，在行动中，并没有产生正确的结果？

对我们而言，我觉得有几个东西需要我们重新审视。

零售是什么？零售就是商品信息资金的互动。

怎么才能做好零售？做好零售就是三样东西：商品、价格和服务。商品丰富，价格优惠，服务要好，零售的问题就解决了。我们做了几十年零售，也对此深信不疑。但是到了互联网的时候，是不是同样有了这样的东西就能够做好呢？其实不是的。

从商品思维到产品思维

过去，我们做商品的思维是什么呢？商品有一定功能，功能越多越好，价格越便宜越好，同时服务做得越好越好。

但是，商品功能是不是越多越好呢？不一定。因为那个时候我们做商品的时候，往往看到的是大众群体的东西，我们有很多的产品。一个消费者从使用产品到产品报废，有很多功能可能他都不知道，但是他对这个功能也买单了，我们工厂也对功能买单了，这就是成本。

我们不能简单地做商品，我们要从商品思维转变成产品思维。这就是说，需要了解这个产品到底是解决哪一类消费者什么样的需求。

从价格竞争到价值竞争

过去，价格竞争是非常有效的竞争手段，到今天还是如此。但是在价格竞争这件事上，如果我们做到极致——不仅仅是免费，还倒贴了。假如价格竞争真打到这种地步的话，对消费者是有益处，对企业也有益处，因为终究是有弥补的。

不过，在互联网时代，人们看中的东西不仅仅是价格，是价值。在过去的经营过程中，我们一直都是线性简单的思维方式，就是便宜。现在，互联网时代出现了不便宜的东西。如果零售企业还始终把价格作为重要手段，而不能把价格变成价值的导向，其实不管是在线下还是在线上，都会存在一定的弊病。

从好的服务到好的体验

过去，我们一直认为，我们做好服务就行了。但是现在需要考虑的是：做规范、做严谨、做得好，消费者有没有感受到？顾客有没有感受到？假如顾客感受到了，那这点是不是顾客所需要的？也就是说，从实体服务到互联网时代，大家讲的是一种体验。体验是顾客能感受到的服务，他愿意接受并愿意为之买单的服务，这才是服务的价值。

从商品到产品，从价格到价值，从服务到体验，这是我们这几年走过来的经验。

苏宁还看到了什么？

此外，今天我还想在这里分享一些我们在互联网发展过程中的一些教训。

第一个就是免费的问题。如果你做了一个东西，一定得免费，这就说明你没有真正抓到你所关注的用户，或者你还没有发现用户的需求。免费的东西在过去可能会成功，但在今天越来越难了。

第二个就是对流量的看法。流量是传统的互联网思维，这种传统的互联网思维又源于传统的零售思维。过去大家都讲零售开发空间，地段加地段，这就是开店的原则，因为地段就是流量。

实际上，在互联网时代，流量同样是这个概念。流量确实非常重要，但是比流量更加重要的是品牌和顾客。如果你是通过引流的方式来吸引顾客的，那么这个流量始终需要用成本维系，同时它的商业价值也始终是最低的。

但品牌可能就不同，以小米为例。小米的成功是它经营的顾客，经营顾客本身所形成一种流量。小米形成这样的流量以后，到哪个平台上去已经无关紧要了。如果我们真正回到顾客经营和品牌经营，这可能是我们未来创造流量最终的归宿。

思考题

1．试总结网络对于苏宁转型的推动体现在哪些方面。

2．试从产品的角度理解为什么说“如果你做了一个东西，一定得免费，这就说明你没有真正抓到你所关注的用户”。

思考题

1．网络的发展对企业的产品产生了怎样的影响？
2．简述产品的整体概念。
3．网络的发展对企业的新产品开发提出了什么新要求？
4．在新产品开发中如何利用网络？
5．品牌策略应如何实施？
6．简述网络环境下公关危机对于品牌的影响。
7．网络环境下应如何做好公关危机的预防和应对？
8．网络营销视角下的企业网站建设的目的是什么？
9．如何建立消费者对企业网站的信任？
10．好的网站文案创作有哪些要点？
11．网络的发展对客户关系管理产生了什么影响？
12．大数据对于客户终身价值的计算产生了什么影响？
13．客户忠诚度的建立过程中有哪些重要影响因素？
14．客户服务的基本流程是什么？
15．一个好的网络客户服务人员要注意哪些要点？

实验实训

1．对一个你所熟悉的产品运用产品的整体概念对其进行分析，并尝试提一些改进建议。

2．访问一个企业网站，运用网络诊断与优化的知识对其进行分析，并尝试提出一些改进建议。

3．在淘宝买东西时，对客服人员的服务过程进行分析，总结其所使用的沟通技巧。

学习情境5

如何制定网络环境下的价格

学习目标

知识目标：掌握网络营销价格的特点及价格制定的基本程序、了解影响网络营销价格的因素；掌握低价定价策略、个性化定价策略、拍卖竞价策略等常用的价格策略，熟悉免费价格策略的几种形式。

能力目标：能够分析市场需求、竞争对手相关价格策略；能够根据分析确定定价目标并选择合适的定价方法。

学习导航

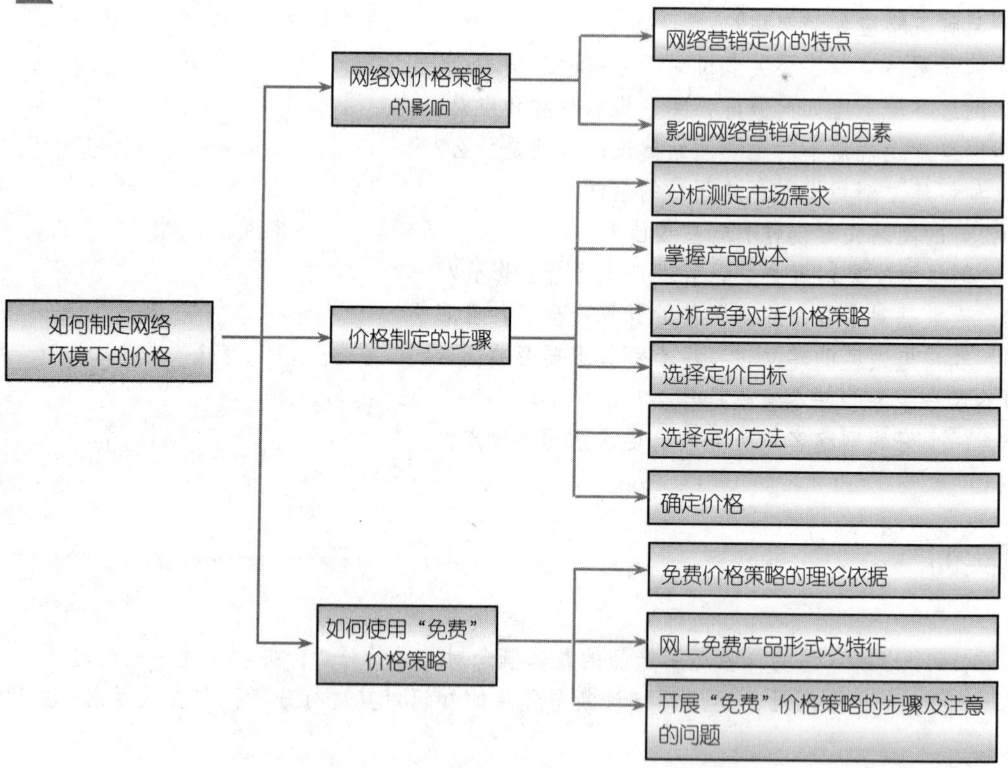

职业指导

企业营销策略有很多种，但无论是传统营销还是网络营销，价格策略是最富有灵活性和艺术性的策略，是企业营销组合策略中的重要组成。网络营销价格的形成是极其复杂的，它受到多种因素的影响和制约。企业在进行网络营销决策时必须对各种因素进行综合考虑，从而采用相应的定价策略。

引导性案例

旅游电商的“双 12”价格策略

受“双 11”电商购物狂欢节的影响，十二月促销的主角转为在线旅游，各大知名线上线下旅游企业纷纷杀入“双 12”促销。自携程首先发起之后，艺龙网、去哪儿网、同程网、芒果网、途牛网等旅游电商纷纷加入了这场促销大战，中青旅等传统线下旅游企业也宣布加入“双 12”旅游购物节。

携程旅行网高级副总裁汤澜表示，携程试图与其他业内企业一同打造“购物双 11，旅游双 12”的概念，基本达到了效果。目前，携程以“年终发红包，疯抢去旅行”为主题的“双 12”促销旅游度假主场活动已经上线：覆盖 60 多个城市的上万个产品最低 0.5 折销售，为期一个月，号称打造“最大最全最优旅游狂欢节”。

从 12 月 12 日开始，去哪儿网也宣布启动年末力度最大的“去哪儿过大年”活动，涵盖机票、酒店、旅游度假线路、签证等多种旅游产品，剑指春节旅游市场。据了解，去哪儿网此番投入的“1 元秒杀”产品将持续销售超过 30 天。活动期间，每周推出价值 5000 元的旅游产品礼包免费送，目的地覆盖三亚、丽江等国内热门目的地，以及泰国、马尔代夫、巴厘岛、沙巴、长滩岛等出境游热门目的地，为战火纷争的年末旅游市场投入一枚重磅炸弹。

案例分析

此次活动将各大网站都使用了低价价格策略、免费价格策略，“限时秒杀 12 元起”、“温泉、滑雪 5 折起”、“抢 1 元床位”等促销活动不一而足，吸引了大量的消费者。

一些电商促销往往虚构一个很高的“原价”，再用以上这些借口进行打折促销。旅游行业的“双 12”大促销都是在实价基础上促销、立减，而不是华而不实的所谓“市场价”、甩卖价，优惠力度在预订时也直接写明。

在活动中突破了产品单一、选择性小的局限，各大网站的价格折扣包括全球全线产品：国内游、出境游、自由行、邮轮、周边游、游学、门票、用车、签证、酒店、机票、火车票等，带动了全系列产品的销售。整个活动通过实施多种价格策略，利用价格杠杆调动了用户的购买欲望，实现了企业销售的促进。

任务 5.1　网络对价格策略的影响

随着互联网的发展，网络营销这一新的营销模式越发成为了营销体系中的重要组成部分，许多的企业开始注重对网络营销的投入，力图在新兴的网络营销市场上占据一席之地，为未来的生存发展奠定基础。网络营销要成功，产品的价格定位非常重要，定位要准确便需要遵循一定的定价策略。

在工业经济时代，需求方特别是消费者，由于信息不对称，并受市场空间和时间的隔离，不得不处于一种被动地位，从属于供应方来进行满足需求。买方由于对价格信息所知甚少，所以在讨价还价中总是处于不利地位。

互联网的出现不但使得收集信息的成本大大降低，而且还能得到很多的免费信息，价格信息趋于透明。需求方的地位不断提升，逐渐处于主导地位，在制定价格策略的时候，首先要考虑的就是供需双方地位的变化。

5.1.1　网络营销定价特点

产品或服务的价格是企业和消费者双方都十分关心的敏感的网络营销问题，合适的价格策略首先来自于企业定价人员对定价环境准确的分析和判断。那么，在网络经济环境下，企业所面临的定价环境具有以下特点。

1．低价位定价

第一，互联网成为企业和消费者交换信息的渠道，一方面可以减少印刷费用与邮递成本，免交店面租金，节约水电费与人工成本；另一方面可以减少由于多次迂回交换造成的损耗。第二，网络营销能使企业绕过许多中间环节和消费者直接接触，进而使企业产品开发和营销成本大大降低。第三，消费者可以通过开放互动的因特网掌握产品的各种价格信息，并对其进行充分的比较和选择，迫使开展网络营销的企业以尽可能低的价格出售产品，增大了消费者的让渡价值。

2．价格动态化

随着电子商务和网络经济的发展，对产品进行动态定价是不可扭转的发展趋势。

（1）价格测试功能。企业通过网上动态定价，能直接迅速地得到消费者需求信息，避免了因错误预测需求而制定过高或过低的价格。

（2）减少过多存货风险。企业网络动态定价系统加快消费者需求信息、竞争者信息和产品信息的流动，很大程度上减少了信息的不完全，有助于压低存货储存。

（3）提高竞争能力。企业的网络动态定价增加了竞争对手监督企业产品价格变化的难度，使价格紧随策略也很难实施。在竞争中，企业的动态定价系统都在考虑了包括竞争者因素的众多因素后，才计算得到产品的最优价格，因而具备了其他企业不具备的优势。

3．全球化定价

网络营销市场面对的是开放的和全球化的市场，世界各地的消费者可以直接通过网站进行交易，而不用考虑网站所属的国家或地区。企业的目标市场从过去受地理位置限制的局部市场，一下拓展到范围广泛的全球性市场，这使得网络营销产品定价时必须考虑目标市场范围的变化带来的影响因素。企业不能以统一市场策略来面对差异性极大的全球性市场，而是必须采用全球化和本地化相结合的原则进行。

4．趋于一致化的价格

互联网市场是一个开放的、透明的市场，在这个市场中，消费者可以及时获得同类产品或相关产品的价格信息，对价格及产品进行充分的比较，迫使企业努力减少因国家、地区等因素的不同而产生的价格差异，进而使价格趋于一致。

5.1.2 影响网络营销定价的因素

1．成本因素

成本是网络营销定价的最低界限，对企业网络营销价格有很大的影响。产品成本是由产品在生产过程和流通过程中耗费的物质资料和支付的劳动报酬所形成的，其一般由固定成本和变动成本两部分组成。固定成本是指在一定限度内不随产量或销量变化而变化的成本部分；变动成本是指随着产量或销量增减而增减的成本。二者之和即产品的总成本。产品的最低定价应能收回产品的总成本。

2．顾客因素

网络营销活动中，消费者具有较高的选择性和主动性，客户的议价能力或客户价格谈判对企业产品的交易价格的形成有很大的影响。

3．供求关系

商品的价格除了受本身价值影响外，还要受供求关系的影响。供求关系是影响企业网络营销定价的基本因素之一。一般而言，当商品供小于求时，企业产品的营销价格可能会高一些，反之则可能低一些；在供求基本一致时，企业的销售价格将采用买卖双方都能接受的“均衡价格”。此外，在供求关系中，企业产品营销价格还受到供求弹性的影响。一般来说，需求价格弹性较大的商品，可采取薄利多销策略；而需求价格弹性较小的商品，可采取适当的高价策略。

4. 竞争因素

竞争因素对价格的影响，主要考虑商品的供求关系及变化趋势、竞争对手的商品定价目标和定价策略以及变化趋势。竞争是影响企业产品定价的重要因素之一。在实际营销过程中，以竞争对手为主的定价方法主要有三种：低于竞争对手的价格、与竞争对手同价和高于竞争对手的价格。

案例

"美即"面膜的价格策略

美即最初是走百货渠道，一片面膜卖到 30～40 元钱之高。连续上货几个月，发现情况不对，得出结论：细分的面膜品牌以百货导柜或半导柜的形式出现在商场，这样的运作模式行不通！紧接着就调整了模式，最终把美即价格定位在 10 元钱一片，并正式切入屈臣氏渠道，这个定价符合屈臣氏平民消费的定位。

美即化妆品有限公司网络营销在 2009 年 12 月启动，目前主要在淘宝网、拍拍网、美即 B2C 商城等平台进行销售，通过几年的运营，在业界取得了良好的业绩。在网络销售的价格，美即采取了和线下销售同步的价格。按照常规的价格策略，很多企业都会采取线上低价销售的策略，认为通过网络销售底价才是王道，事实证明其实不然，价格合理才能长期占领市场。美即采取的是同步价格，这样既不会影响线下的销售也让用户对产品的品牌有统一的品牌印象。

但是我们都知道通过网络进行直销，对于企业来说是大大降低成本的销售方式，既然线上线下统一的价格，如何能让用户通过网络购买呢？美即采取的策略是多种形式的优惠促销活动。在淘宝"双 11"期间，针对于淘宝的全场五折，并不是所有卖家都能实现的，但是可以采用另一种形式来做，美即采取的是买一赠七的活动，同样活动的力度相当于五折，只是形式不一样，通过这种形式用户获得了优惠，企业也实现了促销的作用，又保护了商品的定价，实现了用户和企业的双赢。

从淘宝数据监测工具数据魔方获得的资料显示，2013 年"双 11"期间阿芙精油、美即、御泥坊、欧莱雅、牛尔、百雀羚、玉兰油、膜法世家、雅诗兰黛、相宜本草闯进今年天猫"双 11"销售额前 10。

5.1.3 企业的定价目标

1. 以维持企业生存为目标

这种目标只能是企业面临困难时的短期目标，长期目标还是要获得发展，否则企业终将破产。

2．以获取当前理想的利润为目标

选择此目标，必须具备一定的条件，即当产品声誉好，而且在目标市场上占有竞争优势地位时，方可采用，否则还应以长期目标为主。

3．以保持和提高市场占有率为目标

这是企业定价选择的一个十分重要的目标。所以要实行全部或部分产品的低价策略，以实现提高市场占有率这一目标。

4．以应付或抑制竞争为目标

这种定价目标一般适用于实力雄厚的大企业。中小企业在市场竞争激烈的情况下，一般是以市场为导向，随行就市定价，从而也可以缓和竞争、稳定市场。

5．以树立企业形象为目标

有些企业的定价目标实行的是“优质优价”，以高价来保证高质量产品的地位，以此来树立企业的形象。

5.1.4　企业定价策略的概念与应用

1．新产品定价策略

常见的新产品定价策略有以下三种。

（1）撇取定价策略：企业的新产品一上市，把价格定得尽可能高，以期及时获得较高的收益，在商品经济生命周期的初期便收回研制开发新产品的成本及费用，并逐步获得较高的利润，随商品的进一步成长再逐步降低价格。采用此策略的企业商品一上市便高价厚利，其做法很像从牛奶的表面撇取奶油，故又称“取脂法”。

（2）渐取定价策略：企业的新产品先低价出售，等产品在市场上站稳脚跟后，再慢慢提高价格。

（3）中间定价策略：按照本行业的平均定价水平或者按当时的市场行情来制定价格。企业制定的产品价格被消费者认可，企业可以在不承担较大风险的情况下，获得比较稳定的市场面；同时，价格不高不低，销售渠道成员觉得稳妥，因此保持经营的积极性；从企业自身看，可有计划地在不太长的时间收回企业的研制成本。企业因有一定的利润而乐于经营，消费者、中间渠道及企业自身都满意，故又称“满意法”。

案例

苹果 iPod 定价

苹果 iPod 是近几年来最成功的消费类数码产品之一。第一款 iPod 零售价高达 399 元美元，即使对于美国人来说，也是属于高价位产品，但是有很多“苹果迷”既有钱又愿意花钱，所以纷纷购买；苹果认为还可以“撇到更多的脂”，于是不到半年又推出了一款容量更大的 iPod，定价 499 元美元，仍然销路很好。苹果的撇脂定价大获成功。

在什么情况下，企业可以采取撇脂定价法并且取得好的效果呢？

第一，市场上存在一批购买力很强、并且对价格不敏感的消费者。

第二，这样的一批消费者的数量足够多，企业有厚利可图。

第三，暂时没有竞争对手推出同样的产品，本企业的产品具有明显的差别化优势。

第四，当有竞争对手加入时，本企业有能力转换定价方法，通过提高性价比来提高竞争力。

第五，本企业的品牌在市场上有传统的影响力。

在上述条件具备的情况下，企业就应该采取撇脂定价的方法。

使用撇脂定价法不是偶然的，以行业而言，那些竞争较弱的行业或者行业正处于启动期的时候，普遍采用撇脂定价法。彩电行业、PC 行业到 20 世纪 90 年代中期还是撇脂定价，汽车行业到现在还基本是撇脂定价，尤其是中高级汽车。在 2000 年以后，首先在低端市场、然后向高端市场延伸，撇脂定价法逐渐被打破。就企业而言，品牌往往是撇脂定价的最重要的前提条件，前面所说的苹果公司也符合上述五个条件，所以撇脂定价就很成功。

苹果 iPod 在最初采取撇脂定价法取得成功后，就根据外部环境的变化，而主动改变了定价方法，2004 年，苹果推出了 iPod shuffle，这是一款大众化产品，价格降低到 99 美元一台。之所以在这个时候提出大众化产品，一方面市场容量已经很大，占据低端市场也能获得大量利润；另一方面，竞争对手也推出了类似产品，苹果急需推出低价格产品来抗衡，但是原来的高价格产品并没有退出市场，只是略微降低了价格而已，苹果公司在产品线的结构上形成了“高低搭配”的良好结构，改变了原来只有高端产品的格局。苹果的 iPod 产品在几年中的价格变化是撇脂定价和渗透式定价交互运用的典范。

2. 商品阶段定价策略

商品阶段定价策略是指在对“商品经济生命周期”分析的基础上，依据商品生命周期不同阶段的特点而制定和调整价格。这是根据产品所处的经济生命周期的阶段而制定不同的价格的策略。其可分为：

（1）试销期定价策略。一般可参考新产品的定价策略，对上市的新产品（或者是经过改进的老产品）采取较高或较低的定价。

（2）畅销期定价策略。这一阶段消费者接受产品，销售量增加，一般不贸然降价。但如果产品进入市场时价格较高，市场上又出现了强有力的竞争对手，企业为较快地争取市场占有率的提高，也可以适当降价。

（3）饱和期定价策略。这一阶段消费者人数、销售量都达到最高水平并开始出现回落趋势，市场竞争比较激烈，一般宜采取降价销售策略。但如果竞争者少也可维持原价。

（4）滞销期定价策略。这一阶段消费者兴趣转移，销售量急剧下降，一般宜采取果断的降价销售策略，有时销售价格低于成本。但如果同行业的竞争者都已退出市场，或者经营的商品有保存价值，也可以维持原价，甚至提高价格。

3．折扣价格策略

折扣价格策略是企业为调动各方面积极性或鼓励顾客作出有利于企业的购买行为的常用策略。其常见的有以下四种：

（1）数量折扣。数量折扣也称批量折扣，即根据购买者购买数量的大小给予不同的折扣。

（2）季节折扣。季节折扣也称季节差价，一般在有明显的淡、旺季商品或服务的行业中实行。

（3）现金折扣。现金折扣也称付款期折扣，其目的在于鼓励购买者尽早付款加速企业资金周转。购买者如以现金付款或提前付款，可以在原商品价格的基础上享受一定的价格优惠折扣。

（4）业务折扣。业务折扣也称同业折扣或功能折扣，是生产厂家给予批发企业和零售企业的折扣。

企业为鼓励消费者多购买本企业商品，可采用数量折扣策略；为鼓励消费者按期或提前付款，可采用现金折扣策略；为鼓励中间商淡季进货或消费者淡季购买，也可采用季节折扣策略等。

4．心理定价策略

其常用的有以下六种定价策略：

（1）组合定价策略。组合定价策略，即企业迎合消费者求便宜的心理将两种或两种以上有关联的商品合并制定一个价格，具体做法是将这些商品捆绑在一起或装入一个包装物中。

（2）尾数定价策略。尾数定价策略也称“缺额原则”，即针对消费者对一般商品的求便宜、怕上当的心理，当商品价格为整数或略高于整数时，宁可减下一些，使其价格的尾数为零头。心理学家的研究表明，价格尾数的微小差别，能够明显影响消费者的购买行为。一般认为，5 元以下的商品，末位数为 9 最受欢迎，5 元以上的商品末位数为 95 效果最佳；100 元以上的商品，末位数为 98、99 最为畅销。尾数定价法会给消费者一种经过精心计算的，最低价格的心里感觉；有时也可以给消费者一种是原价打了折扣，商品便宜的感觉；同时，顾客在等待找零钱的期间，也可能会发现和选购其他商品。

（3）整数定价策略。整数定价策略也叫声望定价或整数原则。整数定价与尾数定价相反，即按整数而非尾数定价，是指企业把原本应该定价为零数的商品价格改定为高于这个零数价格的整数，一般以“0”作为尾数。这种舍零凑整的策略实质上是利用了消费者按质论价的心理、自尊心理与炫耀心理。一般来说，整数定价策略适用于那些名牌优质商品。

（4）期望与习惯定价策略。期望与习惯定价策略根据消费者的愿望与购买习惯、接受水平制定价格。有些产品在长期的市场交换过程中已经形成了为消费者所适应的价格，成为习惯价格。企业对这类产品定价时要充分考虑消费者的习惯倾向，采用“习惯成自然”的定价策略。对消费者已经习惯了的价格，不宜轻易变动。降低价格会使消费者怀疑产品质量是否有问题，提高价格会使消费者产生不满情绪，导致购买的转移。在不得不需要提价时，应采取改换包装或品牌等措施，减少抵触心理，并引导消费者逐步形成新的习惯价格。

（5）安全定价策略。安全定价策略也叫“一揽子定价”策略。针对消费者在购买大件耐用消费品时担心维修不便等心理，把商品本身的价格与确保消费者安全使用的费用加总计算，降低消费者的消费风险和增强安全感。

（6）特价品定价策略。特价品定价策略也叫“招徕定价”，企业将商品的价格定得低于市价，并广泛宣传，引起消费者的兴趣。此策略常在经营多品类的超级市场、百货商店使用。

延伸阅读

机票价格的秘密

李强在北京一家展览公司做市场销售，常年在国内城市飞来飞去。

9 月 11 日，他准备上网购买第二天从北京到烟台的机票。携程网显示，9 月 12 日北京到烟台机票全价在 690 元左右，最低价也要打到 8 折的 550 元。此前他刚出差杭州，北京到杭州的机票价格要低于烟台，但北京到杭州的飞行距离更远，这让他纳闷。

的确，同一天，也就是 9 月 12 日，北京到杭州的不同航空公司的全价机票基本在 1100 元左右，但有 4 个航班的最低价仅 510 元，比北京到烟台便宜。

机票价格让人看不懂的还有很多，诸如：上海到北京与杭州到北京的距离相近，而且中国两个最大城市之间的航班更多，开通了京沪空中快线，为什么上海到北京的机票价格远高于杭州到北京的？为什么春秋航空卖票价 1 元的机票，公司仍然能赚钱？

一张小小的机票，它的价格有许多种变化，在外旅行的人司空见惯，只是在购票时被动地寻找更低价格或者适合自己出行需求的机票，却从未去想过机票的价格是怎么制定出来的，在貌似局外人无法解释现象的背后，有着专业领域不为人知的商业运作。

卖机票像卖苹果

“乘客感觉机票价格高或者低，实际上是打折和没打折、折扣大和折扣小的价格对比。”业内人士高镇说，他与东航市场营销部门关系密切。

在他看来，航空公司机票定价原理类似卖一筐苹果。假设一筐苹果有 100 斤，其中有个大的、品相好看的，也有小个的、烂的苹果，如果都按 1 元一斤卖，好苹果被顾客挑选完，剩下的坏苹果没有人要只能倒掉，100 斤苹果只能卖出八九十元。换个卖苹果的方法，挑出大个、品相好看的卖 2 元一斤，再挑出一部分上等的卖 1.5 元一斤，普通的卖 1 元一斤，小个苹果卖 0.5 元一斤，烂苹果卖 0.2 元一斤。100 斤苹果按照这种多等级的价格卖完，总收入超过原来统一价格的销售。

国家民航局公布的票价按照公路里程制定，一般来说，每公里 0.75 元计，从上海到北京 1300 公里，票价标准是 1100 多元。民航局规定，各家航空公司机票价格不能超过标准价，比如上海到北京的标准价就是上限。航空公司出于竞争动力和压力，在民航局公布的标准价格上限往下打折，即上限为全价票，推出多等级舱位销售法。

“20 世纪 90 年代中期开始试行多舱位销售，在经济舱中分成好几个舱，最初分六、七等，分到后来 26 个英文字母全部用完。我们把 100%价格的经济舱叫 Y 舱，又分了 K 舱、M 舱、N 舱、T 舱等，每个舱位其实就是不同的，每个字母代表 95 折、9 折、85 折、8 折，一直下去到 3 折、2 折、1 折都有。”高镇说。

东航制定机票价格的部门是市场营销委，有的航空公司这个部门叫商委。市场营销委在东航拥有庞大的团队，下设航线规划部、收益管理部、座位控制部等。各个部门专注自己的领域，但有时也受到其他部门的牵制，最终形成一个相互作用的平衡。比如，收益管理部强调每个销售人员的售票业务要给公司创造最大化利益，便宜的票少投放。座位控制部则讲究上座率，不要让飞机位置空着，票价便宜点多吸引乘客。一方面，航空公司想把票卖得越贵越好，都是全价票、9 折票，但另一方面市场不接受，竞争对手在卖 8 折、7 折。机票最终打几折的价格，取决于乘客需求和市场竞争程度的差异化。

各家航空公司的每条航线上都推出不同折扣的机票，只是有些航线相对热门，3 个月前推出的 3 折机票早被人买走，等现在的乘客去购买往往只剩下高折扣的机票。“比如说，今天是 9 月 11 日，我已经开始投放 12 月份的机票。以 12 月份上海到武汉的航班为例，我先放 3 折机票 15 张，3.5 折机票 15 张，4 折机票 15 张，进行试探性销售。如果 3 折票在一两天内被乘客抢完，市场销售不错，那么我就不会再把 3 折机票放出去，都改到 4 折、5 折机票投放。航空公司根据这条航线、这个时间点、机票紧张与否、乘客的价格承受能力，来作为投放机票数量和折扣高低的依据。”高镇说，也有可能这条航线，这个时间点确实没有人乘坐，航空公司的 4 折票、5 折票会一直挂着销售。如果等到 11 月份，航空公司卖的机票还在 5 折以下，对这种销售不畅的航班，便果断取消。

航班起飞时间是影响票价折扣的关键因素之一。比如下午两点的航班往往是首选，航空公司把低等级的机票投放数量少一些；而对于早晨 7 点的航班，航空公司知道这个时刻乘客少，低折扣机票多投放些，3 折机票如投放 50 张，只是为了提高上座率，多填满些飞机座位。

而当机票非常紧张的固定日期，比如即将到来的国庆节，这个时刻不需要再试探性销售，航空公司之前投放的低折扣机票数量少，而且折扣力度小。

同一个航班机票价格有高有低，只是因为购买的时间点不一样，买得早往往便宜，票价 500 元和票价 800 元的两个座位完全有可能挨在一起。

价格与距离无关

北京到杭州每天有 22 个航班，5 家航空公司经营这条航线，其中国航 10 个航班、东航 4 个、海航 3 个、上航 3 个、南航 1 个，特别是国航从下午 2 点到 6 点，每小时一趟流水线班，航班密集。而北京到烟台全天 8 个航班，由国航、山东航空、东航三家航空公司经营。

有看法认为，虽然北京到杭州远于北京到烟台，但到杭州的乘客比到烟台的多，航空运输成本摊薄下来，飞杭州比飞烟台便宜。

高镇坚决否定上述看法，“绝对不是这个原因，票价高低与飞行距离远近没有关系”。

在北京飞烟台的航线上，山东航空数年前被国航收购，实际上是国航和东航两家在竞争。北京到杭州的航线上有 5 家航空公司，竞争充分，而到烟台只有两家公司竞争。

一位海航工作人员也认为，“只有两家航空公司经营的航线，竞争不激烈，甚至有可能彼此默契，形成价格上的联盟”。他说起 2006 年的时候，经常乘海航旗下天津航空的西安到榆林航线，当时其他航空公司看不上这条支线，实际上乘客对航空需求量高，而且陕西榆林地区盛产矿产资源，居民富裕，消费能力强。“这条航线非常火，班班卖满，基本上没有折扣。”

不过班班爆满的航线很快吸引了其他航空公司争食，现在飞西安到榆林航线的航空公司除了天津航空外，还有东航、南航、四川航空 4 家、13 个航班，充分竞争后，再也回不到全价票时代，在 2013 年 9 月 24 日预售机票价格中，其中 2 折、2.3 折、2.5 折的超低价机票在 13 个航班中占据 9 个，低价票占据主流。

虽然与杭州相近，但上海的机票价格又与杭州不一样，这是因为上海乘客飞北京的需求不同。“上海到北京航班乘客满满的，而且大多都是 8 折票、9 折票。上海到北京航线的商务客人多，到北京开会、出差，对票价不敏感。但上海到张家界、到桂林的票价就没有到北京的高，因为旅游客多，商务客少，这是两个不同的消费群体。”高镇说，如果出门旅游，可以选择张家界，也可以到桂林或者其他地方，成本是游客和旅行社首先考虑的问题。而到北京部委汇报工作、参加会议不能缺席，对机票刚性需求。商务线票价高，旅游线票价低，是市场差异化需求的反应。

春秋航空推出低票价模式，采取过极端的市场促销手段，曾经从济南到三亚航班 1 元票价投放了六七十张，从上海飞东京票价 1 元，从东京飞上海 100 日元。春秋实行低价销售策略，票价总比其他航空公司低。

通常人们认为，比春秋机票价高得多的航空公司，要比春秋赚钱，但高镇称这是一个误区。“你不要看春秋的票价比东航低，但有时在一架飞机上，收入超过东航。”

春秋与其他航空公司不同的地方在于，完全由自己销售机票，不通过中航信、不通过代理人、不通过携程。而其他航空公司除了自销，很大一部分通过其他合作的代理人销售，据高镇说，每卖出一张票，要给代理人 9%～10%的代理费。也就是说，东航比如到香港 1000 元的机票，其中只拿到 900 元，而春秋卖出的 399 元的低价票全部落入口袋。取消免费行李、缩减空姐数量、压低机上餐标等都是其压低机票价格的手段。

另外还可以在飞机座位上做文章。东航 A320 有 150 个座位，但春秋 A320 有 180 个座位，坐在春秋飞机上拥挤狭小，里面的乘客走出去，外面的乘客需要站起来让路，如果乘客想换到第一排，要另外付 50 元。

春秋的上座率常年保持在 95%～98%，而东航上座率只有七八成。150 个座位的 80%也就是坐满 120 个乘客，而春秋有 175 个座位坐满，每一个航班比东航多卖 55 个座位。

“还有飞机飞行时间的利用率，春秋也高一些。各项收入加起来，扣减掉成本，廉价航空盈利能力未必比其他大航空公司低。春秋的机票价低，但票价的高低不能说明航空公司是否赚钱。”高镇强调，票价高低与飞行距离远近、与燃油消耗数量、与飞机新旧等成本因素无关，只与市场竞争有关。

（资料来源：经济观察网 2013 年 9 月 14 日同名文章）

任务 5.2　价格制定的步骤

5.2.1　分析测定市场需求

分析产品的网络市场需求情况是制定价格策略的重要依据，根据供需关系的评估，制定合适的价格策略。

除此之外，顾客对产品价格的需求也是市场需求的一个部分，同样为制定价格策略的提供有价值的信息。企业必须通过调研活动获取并分析消费者的需求，主要包括市场的总需求量、需求结构以及不同价格水平上人们可能购买的数量与需求价格弹性等。

（1）估计顾客对产品或服务价值的看法。传统的成本加成法是先着眼于公司内部，确定成本之后，再加上期望的利润，就得到价格。而价值定价法则是先着眼于市场，考虑顾客对产品价值的看法，然后再定价格。

（2）发现不同顾客在产品价值看法上的差异。不同顾客群对同一件产品的价值有不同的评价。公司最好对市场进行细分并据此设定不同的价格，争取最大利润。

（3）估计顾客的价格敏感性。价格弹性在不同类别的产品，甚至是同类产品的不同品牌之间都有很大的区别，因此公司应该具体情况具体分析。可以先从三个方面来仔细观察影响价格敏感性的主要因素，这三个方面分别是顾客经济学、顾客对产品的搜寻与使用以及竞争形势。

5.2.2　掌握产品成本

产品的成本是定价的基础，一般包含两个方面，产品成本的核算是对生产费用支出和产品成本形成情况的核算。因此，产品成本核算的一般程序是：第一，生产费用的核算；第二，生产成本的计算。

关于产品成本的核算不属于网络营销讨论的主要内容，在这里我们讨论的定价策略一般是指在既定成本基础上的策略研究。

5.2.3　分析竞争对手价格策略

在分析竞争对手产品价格时候要注意以下几点：

（1）总体价格水平。

（2）不同产品的价格标准。

（3）产品价格的调整频率与力度。

在全面分析竞争对手产品价格时，可以通过以下几种方法：

（1）将竞争对手某个阶段的产品价格记录下来，然后进行分析，得出竞争对手的总体价格水平，当然还需要将竞争对手不同型号的产品和自己的产品进行相应的比较并评估。如果竞争对手的产品价格低于自己，那就应该理智的分析竞争对手是为了抢占市场份额，还是为了打压自己，从而进行下一步的动作。

（2）看竞争对手的网络销售员是如何介绍他们的产品价格的，从而获得有价值的信息。

（3）做网络调查，结合实际情况，如同类商品销量较高的价格情况，从而看消费者对什么样的价格接受程度最高，分析竞争对手的产品价格定位是否合理，从而决定自己是否应该调整产品市场价格。

5.2.4 选择定价目标

网络营销定价目标是指企业通过制定产品网络营销价格所要求达到的目的。企业网络营销定价的目标主要包括维持生存、当期利润最大化、市场占有率最大化、产品质量最优化等。不同的定价目标，有着不同的含义和运用条件，企业可以据此制定产品的价格。

就网络营销初期来看，企业进入网络营销市场的首要目标是占领市场求得生存发展机会，然后才是追求利润。目前网络营销产品的定价一般都是低价甚至是免费，以求在迅猛发展的网络虚拟市场中寻求立足机会。网络市场分为两大市场：一个是消费者大众市场；另一个是工业组织市场。对于前者的网民市场，属于前面谈到的成长市场，企业面对这个市场时必须采用相对低价的定价策略来占领市场。对于工业组织市场，购买者一般是商业机构和组织机构，购买行为比较理智，企业在这个网络市场上的定价可以采用双赢的定价策略，即通过互联网技术来降低企业、组织之间的供应采购成本，并共同享受成本降低带来的双方价值的增值。

5.2.5 选择定价方法

1．低价定价

借助互联网进行销售，比传统销售渠道的费用低廉，因此网上销售价格一般来说比流行的市场价格要低。由于网上的信息是公开和易于搜索比较的，因此网上的价格信息对消费者的购买起着重要作用。根据研究，消费者选择网上购物，一方面是因为网上购物比较方便，另一方面是因为从网上可以获取更多的产品信息，从而以最优惠的价格购买商品。

直接低价定价策略就是由于定价时大多采用成本加一定利润，有的甚至是零利润，因此这种定价在公开价格时就比同类产品要低。它一般是制造业企业在网上进行直销时采用的定价方式，如 Dell 公司电脑定价比同性能的其他公司产品低 10%～15%。采用低价策略的基础是前面分析中指出的，通过互联网企业可以节省大量的成本费用。

另外一种低价定价策略是折扣策略，它是在原价基础上进行打折来定价的。这种定价方式可以让顾客直接了解产品的降价幅度以促进顾客的购买。这类价格策略主要用在一些网上商店，它一般按照市面上的流行价格进行折扣定价。例如，Amazon 的图书价格一般都要进行打折，而且折扣价格达到 3～5 折。

如果企业是为拓展网上市场，但产品价格又不具有竞争优势时，则可以采用网上促销定价策略。由于网上的消费者面很广而且具有很大的购买能力，许多企业为打开网上销售局面和推广新产品，采用临时促销定价策略。促销定价除了前面提到的折扣策略外，比较常用的是有奖销售和附带赠品销售。

在采用低价定价策略时要注意的是：第一，由于互联网是从免费共享资源发展而来的，因此用户一般认为网上商品比从一般渠道购买商品要便宜，在网上不宜销售那些顾客对价格敏感而企业又难以降价的产品；第二，在网上公布价格时要注意区分消费对象，一般要区分一般消费者、零售商、批发商、合作伙伴，分别提供不同的价格信息发布渠道，否则可能因低价策略混乱导致营销渠道混乱；第三，网上发布价格时要注意比较同类站点公布的价格，因为消费者可以通过搜索功能很容易在网上找到最便宜的商品，那么价格信息公布将起到反作用。

2. 定制生产定价

1）定制生产内涵

在网络营销服务策略中分析了个性化服务的特点。作为个性化服务的重要组成部分，按照顾客需求进行定制生产是网络时代满足顾客个性化需求的基本形式。定制化生产根据顾客对象可以分为两类：

（1）面对工业组织市场的定制生产。这部分市场属于供应商与订货商的协作问题，如波音公司在设计和生产新型飞机时，要求其供应商按照其飞机总体设计标准和成本要求来组织生产。这类属于工业组织市场的定制生产主要通过产业价值链，从下游企业向上游企业提出需求和成本控制要求，上游企业通过与下游企业进行协作设计、开发并生产满足下游企业需要的零配件产品。

（2）面对消费者的定制生产。由于消费者的个性化需求差异性大，加上消费者的需求量又少，因此企业实行定制生产必须在管理、供应、生产和配送各个环节上都适应这种小批量、多式样、多规格和多品种的生产和销售变化。

2）定制定价

定制定价策略是在企业能实行定制生产的基础上，利用网络技术和辅助设计软件，帮助消费者选择配置或者自行设计能满足自己需求的个性化产品，同时承担自己愿意付出的价格成本。Dell 公司的用户可以通过其网页了解本型号产品的基本配置和基本功能，根据实际需要和在能承担的价格内，配置出自己最满意的产品，使消费者能够一次性买到自己中意的产品。在配置电脑的同时，消费者也相应地选择了自己认为价格合适的产品，因此对产品价格有比较透明的认识，增加企业在消费者面前的信用。目前这种允许消费者定制定价订货的尝试还只是初级阶段，消费者只能在有限的范围内进行挑选，还不能完全要求企业满足自己所有的个性化需求。

3. 使用定价

传统交易关系中，产品买卖是完全产权式的，顾客购买产品后即拥有对产品的完全产权。

但随着经济的发展，人民生活水平的提高，人们对产品的需求越来越多，而且产品的使用周期也越来越短，许多产品购买后使用几次就不再使用，非常浪费，因此制约许多顾客对这些产品的需求。为改变这种情况，可以在网上采用类似租赁的按使用次数定价的方式。

所谓使用定价，就是顾客通过互联网注册后可以直接使用某公司的产品，顾客只需要根据使用次数进行付费，而不需要将产品完全购买。这一方面减少了企业为完全出售产品而进行的不必要的大量的生产和包装浪费，同时还可以吸引过去那些有顾虑的顾客使用产品，扩大市场份额。顾客每次只是根据使用次数付款，节省了购买产品、安装产品、处置产品的麻烦，还可以节省不必要的开销。采用按使用次数定价，一般要考虑产品是否适合通过互联网传输，是否可以实现远程调用。目前，比较适合的产品有软件、音乐、电影等产品。对于软件，如我国的用友软件公司推出网络财务软件，用户在网上注册后在网上直接处理账务，而无须购买软件和担心软件的升级、维护等非常麻烦的事情；对于音乐产品，也可以通过网上下载或使用专用软件点播；对于电影产品，则可以通过现在的视频点播系统 VOD 来实现远程点播，无须购买影带。另外，采用按次数定价对互联网的带宽提出了很高的要求，因为许多信息都要通过互联网进行传输，如互联网带宽不够将影响数据传输，势必会影响顾客租赁使用和观看。

4．拍卖竞价

网上拍卖是目前发展比较快的领域，经济学认为市场要想形成最合理价格，拍卖竞价是最合理的方式。网上拍卖由消费者通过互联网轮流公开竞价，在规定时间内价高者赢得。

根据供需关系，网上拍卖竞价方式有下面几种。

（1）竞价拍卖：最大量的是 C2C 的交易，包括二手货、收藏品，也可以是普通商品以拍卖方式进行出售。例如，HP 公司也将公司的一些库存积压产品放到网上拍卖。

（2）竞价拍买：是竞价拍卖的反向过程，消费者提出一个价格范围，求购某一商品，由商家出价，出价可以是公开的或隐蔽的，消费者将与出价最低或最接近的商家成交。

（3）集体议价：在互联网出现以前，这一种方式在国外主要是多个零售商结合起来，向批发商（或生产商）以数量换价格的方式。互联网出现后，使得普通的消费者能使用这种方式购买商品。集合竞价模式，是一种由消费者集体议价的交易方式。这在目前的国内网络竞价市场中还是一种全新的交易方式，提出这一模式的是美国著名的 Priceline 公司。在国内，雅宝已经率先将这一全新的模式引入了自己的网站。

就价格而言，理论上有两种价格模式：浮动价格模式和固定价格模式。浮动价格模式包括竞价拍卖、竞价拍买和集体议价等竞价模式；固定价格模式包括供方定价直销、需方定价求购等定价模式。

在拍卖交易关系中，根据交易双方的关系，可以将交易关系形式化为交易模式 X:Y。在交易模式中 X:Y 的含义为达成交易时供需者数量的对比。根据数量对比关系，有下面四种模式。

（1）1:1（1 对 1）的交易模式：大部分的个人交易（C2C）、企业以拍卖方式出售商品，传统拍卖企业进行的对单个购买者的拍卖交易，均为这一模式。

（2）1:*n*（1 对多）的交易模式：多数企业对个人的交易（B2C）是这种模式。这一模式中价格的形成，既有供方主导的正向定价法，也有通过集体议价由需方主导的逆向定价法。

（3）*m*:1（多对1）的交易模式：当任何一个供应方无法满足需求方批量要求时，将由多个商家提供商品或服务，这将导致 *m*:1 的交易模式的使用。

（4）*m*:*n*（多对多）的交易模式：当集体议价模式盛行，同时参与集体议价的需方数量又超过了单一供应方的供给能力时，*m*:*n* 交易模式将会出现。

5．竞争导向定价策略

竞争导向定价主要是企业根据竞争者的价格来确定本企业商品的价格。这种策略的特点是：竞争者价格不变，即使成本或需求有所变动，价格也不变，反之亦然。竞争导向定价包括随行就市定价、投标定价和拍卖定价三种方法。

5.2.6　确定商品价格方案

根据以上步骤的分析和决策，最后确定商品的价格策略。商品投入市场后，还要根据市场和消费者的反应来进行调整。网络营销价格可以分成两个部分来看：一个是可以量化的成本，也是通常人们头脑中的价格概念，可称之为产品（服务）的标价；另一个是不可量化的无形成本因素，也就是顾客在交易过程中所付出的除货币成本外的其他所有成本，如顾客寻找产品所需花费的时间、精力，以及因为网络的虚拟性而导致的心理担忧等。

价格是一把“双刃剑”，运用不当就会陷入泥潭。越来越多的企业意识到虽然更低的价位对消费者会有一定的诱惑力，但这并不是决定性的因素，理性的消费者还会考虑得更多。除了产品的标价外，在其他不可量化成本上下工夫，是获得成功的重要因素，因为除了一小部分对产品标价特别敏感的顾客之外，还有大量的更注重其他获取成本的顾客。

任务 5.3　如何使用“免费”价格策略

在网络营销中，一些企业通过实施免费价格策略来达到营销的目的。在网上人们普遍使用“免费电子邮件”，获得各种“免费软件”、“免费电子报刊”等，这并不是传统市场中商家使用的那种“买一赠一”的销售手法，而是实实在在的经营行为，因此也可以将其称为“零价格策略”。这看来有悖常理的举措，却是企业在网上进行商务活动的策略之一。

免费价格策略是市场营销中常用的营销策略，它主要用于促销和推广产品，这种策略一般是短期和临时性的。但在网络营销中，免费价格不仅仅是一种促销策略，它还是一种非常有效的产品和服务定价策略。具体来说，免费价格策略就是将企业的产品和服务以零价格形式提供给顾客使用，满足顾客的需求。

免费价格策略之所以在互联网上流行，是有其深刻的背景的。一方面，由于互联网的发展得力于免费策略实施；另一方面，互联网作为 20 世纪末最伟大的发明，它的发展速度和增长潜力令人生畏，任何有眼光的人都不敢放弃发展成长的机会，免费策略是最有效的市场占领手段。

目前，企业在网络营销中采用免费策略，一个目的是让用户免费使用形成习惯后，再开始收费，如金山公司允许消费者在互联网下载限次使用的 WPS2000 软件，其目的是想消费者使用习惯后，再掏钱购买正式软件，这种免费策略主要是一种促销策略，与传统营销策略类似。

另一个目的是想发掘后续商业价值。它是从战略发展的需要来制定定价策略的，主要目的是先占领市场，然后再在市场上获取收益。如 Yahoo 公司通过免费建设门户站点，经过 4 年亏损经营后，在今年通过广告收入等间接收益扭亏为盈，但在前 4 年的亏损经营中，公司却得到飞速增长，主要得力于股票市场对公司的认可和支持，因为股票市场看好其未来的增长潜力，而 Yahoo 的免费策略恰好是占领了未来市场，具有很大的市场竞争优势和巨大的市场盈利潜力。

延伸阅读

百度联盟推出“广告管家”，奉行免费策略不收费

百度近日推出了网络广告管家免费软件，提供广告投放管理、收益优化、定向投放、广告托管、广告数据统计等功能。百度联盟总经理蔡虎表示，百度广告管家会一直奉行免费策略，不会收费。

据了解，百度广告管家是一款在线广告管理系统，能实现广告排期的智能自动处理，还能实现地域、接入方式、日期、浏览器、浏览器语言、操作系统、分辨率、来源域、被访 url 共 9 种人群定向投放方式，并支持包括文字、图片、Flash、富媒体在内的各种广告物料形式。广告管家可让网站将广告物料免费托管到百度的服务器上，降低自身在带宽和服务器资源上的投入成本。

百度联盟总经理蔡虎表示，广告管家是对百度媒体平台战略起到支撑作用的重要产品之一，百度搜索和联盟体系横跨互联网全域，覆盖了用户搜索和用户浏览全部过程。

“用户 5%的时间用于搜索，但 95%的时间是在浏览”，如何抓住浏览时间，挖掘搜索平台外的流量营销价值，是百度媒体平台战略向外延伸的关键，而广告管家着眼于决定搜索需求外各类网站浏览流量价值的变现能力和效率，它的广泛应用是构建百度全域营销体系非常重要的基石之一。

百度方面还表示，带宽和服务器成本对于百度来说，由于是规模化采购，相对中小公司成本更低，可以支撑百度为联盟伙伴提供更好的服务。所以，百度广告管家会一直奉行免费策略，不会收费。

业内人士表示，百度广告管家的上线和大规模普及，势必对第三方的网络广告管理系统厂商造成威胁，标志着收费广告管理系统将逐步退出历史舞台，这个市场也将面临着重新洗牌。

5.3.1　免费价格策略的理论依据

免费价格策略就是将企业的产品或服务以零价格或近乎零价格的形式提供给顾客使用，满足顾客的需求。作为市场营销中常用的营销策略，在传统市场中，免费价格策略主要用于促销和推广产品，是一种短期和临时性的策略。由于在实际操作中，并不一定价格降到零才能起到促销和推广效果，如果与竞争对手的价格相比有很大优势，或与价格远低于消费者感知的产品或服务成本，都能起到很好的效果，因此本书所说的免费也包括这两种情况。下面先从理论角度探讨免费价格策略存在的合理性。

1．规模效应

规模效应是指公司生产规模达到一定程度而使生产、管理成本下降，从而利润增加的现象。其对免费价格策略的影响在于：尽管价格下降，但可以通过规模效应降低成本，增加供给量，扩大市场份额。例如，比较有名的价格屠夫格兰仕，在微波炉市场就是通过大幅度降低价格，迅速占领市场份额，并进一步降价，继续提高市场份额不断循环，取得了微波炉市场占有率第一的成绩。

2．交叉补贴

交叉补贴是一种定价战略。其思路是，通过有意识地以优惠甚至亏本的价格出售一种产品（称为优惠产品），而达到促进销售盈利更多的产品（称为盈利产品）的目的。例如，在中国移动营业厅，工作人员会殷勤地向顾客免费送手机，当然条件是之后两年每个月都要花很多钱打电话；或者向顾客赠送一笔话费，但前提是要购买指定的某款手机。

采用交叉补贴的动机很明确：希望通过以折扣价格出售基本产品来推动销售大量的盈利产品，从而提高总利润。这种做法必须在具备以下条件时才起作用：

（1）优惠产品的销售对价格足够敏感。优惠产品必须具有足够的需求价格敏感性，从而使其折扣价格所带来的盈利产品销售量的增加所导致的利润增加足以弥补其降价的损失。如果优惠产品的需求对价格不太敏感，企业最好是同时在优惠产品和盈利产品上谋求正常利润。

（2）盈利产品的销售对价格极不敏感。盈利产品的需求必须对价格不十分敏感，这样提高售价才不会使销售量大减。除非这一点得到保证，否则，出售盈利产品所带来的利润就不足以弥补优惠产品降价出售的利润损失。对盈利产品，其需求对价格的不敏感性取决于它为买方所创造的价值以及其他替代品对它的威胁程度。

（3）两种产品互补性强，同时购买的概率高。优惠产品与盈利产品联系紧密，盈利产品的销售必须在一定程度上与优惠产品的销售连在一起，这样买方就不能只买低价的优惠产品而白占便宜。不一定要求这两种产品紧紧捆在一起，但它们之间的联系必须足够强，以使同时从该处购买两种产品的买方比例达到一定程度，从而保证以折扣价格出售基本产品是合算的。

（4）盈利产品的进入障碍足够大。

优惠产品与盈利产品间的联系还取决于后者可以被其他产品替代的可能性。例如，要是零部件可以返修，那么设备销售和零件销售之间就不再有很强的联系。进入盈利产品业的壁垒除非优惠产品和盈利产品很紧密地联系在一起，否则为使交叉补贴策略取得成功，必须使进入盈利产品业非常困难。

3. 1P 理论（第三方营销）

1P 理论由北京大学光华管理学院王建国教授提出，是利用网状经济形成的外部效果，在企业价值链环节之间、企业与企业之间、企业与顾客之间引入第三方利益攸关者分摊成本，把企业之间竞争博弈的赢利模式转化为合作共赢的赢利模式的理论。1P 理论的本质，就是通过引入第三方，可以使产品价格低于平均成本还能赢利，从而创造自动营销，即产品的营销化。

1P 理论这个命名是源于现代营销理论中的 4P，即产品（Product）、价格（Price）、促销（Promotion）、渠道（Place）。利润=1P−3P。这里的 1P 是价格（Price），它是企业的收益同时是顾客的成本；3P 是产品（Product）、渠道（Place）和促销（Promotion），它们是生产者的成本同时是顾客的价值。营销就是营销 3P，收益 1P，赚取 1P 和 3P 之差。

1P 理论目前应用非常广泛，我们生活很多免费都是源于此而来。比如我们使用搜索引擎免费，但是背后是商家在通过竞价排名为我们买单，而通过把产品品牌信息展现在我们面前，最终也从我们身上获得了收益。再比如很多手机 APP 软件免费，因为软件中开辟了一小块位置放置网络广告，有商家通过支付网络广告为我们买单。再比如最近很火的中国好声音，节目免费观看，但是广告赞助商通过购买节目中间的广告买单。

将普通产品变成一个具有营销功能的营销产品，一般需要通过如下四个步骤：

（1）产品特性分析。对主体产品的产品功能和产品现有的细分市场（Segmenting）、目标市场（Targeting）和产品定位（Positioning）进行分析，从而发现产品可开发的新功能。

（2）客体信息选择。选择可以承载在主体产品上的信息，进一步说就是找到愿意为在主体产品上刊登信息的客体产品。

（3）市场定位分析。主体产品变成了营销产品后，其产品功能和产品的定位等都会与原有产品产生差异，因此需要对营销产品进行新的市场定位分析。

（4）产品定价策略。客体产品要在主体产品上刊登产品信息，必然要对主体产品的提供商付费，从而使主体产品的价格体系发生变化。但是否减低主体产品价格，及减低到什么程度还要根据产品的战略目标和产品的定价策略进行分析。

最后，即使是在通过上述所有步骤，都无法将产品营销化的情况下，还可以通过捆绑其他可被营销化的产品而使原有产品营销化。

5.3.2 网上免费产品形式及特征

免费价格形式有以下几类：

第一类是产品和服务完全免费，即产品（服务）从购买、使用和售后服务所有环节都实行免费服务。

第二类对产品和服务实行限制免费，即产品（服务）可以被有限次使用，超过一定期限或者次数后，取消这种免费服务。

第三类是对产品和服务实行部分免费，如一些著名研究公司的网站公布部分研究成果，如果要获取全部成果必须付款作为公司客户。

第四类是对产品和服务实行捆绑式免费，即购买某产品或者服务时赠送其他产品和服务。

网络营销中产品实行免费策略是要受到一定环境制约的，并不是所有的产品都适合于免费策略。互联网作为全球性开放网络，它可以快速实现全球信息交换，适合互联网这一特性的产品更适合采用免费价格策略。一般说来，免费产品具有下面特性：

（1）易于数字化。互联网是信息交换的平台，它的基础是数字传输。对于易于数字化的产品都可以通过互联网实现零成本的配送。企业只需要将这些免费产品放置到企业的网站上，用户可以通过互联网自由下载使用，企业通过较小成本就实现产品推广，可以节省大量的产品推广费用。

（2）无形化特点。通常采用免费策略的大多是一些无形产品，它们只有通过一定的载体才能表现出一定的形态。例如，软件、信息服务（如报刊、杂志、电台、电视台等媒体）、音乐制品、图书等，这些无形产品可以通过数字化技术实现网上传输。

（3）零制造成本。这里零制造成本主要是指产品开发成功后，只需要通过简单复制就可以实现无限制的生产。对这些产品实行免费策略，企业只需要投入研制费用即可，至于产品生产、推广和销售则完全可以通过互联网实现零成本运作。

（4）成长性。采用免费策略的产品一般都是利用产品成长推动占领市场，为未来市场发展打下坚实基础。

（5）冲击性。采用免费策略的产品主要目的是推动市场成长，开辟出新的市场领地，同时对原有市场产生巨大的冲击。如 3721 网站为推广其中文网址域名标准，以适应中国人对英文域名的不习惯，采用免费下载和免费在品牌电脑预装策略，在 1999 年短短的半年时间内迅速占领市场成为市场标准。

（6）间接收益特点。采用免费价格的产品（服务），可以帮助企业通过其他渠道获取收益。这种收益方式也是目前大多数 ICP 的主要商业运作模式。

当然随着营销理论的不断发展，我们发现一些传统不适合免费的产品借助 1P 理论、交叉补贴理论也可以实现免费，因此对于免费价格策略的运用，还有很多发展的可能。

5.3.3　开展“免费”价格策略的步骤及注意的问题

1. 免费价格策略的风险

自从有了 Internet 之后，人们产生了疯狂的想象力，大家都在想怎样才能在网上迅速膨胀，迅速扩大自己的知名度，大家都在寻找这种机会。Internet 上最早出现这样的机会是浏览器，Netscape 把它的浏览器免费提供给用户，开创了 Internet 上免费的先河。后来微软也如法炮制，免费发放 IE 浏览器。再后来 Netscape 公布了浏览器的源码，来了个彻底的免费。

Netscape 当时允许用户免费下载浏览器，主要目的是在用户使用习惯之后，就开始收钱了，这是 Netscape 提供免费软件的背后动机。但是 IE 的出现打碎了 Netscape 的美梦。所以对于这些公司来说，为用户提供免费服务只是其商业计划的开始，商业利润还在后面。但是并不是每个公司都能顺利获得成功。Netscape 的免费浏览器计划就没有成功。所以，对于这些实行免费策略的企业来说必须面对承担很大风险的可能。

2. 免费价格策略实施步骤

免费价格策略一般与企业的商业计划和战略发展规划紧密关联，企业要降低免费策略带来的风险，提高免费价格策略的成功性，应遵循下面步骤思考问题。

（1）互联网作为成长性的市场，在市场获取成功的关键是要有一个可能获得成功的商业运作模式，因此考虑免费价格策略时必须考虑是否与商业运作模式能否吻合。

（2）分析采用免费策略的产品（或服务）能否获得市场认可，也就是提供的产品（服务）是否是市场迫切需求的。互联网上通过免费策略已经获得成功的公司都有一个特点，就是提供的产品（服务）受到市场的极大欢迎。如 Yahoo 的搜索引擎克服了在互联网上查找信息的困难，给用户带来了便利；如我国的 Sina 网站提供了大量实时性的新闻报道，满足了用户对新闻的需求。

（3）分析免费策略产品推出的时机。在互联网上的游戏规则是“Win take all”（赢家通吃），只承认第一，不承认第二，因此在互联网上推出免费产品是为抢占市场，如果市场已经被占领或者已经比较成熟，则要审视推出的产品（服务）的竞争能力。

（4）考虑免费价格产品（服务）是否适合采用免费价格策略。目前国内外很多提供免费 PC 的 ISP，对用户也不是毫无要求：它们有的要求用户接受广告；有的要求用户每月在其站点上购买多少钱的商品；还有的提供接入费用，等等。

（5）策划推广免费价格产品（服务）。互联网是信息海洋，对于免费的产品（服务），网上用户已经习惯。因此，要吸引用户关注免费产品（服务），应当与推广其他产品一样有严密营销策划。在推广免费价格产品（服务）时，主要考虑通过互联网渠道进行宣传。如 3721 网站为推广其免费中文域名系统软件，首先通过新闻形式介绍中文域名概念，宣传中文域名的作用和便捷性；然后与一些著名 ISP 和 ICP 合作，建立免费软件下载链接，同时还与 PC 制造商合作，提供捆绑预装中文域名软件。

案例

搜狗免费输入法是搜狐建立新世界的基石

搜狗输入法在 5 周年庆典上，高调发布最新 6.0 正式版。这对搜狗公司首席执行官、搜狐首席技术官王小川来说，并不是简单的产品更新换代，5 年之间，在搜狗输入法的掩护下，搜狗逐步在浏览器、搜索引擎等领域跑马圈地，其平台化布局逐渐清晰。

这也让搜狗加快了上市的步伐，此前搜狐董事局主席张朝阳在接受《每日经济新闻(微博)》采访时表示，希望搜狗等分拆业务能冲击上市。

搜狗"三驾马车"抢占桌面

搜狗的战略调整，只是网络巨头对互联网入口激烈争夺的一个缩影。

"搜索"、"浏览器"、"输入法"在搜狗内部被誉为搜狗发展的"三驾马车"。王小川对记者表示，输入法是"搜狐在门户框架之外建立一个新世界的基石"，据他透露，在搜狗内部，搜索引擎和桌面产品分成两个相对独立的部分，他亲自主抓桌面产品。

相关资料显示，目前，搜狗输入法用户渗透率超过 80%，总用户数量超过 3 亿人，在词库覆盖率、短句首选率，以及长句首选率方面，均排在业界首位。尽管百度、腾讯等多家互联网巨头也在该领域布局，但王小川认为，搜狗输入法已经占据领先位置，目前很难被撼动。

但这并不是搜狗战略的全部。

"打个比方，搜狗输入法相当于一个一级火箭，没有它二级火箭发不上去，但是我们要的不是一级火箭。"王小川口中的二级火箭正是指浏览器。

按照王小川的"变现"思路，将搜狗输入法作为免费的客户端圈地，再将庞大的客户端的用户转化为浏览器用户、搜狗搜索引擎用户，进而成为其收入的来源。

业内人士指出，现在国内的浏览器厂商主要通过搜索引擎的嵌入获得流量分成，而事实证明了，此项是可以实现盈利的。更重要的是，未来随浏览器入口地位的巩固，将显示出更大的流量分发的力量，从而获得不可估量的商业价值。

平台化战略

庞大的用户基础，已成为搜狗平台化发展强有力的竞争资源。"搜狗将开放'皮肤平台'，包括共享搜狗输入法的 3 亿用户，支持合作伙伴开发具有交互能力和云能力的皮肤，提供更多专业的服务。"王小川表示，作为装机量仅次于 QQ 和 360 的第三大客户端，搜狗输入法正在逐渐变成一个重要的平台级产品，用户的需求是多种多样的，因此需要整合业界资源和力量。

值得一提的是，腾讯、360、搜狗三大客户端平台在半个月内相继宣布开放。

"三大客户端同时宣布开放的背后，体现了互联网从业者的心态正在发生变化。"王小川表示，目前搜狗并不急于通过开放获得更多收益，"先把主要合作伙伴联合起来，给我们提供服务，然后再进行商业模式的探索。"

令外界更为关注的焦点问题是：搜狗何时上市？目前，虽然上市还没有明确的时间表，王小川却已经准备好了如何讲述搜狗的故事。

"搜狗的故事就是 360+百度。"王小川表示。360 向资本市场诠释了将客户端（360 的安全软件客户端）用户引入浏览器，以此作为上网入口，让海量用户的流量变现的模式。在王小川看来，上述模式一旦运用在搜狗，或许更有想象空间。"目前暂没有具体的上市时间表，但这只是一个时间问题。"

3. 注意的问题

免费策略在目前竞争激烈的市场环境下，有可能引发企业之间的价格战。以牺牲利润为代价来获取营业额的增长的方式，无异于饮鸩止渴、竭泽而渔。

第一，如果企业长期搞低价销售，那么利润会减少，相应会减少在研发、技改、营销、管理等领域的投入，致使发展后劲不足。而发展后劲不足又会反过来影响企业的经营业绩，使得企业陷入恶性循环的泥淖。

第二，频繁降价对于品牌形象的破坏十分巨大——对单个企业如此，对整个行业亦然。一个企业经常将降低价格作为打开市场的手段是不明智的，如果企业隔三岔五地降低价格，会让早期购买的消费者有上当的感觉。

第三，价格战虽然对消费产生了巨大的刺激，但其副作用十分明显。毕竟没人愿做赔本的生意，如果商家搞价格大战，极有可能以牺牲产品和服务质量作为代价，会带来顾客不满直至最终的流失。

因此面对价格的竞争，应对的方法并不是只有降价一个途径，企业还可以通过下列方式进行应对。

1）细分目标市场

有关数据显示：企业利润的80%来自于20%的客户，而进行市场细分，就是要找出并满足最优质的20%的客户的需求。通过市场调研，可以了解顾客消费力、消费喜好、购买习惯等，建立有效客户信息反馈系统，形成企业与市场的互动，提高组织的市场反应能力。其目的是保持与市场需求零距离接触，以便对不同客户群体进行市场细分，更有针对性地满足目标客户需求。企业可结合自己的核心竞争力来确定目标细分市场，建立品牌形象。这样，企业可以以较经济的代价换来足够的利润，摆脱无差异化产品的价格纠缠，突出价格战重围。细分市场在不同的发展阶段，应根据不同战略意图来制定细分策略。

2）实施差异经营

实施差异化战略，就是要扬长避短、突出特色，充分发挥竞争优势、提高市场占有率、取得较高的利润。实施差异化战略首先表现为通过技术创新和新产品开发，做到人无我有，人有我新，掌握主动权。很多企业只是靠一个产品品种全方位参与市场竞争，等市场饱和了以后才上新品种，但不同行业的消费者对不同的产品具有不同的价格敏感度，他们往往会形成自己个性化的消费需求，仅靠单一的产品，即使价格再低也不易引起消费者的兴趣，不如对市场上不同顾客的价格敏感度加以仔细评估，细加区分，开发出适合不同细分市场的产品。

3）建立战略联盟

同质化产品的生产能力过剩，最后总是以降低价格的形式来消化库存，因此企业面临行业系统性风险。可以考虑建立战略联盟，既增强竞争力又能抵御风险。利用各自的强势资源进行互补合作，力求获得双赢。

4）提升服务品质

许多产品对服务要求较高，服务本身也很有弹性，容易产生差异化。企业可以借此提高服务品质，为顾客提供满足其个性化的服务需求，帮助客户成功或提供解决方案，为客户创造价值。

5）实行价格跟进

如果要赢取或维持市场份额，可以用同质化的产品跟进对手价格，也可以控股一家“同质化产品成本领先”的二线品牌实施反击，实施多品牌运作。

案例讨论

周鸿祎：上市不影响 360 免费战略

北京时间 2011 年 3 月 31 日，奇虎 360 登陆纽交所，开盘报价 27 美元，较其发行价 14.5 美元上涨 86.2%，并最终收报 34 美元，飙涨 134.48%，市值达 39.6 亿美元。上市后，奇虎 360 董事长周鸿祎在微博中对于网友所关心的一系列问题作出了解答。

其中，有网友问及，“360 上市后需要保障投资人利益，这是否会使 360 免费战略受到影响？”相信这也是用户最为关心的问题之一，而周鸿祎随后的回答打消了网友疑虑。

“360 的安全产品会永远免费，”周鸿祎承诺，“所有那些著名的互联网公司，给网民提供的基础服务，都是免费的。所以 360 提供的基础服务，就是安全服务也会坚持免费。这和上不上市没有关系。360 的安全服务做得越好，用户会越多，那么在这之上的浏览器用户也就越多，360 自然可以在保障用户的利益前提下合理地赚钱。”

据 360 招股书显示，奇虎 360 于 2009 年实现盈利，收入 419 万美元，而 2010 年这一数字上升至 850 万美元，增长超过 100%，可见周鸿祎已经找到了基于免费模式下的盈利方式。

而在被问及 360 上市后，如何处理股东对免费服务提出异议的情况时。周鸿祎表示，免费是 360 商业模式的基础，也是 360 的核心价值所在，360 的投资者恰恰是因为理解并认同 360 的免费模式，才会投资 360，所以不会存在这种情况，360 的免费策略永远不会改变。

案例思考题

1．该案例中，360 奉行的免费策略从定价目标来看，维持生存、当期利润最大化、市场占有率最大化、产品质量最优化，属于哪个定价目标？

2．结合本情境学习内容，分析 360 采用免费策略是否符合“网上免费产品具有的特征”。

思考题

1. 企业网络定价目标主要包括哪几种？
2. 简述影响网络定价的基本因素。
3. 你认为网络营销定价有哪些特点？
4. 简述网络定价的一般方法。
5. 你是如何理解低价定价策略的？
6. 怎样理解定价策略？
7. 免费定价策略适用于哪些产品？
8. 如何确定商品的价格是否合理？

实验实训

选择海尔某一款商品，比较该商品在“海尔商城”、“海尔天猫旗舰店”、“京东商城”、“苏宁易购”四个平台销售的价格，分析企业的价格策略。

学习情境 6

网络环境下的渠道建设与管理

学习目标

知识目标：掌握网络营销渠道的特点；熟悉网络营销渠道建设的方法以及渠道冲突与解决办法；掌握淘宝开设店铺的流程；熟悉淘宝网的发展与现状。

能力目标：能够帮助企业建立网络渠道；能解决传统渠道和网络渠道的冲突；能在淘宝开设 B2C 和 C2C 店铺。

学习导航

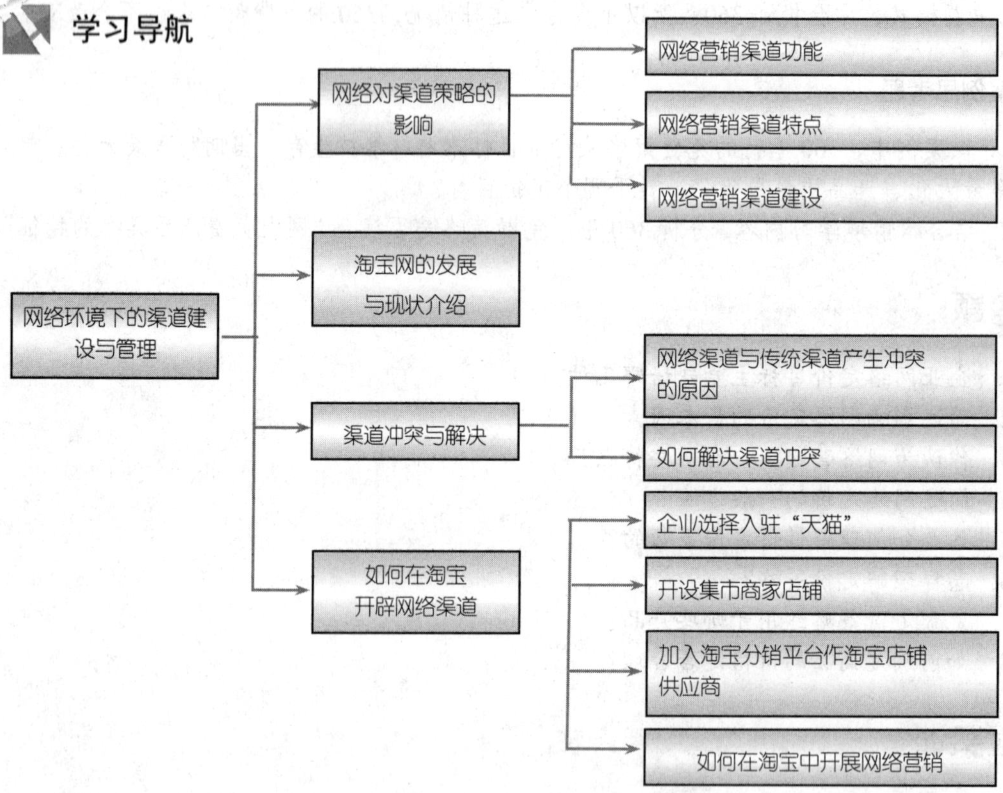

职业指导

在电子商务时代，消费者的行为和观念都发生了重大的改变，面对日益改变的营销环境，传统营销渠道受到了来自网络营销渠道的强烈冲击，因此营销活动需要作出适当改变来适应这种变革。

没有人能够否认互联网和电子商务的发展势不可挡，企业没有网络渠道在激烈的竞争中便无法生存。越来越多的企业已经将开拓网络渠道作为企业渠道策略的重心，在网络渠道建设的过程中要注重和传统渠道的整合，妥善解决渠道冲突，保证企业利益的最优化。

引导性案例

互联网金融打通理财新渠道

2013 年 6 月，余额宝以“理财+支付”的形象走进了网民的视野。据介绍，2012 年，10 万元定期一年利息为 3250 元，而余额宝将比其高出 750 多元。回报高自然易融资。在半年时间里，余额宝光付给用户的收益已超过 7 亿元。

面对巨大的市场前景，金融服务商们都按捺不住了，定期宝、活期宝、现金宝、收益宝等类似产品不断涌现。它们以各自所绑定基金的高额收益、托管费手续费的优惠、快速取现赎回等方面的优势，作为吸引用户的法宝。未来互联网金融将掀起多大的浪潮？

2013 年成为中国互联网金融的发展“元年”。这一年，发生了三个标志性事件：第一，余额宝大捷提振网上理财信心。6 月 13 日，支付宝牵手天弘基金合作推出“余额宝”理财产品，凭借远胜于银行活期储蓄利率的高收益性而大获成功；第二，互联网商跨界民资银行建立网上理财信誉。8 月 21 日，苏宁云商宣布设立苏宁银行，成 A 股首家民营银行上市公司。目前“苏宁银行”名称已获工商总局核准；第三，众安在线让传统业务与互联网完美结合。由马云、马明哲、马化腾联手打造的众安在线上线运营。众安在线销售与互联网交易直接相关的家庭财产保险、责任保险、信用保证保险等。

案例分析

种种迹象表明，互联网已经广泛渗透到金融产品销售领域，从传统的银行、证券、基金、保险公司的营销及业务办理模式，发展到越来越依赖于互联网平台。越来越多的金融机构“触网”，将互联网作为新的销售渠道。随着各种理财网站等金融服务模式和机构层出不穷，这使金融业面临前所未有的变革。

任务 6.1 网络对渠道策略的影响

随着互联网在全世界范围的普及，电子商务逐渐成为一种流行的时尚，也成为销售领域的一大亮点。电子商务可以定义为通过网络渠道进行的商品买卖、服务提供和信息交换等活动。互联网突破了时间和空间的局限，为商家和客户提供了一个高效的互动沟通渠道。通过互联网，商家可以宣传自己的企业，创立企业的品牌和树立企业的形象，推广本企业的商品和服务，开辟新的销售渠道，培育新的经济增长点。客户则有更多的选择，可以获取更多的信息，包括商品的规格、价格等，并可以比较不同品牌的同样种类的商品，可以说是不出家门，买遍全世界。

与此同时，营销组合又由传统的 4P 组合（产品、渠道、促销和价格）向电子商务时代的 4C 组合（客户、便利、沟通、成本）转变。4P 理论和 4C 理论的关系可以描述为，企业生产的产品要以满足客户的需求为出发点，销售渠道的选择要以为客户提供方便为主导，变传统的推式促销策略为网络的拉式沟通策略，商品销售的价格的制定要以消费者可以接受的购物成本为基础。

网络营销为客户提供了商品个性化的机会，并且能够实现大规模定制。大规模定制是一种集企业、客户、供应商、员工和环境于一体，在系统思想指导下，用整体优化的观点，充分利用企业已有的各种资源，在标准技术、现代设计方法、信息技术和先进制造技术的支持下，根据客户的个性化需求，以大批量生产的低成本、高质量和效率提供定制产品和服务的生产方式。

进入网络时代，营销的变革主要体现在渠道方面，很多跨国公司采用了网络直销的模式，即不通过中间商，直接将商品由生产商销售给消费者，电子支付通过电子银行转账，物流配送交给专业的第三方物流公司完成。网络直销为企业降低了销售成本，使消费者得到了实惠。

网络营销渠道是利用互联网提供可利用的产品和服务，以便使用计算机或其他能够使用技术手段的目标市场通过电子手段进行和完成交易活动。

案例

东方美宝商城打通网络新渠道

今年 11 月 11 日的光棍节再次成为全民网购的狂欢节，而“双 11”成交最牛的一单是一枚 13.3 克拉价值 2050 万的钻戒，荣登今年“双 11”珠宝行业头条新闻，引发各界关注。

其实珠宝行业网销巨额钻戒，并非个例。随着电子商务的发展，越来越多传统珠宝企业加入到电商行列中，新的商业模式为行业拓宽了新渠道，也为消费者提供了更多选择的空间。就今年某大型 B2C 网站“双 11”的销售情况来看，珠宝企业的战绩着实不菲。仅 11 月 11 日，周大福成交金额高达 2239 万，成为珠宝网销最大赢家；周生生位居第二，共成交 7256 单，销售额 888 万；珂兰钻石，以 883 万的销售额位居第三。不难看出，珠宝网销潜力巨大也日益成熟。无论是综合平台抑或是垂直珠宝电商平台，都能看到各大品牌的身影，珠宝行业逐渐登上电商历史舞台，成为人们关注的焦点。东方美宝商城负责人称：珠宝行业与电商结合，最明显的优势就是低成本，高品牌曝光度，比较容易吸引消费者。线下传统品牌已有多年的品牌积累，客户群相对稳定，线下看货线上买货，也成为趋势。现值线下门店冷清的时候，人工造节，大大拉动了珠宝行业的销售业绩，成为淡季破冰之旅。

今年“双 11”，整个电子商务行业单日成交金额高达 500 亿元，电商行业的蓬勃发展，对珠宝行业来说无疑是一个好兆头。而珠宝企业想要在电商行业打好攻坚战无非两个途径：一是加强自身的产品设计、品牌建设、客户服务、团队组建等方面；二是扩宽入驻平台，多渠道拓展电商业务。目前综合类电商已人满为患，竞争最为激烈，加之推广成本高，珠宝专场促销少，让不少珠宝企业在综合平台遇到瓶颈。而近年来主打“小而美”的垂直电商，在专业领域发挥优势，整合产业链抱团发展，成为电商行业新兴渠道，备受企业青睐。

日前，国内最专业的珠宝网络交易垂直平台——东方美宝商城，已于 2013 年 11 月 11 日正式上线。该商城旨在为珠宝企业提供一站式的品牌推广、网络销售、仓储配送和顾客服务等。同时，也为珠宝企业解决在触网时遇到的组建专业团队困难，营销渠道缺乏，软硬件缺失等问题，在营销渠道上助力企业开拓网销新兴市场。借着“双 11”这股热潮，东方美宝商城联合周大福、佐卡伊、全城热恋、古钻等珠宝知名品牌展开全月大促，产品涵盖黄金、钻石、彩宝等，并结合新媒体与传统媒体进行推广宣传。虽然此次促销活动未参与全网的“双 11”大促，但是珠宝垂直平台在未来促销大战中的身影必不可少。

随着垂直电商的快速发展以及网络新兴行业的推波助澜，入驻垂直电商平台，成为越来越多珠宝企业选择触网的新渠道。东方美宝商城的上线，既发挥珠宝产业集群效应，使大企业拓宽渠道，占领更大的市场份额，又使小企业拓开网销市场，提升品牌知名度。据悉，东方美宝商城未来将会引进更多国内外珠宝大品牌，在产品方面也会扩充玉石、银饰等珠宝品类。明年针对全网的推广计划将会覆盖更广，投入也将成倍增长。东方美宝商城势必成为国内最权威、最专业的珠宝垂直电商平台，为消费者提供更全面的产品、更优质的服务，为珠宝企业提供更完善的珠宝垂直类交易平台。

6.1.1　网络营销渠道功能

与传统营销渠道一样，以互联网作为支撑的网络营销渠道也应具备传统营销渠道的功能。营销渠道是指与提供产品或服务以供使用或消费这一过程有关的一整套相互依存的机构，它涉及信息沟通、资金转移和物的转移等。一个完善的网上销售渠道应有具备以下功能：

（1）联结产销。销售渠道的主要职能是使企业产品有效、快捷、适时、适地地送达给顾客，它像一座桥梁，使产品生产和产品消费联结一在起，使希望得到产品的顾客和生产这种产品的企业得以沟通，从而促成两者之间交易的实现和交易的扩大。

（2）反馈信息。由于产品从企业向顾客转移的过程是通过销售渠道实现的，因此销售渠道必然时刻在传播和反馈营销过程中潜在和现实的企业及其产品、市场供求变化以及顾客、竞争者和其他参与者等方面的信息。

（3）促进销售。销售渠道的成员在经营过程中，往往要制作并传播旨在吸引顾客的有说服力的沟通材料，开展各种促销活动。

（4）承担风险。销售渠道的成员在产品流转过程中，承担产品供求变化、自然灾害、价格下跌等风险。

（5）融通资金。即渠道成员之间相互提供资金援助，如当企业要大批量购买原材料时，中间商通过提前付款等方式给予一定的资金援助；当中间商大批量进货时，企业通过赊销等方式支持流通企业，从而使企业和中间商之间，以及中间商之间（如批发商和零售商之间）相互融通资金。

社会分工使商业从其他部门中独立出来，渠道的专业化分工又使商业（中间商群体）内部又分离出批发商和零售商，随后，代理商又从批发商中分出。根据这一分离过程和中间商在商品流转过程中的基本职能的差异性，可将中间商划分成如下类别：

（1）批发商与零售商。批发商是把产品卖给那些为转售为购买的零售商和批发商的中间商。批发商的购进对象通常是企业或其他批发商，其售出对象多为零售商，也有生产性用户或其他批发商。目前常见的大致上有商人批发商、代理批发商、企业的分销机构或办事处三类批发商，在商品流通中主要起批购批销、分配编配、储运服务、沟通信息、融通资金和分担风险等作用。

零售商是指将产品直接销售给最终消费者或用户的中间商。零售商的购进对象通常是批发商，也有企业，其售出对象通常是个人消费者，也包括生产性团体用，如标准化程度较高的零部件、半成品等商品的零售。零售商可分为商店零售商、无店铺零售商和零售组织三大类，其主要起广泛分销、销售服务、沟通信息和促进销售的作用。

（2）经销商与代理商。经销商是指在从事商品交易的业务活动中拥有商品所有权的中间商。经销商一旦购进商品，就得到了商品的所有权。他们往往独立经营，自负盈亏，自然就承担着能否售出商品的风险。批发商和零售商都属于经销商。代理商是指在商品流转过程中，不持有商品所有权的批发商。他们不承担商品交易的风险，只是组织买卖直接成交，借此赚取佣金或手续费。

6.1.2 网络营销渠道特点

在传统营销渠道中，中间商是其重要的组成部分。中间商之所以在营销渠道中占有重要地位，是因为利用中间商能够在广泛提供产品和进入目标市场方面发挥最高的效率。营销中间商凭借其业务往来关系、经验、专业化和规模经营，提供给公司的利润通常高于自营商店所能获取的利润。但互联网的发展和商业应用，使得传统营销中间商凭借地缘原因获取的优势被互联网的虚拟性所取代，同时互联网的高效率的信息交换，改变着过去传统营销渠道的诸多环节，将错综复杂的关系简化为单一关系。互联网的发展改变了营销渠道的结构。

利用互联网的信息交互特点，网上直销市场得到大力发展。因此，网络营销渠道可以分为两大类：一类是通过互联网实现的从生产者到消费（使用）者的网络直接营销渠道（简称网上直销），这时传统中间商的职能发生了改变，由过去的环节的中间力量变成为直销渠道提供服务的中介机构，如提供货物运输配送服务的专业配送公司，提供货款网上结算服务的网上银行，以及提供产品信息发布和网站建设的 ISP 和电子商务服务商。网上直销渠道的建立，使得生产者和最终消费者直接连接和沟通。

另一类是通过融入互联网技术后的中间商机构提供网络间接营销渠道。传统中间商由于融合了互联网技术，大大提高了中间商的交易效率、专门化程度和规模经济效益。同时，新兴的中间商也对传统中间商产生了冲击，如美国零售业巨头沃尔玛为抵抗互联网对其零售市场的侵蚀，在 2000 年元月份开始在互联网上开设网上商店。基于互联网的新型网络间接营销渠道与传统间接分销渠道有着很大不同，传统间接分销渠道可能有多个中间环节如一级批发商、二级批发商、零售商，而网络间接营销渠道只需要一个中间环节。

6.1.3　网络营销渠道建设

由于网上销售对象不同，因此网上销售渠道是有很大区别的。一般来说，网上销售主要有两种方式。

一种方式是 B2B，既企业对企业的模式，这种模式每次交易量很大、交易次数较少，并且购买方比较集中，因此网上销售渠道的建设关键是建设好订货系统，方便购买企业进行选择；由于企业一般信用较好，通过网上结算实现付款比较简单；另外，由于量大次数少，因此配送时可以进行专门运送，既可以保证速度，也可以保证质量，减少中间环节造成损失。

另种方式是 B2C，即企业对消费者模式。这种模式的每次交易量小、交易次数多，而且购买者非常分散，因此网上渠道建设的关键是结算系统和配送系统，这也是目前网上购物必须面对的门槛。由于国内的消费者信用机制还没有建立起来，加之缺少专业配送系统，因此开展网上购物活动时，特别是面对大众购物时必须解决好这两个环节才有可能获得成功。

在选择网络销售渠道时还要注意产品的特性，有些产品易于数字化，可以直接通过互联网传输；而对大多数有形产品，还必须依靠传统配送渠道来实现货物的空间移动，对于部分产品依赖的渠道，可以通过对互联网进行改造以最大限度提高渠道的效率，减少渠道运营中的人为失误和时间耽误造成的损失。

在具体建设网络营销渠道时，还要考虑下面几个方面：

（1）从消费者角度设计渠道。只有采用消费者比较放心，容易接受的方式才有可能吸引消费者使用网上购物，以克服网上购物的“虚”的感觉。如在中国，目前采用货到付款的方式比较让人认可。

（2）设计订货系统时，要简单明了，不要让消费者填写太多信息，而应该采用现在流行的“购物车”方式模拟超市，让消费者一边看物品比较选择，一边进行选购。在购物结束后，一次性进行结算。另外，订货系统还应该提供商品搜索和分类查找功能，以便于消费者在最短时间内找到需要的商品，同时还应对商品提供消费者想了解的信息，如性能、外形、品牌等重要信息。

（3）在选择结算方式时，应考虑到目前实际发展的状况，应尽量提供多种方式方便消费者选择，同时还要考虑网上结算的安全性。

（4）关键是建立完善的配送系统。消费者只有看到购买的商品到家后，才真正感到踏实，因此建设快速有效的配送服务系统是非常重要的。在现阶段我国配送体系还不成熟的时候，在进行网上销售时要考虑到该产品是否适合于目前的配送体系，正因如此，目前网上销售的商品大多是价值较少的不易损坏的商品。

案例

网络电商渠道是糖酒企业未来渠道战略竞争的法宝

网络电商渠道 PK 传统渠道

作为糖酒行业，由于其消费群分布区域较广，且多数糖酒商品属于大众型需求品，因此在渠道的选择与设计上，会应用到深度分销、密集型分销、多渠道分销等综合模式。总代或总分销下面会有多个分销层、分销商数量庞大，在酒类渠道选择中，超市卖场、零售店、餐饮店、社区便利店等都纳入渠道开发范畴。通过这样的渠道设计，达到更深层次的分销，使得产品到达更远的区域与覆盖最广泛的消费群。

传统渠道的这种做法虽能带来如上好处，但也有其固有的缺点，那就是渠道逐级分销战线的拉长造成销售管理与品牌管理难度加大，终端销售价格与管理人员成本偏高，厂商制定的市场管理制度无法彻底贯彻与执行。

但相对于新兴的网络电商渠道而言，通过网络电商平台可直接覆盖全中国达 5 亿的上网人群、1 亿多网购消费者，只要能上互联网，就能在任何地方在线下订单购买（不计较物流带来的时间和部分区域物流限制）。而且网络渠道在品牌传播管理的一致性、新品上下架快捷性、分销层级的管控、分销数据的统计与分析、终端消费信息反馈与在线调研、促销信息快速直达、24 小时随时访问等方面具有传统渠道无可比拟的优势。糖酒企业倘若能加以良好的规划利用，扬长避短，网络渠道就不仅能很好地继承传统渠道销售的优点，还能有效弥补传统渠道销售的缺点。

糖酒企业要善于向网络电商“借东风”

向市场要销量，向市场要效益，没错的，销售在某个层面上决定着企业发展的生死与否，试问，谁不想销售最大化？渠道规划的出发点也正基于此。网络电商的快速发展，正逐渐影响人们的消费习惯，并冲击着传统实体渠道。一位做电子产品代理的朋友感叹说，这两年 IT 卖场越来越难做，其中一个重要的影响因素在于网络电商市场的兴起，消费选择趋向于网络电商。IT 卖场的现状是网络电商对传统渠道影响的一个缩影。对糖酒企业而言，要想渠道利用最大化，网络电商自然是不容小觑和忽视的重要阵地。但酒类企业与糖果类企业在电商运作中因为产品属性不同而存在着差异，最明显的区别在于物流配送的难易度。比如酒类品牌因为包装不善或物流过程中抛甩行为，造成商品损坏，一些比较贵重的酒类品牌在运输过程中被调包，酒类产品无法走空运路线快速送抵购买者手中等，而糖果类企业则没有这方面的顾虑。

当然，随着物流市场的进一步规范与完善，以及国家对网络电商市场发展的扶持，这些问题都将被逐步解决。对糖酒类企业而言，真正应考虑的是如何选择与规划网络电商渠道。

糖酒企业网络电商渠道的选择与设计

网络电商渠道大致可划分为两大类型：一是品牌自主经营的网络电商平台类型；二是网

络品牌分销电商平台类型。其中品牌自主经营类电商又可分为企业自建电商与第三方平台自建电商如淘宝商城。诸如京东、当当、拉手等统称为网络品牌电商分销渠道。糖酒企业应根据自身实情合理地选择与设计网络电商渠道，特别是在资金投入、组织架构、人员数量、渠道数量、销售定价等层面，要循序渐进地进行计划，不要急于求成，一口气全渠道进行到底。糖酒企业最好在初期规划网络电商渠道时，依托第三方电商分销渠道如中国糖酒网、也买酒、1 号店、新蛋等进行，在逐渐熟悉电商平台属性及有了一定的团队运作经验之后，逐步入主淘宝商城等平台，进行自主品牌经营，最后逐渐过渡至自建品牌电商平台。在这样的网络渠道战略规划思路中，自建品牌电商平台形成了直销模式，而第三方电商平台则变成了分销模式，最终形成网络直销加分销的渠道发展模式。

对传统的糖酒企业而言，网络电商渠道作为一个未来渠道竞争的战略点来培育，传统购物消费习惯依旧是主流，电商渠道在目前是作为传统渠道的有益补充。但从未来企业发展战略上来看，糖酒企业应积极规划和发展网络电商渠道，立足于未来发展趋势，逐渐培育未来的渠道战略竞争力。

任务 6.2 淘宝网的发展与现状介绍

淘宝网是中国领先的个人网上 C2C 交易平台，由全球最佳 B2B 公司阿里巴巴公司投资 4.5 亿创办，致力于成就全球最大的个人交易网站。自 2003 年 5 月 10 日成立以来，淘宝网基于诚信为本的准则，从零做起，在短短的半年时间，迅速占领了国内个人交易市场的领先位置，创造了互联网企业的一个发展奇迹，真正成为有志于网上交易的个人的最佳网络创业平台。

随着淘宝网规模的扩大和用户数量的增加，淘宝也从单一的 C2C 网络集市变成了包括 C2C、团购、分销、拍卖等多种电子商务模式在内的综合性零售商圈，目前已经成为世界范围的电子商务交易平台之一，也是目前国内人气最旺的电子商务交易平台，是企业，特别是缺少资金和人才开发自有网络渠道系统的中小企业网络渠道拓展中可以优先考虑的平台，也是很多传统企业试水电子商务的“试验田”。

淘宝从 2003 年成立以来，在发展过程中不断探索和创新，引领了行业的发展。本节把淘宝每年的大事记进行了归纳和整理，从每年的标志性事件中可以看出淘宝发展和转变的痕迹，从而对如何在淘宝中建立渠道的背景知识有一定了解。

2003 年

5 月 10 日，淘宝网成立，由阿里巴巴集团投资创办。

10 月，淘宝网推出了第三方支付工具“支付宝”，以“担保交易模式”使消费者对淘宝网上的交易产生信任。

2004 年

2004 年，淘宝网在竞争对手的封锁下获得突破性增长。

作为新生事物的淘宝网出奇制胜——没和易趣争抢既有的存量市场，而是收割疯狂生长的增量市场；仅仅通过 1 年时间，这家“倒过来看世界”的互联网公司就成了中国网络购物市场的领军企业。

4月5日，淘宝网、21cn缔结盟约联手打造e购物豪门。

6月，淘宝网推出另一大法宝，即“淘宝旺旺”，将即时聊天工具和网络购物相联系起来。淘宝旺旺作为细分的即时聊天工具，整合沟通交流、交易管理等多种功能，其前身是阿里巴巴的贸易通。

2005年

2005年，淘宝网超越易趣，并且开始把竞争对手们远远抛在身后。

5月，淘宝网超越日本雅虎，成为亚洲最大的网络购物平台。

2005年淘宝成交额破80亿元，超越沃尔玛。

2006年

2006年，淘宝网成为亚洲最大购物网站，同年，中国网民突破1亿。

就在这一年，淘宝网第一次在中国实现了一个可能——互联网不仅仅是作为一个应用工具存在，它将最终构成生活的基本要素。很多都市中的白领，中午、傍晚下班后已经不再去周边的商厦逛街购物，而是习惯上网“逛街”。调查数据显示，每天有近900万人上淘宝网“逛街”。

2007年

2007年，淘宝网不再是一家简单的拍卖网站，而是亚洲最大的网络零售商圈。这一年，淘宝网全年成交额突破400亿，这400多亿不是C2C创造的，也不是B2C创造的，而是由很多种零售业态组合在一起创造出来的。

2007年淘宝成交额破433亿元，成为中国第二大综合卖场。

2008年

4月10日，淘宝B2C新平台淘宝商城上线。

9月4日，阿里巴巴集团宣布正式启动“大淘宝战略”第一步——旗下淘宝网和阿里妈妈即日起合并发展，共同打造全球最大电子商务生态体系。2008年9月份，淘宝网单月交易额突破百亿大关。

10月8日，淘宝网总裁陆兆禧在北京宣布：为进一步推进“大淘宝”战略，阿里巴巴集团未来5年对淘宝网投资50亿人民币。

2009年

1月13日，淘宝网对外宣布2008年交易额达999.6亿元，同比增长131%，已成为中国最大的综合卖场。

8月21日，阿里巴巴集团宣布，基于大淘宝战略，将口碑网注入淘宝网。

11月24日，中国东方航空集团携手阿里巴巴集团共同签订战略合作协议。同时，东航将在淘宝网开启官方旗舰店，开放全舱位全航段机票在线销售。

12月29日，淘宝网与湖南广电集团旗下国内领先的传媒娱乐机构湖南卫视在长沙达成战略合作，开创传统电视与电子商务跨媒体合作的先河。

2010年

3月，聚划算上线，成为淘宝网旗下的团购平台，主推网络商品团购。

4月，阿里妈妈变脸为“淘宝联盟”，成为中国最大的广告联盟。

10 月底，淘宝旗下的搜索引擎一淘（Etao）正式推出全网搜索，用户可以选择从搜狐搜狗（Sogou）或者微软必应（Bing）上获取结果。

11 月，淘宝商城启动独立域名。

2011 年

6 月 20 日，淘宝医药馆上线开业 18 天即关张；12 月，淘宝医药馆再度开张，仅做展示，不出售药品。

10 月 20 日，分拆聚划算团购业务独立运营，阎利珉担任总经理。

10 月 27 日，京东、苏宁易购、当当先后屏蔽一淘抓取。

11 月 11 日，淘宝一日成交额达 33.6 亿元，同比增长 259%。

2012 年

2012 年 1 月，淘宝商城宣布更改中文名为天猫，加强其平台的定位。

6 月，天猫书城正式上线：首期 1000 多家图书网店推出 130 万种、6000 万本图书。图书市场将面临新一轮的洗牌。

11 月 11 日，天猫与淘宝两家网购单日纪录再次刷新为天猫 132 亿、淘宝 59 亿，合计 191 亿。

2013 年

1 月，阿里调整为 25 个事业部，已经没有“淘宝”字眼。淘宝作为大实体，已经拆成更小的事业部，分别是类目运营事业部、数字业务事业部、综合业务事业部、消费者门户事业部和互动业务事业部。

4 月 29 日，阿里巴巴通过其全资子公司阿里巴巴（中国），以 5.86 亿美元购入新浪微博公司发行的优先股和普通股，占新浪微博公司全稀释摊薄后总股份的18%，将淘宝电商和 SNS 的结合进行到底。

11 月 11 日零点开始，天猫的总交易额就在不断刷新。据悉，该年天猫“双 11”开抢 10 分钟内，总成交额达到 15 亿元，38 分钟内即达到 50 亿元，不到 6 小时，天猫总成交额突破 100 亿元。而该年天猫“双 11”成交额超过上一年全天销售额 191 亿，只用了 13 个小时。截至 11 月 11 日 21 点 19 分，天猫总成交额达到 300 亿元，截至 11 月 11 日 24 时，天猫总成交额达到 350.18 亿元。

延伸阅读

2013—2014 年度淘宝战略解读

7 月 16 日上午，淘宝网负责人语嫣发布了 2013—2014 年淘宝年度战略，将未来淘宝的整体核心战略命名为“自己的舞台，自由的舞蹈”，具体的内容在这里不多重复，可到淘宝论坛去查看原文。本文详细解读淘宝新战略会给这个平台上的卖家带来哪些变化。

一、淘宝为什么要变？

先看看淘宝提供的这两年变化的几组数据：

①商家结构：年销售 10 万以下的中小卖家数量增幅明显（增幅超过 60%），但年销售额百万以上的大卖家数量增长缓慢（仅为 33%）。

②流量结构：淘宝站内搜索爆款流量下降，长尾和精准关键词流量开始上升。

③用户结构：淘宝入口呈现多个端口（人均访问端口1.4个），五六线城市和老龄人口渗透率加强。

这三组数据变化说明：目前淘宝入局者仍然很多，但做大越来越难，用户的需求在多元化，电商开始全民化，流量入口也在分散化。

近两年，网购用户增长红利不再，靠之前走“粗暴的低价爆款策略”所获利润难以弥补越来越高的营运成本，电商运营深耕细作势在必行，所以淘宝搜索规则与权重一直不断变化，以应对每个阶段出现的问题。

在外围，移动电商的时代即将开始到来，淘宝站外流量来源、消费群体、消费需求都在变得个性化、多样化，各种不确定性使得淘宝不得不作出调整。

二、过去的这两年发生了什么变化?

1. 用户搜索习惯变化

2013年5月份的一个搜索的数字：长尾关键词占搜索的整个引导的PV上涨了9.4%，高频词、爆款词下降了6.4%，低频词占整个引导PV上升了3.5%，

搜索就是买家变化的一个晴雨表，这说明买家对平台的使用水平在提升，个性化需求在扩大，价格与销量等因素在买家的购买参考权重中不断降低。

2. 流量入口与用户变化

淘宝首页不再是唯一入口，移动端、社会化流量在店铺整体流量比重中不断增大。买家的年龄不再局限于某个区间，既有低龄化也有高龄化趋势。网购区域不再集中在一、二线大城市，五、六线的城市也开始多起来。

2012年之后，淘宝开始频繁调整搜索规则，默认关键词搜索出来的结果已经不是销量为王了，而是综合考虑到店铺的各个维度，据悉有30多个；同时淘宝开始扶持“小而美”，推崇规模小但质量高、有独特性的店铺，这和爆款经济八竿子打不着了。

3. 对待卖家的变化（松绑与帮助）

不再以销量为主要参考，打击各种畸形滋长的苗头，把淘宝向一个高品质高服务的服务平台上引导。

最近从同行那得到消息，是关于淘宝未来排序的一些调整：

（1）取消上下架时间因素，按时间结束排序的权重未来会取消。（任何人都会干的事，已经没有意义）

（2）取消按销量排名的选项，大幅降低销量在排名中的比重。（淡化爆款模式）

（3）打击第三方导购平台，特别是10元以下包邮的导购平台（如折800），产品价格短期波动超过50%则降权处理。（打击畸形发展苗头）

（4）DSR成为排序的最主要权重，其次为新品、品牌授权、转化率、三天销量、七天销量等因素。（回归用户体验与服务）

淘宝的愿景是打造成一个特色、个性、规范、无所不包大市场，天猫则希望打造成一个多元化、时尚、品质和服务都非常好的时尚虚拟商圈。但目前整个大淘宝还是奉行着“低价、爆款、销量引流”的思路，甚至不惜用一些违规手段，这是淘宝不愿意看到的发展趋势，所以以上五点的调整只是时间问题。

淘宝帮助商家就是帮助自己，淘宝开始放权，减弱了搜索入口的绝对控制、主动引导卖家获取碎片化流量，并且为其引入或搭建大量站外资源。目的是为了使中小卖家有足够空间和权力去通过各种方式进行碎片化流量的收集，而不仅仅是依靠淘宝导入的流量。

三、未来淘宝要向哪些方面改变？

1. 失控

语嫣在演讲中所表示："2013 年到 2014 年，我们淘宝的运营有一个关键词，这个关键词是什么呢？我说我们就是'失控'，我们不要把一切的流量、一切的规则，还有一切的这种判断都抓在淘宝自己手里，我们要懂得失控，懂得让市场去判断。"

所谓的失控其实是放权，淘宝"失控"的目的只是为了突破增长的天花板，将"失控"和"松绑"当做增长的发动机。

如今的电商已不是当年仅靠一个首页入口的时代了，电商进入了社会化、碎片化的状态。而淘宝仅凭牢牢抓住平台商家，已难再有大的突破，与其如此，不如放权。八仙过海，各显神通，反正最终的交易还是要回归淘宝平台，对于淘宝来说，这就够了。

即便淘宝卖家拥有更多的权利、可以独立构建淘宝站外关系，但由于淘宝本质上已经形成了更加深层次和更加广泛的控制力，卖家若想打破必须为此付出相应成本。淘宝不想把收入局限在直通车与站内有限的广告入口上，那只能针对少量商家收费，未来淘宝更希望所有的大中小商家都给它贡献利润，所以，放权与松绑，是个不错的手段。

2. 安居乐业，规范市场

第一，建起"淘字号"；

第二，防盗图；

第三，完善商品库；

第四，交易的合约化。

解读：规范市场，完善平台，为长远发展做打算，降低法律风险，为上市扫除障碍。这些都是虚的概念，和一般卖家关系不大。

防盗图方面，前两年淘宝禁止引用其他店铺的图片，但对站外图片不做限制，因淘宝的图片空间是收费的，而且要高于站外图片空间提供商，所以不少商家把图片存于第三方平台。近期不少卖家收到的淘宝公告中显示，自 7 月 15 日起，外部域名图片链接将无法编辑使用。淘宝会通过"一键搬家"功能把卖家存储在第三方的图片搬至站内图片空间。

有多家店铺证实，如果店铺用的是旺铺专业版，并且购买了模板，首页装修时用的第三方相册的图片就不能显示。

用语嫣的解释是：①知识产品保护；②防止数据泄露。

3. 数据开放，自由跳舞

第一，数据使用的开放。

第二，支持个性化的卖家。

第三，彻底打通卖家触达买家的通道。

第四，公布淘宝的一些数据，帮助卖家能够在运营方面不断地提高。

第五，引入第三方建立更多的舞台。

数据开放可以让这个市场更加透明，帮助店铺提升运营能力。

具体变化有：推出个性化搜索，千人千面，根据使用偏好给每一个买家展示不同搜索结果；支持个性化卖家，把商品标签制定的权利交给最懂消费者的卖家去共同建设；开放数据，提供可影响特定人群消费的工具和渠道，让卖家有针对性地开展营销。

总体来说，淘宝此次新战略调整的核心是放权，其次是规范与引导，全民共建大淘宝的思路。对于大卖家来说，未来将是春天：多了更多发挥的空间，引导走出低价爆款的怪圈，把重心回归到服务用户上。而对于普通小卖家，若按常规套路经营则会弱于大卖家，能钻的空子也越来越少，若无法在产品方面作出特色，日子会更加艰难，未来可能是他们的冬天了。

有人说淘宝的天平在逐渐倾斜，对大卖家的支持力度越来越大。其实淘宝根本不用倾斜，只要市场规范了，各方面资源都会向大卖家自动靠拢，因为电商迟早是要回归商务本质的。

淘宝十年，变化很多，整体来说，淘宝正向着一个文明开放的大平台方向努力着，虽然仍有不尽人如意之处，但任何事物的成长都是从简单粗暴开始的，有锋芒与缺陷的，我们应该以包容的心态来看待，同时也希望大淘宝平台能在责任与利益方面平衡得更好。

不管你爱淘宝还是恨淘宝，它都在那里。万物皆变，唯变不变，如果改变不了这个世界，就要去适应这个世界，拥抱变化，顺势而为，才能在这个平台上活得更好。

任务 6.3 渠道冲突与解决

传统渠道所覆盖的客户，在互联网上也有一个身份存在，当网络渠道商试图把它发展为用户，成为互联网渠道的客户资源时，就和传统渠道发生了资源争夺，除非网络渠道和传统渠道的客户群没有重叠。

6.3.1 网络渠道和传统渠道产生冲突的原因

1. 网络渠道与线下渠道面向的客户群体重叠

这个是造成冲突的本源所在。除非网络上卖的产品和线下渠道体系卖的产品的终端消费者完全区隔开来，否则这种冲突必定存在。新兴渠道对传统渠道的变革是客观存在的，如同专卖店渠道和商超渠道也是直接存在竞争，网络渠道作为新兴的渠道模式对传统渠道的挤压是必定存在的，而且网络渠道携互联网之传播快速的优势及中间环节简化带来的价格优势，让传统渠道从直观上对网络渠道有敌意。

2. 由互联网的特性带来的价格冲击

这才是线下渠道反应激烈的本质，厂商通过网络渠道分销他的产品，即使销售不出去，对产品和企业的品牌也是有正面帮助的。从这个方面来分析，网络渠道对传统线下渠道应该是有正面帮助的，可是，为什么线下渠道却对网络渠道持怀疑态度甚至是抵触情绪？问题的本质就在于，网络渠道销售的商品由于不存在物流和仓储成本，也无须负担昂贵的营销成本，最终导致同样产品在线上售卖的价格比线下零售店的要便宜。

来自淘宝的数据显示，网上开店和传统物流相比，店主可以节省 60%的运输成本和 30%的运输时间，营销成本比传统的线下商店降低 55%，渠道成本可以降低 47%。综合上述成本因素考虑，同样的商品在线上和线下渠道存在 20%～30%的差价完全正常。这实际上是很可怕的，20%的差价足以让线下渠道产业链产生很大的动荡。

6.3.2　如何解决渠道冲突

我们应该如何去解决网络渠道和线下渠道的冲突问题呢？如何让包括网络渠道在内的新兴渠道与传统线下渠道和谐共生？实际上，随着社会的变迁，新兴的商业渠道已经对传统线下渠道产生了挤压，放眼看去，除了网络渠道外，DM 直邮、呼叫中心、电视直销都对线下渠道产生了不小的震动，所以企业有必要去摸索出一套行之有效的对策，以从容应对以网络渠道为首的新兴销售通路的冲击。

仔细分析网络渠道、DM 直邮、呼叫中心、电视直销这些渠道，我们会发现一个共同点，就是这些渠道打破了原有的线下渠道的地域区隔，并且在商业模式设计上带来了边际成本比较低的优势，所以企业如果没有及时建立与传统渠道下分销商的共赢机制，很容易出现新老渠道争夺的是同一批消费者，产品一样价格却不一样。这样会产生矛盾冲突，招致渠道商的抵制。而传统分销商对新渠道方式的采用，也容易出现分销商间的“窜货”现象。

1．善用网络渠道的媒体属性

我们会发现，网络渠道除了传统的渠道属性外，还带有相当程度的媒体属性。企业大可不必畏惧因为线下渠道带来的冲击而放弃网络渠道，完全可以有效利用网络渠道的媒体属性打好媒体牌，迅速提升企业的品牌，通过网络营销传播来带动线下渠道的销售。在这个领域，有太多的依靠互联网低成本传播而带动线下销售的成功案例，在此不再赘述。

2．针对网络渠道开发新的产品线

嘉宝莉作为国内涂料行业的排头兵，在 2009 年的上半年开通了其官方直营 B2C 电子商务网站，作为涂料行业开展电子商务的试水，嘉宝莉的一举一动都吸引着国内同行的关注。大家都在关注着嘉宝莉如何去破解整个行业都面临的困难——如何一面安抚原先的 1 万多家传统线下代理，一面如何开辟线上的销售渠道。采纳淘智结合嘉宝莉的现状，给的建议案是针对网络商城的消费者，对原先的产品命名、包装设计采用新的设计。从源头上牢牢把控网络专供产品的出货渠道，保证全部是通过网上商城直销和网络渠道分销的方式出货，这样就确保网络专供产品不会有太多的供货途径，基本上有效解决了窜货的问题，而传统渠道的价差问题在这里基本上不复存在。

3．让线下渠道分享到网络营销的甜头

可能很多人会有疑惑，开通网络营销的新渠道，那么传统的线下渠道必然受到冲击，就算厂家开发出新的产品线、新的子品牌来拓展网络业务，但是对传统线下渠道的伤害是不可

避免的，在这种情况下，厂家应如何有效规避？

这个问题本质上不难解决，基本上取决于厂家的心态，如果一个厂家，有志于把全国市场做好，必然会站在一个更高的层面来看待这个问题，不会为了蝇头小利而与渠道商争利。在把握这个原则的前提下，厂家可以通过自建B2C商城的形式，以厂家的高度面向全国的消费者，打破地域的区隔，让原有的线下渠道加盟商全部成为这个官方SHOPPINGMALL体系内的有机组成部分。加盟商（原有的渠道商）还是继续做好线下的拓展工作，在当今网络购物的环境已经逐渐成熟的现状下，可以适当引导用户到线下下单，总部商城根据加盟商的推荐订单给予返利，通过这种方式解决线下渠道商不愿意，甚至抵触网上直销的顽疾。根据商家逐利的本性，只要是有效地通过利润分配的杠杆，笔者认为问题就会迎刃而解。

第二个层面就是让加盟商承担同城或者就近配送的功能。基本上各地渠道商都有自己的物流体系，可以对其终端功能进行升级。例如，湖北荆州的消费者在某网站下订单后，再也不需要等3～4天才能拿到从总部寄送过来的产品，而是通过该产品的网站系统分配到其在荆州的加盟商，通过同城物流的方式很方便地就拿到产品。这样缩短了消费者的等待时间，也能省下从总部派送的物流成本，而这部分省下来的物流成本，可以作为厂家对加盟商的利润分配。这基本上是一种多赢的局面，兼顾厂家与加盟商的利益，而且也能为消费者节约购物时间。

总的来说，网络渠道与线下渠道的冲突难题，已经让越来越多的企业感到棘手，甚至成为这些企业进军电子商务的拦路虎。要解决这个问题不难，难就难在厂家是否有良好的心态去看待短期利益和长远利益的冲突。基本上，每个企业还是要根据行业特点、消费者的心理行为、产品的特性、客户群体等诸多方面来解决这个问题，只有树立正确积极的心态，明确企业的多通道营销战略，才能有效地解决这个问题。

案例

联姻天猫 雅芳渠道价格乱象加剧

在启用全新价格体系后，雅芳向零售战略转型的第二步是进入网络渠道。雅芳中国日前宣布正式入驻天猫商城，雅芳中国总经理林展宏表示，“拓展电商领域是雅芳大力发展零售业务的又一战略动作”。不过在业界看来，雅芳线下渠道的产品价格还未实现统一，此时涉足价格更乱的线上无疑是“蹚浑水”，这或许会加剧各渠道的价格混乱。

林展宏希望，“作为传统零售渠道的必要补充，未来，电商渠道将会是雅芳重要的零售渠道之一”。事实上，宝洁、欧莱雅等化妆品巨头都已经触网并获益匪浅。数据显示，2014年我国化妆品网购交易规模达到572.6亿元，并将继续高速增长，预计2015年这一数字将超过1200亿元。“只有不到1/4是由品牌正规授权渠道售出的”，专注于消费及零售战略咨询的欧析企业管理咨询公司副董事亨特·威廉姆斯说。显然，雅芳希望在向零售转型的过程中能搭上电商的快车。

林展宏认为，凭借电商平台，雅芳可以与消费者建立更紧密的联系，消费者的利益也可以从透明的价格和统一的渠道中得到保障。北京商报记者查询雅芳天猫旗舰店发现，其上线的各系列产品与线下专卖店产品几乎没有区隔，以雅芳明星单品小黑裙香体乳为例，在天猫旗舰店售价为 36.8 元，而在其他化妆品天猫店里，价格有 28.5 元、29.5 元等各不相同。一位买家直接在评论里称“买贵了”。在淘宝店，上述产品的价格相差更大，从十几元到三十几元都有，最低至 12 元。有淘宝店家称，所出售的雅芳产品都是来自自己的门店，同城也可以自取。

两个月前，雅芳宣布调整旗下零售渠道全线产品。在雅芳看来，一旦拥有稳定的价格体系，将让经销商们不再过度依赖各种促销销售产品，而是采取其他途径吸引客流。

任务 6.4　如何在淘宝开辟网络渠道

企业利用淘宝网打开网络渠道是最快速、最行之有效的方法，在淘宝平台上直接开设品牌直营店铺是很多企业开拓网上销售渠道的首选方式，借助中介平台成熟的技术、完善的购物流程、稳定的客流量可以帮助企业迅速建立直销渠道。这种方式开设直销店铺流程相对简单，但是后续推广运营是关键。

6.4.1　企业选择入驻“天猫”

“天猫”原名淘宝商城，是淘宝网的 B2C 平台，据数据显示，截至目前天猫已拥有超过 5 万家企业级店铺，其中由品牌商直营的品牌旗舰店达 3 万家。企业选择天猫需要一定的实力，通常都是走品牌路线。

1. 选择入驻模式

入驻模式一：旗舰店模式，是指商家以自有品牌（商标为 R 或 TM 状态）入驻天猫开设的店铺。

旗舰店可以有以下几种类型：

（1）经营一个自有品牌商品的品牌旗舰店。

（2）经营多个自有品牌商品且各品牌归同一实际控制人的品牌旗舰店（仅限天猫主动邀请入驻）。

（3）卖场型品牌（服务类商标）所有者开设的品牌旗舰店（仅限天猫主动邀请入驻）。

此种模式开店主体必须是品牌（商标）权利人或持有权利人出具的开设天猫品牌旗舰店排他性授权文件的企业。

所需提交的材料包括：

（1）企业营业执照副本复印件（需完成有效年检且所售商品属于经营范围内）。

（2）企业税务登记证复印件（国税、地税均可）。

（3）组织机构代码证复印件。

（4）银行开户许可证复印件。

（5）法定代表人身份证正反面复印件。

（6）店铺负责人身份证正反面复印件。

（7）由国家商标总局颁发的商标注册证或商标注册申请受理通知书复印件（若办理过变更、转让、续展，请一并提供商标总局颁发的变更、转让、续展证明或受理通知书）。

（8）商家向支付宝公司出具的授权书。

（9）产品清单：

① 若经营出售多个自有品牌的旗舰店，需提供品牌属于同一实际控制人的证明材料。

② 若由权利人授权开设旗舰店，需提供权利人出具的排他授权书（如果商标权人为自然人，则需同时提供其亲笔签名的身份证复印件）。

③ 若申请卖场型旗舰店，需提供服务类商标注册证或商标注册申请受理通知书，此类店铺为天猫邀请入驻。

入驻模式二：专卖店模式，是指商家持品牌授权文件在天猫开设的店铺。

专卖店模式有以下几种类型：

（1）经营一个授权销售品牌商品的专卖店。

（2）经营多个授权销售品牌的商品且各品牌归同一实际控制人的专卖店（仅限天猫主动邀请入驻）。

这种模式要求品牌（商标）权利人出具的授权文件不得有地域限制。

所需提交的材料包括：

（1）企业营业执照副本复印件（需完成有效年检且所售商品属于经营范围内）。

（2）企业税务登记证复印件（国税、地税均可）。

（3）组织机构代码证复印件。

（4）由国家商标总局颁发的商标注册证或商标注册申请受理通知书复印件（若办理过变更、转让、续展，请一并提供商标总局颁发的变更、转让、续展证明或受理通知书）。

（5）银行开户许可证复印件。

（6）法定代表人身份证正反面复印件。

（7）店铺负责人身份证正反面复印件。

（8）商标权人出具的授权书（若商标权人为自然人，则需同时提供其亲笔签名的身份证复印件）。

（9）商家向支付宝公司出具的授权书。

（10）产品清单：品牌属于同一实际控制人的证明材料（出售多品牌的专卖店）。

入驻模式三：专营店模式，是指经营天猫同一招商大类下两个及以上品牌商品的店铺。

专营店模式有以下几种类型：

（1）经营两个及以上他人品牌商品的专营店。

（2）既经营他人品牌商品又经营自有品牌商品的专营店。

（3）经营两个及以上自有品牌商品的专营店。一个招商大类下专营店只能申请一家。

2. 入驻商城所需资质材料及申请流程

（1）查询入驻条件。

① 您可以直接搜索自己的品牌，系统将显示对应的招商类目，只需勾选即可，也可以直接选择申请类目查询到对应招商品牌，选择好类目和品牌后，点击“添加到已选”按钮；如图 6-1 所示。

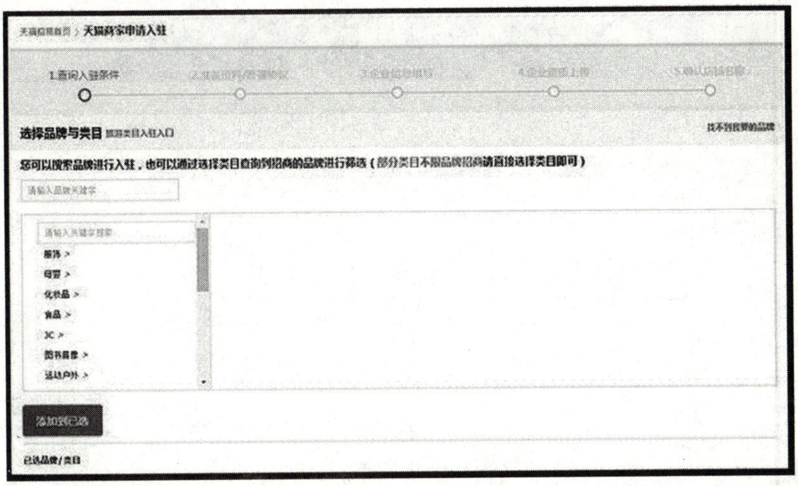

图 6-1　查询对应招商品牌

② 选择店铺类型（旗舰店、专卖店、专营店），若类型显示灰色，表示该店铺类型不招商。选择完成后，点击“下一步”按钮，如图 6-2 所示。

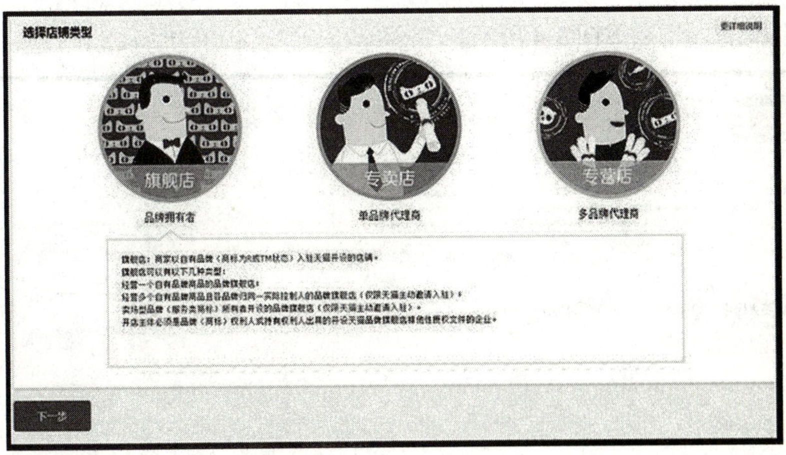

图 6-2　选择店铺类型

③ 若您的品牌不在招商范围内，请点击页面右上角“找不到我要的品牌”，推荐优质品牌给天猫，如图 6-3 所示。

天猫将对提交的品牌进行消费者需求调研和分析，有可能将你的品牌加入下一批招商品牌中。

（2）准备资料/签署协议。

① 检测企业支付宝账户，您需要准备一个尚未绑定过的企业支付宝账号，若您尚未申请，请在支付宝页面进行申请。

② 账号检测通过后，根据申请店铺类型，准备相关资质的电子档。

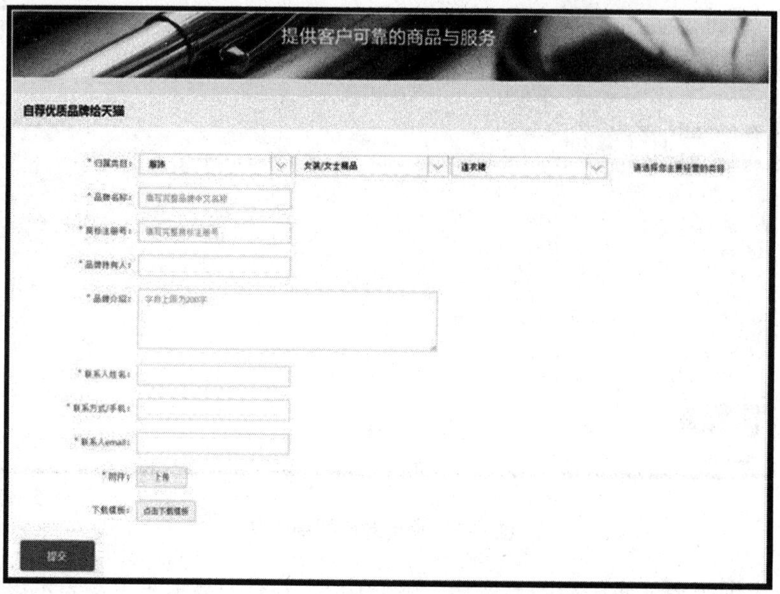

图 6-3 推荐自己的品牌

（3）店铺信息填写，如图 6-4 所示。

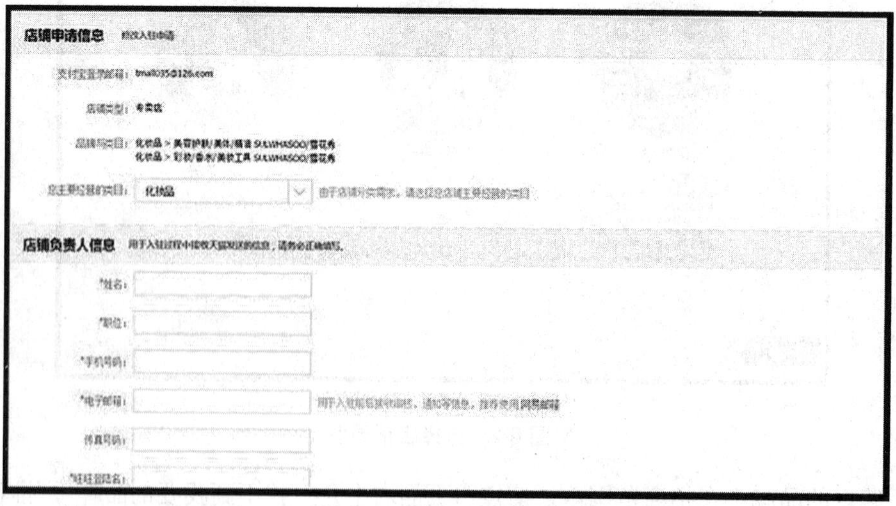

图 6-4 填写店铺信息

（4）资质上传。

①填写品牌资质，如图 6-5 所示。

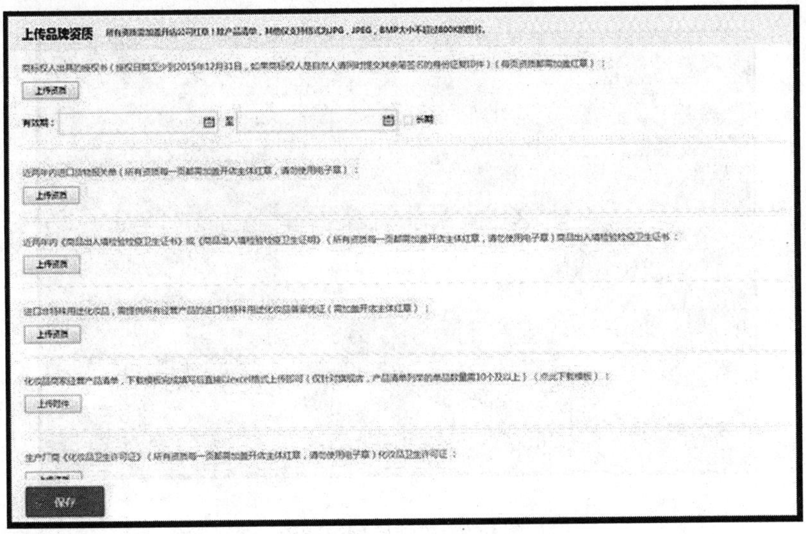

图 6-5　填写品牌资质

②填写企业资质，如图 6-6 所示。

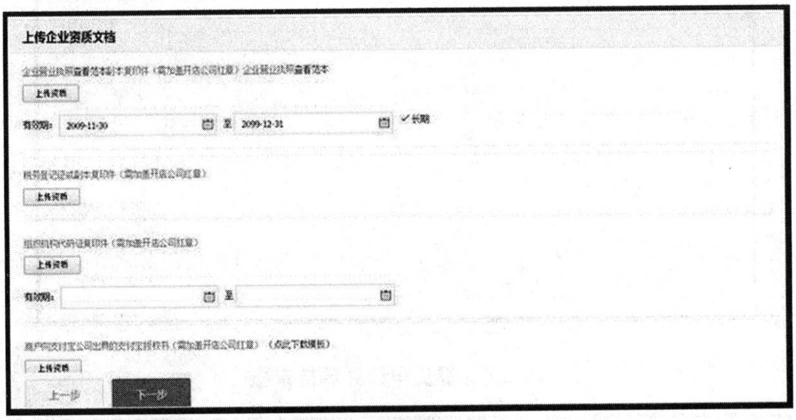

图 6-6　填写企业资质

（5）选择店铺名和域名，如图 6-7 所示。

（6）提交申请，等待天猫工作人员审核。天猫工作人员在规定时间内给到审核结果；后续可用申请账号登录本页面关注入驻进展。天猫工作人员未操作审核时，商家可点击“修改入驻资料”及“修改店铺负责人信息”对相关资质或店铺信息进行修改，如图 6-8 所示。

（7）复核通过，天猫工作人员将即时授权品牌和类目，完成后系统将以邮件和旺旺的方式，将天猫账户名及登录密码发送给商家。商家需登录天猫商家中心，完成后续操作（完成支付宝相关操作、学习天猫规则、补全商家档案信息），申请店铺上线，完成店铺入驻流程，如图 6-9 所示。

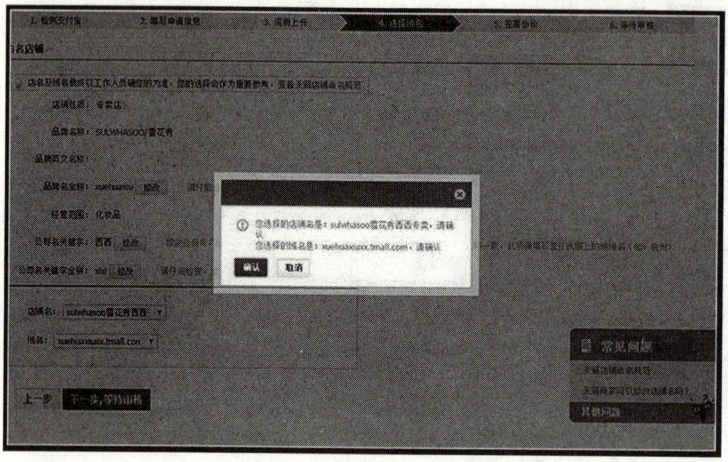

图 6-7 选择店铺与域名

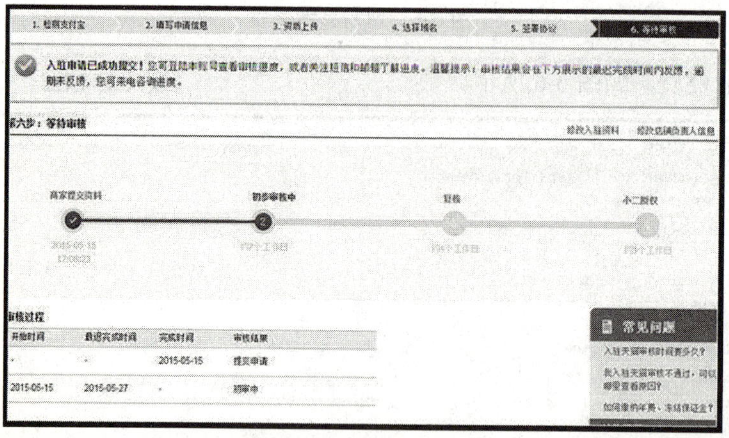

图 6-8 提交申请并等待审核

图 6-9 店铺上线

案例

方广进驻淘宝商城打通网络销售渠道

7 月 22 日，国内著名婴幼儿辅食品牌上海方广食品有限公司正式宣布，即日起在淘宝商城开设方广官方旗舰店（http://fangguang.tmall.com/）。今后方广所有产品将在淘宝商城方广官方旗舰店与地面同步销售，消费者可以通过网络第一时间享受方广方便、快捷和高品质的服务。

方广市场总监张晓宇表示，在电子商务盛行和区域经济日益一体化的今天，仅仅满足于拥有线下服务已经跟不上市场和消费者的步伐了，我们注意到淘宝商城与其他电子商务网站已经有专柜卖辅食，而且销量也不错，很多家长尤其是70、80后的年轻父母都有网上购物的习惯。尝试电子商务模式，让妈妈们不出家门就能买到让孩子放心食用的辅食，对方广与消费者来讲具有“双赢”的意义。

记者在网上看到，现在除了女士用品，婴幼儿用品是网上卖得最火的商品。网购一族的王女士说自己自从当了妈妈后，就很少逛街，宝宝的所有用品都是网上买的，“网上买东西不仅方便，而且便宜，既能不出家门买到东西又能照顾宝宝，一举两得。”随着网络购物用户规模的稳步增长，网络消费逐渐成为消费趋势。《第27次中国互联网络发展状况统计报告》中，个人互联网应用状况的调查结果充分反映了这种趋势。调查显示，截至2010年12月，网络购物用户规模达到1.61亿，使用率提升至35.1%，上浮了7个百分点。2010年用户年增长48.6%，增幅在各类应用中居于首位。

在网络消费购物市场被广泛发掘的今天，不少商家将目光投向了婴幼儿网络消费。各色母婴商城充斥网络，服装、餐具、玩具、奶粉、辅食等婴幼儿用品俯拾皆是；其网上折扣活动更是纷至沓来，吸引着广大网络购物者的眼球。可以预见的是，婴幼儿辅食行业的竞争也将由实体消费扩展到虚拟消费平台。对于婴幼儿辅食企业来讲，谁能收揽更多的网络消费群体的忠诚度，谁就会在未来辅食行业竞争中处于战略高地。业内人士指出，方广顺应时代发展趋势，着力打造网络官方旗舰店，旨在借助淘宝网庞大的消费群体，提高其品牌认知度和影响力。

目前，多数网络婴幼儿产品均为代销代购。方广官方旗舰店优质的服务，值得信赖的产品品质无疑将在淘宝网络商城的婴幼儿辅食店铺竞争中占有得天独厚的优势。而且官方旗舰店的建立使得方广的消费者群体覆盖面更为广阔。无论是在北京、上海等大都市，还是二三线城市乃至小城镇，都可以通过网络实现无阻碍购物。毫无疑问，方广网络商城的开通将惠及更多的消费者。

业内专家分析，方广进驻淘宝网络商城，不仅可以给予顾客更好的购物体验，对于品牌知名度提升、潜在消费市场的扩张更具有重大战略意义，这将为其在婴幼儿辅食市场的扩张奠定坚实的基础。未来，高端与基层、传统与新兴同发展的销售网络将成为新时代制胜的销售运营模式。

6.4.2　开设集市商家店铺

相对于天猫的高额入住费用和运营费用，很多小微企业选择开设淘宝集市商家店铺，这种模式对企业入驻无特殊要求，以企业身份和个人身份即可开设店铺，费用相对较低。由于集市商家的信用评价体系的影响，在开设初期运营难度较大。集市店铺主要是作为企业的销售渠道，以销售商品为目的，当然可以运用品牌策略进行推广和运营。

当集市店铺运营到一定规模，可以选择进入“天猫”，很多企业采用这样的模式，既保留C类店（集市店铺），又开设B类店铺（天猫店铺）。两种模式并不冲突，企业可以同时运营好两个店铺，大多数企业采取的策略是B店用于做形象店，打造品牌，C店用于清理库存、作为跑量的销售渠道。

6.4.3 加入淘宝分销平台做淘宝店铺的供货商

淘宝分销是指由淘宝研发提供的分销平台，用于帮助供应商搭建、管理及运作其网络销售渠道，帮助分销商获取货源渠道的平台。

淘宝分销有两种形式：

一种是淘宝分销代销，一般面向个人网店“网络分销商”把自己的货品通过自己创建的网上分销平台展示，“分销会员”把相中的商品的图片和信息添加到自己开设的网店里，当有顾客需要时，“分销会员”负责介绍商品并促成交易成功，然后通知“网络分销商”代为发货。“分销会员”主要靠差价获得收入，对个人来说，是一种“零风险”的创业模式。

另一种是网络批发，一般面向个人网商、实体店铺、网上专业店铺等。网络批发与传统的货品批发形式是一样，只不过是通过网络的形式，“网络分销商”把自己的货品通过自己创建的网上分销平台展示，“分销会员”把相中的商品直接在网上下规定数量的订单，付款拿货或压款经销的形式。

1. 概念介绍

淘宝分销平台用户包括供应商及分销商。

供应商是指通过分销平台供应商签约入口页面与《分销平台用户协议》（以下或简称“协议”）各方签署协议，并通过淘宝分销平台进行产品网络销售渠道搭建、管理及运作的企业用户。

分销商是指通过分销平台分销商签约入口页面与《分销平台用户协议》各方签署协议，且拥有网络店铺或电子商务网站，利用淘宝分销平台寻找供应商并由此获得货源的销售者。

2. 申请条件

成为分销平台供应商，需要满足以下三个条件：

（1）在商城有开店的用户。

（2）淘宝账号通过了支付宝企业实名认证。

（3）淘宝两皇冠以上（包括两皇冠）卖家（其中服装类个人供应商需同时满足店铺好评率98%及以上，DSR动态评分4.7及以上，否则无法申请通过）。

注：一个公司名只能申请一个账号，重复申请无效。重复申请时，将会有信息提醒您“该公司已入驻分销平台”。

品牌商入驻供销平台须提交以下资质文件：

（1）《企业法人营业执照》副本的原件扫描件（须完成有效年检且所售商品属于其经营

范围内）。

（2）《企业税务登记证》的原件扫描件（国税、地税均可）。

（3）《组织机构代码证》的原件扫描件。

（4）法定代表人身份证正反面原件扫描件。

（5）负责人身份证正反面原件扫描件。

（6）银行开户许可证原件扫描件。

（7）由国家商标总局颁发的商标注册证或商标注册申请受理通知书（若办理过变更、转让、续展，请一并提供商标总局颁发的变更、转让、续展证明或受理通知书）。

（8）若由品牌权利人授权入驻成为品牌商，须提供品牌权利人出具的排他授权书（如品牌权利人为自然人，则须同时提供其亲笔签名的身份证复印件）。

（9）若入驻成为多个自有品牌的品牌商，须提供品牌属于同一实际控制人的证明材料。

6.4.4　如何在淘宝中开展网络营销

网上开店成本低，经营灵活，已经成为当前企业拓展渠道的重要途径。但是随着网上开店的企业越来越多，随着凡客、红孩子、京东商城这些 B2C 巨头的扩张，淘宝网、天猫中的卖家开始面临严峻的生存挑战，过去只需要将商品传到网上就能卖掉的时代一去不复返了。如今的淘宝和天猫店铺运营越来越专业化，新的营销工具、营销方法、营销理念层出不穷，下面就对淘宝、天猫营销做一个简介。由于淘宝和天猫店铺运营大同小异，如无特殊说明，本节所指的淘宝包括淘宝和天猫。

1．淘宝运营公式

首先通过一个公式来看看淘宝店铺的经营成绩和什么有关。

销量=流量×转化率×客单价

1）流量

流量即全店各页面的访问人数总和。流量体现的是一个淘宝店铺的访客人数，访客越多当然东西越有可能卖掉，没有访客再好的产品也无人问津。流量首先可以分站内流量和站外流量。

站外流量，即来自淘宝之外的，主要通过微博、微信、论坛、许可 E-mail 营销等方式引入。

站内流量，即来自淘宝自身的，根据访客不同又分为两类：新增访客和回头客。

对于新增访客：

（1）店铺可以通过一些付费推广方式，如直通车、钻石展位、淘宝客等来增加店铺或宝贝的展现量，为店铺引进新流量。

（2）店铺可以通过优化店铺标题、首图、合理规划宝贝下架时间使自然搜索排名上升，也可以为店铺带来新访客。

（3）店铺也可以参加类目的一些活动增加店铺的曝光率来引流。

对于回头客：

（1）店铺体验很重要，您宝贝的图片、描述的真实性、相关性及美观性直接影响买家购买的意愿。

（2）店铺服务到位，可以提升买家对店铺的好感程度。这里的服务包括客服、发货速度等。

（3）可以有自己的买家群或是运营好自己的帮派，做一些活动，提高用户的黏性。

2）转化率

转化率分为好几种，其中主要的是全店访客成交转化率、推广转化率和运营收益转化率三种。

成交转化率，即成交用户数占访客数的百分比，计算方式为成交用户数/访客数。目前淘宝中竞争非常激烈，流量往往需要一定成本，如果没有较高转化率的保证，企业因需要额外支付获得流量的成本，不仅不能盈利，还有可能亏损得更多。通常情况下，有助于提高全店成交转化率的因素有：

（1）宝贝销量，对应的是顾客的从众心理，对于不熟悉的品牌，不熟悉的卖家，大家的选择应该不会错。

（2）相比同类宝贝，价格、运费便宜。

（3）标题和宝贝首图，标题设置直接影响产品被搜索的机会，而宝贝首图出现在搜索结果中，对顾客进入店铺起到最直接的作用。

（4）店铺装修、页面布局较好。

（5）相比同类宝贝，店铺信用等级较高、客服服务到位、买家评价较好。

（6）宝贝图文细节有吸引力；文案更能体现产品特点、定位，更能触碰到消费者情感，更能打动消费者。

3）客单价

客单价即平均每个顾客到店消费的金额，客单价越高，盈利越多。客单价=成交金额/成交用户数。单日“客单价”指单日每成交用户产生的成交金额。

那么如何提高客单价呢？现在较常用的做法有：

（1）在宝贝页加入其他宝贝的交叉链接，即关联营销。关联营销时要注意，关联的宝贝之间的相关性要高，如卖手机、MP3这种商品关联营销的效果就不如电池、充电器的销售效果好。

（2）可以选择一些促销手段、如满一定价格包邮活动，这样顾客为了达到包邮也会多买或是拉上朋友一起买。

（3）客服非常重要，客服通过挖掘用户潜在需求，或通过沟通技巧主推一些价格相对较高的单品，都可以拉升店铺的客单价。

2. 淘宝营销工具简介

由于淘宝网竞争激烈，淘宝店不做推广很难获得较好的经营效果，推广方法有免费的，也有淘宝网提供的付费推广方法。付费推广方法往往比免费的见效快，只要计算好成本，可以成为淘宝店的一种选择。

1）淘宝直通车

淘宝直通车推广原理是根据宝贝设置的关键词进行排名展示，按点击进行扣费。如果买家通过关键词或宝贝分类搜索后，在直通车推广位点击您的宝贝，系统就会根据您设定关键词或类目的出价进行扣费，如图 6-11 所示。

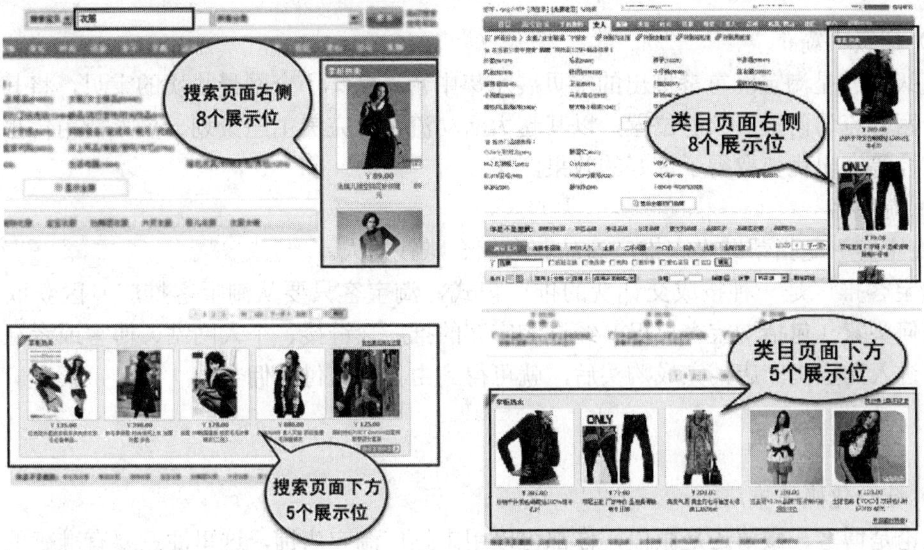

图 6-11　淘宝直通车

2）限时打折

限时打折是淘宝提供给卖家的一种店铺促销工具，订购了此工具的卖家可以在自己店铺中选择一定数量的商品在一定时间内以低于市场价进行促销活动。活动期间，买家可以在商品搜索页面根据“限时打折”这个筛选条件找到所有正在打折的商品。

3）搭配套餐

搭配套餐是将几种商品组合在一起设置成套餐来销售，通过促销套餐可以让买家一次性购买更多的商品，提升店铺销售业绩，提高店铺购买转化率，提升销售笔数，增加商品曝光力度，节约人力成本。

4）店铺优惠券

开通营销套餐（或者同时拥有满就送、搭配套餐、限时打折）后，满就送选项中会自动开通店铺优惠券功能；同时增加店铺优惠券设置买家领取功能（只能设置优惠券的金额，无法设置使用条件）。

5）会员关系管理

会员关系管理工具是帮助卖家管理自己会员的工具。通过会员关系管理工具卖家可以充分了解自己会员的信息；针对不同的会员帮助推荐更合理的营销方式；同时卖家还可以通过该工具加强自己店铺和会员之间的联系，提高会员忠诚度。

6）钻石展位

钻石展位是专为有更高信息发布需求的卖家量身定制的产品，精选了淘宝最优质的展示位置，通过竞价排序，按照展现计费。钻石展位适合相对成熟的卖家，首先要求卖家可以制作漂亮的展示图片，其次要求卖家有活动、促销等的发布意识，最好可以用最适合的噱头推广最合适的产品。钻石展位是按照广告在淘宝网展现次数来计费的，计价方式是 CPM，如您花一百元钱竞得了 1 个 CPM，就意味着您的推广图片将被展现一千次，展现后，您要支付一百元钱。

7）超级卖霸

超级卖霸是淘宝网重拳推出的宝贝展示集中营，搜集了全网最热卖的宝贝，将其集中展示在全网客流访问量最大的位置，以其超大活动流量、完美主题策划、投入费用优惠、效果数据监控等突出优势取得了良好的效果。

8）淘宝客

"淘宝客"是指帮助卖家推广商品获取佣金赚钱的人。

淘宝客推广是一种按成交计费的推广模式，淘宝客只要从淘宝客推广专区获取商品代码，任何买家（包括淘宝客自己）经过淘宝客的推广（链接、个人网站、博客或者社区发的帖子）进入淘宝卖家店铺完成购买后，就可得到由卖家支付的佣金。

3．免费推广方式

1）社会化媒体推广

无论是博客、微博还是微信，你都可以用来推广淘宝店铺，这里注意要有准确的定位，内容要丰富，风格要保持统一，这样才容易被用户关注，从而达到推广的目的。

2）淘宝社区推广

在淘宝社区宣传自己，淘宝社区融入了很多买家与卖家，每一个人都有可能成为你的潜在客户。在社区加入一些人气旺的帮派进行发帖、回帖，发帖前一定要先了解你所在帮派的发帖规则，不要乱发帖，否则容易被扣银币；发一篇好的帖子具有相当强大的功效，可以有效提高店铺浏览量，会大大提高买家对你的信任感和认同感，从而促成成交。如果帖子被加精、被置顶或被推荐到社区首页，那么你的店铺的浏览量也会不断上升，带来流量的同时也可能带来成交的机会。发表精华帖还可以给你带来 10 个银币的收入，或者是参加社区里的一些活动还有机会得到更多的银币，企业可以用这些银币来抢购社区各版块的广告推荐位，从而达到宣传店铺的作用。

3）问答类推广

百度、天涯、搜狗、有道等各大问答网站搜索与企业相关产品的问题，如"购买"、"便宜"、"价格"一类，耐心回答，积极提供帮助，最后留下联系方式，有人咨询时要细心回答并帮助客户，到一定程度推荐自己的链接。不要嫌麻烦，如果你一步步地帮助他解决问题，那么他很容易成为你的客户。

4．淘宝店运营基本思路

1）先建设店铺，做宝贝详情页

建设店铺，就是要有一个给用户与你交易的地方。详情页的建设，一般来说企业如果有设计比较好的员工可以根据品牌定位、产品特色独立设计；如果没有这方面人员也可以去模仿同行，去找几家销量比较高的同行，把他们的详情页给分解成一个个模块，然后再对比一下，看看有哪些模块是共通的，在自己的详情页里就可以借鉴这个模块。

2）价格

页面及价格基本上都是要同时做好的。价格之所以单独列出来，就是为了说明价格的重要性。同一个产品，也许仅仅只是几块钱的差距，在曝光量一样的情况，其中一个的销量可能是另一个的好几倍。所以，价格一定要重视。

定价需要考虑的因素，一般来说有三个：成本、顾客、竞争对手。首先，我们要考虑成本，然后再去看自己要进入什么价位的市场，再参考竞争对手的价格，拟定自己的价格。

3）做基础销量

对于淘宝买家来说非常关注的一点就是销量，0 销量跟 1000 个销量的转化率差距，可能相差几百倍。所以，初期一定的基础销量对于转化是非常重要的。

一般解决基础销量的办法就是刷单以及促销。刷单有被淘宝惩罚的风险，因此要请身边的人用真实的账号购买，并按照正常价格售出，并通过第三方物流配送，总之就是完全按照正常的流程来走。促销就是通过价格折扣，如亏本销售或参加淘宝的一些活动提升销量，这里主要要考虑自己的承受能力。最好能做到前期两者相结合，把基础销量迅速做起来。

4）引入流量

如上面所学习，流量是销售的重要影响要素之一，目前最常规的引流方式就是自然搜索流量以及直通车。通过优化标题、宝贝首图、优化宝贝下架时间进行自然搜索优化，也可以开通直通车，付费引流。当然也有淘宝网站外的推广方式，但一般来说要优先做好淘宝站内流量。

5）测试价格

通过上面的操作，基本上每天开始会有一些订单。这个时候可以把价格调高或者调低，每个价格测试几天，然后通过销售数据反馈，找到一个最合适的价格。

6）优化页面

通过上面的步骤，店铺里还获得了不少其他的数据，我们就可以根据产生的数据（最主要的指标是转化率）去优化页面。通过淘宝提供的量子热力图，查看用户关心经常点击的地方有哪些，再根据顾客跟客服的交流，在评论里的留言等去了解卖点的表达方式，页面的整体风格等顾客是否满意，购买过程中有没有遇到问题，把这些意见落实到页面的优化里，这个过程可以不断循环，通过数据反馈情况，对店铺页面持续优化。

7）价格的提高

随着销量的提升，如果一些卖家前期是通过亏本销售提升销量，这时可以考虑调高价格。需注意提价的幅度不能太大，对于转化率会有较大的影响。然后对于刚提价就来购物的买家，可以给他们一些小礼物，或者直接给优惠券，这样显示的购买价格就是提价后的价格，对后面的买家，产生的影响就会比较小。

8）做客户关系营销

进入到店铺运营中期后，老用户的维系就比较重要了，可以让他们关注你的微淘、微信、微博、QQ 群等，然后经常分享一些有价值的内容，经常提供一些促销活动。

延伸阅读

淘宝SEO标题搜索优化技巧

很多人有疑问，为什么要做SEO标题优化？我们为什么必须要做好淘宝排名优化？以下是本人列出的几个原因：

（1）可以带来大量流量。

（2）带来的流量都是免费的。

（3）带来的流量每天相对稳定。

（4）带来的流量都是优质的精准客户，转化率更高。

（5）直通车是收费版的淘宝搜索，做不好淘宝排名优化，直通车也是做不好的。

优化自然搜索以及类目搜索

搜索排名的排序大体上是：成交量>收藏人数>卖家信誉>好评率>浏览量>宝贝下架时间。

下面是我个人总结的多项权重。

搜索权重列表：

（1）商城有限，消保其次，无消保其后。

（2）店铺高级别优先，底级别其次。

（3）作弊程度，无作弊优先，有作弊按百分比排序。

（4）违规扣分程序排序。

（5）退款率百分比排序。

（6）产品和店铺的收藏量。这两个分开计算的，但每项都是累计的，没有30天的限制。

（7）转化率=（产生购买行为的客户人数/所有到达店铺的访客人数）×100%，每个进店一百人购买比例计算排序。

（8）产品和店铺的浏览量，淘宝系统计算的是不同地区IP的独立IP访问量和点击量。

（9）投诉率。

（10）平均旺旺每天在线时间（不含手机在线）。

（11）买家评估分数，好评率，低于98%的话就会大大的扣分，甚至很难排上。

（12）旺旺平均第一响应时间。

（13）发货速度。

（14）商品属性正确率。

（15）下架时间，在商品下架前6～24小时内排序优先。

（16）每一百件宝贝被投诉率。

（17）被举报次数。

（18）产品和店铺支付宝使用率，这个指的是单个产品和整家/店铺最近30天的支付宝交易总量，近30天每天稳定的成交。

（19）橱窗推荐优先靠前。

（20）店铺服务质量得分。

（21）刷信誉占全店所有交易比例。

（22）卖家综合评分数，好频率，带好评的字，也就是说顾客给您的评价不仅是两个字“好评”，而是很多个字的真心评价。

（23）热销商品靠前。

（24）正常收藏量靠前，无收藏量靠后，非正常收藏量最后。

（25）近 30 天总交易笔数，这里的成交量是指最近 30 天的成交量，这个成交首先优化宝贝下架时间（淘宝会给予快下架的宝贝优先展示的机会）。

通过数据分析，每天上午 9—11 点、下午 15—16 点、晚上 21—22 点顾客的访问量非常高。所以分批对店铺的宝贝进行上下架保证店铺的宝贝在三个黄金时间铺货（铺货指在这三个黄金时间段轮流下架以获得优先展示），这样在一个星期以后店铺宝贝的搜索在所有排名中会有明显的搜索权重提高。

上下架时间优化完以后，接下来就是宝贝标题的优化。

我们通过各种途径获得当前买家热搜的关键词，从而充实到自己宝贝的标题中。

（1）数据魔方。淘词功能为我们获取关键词提供了方便。以连衣裙为例，我们搜索得出了目前买家热搜的关键词组，从中找出符合自己宝贝的关键词，如图 6-12 所示。

（2）通过淘宝首页，在搜索框里输入连衣裙，获得符合宝贝属性的关键词组，如图 6-13 所示。

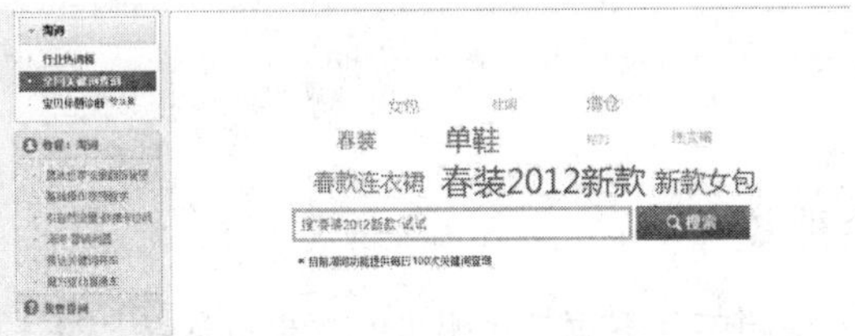

图 6-12　淘词功能

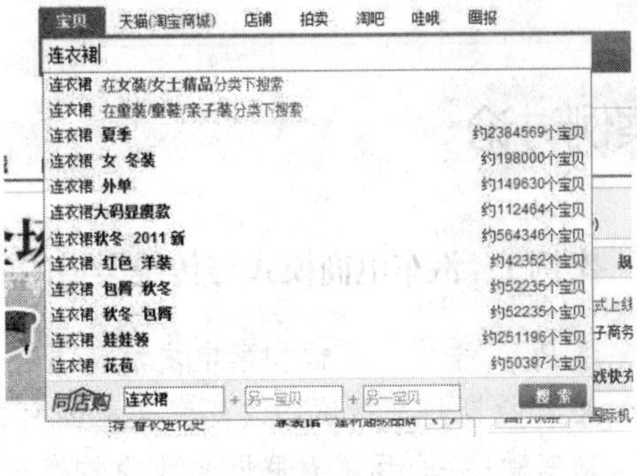

图 6-13　获得关键词组

（3）通过点击搜索框底部“更多”进入淘宝官方搜索排行榜，如图 6-14 所示。

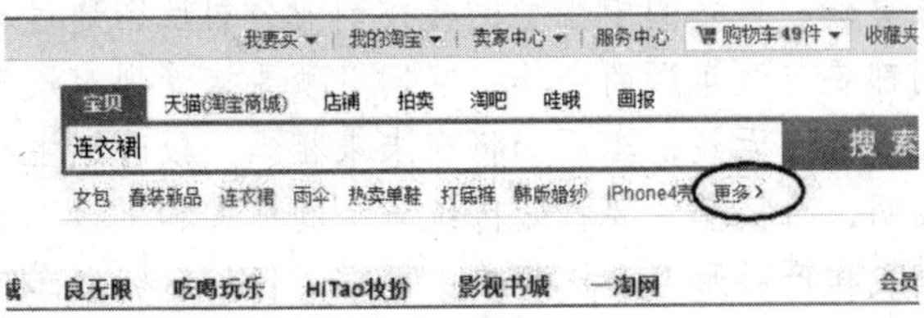

图 6-14　进入搜索排行榜

通过查看搜索上升排行榜、搜索热门排行榜，从中收集出符合自己宝贝属性的关键词，如图 6-15 所示。最后将通过各种途径收集来的关键词放在一起，最后分解打散，剔除掉重复的词。接下来我们拼接词组开始组合标题的关键词，在拼接词组的时候切记一个原则，能连不分，语句通顺。同时也要完善宝贝的属性，切记为了宝贝标题的优化而忽视了属性或者违背宝贝属性，如宝贝属性是短裙，而宝贝标题却是长裙。淘宝对搜索规则的违规打击相当严格！

图 6-15　排行榜

产品图片一定要做好，千辛万苦出现在了买家搜索的页面，只因自己的图片不如别人的漂亮而被买家忽视，岂不是很无语？产品图片要清晰，最好有底色，现在都是清一色的白板太单调，切记不要添置太多文字，否则会被系统诊断为“牛皮癣”而降权！

案例讨论

案例1：汽车电商模式与传统渠道的貌合神离

继PC、手机、平板和家电之后，互联网入侵的下一个空间在哪里？答案或许是“汽车”。Google和特斯拉都在试图改变汽车业固有的生态系统。一个利用人工智能和大数据技术试图实现自动驾驶；一个运用互联网思维重构汽车的生产体系，以反传统的思维制造一款纯电动汽车。

在中国，腾讯试图将未来汽车车窗作成一个嵌入式的智能屏幕。百度则与福特合作举办编程马拉松比赛，吸引极客们为汽车创造更多的科技应用。科大讯飞、高德地图则分别在语音识别和地图导航寻求突破。更多的中小型的科技创业公司试图通过车联网业务建立新的生态链。但目前毫无疑问都要与汽车厂商合作，它们必须要接受现有汽车产品的质量标准、生产理念以及更新换代的节奏。无疑，车厂仍将在未来相当一段时期主导产业链的气候。

越来越多的迹象表明，科技企业要打破传统车企的模式和束缚，还需要更多的耐心，要颠覆汽车现有的生产模式和产品形态会比想象中更难。仔细研究汽车产品的生态链，笔者越来越多地体悟到，汽车最先与互联网产生火花，将诞生在它的销售流通、售后服务环节。

非常现实的原因是，在流通和服务层面的变革符合车厂的利益诉求，至少不会看起来是要把自己的命革掉，把天下拱手让给他人。对于车厂来说，其难点在于它要逐步摆平与传统线下经销商的利益矛盾问题，用户的消费习惯以及大宗商品的流通和线上交易环节的结构性矛盾问题，减少变革所带来的风险。实际上，车厂比谁都更清楚流通销售环节变革的迫切性。

不久之前成功登陆纽交所的汽车网站“汽车之家”宣称，在“双11”期间创出每秒卖出

3 辆车的记录。当天，天猫、易车、汽车之家三家网站共贡献了近 17 万辆的线上订单，订单总额达 235 亿元。也许这个数据仍有很多水分在其中，而且在某些人看来这是个伪电商模式，但这不重要，因为它是真正的开始。

实际上，早在 2010 年团购火爆时，淘宝聚划算和奔驰合作 Smart 团购，仅用了 3 小时 24 分，205 辆奔驰 Smart 便一抢而空。如果说当时还只是个案，那么现在汽车电商正在往常态化的方向上迈进。

电商的核心竞争力在于通过缩短交易环节降低渠道成本。说白了，就是减少甚至打掉部分中间环节以及不必要的服务，将这部分利益交换给用户，降低车价。此外，电商将让信息加速透明化，让车厂和销售商更理性地开展销售和服务工作。

在小宗商品行业，电商渠道正在强势抢夺传统卖场的客流，并消灭它们的未来的发展机会，但在汽车电商领域，格局并未清晰，传统 4S 店和线下卖场与电商模式将会在相当长的一段时间共生共存，既彼此竞争、抢食，同时又纠合在一起，无法完全跳脱开彼此。这是由汽车的产品本身的特性决定的。

汽车的电商将在相当长的时间内由 O2O（Online to Offline）模式主导。汽车销售和汽车服务销售，均存在配送问题。因此，只能采取线上下单、线下提车或获取服务的方式。除了汽车，本地生活服务、医疗、旅游等行业均需要以类似的方式来完成交易。

汽车产品生产、销售和服务本身也将逐步随着科技的进步而进化。它的生产过程或许开始采取 C2B 定制（Customer to Business），类似小米手机的反向互联网生产模式。以用户为中心，采取定制化的手段，提升用户更多个性化的选择，加强产品本身的特质，这或许将被汽车厂商逐步采用。

案例思考题

1．分析案例，企业行业电商的模式有哪些？哪些方面做得比较好？

2．汽车行业网络渠道的冲突有哪些？应如何解决这些冲突？

案例 2：柚子舍：在线品牌再渠道

回首 2013，独立电商活得并不好：倒下的既有初刻这样的原创品牌，也有酷运动这样的渠道电商，还有库巴这样的大型平台电商。而在化妆品电商这一领域，风景却独好，聚美优品甚至已经开始涉足线下。透过产品、品牌、营销、渠道这些关键字，看完它们的经验，我们也许能明白更多。

3 年以超 300%的速度增长，官网的会员注册人数已达 240 余万，客单价从 220 元到 280 元，再上升到今年上半年的 330 元，立足无添加护肤领域，柚子舍成为化妆品市场的一匹黑马。

梳理柚子舍的成长脉络，和当红的小米多少有些相似，都是纯粹的互联网品牌。它以无添加的产品为核心，建立“官网＋旗舰店＋垂直 B2C 平台＋C 店”的全网全渠道的立体网络营销模式，基于对市场、消费群体及行业趋势的精准解读，成功实现细分市场的爆破。

当前，柚子舍官网销量占 70%～80%，并对淘宝等其他渠道的销量进行限制，开创了一种独特的商业模式。

先上线官网，再跟进淘宝

2010年10月10日，柚子舍上线。在此之前，凌远强已经花费了5年，做了一个名为“优歌网”的化妆品电商平台，并已经积累了60余万的用户，还有团队经验。

新上线的柚子舍倡导无添加护肤理念，针对需要美白、补水和肌肤敏感的三大类人群，推出从清洁、保湿、补水到防护隔离等10多款无添加产品。

“我们不打爆款，不参与价格战，选择官网为主要销售渠道。”凌远强告诉《天下网商》记者，柚子舍保持每年上市10余款新品的速度，但随着产品的不断更新迭代，SKU控制在48个。经过3年的市场深耕，柚子舍成为成长最快的互联网化妆品品牌，没有之一。在中国无添加护肤市场一骑绝尘，并获得资本市场的青睐。

分析过去5年优歌网用户的消费记录，凌远强发现，主打无添加理念的日本成人美妆品牌的综合指数位列全网前三。而作为日本无添加领域老大哥的FANCL，2010年的销售额达1100亿日元，曾是日本增长速度最快的品类和品牌。日本的化妆品领域不乏优秀的大品牌，FANCL能在这样的竞争环境中快速增长，足够证明消费者对无添加护肤理念和功能的高需求。

一个利基市场的开发需要有一个潜在的市场需求。从整个国内市场看，该领域尚未出现绝对领导品牌。同时，2010年中国卫生部发布的一篇报告称，中国有40%左右的成年女性认为自己的皮肤是敏感肌，或者已经处于敏感。结合团队前期对1800名消费者做的问卷调研结果，凌远强认为无添加领域正是一片蓝海。

“谁能把这一群体服务好，谁就有机会。”凌远强对互联网网民结构的理解决定了柚子舍目标消费群体及品牌的定位。柚子舍从一开始就走中高端路线，目标消费群体以1975—1985年出生的女性为主。

在凌远强看来，这个群体的消费能力和网购意愿都相对比较强。但在现有的网络品牌中，并没有为她们量身打造的产品。“很多品牌较早之前都认为网购者都是年轻群体。但1980年出生的人，2005年是26岁，到今年是34岁了。25～28岁是女性皮肤的一个分水岭。她们的需求同样在变化。”凌远强说，这一部分人往往愿意为产品的品质和特点买单，而不是为价格买单。这也是柚子舍坚持不参与价格战的一大原因。

“没有哪一个品牌能够依靠单一渠道成长。”多年线下的从业经验让凌远强对单一渠道保持警惕。他认为，想要快速成长、快速盈利，走淘宝是一条捷径。但是，太过依赖一个渠道，面临的是日益激烈的竞争，从而导致产品溢价能力的缺失。最后，用户跟着品牌走的难度就特别大。直到2012年9月，柚子舍才进驻淘宝，并控制销售占比不超过15%。

数据证明，凌远强的逆向思维是成功的。目前，柚子舍官网的销量占70%～80%，每天带来至少8万的有效独立访问IP，约20万的UV。一年产生两次以上购买的用户比例占65%左右。

“双11我可以不跟进，或者不重点跟进。”凌远强告诉记者，绝大多数的用户已经习惯在官网上购买，而且在10月10日已经将用户的消费能量释放了一次。“双十大促”是柚子舍回馈新老客户的一次活动。在今年的“双十大促”中，柚子舍完成近50万张订单。但由于活动热度超出预期，系统出现了较大的问题。

未来：打通渠道与供销

做成中国无添加领域的第一，是凌远强的第一步梦想。而这之后，他还有更多的想法。

2012 年 5 月，柚子舍完成 A 轮融资，获得深创投 5000 万元资金。近 1 年半的时间，柚子舍在产品研发、品牌打造、渠道拓展等方面加快步伐，全面创新，增长速度超出预期。

“目前 B 轮融资已基本敲定。”凌远强告诉记者，团队已经开始思考两三年后的发展方向。

现在，柚子舍的技术团队正在打造柚子舍 2.0 版本，该套系统将官网与分销商、旗舰店和 C 店后台打通，实现全网统一营销推广，实时收集供销数据。

“品牌是实现流量转化最有效的方式，有较高的毛利率保证，但这不是我的全部。”对于 2.0 版本，凌远强有更长远的想法。基于软硬件结合，打造一个所有爱美女性用户聚合在一起的场所，用更高科技的手段，帮助每个用户找到真正适合自己的产品，变得更美。

而谈及线下开店，凌远强表示会坚持走互联网渠道。“在一定时间内，我们不能选择通吃。”凌远强告诉记者，不盲目跟风，但会做一些调整，在增长到一定的时候会尝试“前店后仓”模式。在几个核心区域设立有配送功能的体验店，不仅能加快发货周期，还可节省成本。

案例思考题

1．案例中企业先官网后淘宝的渠道策略背后体现了企业什么样的思路？这样做的好处有哪些方面？

2．案例中提到的“柚子舍 2.0 版本”对渠道的管理有什么作用？

思考题

1．网络营销渠道应该包括哪些功能？

2．谈谈支付功能对网络渠道开拓的影响。

3．网络渠道有哪些特点？

4．如何帮助企业进行网络渠道建设？基本步骤是什么？

5．看淘宝的大事记，从哪些重要的事件可以看出淘宝的发展战略调整？

6．网络渠道和传统渠道为什么会有冲突？体现在哪几个方面？

7．解决渠道冲突对企业有什么影响？如何解决？

8．入驻天猫有几种形式？区别是什么？

9．淘宝分销平台有几种分销模式？有什么优势 ？

实验实训

1．登录“天猫”官方网页，在首页的下方点击进入“关于天猫”，仔细阅读招商标准、入驻流程及资费标准。

2．登录淘宝“供销平台”，了解供销规则，重点阅读违规处理相关条款；了解分销商入驻流程，分析分销商选择供货商的重点在哪。

学习情境 7

如何在网络环境下开展促销活动

学习目标

知识目标：掌握网络营销中促销的基本知识，熟悉网络营销中促销的常用方法；掌握网络广告、病毒式营销、搜索引擎营销、许可电子邮件营销、微博营销、微信营销的基本知识。

能力目标：能指导网络广告的制作、投放与发布；能进行搜索引擎营销；能指导企业开展病毒式营销；能进行许可电子邮件营销；能指导企业建立自己的微博微信并以此为平台开展营销活动。

学习导航

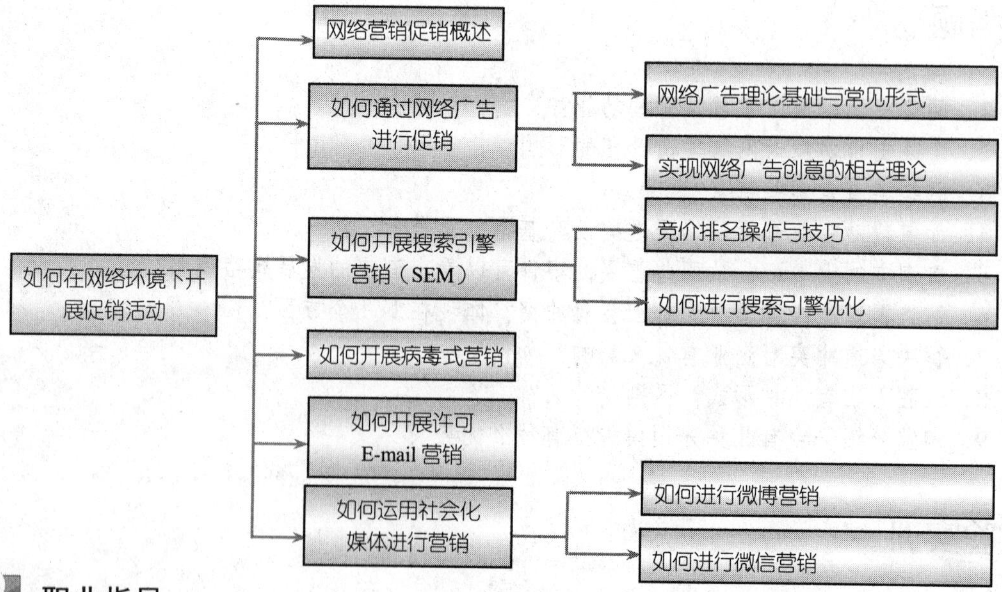

职业指导

当企业开发出满足市场需求的产品，制定有吸引力的价格之后，还必须开展有效的促销活动，即为激发顾客的购买欲望、影响他们的消费行为、扩大产品销售进行的一系列宣传报道、说服、激励、联络等促进性工作。作为企业与市场联系的手段，促销包括多种活动，因此促销策略常常采用各种不同促销活动的有机组合。

在网络环境下，促销的工具、方式、促销者和对象之间的关系等都发生了变化，作为网络营销人员，必须掌握网络对促销活动的影响，能熟练使用各种网络促销工具，能策划多种促销活动，这样才能迎接网络对企业的营销提出的机遇和挑战，才能帮助企业说服顾客并引导他们采取预期的行动。

引导性案例

吃垮必胜客

让我们来看一下全球餐饮集团百胜，如何发动一次名叫“吃垮必胜客”的病毒式营销活动。

必胜客有一款自助沙拉，点了这款沙拉后，必胜客会给你一个碗，只允许盛一次，你能盛多少就盛多少。盛沙拉的碗并不大，很浅，简单地装沙拉，装不了多少，所以，如何保证自己的钱花得最划算，尽可能用那只可怜的小碗，装满你喜欢的沙拉，也就成了一门有趣的学问。

为了吸引更多的人来吃必胜客，台湾必胜客发动了一次名称叫作“吃垮必胜客”的网络营销活动。

在这个题目叫作“吃垮必胜客”的邮件中，介绍了盛取自助沙拉的好办法，巧妙地利用胡萝卜条、黄瓜片和菠萝块搭建更宽的碗边，可以堆到 15 层沙拉，同时还配有真实照片。

很多收到邮件的网友都在第一时间把邮件发给自己身边的亲友或同事，并相约去必胜客一试身手。

有一位网友这样在网上留言："我当时马上把邮件转发给我爱人了，并约好了去必胜客一试身手。到了必胜客我们立即要了一份自助沙拉，并马上开始按照邮件里介绍的方法盛取沙拉。努力了几次，终于发现盛沙拉用的夹子太大，做不了那么精细的搭建工艺，最多也就搭 2～3 层，不可能搭到 15 层。"

而到必胜客试过身手，并且真的装满更多层沙拉的热心网友，会在网上发帖，介绍自己"吃垮必胜客"的成功经验。甚至有网友从建筑学角度，用 11 个步骤来论述如何吃垮必胜客的方法。

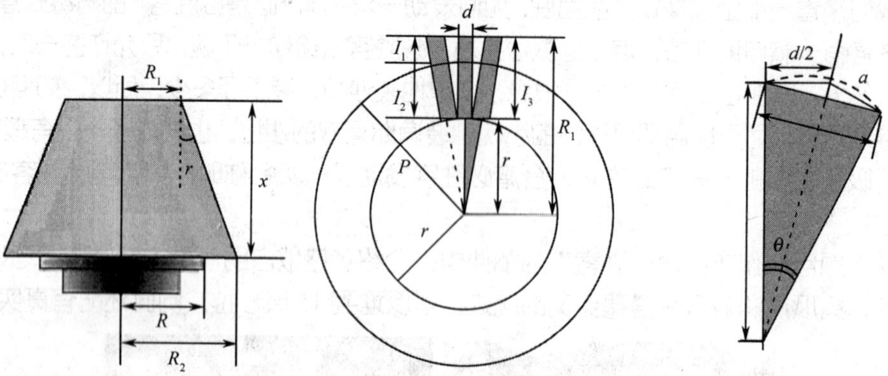

但是，必胜客却通过一个个消费者的参与，以及网友自发地网上传递，不但没有被"吃垮"，利润反而大大地上升了。

必胜客通过这种精心制作的、具有强大感染力的"病原体"，通过用户的口碑宣传，利用病毒传播原理快速复制、扩散开来。

案例分析

通过制作一个教消费者怎样在必胜客的自助沙拉中一次性盛得最多的图解，引起人们饶有兴趣地去研究，使得"吃垮必胜客"的图解在网络上迅速流传开来，有很多人看后当即就去必胜客的店里亲身实验。其他人虽然没有去亲身实验，可也觉得有趣而自发向周围朋友进行了传播。姑且不算必胜客因此增加的销售额，仅仅是通过这种近乎免费的方式进行传播所节省的广告费用，无论怎样，都还是必胜客"必胜"了。

任务 7.1 网络营销促销概述

网络促销是指利用现代化的信息技术向虚拟市场传递有关产品和服务的信息，以启发需求，引起消费者购买欲望和购买行为的各种活动。

与传统促销一样，网络促销的核心问题也是如何为消费者提供具有价值诱因的商品信息以吸引消费者。要实现这个目标，必须在整个促销过程中与现有的和潜在的客户保持有效的、持续的沟通。这里有两个传播模式来帮助我们认识如何做好这种沟通，分别是拉斯韦尔的 5W 模式（如图 7-1 所示）和香农—韦弗的数学模式（如图 7-2 所示）。

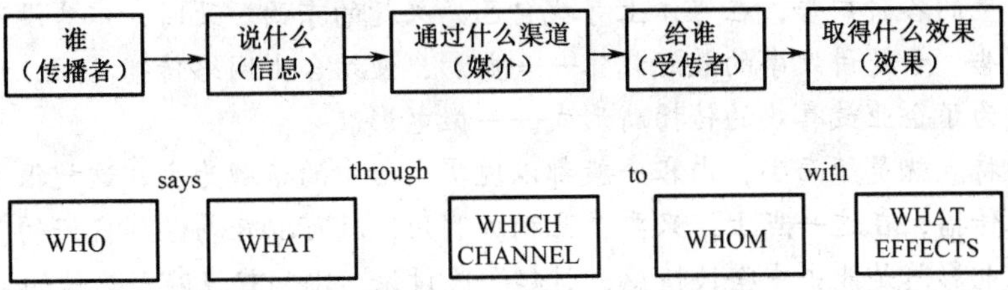

图 7-1　拉斯韦尔 5W 模式

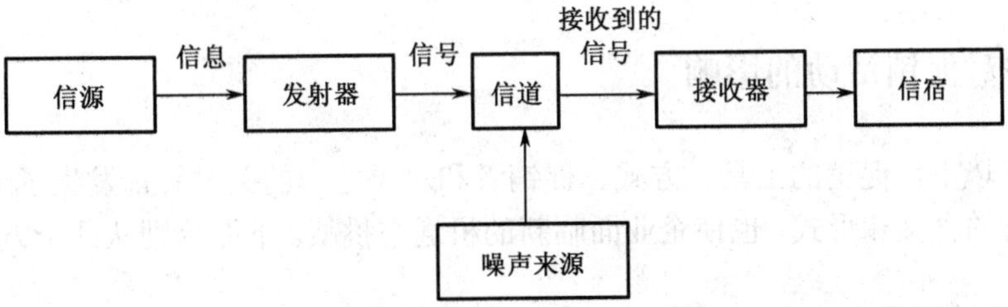

图 7-2　香农—韦弗数学模式

拉斯韦尔 5W 模式明确提出了传播过程及其五个基本构成要素。“谁”就是传播者，在传播过程中担负着信息的收集、加工和传递的任务。“说什么”是指传播的信息内容。“通过什么渠道”是信息传递所必须经过的中介或借助的物质载体，它可以是诸如信件、电话等人与人之间的媒介，也可以是报纸、广播、电视等大众传播媒介。“给谁”就是接收者或受众，它是传播的最终对象和目的地。“取得什么效果”是信息到达受众后在其认知、情感、行为各层面所引起的反应。它是检验传播活动是否成功的重要尺度。

香农—韦弗数学模式主要认识到噪声会影响传播效果。接收者可能因为各种原因而得不到发送者发出的信息，这些原因统称为噪声，它干扰着沟通的有效进行，噪声在三个方面影响接收效果：一是传递的信息只有一部分被接收者注意；二是接收者按自己所固有的意识理解信息，传递的信息只有一部分被正确理解；三是传递的信息只有一部分能在正确理解的基础上被接收者记住。

综合上述内容，促销的目的是说服受众并引导他们采取预期的行动。因此促销第一要设计信息内容，使之与想要引导的预期行动间建立联系；第二，要将促销信息通过合适的媒体、克服噪声干扰有效率地送到目标受众；第三，让目标受众能准确理解促销信息的含义，并接受为自己认知结构中的一部分；第四，当目标受众进行决策时，要使他们有足够的认识和动力调出信息、指导行动；第五，促销者要了解所发送的信息是否有效引导了预期的行动。

案例

微电影营销——用故事打动你

对于企业来说，这是一个最坏的广告时代，受众变得“狡猾”，他们总是能够巧妙地绕过企业精心布置的各种广告，在媒体上寻找自己感兴趣的东西。此时，广告没有故事，就不足以称之为广告。于是讲故事的最好载体——电影，便结合上网络传播“短、快”的特点，摇身一变，成为了企业最喜欢的传播新形式——微电影。

微电影的特点就是短而小，内容一般都以现实生活中的话题为主。这就很容易形成全民话题进行疯狂传播，在这一点上，只要企业稍加利用，就可以轻易做到良好的营销效果。一些最成功的微电影总是能击中全民情感，引起全民讨论。比如曾经网上热传的《11度青春之老男孩》，就是“筷子兄弟”成功的一次自我营销案例。该电影关注现实，将话题对准了人们的青春和梦想，在引起了无数人眼泪和共鸣的同时也让“筷子兄弟”红遍大江南北。

7.1.1 网络对促销活动的影响

在网络环境下，促销的工具、方式、促销者和对象之间的关系等都发生了变化，这使促销活动有了新的含义和形式，也使企业面临新的机遇与挑战。下面分别从几个方面进行分析。

1. 网络环境下受众的心态分析

1）搜寻信息时的浮躁心态

现代社会中的人们普遍具有强烈的求知欲，求知是为了获得知识和解决问题。然而，信息时代中各种媒体携带者数以万计的信息，尤其是网络媒体中的超载信息即使受众因求知欲满足而亢奋、激动，产生思想力和行动力，同时也将受众淹没于信息的海洋中，增加了各种不确定性，使受众产生浮躁心态，这是认知失衡的一种表现，网络传播者需要帮助网络受众克服面对海量信息而产生的浮躁心态，从而吸引更多的受众。

2）平等参与时的平衡心态

在现实社会中，许多人都希望表达自己的观点，与社会上其他人交流信息，以获得社会认知或产生情感共鸣，因为这将使他们产生实现自我和与人相处的平衡感。在人人平等的网络环境中，每个人都有一个平等的虚拟身份，加上网络的交互功能，更加强化了这种平等参与的平衡心态。

3）获取信息时的随意心态

网络环境中的受众可以不受任何限制地在网上任意遨游，同时，搜索和获得信息的便利与迅速也往往让受众难以对所获得的每条信息都从头到尾仔细阅读，而网络传播的多渠道和多媒体造成了大批随意性的受众群体，他们既可以边浏览信息边收听网络音乐，还可以利用QQ、MSN等IM工具与人聊天，这些都充分助长了受众在获取信息时的随意心态。

4）满足需求时的焦虑心态

社会的工作压力的加大，使许多经常处于紧张生活节奏下的人们不愿将宝贵的时间耗费在提高生活质量的需求方面，他们追求的是尽可能地降低为此付出的时间、精力等成本。信息技术和网络在这方面能够满足这些人群的需求，同时也强化了人们对此的期望心理。当一个人的这种心理未能得到有效满足时，他会由此产生焦虑情绪，这是许多人不能容忍网上一些低效率行为的原因。如一项研究表明，人们对网页打开速度的期望越来越高，如果网站在 2～4 秒内打开，用户对速度会比较满意；在 4～6 秒打开时，已经明显感到缓慢了；如果 6～8 秒网站还没打开，用户的耐心会直线下降，甚至直接关掉选择其他网页重新浏览。

2. 网络促销人员分析

1）网络促销既需要营销技巧也需要信息技术

网络促销是通过网络技术传递产品和服务的存在、性能、功效及特征等信息的。它是建立在现代计算机与通信技术基础之上的，并且随着计算机和网络技术的不断改进而改进。因此，网络促销不仅需要营销者熟悉传统的营销技巧，而且需要相应的计算机和网络等信息技术的知识，还包括对各种软件的操作和某些硬件的使用。

2）网络促销需要互联网思维

网络营销相对于传统营销环境发生了翻天覆地的变化。所以，从事网上促销的人员需要跳出传统思维的局限性，采用互联网思维方法。这里指的互联网，不单指桌面互联网或者移动互联网，是泛互联网，因为未来的网络形态一定是跨越各种终端设备的，台式计算机、笔记本电脑、平板电脑、手机、手表、眼镜等。互联网思维，就是在（移动）互联网、大数据、云计算等科技不断发展的背景下，对市场、对用户、对产品、对企业价值链乃至对整个商业生态的进行重新审视的思考方式。

延伸阅读

互联网思维——三个月卖米 200 万元

在 2013 年之前，富军一直在做五金配件外贸生意，这个从小山村出来的山东汉子，考上大学，在上海白手起家，从不懂一句英语开始，到每年和老外完成一亿多元的订单，富军的第一次成功创业走的是千千万万个小企业家都走过的路——聪明、勤奋、执着，在上海找到一方立足的天地。

卖大米，纯属偶然。富军太太的家乡在东北，家里做饭，孩子大人平时都只吃家乡寄来的有机大米。送给朋友，大家也都说好。有一天，太太跟富军开玩笑：你这个金牌销售，啥时候做点更有意义的事？把咱家乡的好大米推广出去，让我们认识的人都能吃得健健康康的。在太太的启发下，富军开始了自己的米商生涯。

微信好友加出了灵感

有粮在手，但往哪送是一个问题。富军把自己所有的社会关系梳理了一遍，还发动外贸团队里的小伙伴，把这些年打过交道的大米潜在客户全部列出。这个豪爽的山东汉子，最早送米都是 10 斤、20 斤、30 斤的送，就像小时候村里招待客人那样。也不管有用没用，富军说，做事先做人，做人要大方。不过，在最初一波大米送出之后，卖米事业有点举步不前。

老客户总是有限的。接下来该送给谁呢?

正巧那时候华语商学院组织一次户外旅行,富军也参加了。旅行的时候大家都爱找乐子,有一天,富军与和队里的同学比赛:到了指定地点,看谁能先收齐30个微信号——那个时候,2013年年初,微信很热,人们开始不再交换名片,而改用加微信。一周的户外之旅,富军的微信好友发展到1000多名。或许是艰苦的户外活动深了微友的感情,也或许是相似的背景和经历让大家特别有共同话题。富军还发现,当他尝试在朋友圈内介绍自己的大米时,效果出奇得好。

自商业需要事件营销

富军不遗余力推销大米的形象并没有遭到大家的反感,相反,人们开始记住了这个自信、开朗、乐善好施的"富军",他在商学院的微信朋友圈中勾勒出了一个公众形象。有趣的是这时候,他的好友加到了3000名,而见面超过三次的不到10%。也就是说,大部分人虽然没见过富军,但都知道,他是商学院里卖米最有名的人。随着微信好友的迅速扩张,线下的互动也变得重要起来。富军策划过一次线下活动,带来了很好的效应。

12月1日,上海国际马拉松又给了富军灵感。跑步和卖米如何结合到一起?富军决定继续强化自己给人的印象:为了卖米,老板可以不遗余力亲自上阵。

于是,就出现了马拉松赛场上那只背着米袋子奔跑的愤怒的小鸟,这只背着米袋子,浑身贴满二维码的小鸟吸引了大量媒体的关注,连上海马拉松最美丽选手廖智都来合影,这个"愤怒老板"登上了各大新闻头条,商学院的同学都看到了,富军不但成了话题人物,而且还成了新闻热点人物。从2月份和老婆开玩笑决定卖米,到之后开始向微信好友赠送大米,到8月26日正式开始登记卖米时,富军发现,粮仓里的米已经没货了,新米需要预约购买。

之前适销对路的圈层营销在这个时候显现出了威力。在接下来的三个月内,富军每天都收到微信上订米的订单。人们在微信朋友圈跟他打招呼,通常就是:富军,我认识你,你家大米我吃过,很好,我要定一年。到11月底,富军累计了全年订户200个,销售大米200万斤。这真的是他一个人创下的成绩,订户大都来源于各种熟悉或者素未谋面的微信好友。

朋友圈内容建构

富军的朋友圈消息维持在每周6条。起初,一切都紧紧围绕"粟米",如各种粟米销售组合套餐,健康生活方式。当积累了3万名好友之后,富军的朋友圈自成了一个"媒体发布中心",上面出现了很多商学院活动召集、社会公益活动发布、各种商业资源交互信息、咨询求助等信息。

富军把朋友圈打造成了一个自媒体,在打造粟米品牌的过程当中,每当遇到问题,他就求助,从粟米的名字,到广告语,到很多活动的创意都来自朋友圈高手的创意。朋友们也通过关心富军事业,到对粟米这个品牌产生强烈的认同感。发展到后来,更把富军当作了有求必应的"万能消息中心"。

每天在朋友圈吆喝自己的产品,会有人反感吗?

"有,但是更多人给我点了赞,并且每天我都有大米订单。嫌我烦的朋友们也无非是亲切地和我调笑一下:富军跌进米缸了,有时候看到我发粟米的消息,他们还会友好地提醒我:富军再说话,禁言三周!"

但越是这样，富军这个人越是和他的粟米紧紧捆绑在一起。

“大家因为信任我富军，所以信任我富军卖的有机大米，他们认可我这个人，然后认可了我创造的粟米品牌。”

回过头，仔细统计富军的朋友圈内容，可以看到有几个关键词的重复概率非常高：健康、感恩、真诚、大米、善心、理想、行动、坚持。

富军在商学院的朋友圈里成功塑造了健康、开朗、幽默且执着的卖米大汉形象。这和熟练运用微信这个平台做适销对路的圈层营销分不开，更和他因卖米打造出来的品牌形象以及人格魅力离不开。

创造品牌真的需要很多钱吗？不，富军的故事告诉你，一个小企业，如果运用互联网思维，照样可以用很低的成本，在很短的时间里实现很高的收益。

（资料来源：互联网分析师 2014 年 1 月 7 日微博）

3）网络促销需要全球化视野

网络的出现，将所有的企业，不论是大企业还是中小企业，都推向了一个世界统一的市场。传统的区域性市场的小圈子正在被一步步打破，全球性的竞争迫使每个企业都必须学会在全球统一的大市场上做生意，否则，这个企业就会被淘汰。这就要求网络促销人员具有国际化意识和胸怀以及国际一流的知识结构，视野和能力达到国际化水准，在全球化竞争中善于把握机遇和争取主动。

3. 网络促销功能分析

1）告知功能

网络促销能够把企业的产品、服务、价格等信息传递给目标公众，引起他们的注意。

2）说服功能

网络促销的目的在于通过各种有效的方式，解除目标公众对产品或服务的疑虑，说服目标公众坚定购买决心。例如，在同类产品中，许多产品往往只有细致的差别，用户难以察觉。企业通过网络促销活动，宣传自己产品的特点，使用户认识到本企业的产品可能给他们带来的特殊效用和利益，进而乐于购买本企业的产品。

3）反馈功能

网络促销能够通过电子邮件、微博、微信等及时收集和汇总顾客的需求和意见，迅速反馈给企业管理层。特别是未来大数据技术将运用于网络促销中，使得信息更加准确、及时和可靠，对企业经营决策具有较大的参考价值。

4）创造需求

网络促销活动不仅可以诱导需求，而且可以创造需求，发掘潜在的顾客，从而开拓市场和提高产品的市场占有率。例如，有星巴克的粉丝说，我去星巴克不是为了那 4.5 元成本的咖啡。那么，他们买的是什么呢？他们买的是星巴克创造出来的需求。这个需求具体来说，就是当人们喝星巴克时，其实展示了自己的身份，说明了他的生活形态和价值。所以，星巴克其实已经超越了简单的咖啡，而是可以去体现个人的价值，因此，这个部分的价值是无法用成本去衡量的。

延伸阅读

星巴克简介及其品牌文化

星巴克的在短短二十多年的时间中创造了世界上最具价值的品牌之一。星巴克咖啡公司成立于1971年，是世界领先的特种咖啡的零售商和品牌拥有者，目前公司已在北美、拉丁美洲、欧洲、中东和太平洋沿岸等地区拥有超过16 000多家咖啡店，拥有员工超过150 000人。长期以来，星巴克一直致力于向顾客提供最优质的咖啡和服务，营造独特的“星巴克体验”，让全球各地的星巴克店成为人们除了工作场所和生活居所之外温馨舒适的“第三生活空间”。与此同时，公司不断通过各种体现企业社会责任的活动回馈社会，改善环境，回报合作伙伴和咖啡产区农民。鉴于星巴克独特的企业文化和理念，公司连续多年被美国财富杂志评为“最受尊敬的企业”。

中国目前的咖啡消费远远低于世界平均水平，存在巨大的商业空间。据专家预计，中国将成为全球最大的咖啡消费国，到2020年中国人人均每天喝一杯咖啡的话，仅咖啡豆市场每年就将达到500亿美金，整个产业链将产生上千亿美金的市场。星巴克看好中国市场的巨大潜力并积极推进其中国市场战略，自1999年进入中国以来，星巴克已在包括香港、台湾和澳门在内的大中华区开设了400多家门店，其中约300多家在大陆地区。目前，星巴克正积极拓展大陆二线市场，致力于在不久的将来使中国成为星巴克在美国之外最大的国际市场。

星巴克的成功在于，把典型美式文化逐步分解成可以体验的元素并通过广告、新媒体等进行传播：视觉的温馨，听觉的随心所欲，嗅觉的咖啡香味等。试想，透过巨大的玻璃窗，看着人潮汹涌的街头，轻轻啜饮一口香浓的咖啡，这非常符合“雅皮”的感觉体验，在忙碌的都市生活中何等令人向往！星巴克成功地创立了一种以“星巴克体验”为特点的“咖啡宗教”。

5）稳定销售

由于某种原因，一个企业的产品销售量可能时高时低，波动很大，这是产品市场地位不稳的反映。企业通过适当的网络促销活动，树立良好的产品形象和企业形象，往往有可能改变用户对本企业产品的认识，使更多的用户形成对本企业产品的偏爱，达到稳定销售的目的。

4．网络促销形式分析

传统营销的促销形式主要有四种：广告、销售促进、公共关系和人员推销。网络营销促销的形式非常多，对其进行具体的分类比较困难，因为某一种促销形式中还可以使用多种具体手段和方法，这里借鉴传统促销形式的分类也分为四种，分别是网络广告、网上销售促进、网络公共关系和人员促销。

1）网络广告

网络广告类型很多，根据形式不同可以分为旗帜广告、电子邮件广告、电子杂志广告、新闻组广告、公告栏广告等。网络广告主要是借助网上知名站点（如ISP或者ICP）或者提供免费电子邮件服务，以及一些免费公开的交互站点（如新闻组、公告栏）上发布企业的产品信息，对企业以及企业产品进行宣传推广。网络广告作为有效可控制的促销手段，被许多企业用于在网上促销，但花费的费用也不少。

2）网上销售促进

网上销售促进就是企业在网络市场中采用一些特殊的手段（如价格折扣、有奖销售、拍卖销售、发放赠品等）对消费者进行强烈的刺激，以促进企业销售迅速增长的一种策略。

案例

价格屠夫——格兰仕

1995 年，微波炉在中国还处于消费初期，只有 2%不到的城市家庭拥有微波炉。当时微波炉是奢侈品，年销量大约是 100 万台，利润率高达 30%～40%，吸引了众多市场进入者——1995 年全国已有 28 家本土生产企业，1996 年则达到了 116 家。

格兰仕 1992 年进入该市场，到 1994 年共生产了 10 万台微波炉，占 10%的市场份额。而通过吸引全国各地人才、从日本购买先进的生产线、有效的市场进入战略（如成功进入了中国最重要的微波炉市场上海），以及对市场的快速响应，到 1995 年，格兰仕的市场份额达到了 25%。

当时格兰仕的主要竞争对手是惠尔浦—蚬华，这是 1995 年由惠尔浦和蚬华合资成立的企业，惠尔浦为控股方。1996 年年初，格兰仕和惠尔浦—蚬华各占 25%的市场份额，远高于其他竞争对手。但相比惠尔浦—蚬华，格兰仕更聚焦市场，拥有高效的决策流程。而惠尔浦在 1994 年年末才进入中国市场，而且它在中国四个城市和当地企业建立了合资企业，生产四个不同的产品——微波炉、空调、冰箱、洗衣机，因此无法心无旁骛地专注于微波炉市场。此外，惠尔浦—蚬华的所有决策都要由惠尔浦中国总部、惠尔浦亚太区和美国总部层层批准，决策流程通常要几个月。

不过，当时大多数格兰仕高管反对价格战，倾向于维持现有的高价模式。当时格兰仕正处于良性发展的轨道上，作出价格战的决定并不容易，不过却有很多支持理由。首先，中国相当一部分家庭正准备厨房现代化，有意购置微波炉，格兰仕估计大幅降价将使销量翻一番。其次，格兰仕为了将来的可持续发展，有意重组行业格局。格兰仕副总俞尧昌回忆说，第一次价格战的目的之一就是要将那些规模小、效益差的企业边缘化，同时阻止更多的新进入者。最后，当时格兰仕已在市场上建立了成本优势，价格战可增加格兰仕的市场份额，而销量增加又可使格兰仕在生产、销售、配件采购上实现规模经济，从而降低单位成本。格兰仕自信可使单位成本的下降幅度甚至超过价格下降的幅度。

在实施价格战的前两个月，格兰仕让生产线每天 24 小时三班倒，以便储备足够的产品。1996 年 8 月，格兰仕发动了第一次价格战，对一些主要产品降价 40%，全线产品平均降幅 20.1%，有些产品降价幅度比现有的毛利率还大。格兰仕选择 8 月发动价格战，此时是微波炉销售的淡季，通常微波炉厂商的生产和销售规模都较小。

格兰仕降价之举被媒体广泛报道，零售商对此热烈欢迎，因为这有助于它们提升商店的顾客流量，销售更多的其他产品。价格战期间，许多零售商甚至愿意接受格兰仕产品 8%的利润率，而不是通常的 20%。竞争对手则对价格战束手无策。大多数小企业没有快速作出反应，它们认为格兰仕只是在以低价倾销过多的库存。而格兰仕的主要竞争对手惠尔浦—蚬华正如所料，反应相当迟缓。

降价的结果超越了格兰仕的预期。1996 年年底，格兰仕市场份额由 25%升至 34.5%。降价前，格兰仕的毛利率近 40%，降价后，格兰仕销量约增加了 200%，平均单位成本约降低了 50%，净利润也显著增加。即使是那些降价幅度高于毛利率的产品，由于成本的显著降低，降价后也仍然盈利。

这次价格战的巨大成功让格兰仕相信，精心策划的价格战无论从长期还是短期而言都是可行的。1996 年 10 月到 2000 年 10 月，格兰仕又发动了 4 次价格战，每次降幅均在 10%以上，甚至高达 40%，结果每次销量均增加了 100%～200%，平均成本降幅在 30%～40%，因此，格兰仕在市场上越来越占据主导地位，最终成为世界最大的微波炉厂商。

作为一种重要的促销手段，销售促进具有吸引顾客、刺激购买和辅助其他促销策略的作用。销售促进往往是为了推销积压产品、或迅速收回资金、或实现产品价值而采用的，因而这种方式的效果往往是短期的，如果应用不当，也有可能引起消费者的质疑，影响自身品牌价值。

3）网络公共关系

公共关系作为一种重要的促销方式，是社会组织为塑造组织形象，通过某种手段与企业利益相关者，包括供应商、顾客、员工、股东、社会团体等建立良好的合作关系，为企业的经营营造良好的环境氛围。公共关系已成为营销学中的一个重要分支——关系营销。网络使企业与外界的联系越来越密切，使目标市场客户的需求越来越个性化，因此，公共关系作为营销沟通的手段之一，在提升企业的形象、赢得客户信任、为企业发展创造良好的外部环境方面所发挥的作用也显得越来越重要了。网络已经成为企业开展公共关系活动的新领域和新手段，但也使企业面临许多新的问题，有关这部分可以参考学习情境六中企业舆情监测系统和应对公关危机的相关内容。

4）人员促销

传统市场环境中，人员促销是最古老、最常用和最重要的促销手段，尤其在消费者市场购买的后期和组织市场的销售中是最有效的一种手段。网络环境下的人员促销是推销人员借助于各种信息传播工具，通过网络向推销对象传播各种与所推销产品相关的各种信息，以达到推销产品的目的。与传统的人员促销相比，网络环境下的人员促销具有行为的隐匿性、传播信息的含蓄性、影响范围的广泛性，以及对人员的素质要求更高等特点。例如，引导案例中必胜客的“吃垮必胜客”活动。

7.1.2 网络促销的实施

根据国内外网络促销的大量实践，网络促销的实施程序可以由六个方面组成：确定网络促销对象、设计网络促销内容、决定网络促销组合方式、制定网络促销预算方案、衡量网络促销效果、加强网络促销过程的综合管理和协调。

1. 确定网络促销对象

网络促销对象是指可能在网络虚拟市场上产生购买行为的消费者群体。要在网络环境中找到有效的促销对象，首先要识别目标受众，这一群体主要包括三部分人员。

（1）产品的使用者。这里指实际使用或消费产品的人。实际的需求构成了这些顾客购买的直接动因。抓住了这一部分消费者，网络销售就有了稳定的市场。

（2）产品购买的决策者。这里指购买产品的人。在许多情况下，产品的使用者和购买决策者是一致的，特别是在虚拟市场上更是如此。因为大部分的上网人员都有独立的决策能力，也有一定的经济收入。但在另外一些情况下，产品的购买决策者和使用者则是分离的。

例如，老年保健品，使用者是父母但实际的购买决策往往由他们的子女作出，当然父母本身的意见也起了相当大的作用。婴儿用品则更为特殊，产品的使用者毫无疑问是婴儿，但购买的决策者却是婴儿的母亲或其他有关的成年人，且完全由决策者做主。所以，网络促销同样应当把购买决策者放在重要的位置上。

（3）产品购买的影响者。这里指看法或建议上对最终购买决策可以产生一定影响的人。在低价、易耗日用品的购买决策中，产品购买的影响者的影响力较小，但在高价耐用消费品的购买决策上，产品影响者的影响力较大。这是因为对高价耐用品的购买，购买者往往比较谨慎，希望广泛征求意见后再做决定。

2. 设计网络促销内容

网络促销的最终目标是希望引起购买。这个最终目标是要通过设计具体的信息内容来实现的。消费者的购买过程是一个复杂的、多阶段的过程，促销内容应当根据购买者目前所处的购买决策过程的不同阶段和产品所处的生命周期的不同阶段来决定。一般来讲，一项产品完成试制定型后，从投入市场到退出市场，大体上要经历四个阶段：投入期、成长期、成熟期和衰退期。

在新产品刚刚投入市场的开始阶段，是消费者对该种产品还非常生疏的阶段，促销活动的内容应侧重于宣传产品的特点，引起消费者的注意。当产品在市场上已有了一定的影响力，促销活动的内容则需要偏重于唤起消费者的购买欲望；同时，还需要创造品牌的知名度。当产品进入成熟阶段后，市场竞争变得十分激烈，促销活动的内容除了针对产品本身的宣传外，还需要对企业形象做大量的宣传工作，树立消费者对企业产品的信心。在产品的衰退阶段，促销活动的重点在于密切与消费者之间的感情沟通，通过各种让利促销，延长产品的生命周期。

3. 决定网络促销组合方式

促销组合是一个非常复杂的问题。网络广告、销售促进、网络公共关系和人员促销四种方式可以单独使用，但由于企业的产品种类不同，销售对象不同，促销方法与产品种类和销售对象之间将会产生多种网络促销的组合方式。企业应当根据自己产品的市场情况、顾客情况扬长避短，合理组合，以达到最佳促销效果。

一般而言主要考虑以下因素：

（1）促销目标。企业的具体促销目标不同，网络促销方式的组合也不同。如果企业的促销目标是扩大产品销量，提高市场占有率，可主要采用网络广告、销售促进和人员促销方式；

如果是为了树立企业良好形象，则可以关系营销方式为主，加强与客户的沟通，为实现长远的经济效益奠定基础。

（2）产品类型。通常广告和销售促进是消费品市场中的主要促销方式，尤其是快速消费品市场，顾客作出购买决策的时间较短，大多属于冲动性消费，产品的广告、促销、价格甚至包装等都对销售起着重要作用。而关系营销和人员促销是工业品市场中的主要促销方式。工业品的本质特点决定了其营销过程的复杂性，客户不只是要做一次交易，还需要与企业保持长期稳定的关系，以随时获取信息，作出决策，因此，工业品营销中业务人员与客户一对一的交流是一种常态。企业可根据其经营的产品类型，选择不同的促销组合方式。

（3）购买行为。对于不同类型的购买行为和购买行为的不同阶段，顾客需要获取的信息是不同的。对于习惯性、选择性以及社会性购买行为，以及在确认需求、搜集信息、备选评估阶段，一般应采用广告和销售促进方式；而对于复杂性和减少风险性的购买行为，采用公关和人员促销方式的效果要好一些。因此，企业应根据顾客的不同信息需要，确定采取不同的促销组合。

（4）产品生命周期。在产品的导入期、成长期、成熟期、衰退期，由于促销的重点不同，促销组合也应进行相应的调整。如在产品的导入期和成长期，促销活动的重点应放在广告和销售促进上；在产品的成熟期和衰退期，应以关系营销和人员促销为主要手段；而在产品衰退期，也有必要采用销售促进方式。

4. 制定网络促销预算方案

不同的网络促销方式其成本及费用有很大差别，而且实现同一促销方式相应功能的服务提供商的服务质量、费用也各不相同，因此，企业应根据促销方案所需，结合服务提供商的质量、价格、知名度等参考指标，在确定适合本企业的促销方案及服务商的基础上，制定出合理的网络促销预算方案。

（1）必须明确网上促销的方法及组合的办法。选择不同的信息服务商，宣传的价格可能悬殊极大，这好比在不同的电视台上做广告。在中央电视台上做广告的价格远远高于在地方电视台上做广告的价格。自己设立站点、在企业自己的微博、微信宣传价格最低，但宣传的覆盖面可能较小。所以，企业应当认真比较设放站点的服务质量和服务价格，从中筛选适合于本企业的、质量与价格匹配的信息服务站点。

（2）需要确定网络促销的目标。是树立企业形象，是宣传产品，还是宣传售后服务？围绕这些目标再来策划投入内容的多少，包括文案的设计、视觉效果的呈现等；投放时间的长短、频率和密度；广告宣传的位置、内容更换的时间间隔以及效果检测的方法等。这些细节确定好了，对整体的投资数额就有了预算的依据，与信息服务商谈判时也有了一定的把握。

（3）需要明确希望影响对象。需要明确希望影响的是哪个群体，哪个阶层，是国外的还是国内的？因为在服务对象上，各种媒体有较大的差别。有的站点侧重于中青年，有的站点侧重于学术界，有的站点侧重于产品消费者，微博微信一般侧重于中青年。一般来讲，侧重于学术交流的站点的服务费用较低，专门从事产品推销站点的服务费用较高，而某些综合性的网络站点费用最高。微博微信对于内容本身的趣味性要求较高，制作上可能需要更多精力与费用。企业促销人员应当熟知自己产品的销售对象和销售范围，根据自己的产品选择适当的促销形式。

5. 衡量网络促销效果

网络促销的实施过程到了一定阶段，必须对已经执行的促销内容进行评价，衡量一下促销的实际效果是否达到了预期的促销目标。对促销效果的评价主要依赖于两个方面的数据。

一方面，要充分利用互联网上的统计软件或第三方提供的评价服务资源。这些数据包括主页访问人次（Impression）、点击次数（Click-Through）、千人广告成本（Cost Per-one-thousand Impression，CPM）、转发评论数等。因为网络宣传不像报纸或电视那样的媒体难以确认实际阅读和观看的人数，在网上，你可以很容易地统计出你的站点的访问人数，也可以很容易地统计微博微信的参与互动人数。利用这些统计数字，网上促销人员可以了解自己的网络促销状况，以及与其他竞争者的差距。

另一方面，销售量的增加情况、利润的变化情况、促销成本的降低情况等企业自身运营指标也可以判断促销决策是否正确。同时，还应注意促销对象、促销内容、促销组合等方面与促销目标的因果关系的分析，从中对整个促销工作作出正确的判断。

6. 加强网络促销过程的综合管理和协调

网络促销是一项长期的企业行为，要使得网络促销一直有较好的效果，科学的管理起着极为重要的作用。在衡量网络促销效果的基础上，对偏离预期促销目标的活动进行调整是保证促销取得最佳效果的必不可少的程序。同时，在促销实施过程中，不断进行信息沟通的协调也是保证企业促销连续性、统一性的需要。

案例

Smart + 京东“双赢”促销

奔驰选择京东作为 Smart 限量版网上销售的阵地。2013 年 2 月 10 日至 19 日，首先是电视户外网络预热，结合微博为活动造势。随后，Smart 在 5 个重要销售城市的影院展出，同一时期，Smart 在中国当红的娱乐节目“非诚勿扰”中露出。2 月 20 日，Smart 正式销售时，奔驰采取了每推迟 1 小时购买价格增长 36 元，预售阶段购买还会额外奖励 1000 元京东抵用券的营销策略。300 辆 Smart 在 89 分钟内销售一空，相当于每半分钟销售一台。同时，整个推广活动还搜集到数以千万的销售线索。

点评：京东正式声明将销售 Smart 限量版的微博一经发出引起转发 1.7 万余次，网友评论的关键词以“喜欢”、“不错”、“霸气”等褒义词为主，而京东和 Smart 这两个品牌的提及率很高，可以说这一活动造就了双赢的理想效果，使得 smart 和京东的曝光率都提高不少。活动的成功无疑要归功于前期的各种宣传预热，以及在社交网络上的造势，另外在电商平台销售汽车也是引起网友们的大量讨论和口碑传播的新颖点。

（资料来源：优趣网）

任务 7.2 如何通过网络广告进行促销

7.2.1 网络广告的理论基础与常见形式

广告（Advertising）为了某种特定的需要，通过一定形式的媒体，并消耗一定的费用，公开而广泛地向公众传递信息的宣传手段。广告的英文原意为“注意”、“诱导”，即“广泛告知”的意思。广告有广义和狭义之分。广义广告包括非经济广告和经济广告。非经济广告指不以营利为目的的广告，如政府行政部门、社会事业单位乃至个人的各种公告、启事、声明等。狭义广告仅指经济广告，又称商业广告，是指以营利为目的的广告，通常是商品生产者、经营者和消费者之间沟通信息的重要手段，或企业占领市场、推销产品、提供劳务的重要形式。

美国广告主协会对广告下的定义是：广告是付费的大众传播，其最终目的是传递信息，改变人们对广告商品或事项的态度，诱发其行动而使广告主获得利益。

简单地说，网络广告就是在网络平台上投放的广告，利用广告横幅、文本链接、多媒体的方法，在网络刊登或发布广告传递到网络用户的一种高科技广告运作方式。相对于传统广告形式，网络广告呈现出一些自身的基本特征，了解这些特征，是把握如何通过网络广告进行促销的基础。

1. 网络广告的基本特征

（1）网络广告需要依附于有价值的信息和服务载体。用户是为了获取对自己有价值的信息来浏览网页、阅读电子邮件、查看微博微信，或者使用其他有价值的网络服务如搜索引擎、即时信息等，网络广告是与这些有价值的信息和服务相依赖才能存在的，离开了这些对用户有价值的载体，网络广告便无法实现网络营销的目的。

因此在谈论网络广告的定向投放等特点时应该正确认识这个因果关系，即并非网络广告本身具有目标针对性，而是用户获取信息的行为特点要求网络广告具有针对性，否则网络广告便失去了存在的价值。网络广告这一基本特征表明，网络广告的效果并不是单纯取决于网络广告自身，还与其所存在的环境和依附的载体有密切关系，这也说明了为什么有些形式的网络广告可以获得较高的点击率，如搜索引擎关键词广告和微信中的广告等，而网页上的一般 Banner 和 Button 广告点击率却在持续下降的事实。

（2）网络广告的核心思想在于引起用户关注和点击。由于网络广告承载信息有限的缺点，因此难以承担直接销售产品的职责，网络广告的直接效果主要表现在浏览和点击，因此网络广告策略的核心思想在于引起用户关注和点击。这与搜索引擎营销传递的信息只发挥向导作用是类似的，即网络广告本身所传递的信息不是营销信息的全部，而是为吸引用户关注而专门创造并放置于容易被发现之处的信息导引。这些可以测量的指标与最终的收益之间有相关关系，但并不是一一对应的关系，浏览网页广告者并不一定点击，浏览者也可以在一定程度上形成转化。这也为网络广告效果的准确测量带来了难度，而且某些网络广告形式如纯文本的电子邮件广告等本身也难以准确测量其效果。

网络广告这个特征也决定了其效果在品牌推广和产品推广方面更具优势，而其表现形式以新、大、奇等更能引起注意，这也说明了为了解决网络广告点击率不断下降的困境，网络广告形式不断革新的必然性。

（3）网络广告具有强制性和用户主导性的双重属性。网络广告的表现手段很丰富，是否对用户具有强制性关键取决于广告经营者而不是网络广告本身。早期的网络广告对于用户的无滋扰性也使其成为适应互联网营销环境营销手段的一个优点，但随着广告商对于用户注意力要求的扩张，网络广告逐渐发展为具有强制性和用户主导性的双重属性。

虽然从理论上讲用户是否浏览和点击广告具有自主性，但越来越多的广告商采用强制性的手段迫使用户不得不浏览和点击，如弹出广告、全屏广告、插播式广告、漂浮广告等，虽然这些广告引起用户的强烈不满，但从客观效果上达到了增加浏览和点击的目的，因此为许多单纯追求短期可监测效果的广告客户所青睐，这也使得网络广告与传统广告一样具有强制性，而且表现手段越来越多，强制性越来越严重。

目前对于网络广告所存在的强制性并没有形成统一的行业规范，更没有具有普遍约束性的法律法规，因此这种矛盾仍将继续存在下去。

（4）网络广告应体现出用户、广告客户和网络媒体三者之间的互动关系。网络广告具有交互性，因此有时也称为交互式广告，在谈论网络广告的交互性时，通常是从用户对于网络广告的行为来考虑，如一些富媒体广告中用户可以根据广告中设定的一些情景作出选择，在即时信息广告中甚至可以实时地和工作人员进行交谈，这种交互其实并没有反映网络广告交互的完整含义，何况，事实上这种交互性也很少得到有效体现，大部分的网络广告只是被动地等待用户的点击。

网络广告交互性的真正意义在于体现了用户、广告客户和网络媒体三者之间的互动关系，就是说，网络媒体提供高效的网络广告环境和资源，广告客户则可以自主地进行广告投放、更换、效果监测和管理，而用户可以根据自己的需要选择自己感兴趣的广告信息及其表现形式。也只有建立了三者之间良好的互动关系，才能实现了网络广告最和谐的环境，才可以让网络广告真正成为大多数企业都可以采用的营销策略，网络广告的价值也才能最大限度地发挥出来。这种互动关系具有一定的理想特征，但离现实并不遥远，目前在搜索引擎营销中常用的关键词广告、竞价排名等形式中已经初步显示了其价值。

案例

“互联网总统”奥巴马——美国最出色的广告人！

奥巴马获选总统，成就了美国历史上第一个黑人总统的美国梦，他的成就也代表了广告、营销、公关手段的进化和发展，伴随着新媒体和数字技术的飞速发展，美国竞选也以更深入和互动的方式建立起与选民之间的关系，获得选民的忠诚度和信任度。

奥巴马的胜利创造了许多个第一：美国第一个黑人总统，第一个拒绝使用政府提供的公共竞选资金（8400 万美元）的总统，甚至奥巴马还成为了美国第一个“互联网总统”——因为他的竞选极大地利用了互联网 Web2.0 的优势，吸引了大量的“长尾”和草根力量，并最终获得了成功。

视频网站传播——新媒体力量的生动化运用

奥巴马曾经是一个社区创建者，深知网络力量的他在本次竞选中也操起了老本行，他的竞选团队创建了一个社交网络来增进奥巴马在网络的影响力。奥巴马在 Facebook 拥有一个包含 230 万拥护者的群组，而在最流行的视频类网站 YouTube 上，仅仅在一星期内，其竞选团队就上传了 70 个奥巴马的相关视频。

这些在网络上的竞选视频，开拓了除电视媒体外更广阔的广告平台，这些看起来非常草根的网络节目，实际上是由专业的奥巴马竞选团队量身定做的。但它们看起来更平实而更叫人容易接近，所以实际上这些视频所获取的关注不比那些制作精练的电视广告差。其中奥巴马关于种族问题的 37 分钟演讲，自从 3 月上传至网络以来查看率已经超过 500 万次，使他成为网络“红人”中一颗闪亮的明星。

关键词购买——搜索引擎广告的精准狙击

大家广为熟悉的搜索引擎广告也没有被奥巴马忽视。奥巴马购买了 Google 的“关键字广告”。如果一个美国选民在 Google 中输入奥巴马的英文名字 BarackObama，搜索结果页面的右侧就会出现奥巴马的视频宣传广告以及对竞争对手麦凯恩政策立场的批评等。

奥巴马购买的关键字还包括热点话题，如“油价”、“伊拉克战争”和“金融危机”。一搜，即知道奥巴马对这些敏感问题的观点评论，有助于人们更好地了解这位竞选人。

可以想象，美国人日常搜索的关键词都打上了奥巴马的烙印，想不关注奥巴马都难。这可难为了同台竞争的麦凯恩，麦凯恩在互联网的信息，就这样轻松地被狙击了。

网络口碑营销的最高境界——激发病毒营销的传染力

奥巴马的竞选团队甚至发动了病毒营销这种形式。一封名为《我们为什么支持奥巴马参议员——写给华人朋友的一封信》的邮件到处传播。邮件内容甚至非常有针对性地采用了中文，非常详细地阐述了奥巴马当选对美国当地华人选民的好处，最后他们说：“请将这封信尽快转送给您的亲朋好友（http://tea4soul.org/supportobama/index.html），并烦请他们也能将这封信传下去。这是您在最后几天里所能帮助奥巴马参议员的最为有效的方式之一。”

博客战争——让每个人都有自己的媒体

博客一开始是网民共享个人思想的一种方式，但是，现在博客已经成为一种高级媒体，美国联邦选举委员会甚至正式裁定政治博客属于媒体，按照这一裁定，博客已经被列入媒体的范畴，并将拥有媒体活动豁免权，不受到竞选募款法案的限制。

而本次的总统选举则给我们上了生动的“关于博客的媒体作用”的一课。

奥巴马的竞争者之一希拉里通过自己的博客发布了自己的竞选宣言，并且不断通过博客这一窗口展示自己的政见和观点。选民可以在她的博客发表对她的看法，希拉里的团队则会选择好的博客放在首页进行推广。

而善于学习的奥巴马则通过自己在网络的博客为自己鲜明地树立起清新、年轻、锐意进取的候选人形象，拉近了选民与自己的距离，更具亲和力更有竞争力。

无论是希拉里还是奥巴马，都生动演绎了博客在总统竞选广告战中的重要性。

总统大选已然结束，奥巴马的胜利代表了太多太多的革新，尤其是网络互动的应用。奥巴马筹集的超过 5.2 亿美元的竞选经费，据估计超过 85%来自互联网，其中绝大部分是不足 100 美元的小额捐款。凭借网络的力量，奥巴马互动的手法赢得的不仅仅是捐款，更是一张张珍贵的选票，以及伟大的美国梦的传奇。

奥巴马的多重胜利，代表了这个时代最“生鲜”最互动最民主的一面，否则 NIKE 也不会选择他的头像作为新款鞋的图纹。

从这个意义上说，奥巴马不单单是一个成功的总统，更是美国最出色的广告人！

（资料来源：叶茂中博客）

2. 网络广告的优点和缺点

网络广告的优点主要体现在下面几个方面。

（1）覆盖范围广泛。网络连接着世界范围内的计算机，它是由遍及世界各地大大小小的各种网络按照统一的通信协议组成的一个全球性的信息传输网络。因此，通过互联网发布广告信息范围广，不受时间和地域的限制。从广告角度看，作为广告媒体，其传播信息的范围越广，接触的人越多，广告效应越大。从广告用户市场看，用户市场遍及世界各个角落，即使是一家小企业都有可能一夜成为国际性公司。

（2）信息容量大。在互联网企业提供的信息容量是不受限制的。企业或广告代理商可以提供相当于数千页计的广告信息和说明，而不必顾虑传统媒体上每分每秒增加的昂贵的广告费用。网络上一个小小的广告条后面，企业可以通过超链接把自己的公司以及公司的所有产品和服务，包括产品的性能、价格、型号、外观形态等看来有必要向受众说明的一切详尽的信息在内制作成网页放在自己的网站中供浏览者了解。可以说，费用一定的情况下（为在别的网站上存放广告条而交纳的），企业能够不加限制地增加广告信息，这在传统媒体上是无法想象的。

（3）交互性。网络广告的载体基本上是多媒体、超文本格式文件，只要受众对某样产品感兴趣，轻按鼠标就能进一步了解更多、更为详细、生动的信息，如果对产品服务满意立刻就能在网上预订、交易与结算。

（4）实时性与持久性的统一。网络媒体具有随时更改信息的功能，企业可以根据需要随时进行广告信息的改动，可以即时将最新的产品信息传播给消费者，并且网络媒体也可以长久保存广告信息。企业建立起有关产品的网站，可以一直保留，随时等待消费者查询，从而实现了实时性与持久性的统一。

（5）投放目标精准。网络实际是由一个一个的团体组成的，这些组织成员往往具有共同爱好和兴趣，无形中形成了市场细分后的目标顾客群。企业可以将特定的商品广告投放到有相应消费者的站点上去，目标市场明确，从而做到有的放矢，而信息受众也会因广告信息与自己专业相关而更加关注此类信息。

网络广告除了具有上述相对传统广告的优点外，也有它的缺点。由于网络广告具有非强迫性，网络浏览者有绝对主动权，营销人员无法将广告内容强行灌输到他们的脑中，浏览者随时可以用鼠标关闭网页，因此对于营销人员的要求相较于传统媒体要高得多。仅仅是将产品和方方面面的信息罗列出来，是绝对不能形成成功的网络广告的。传统广告中产生不可抗拒的印象和吸引力的表现技巧及营销技巧在网络广告仍然需要，甚至要求更高。对营销人员来说如何在向消费者提供丰富的信息资源的同时，又能对他们产生强大的吸引力是一个巨大的挑战。

案例

世界上最好的工作

2009 年 1 月份，澳大利亚昆士兰州旅游局在网站 www.islandreefjob.com 推出“全球最佳工作”招募活动，该广告号称将面向全球提供一个“世界上最好的工作”，这份工作的内容比较简单（清洁鱼池，喂鱼；收发信件；发表文章及上传照片、视频；接受媒体采访；巡游水域内其他岛屿等），但是提供的待遇和福利（豪华住宿，提供工作地及申请人居住城市之间的往返机票、工作期间的保险、工作产生的交通等其他费用）却非常的吸引人，且半年的年薪高达 15 万澳元（约 75 万元人民币）。

接下来的几个月里，这个招聘活动赚足了全世界的眼球，超过 200 多个国家和地区的 34 000 多人来参加应聘，英国广播公司、日本 NHK 电视台等世界多家著名媒体也相继追踪报道海选过程。

事实上，在这个活动之前，虽然哈密尔顿岛素有澳大利亚“大堡礁之星”的美誉，岛上终年气候舒适宜人，风景宜人，是绝佳的旅游度假胜地。但由于金融危机的冲击，最近游客大减。

而现在昆士兰州、大堡礁、哈密尔顿岛等本来陌生的词汇也成为全球高知名度和美誉度的旅游向往地之一。据估计，这个活动前几个月已经带来超过 1 亿澳元（约 5 亿元人民币）的公关价值，而澳大利亚昆士兰州旅游局的全部投入不过是 170 万澳元（约合 735 万元人民币），其中还包括了护岛人 15 万澳元的薪水，真可谓是一本万利了。

3．网络广告的基本形式

网络广告采用先进的多媒体技术，拥有灵活多样的广告投放形式。但是，目前全球网络广告的形式主要还是以横幅式广告（Banner）出现较多。

当前网络广告主要有以下几种投放形式。

（1）横幅式广告（Banner）：又名“旗帜广告”，是最常用的广告方式，通常以 Flash、GIF、JPG 等格式定位在网页中，同时还可使用 Java 等语言使其产生交互性，用 shockwave 等插件工具增强表现力。

（2）按钮式广告（Buttons）：以按钮形式定位在网页中，比横幅式广告尺寸偏小，表现手法也较简单。

（3）邮件列表广告（Directmarketing）：又名“直邮广告”，利用网站电子刊物服务中的电子邮件列表，将广告加在每天读者所订阅的刊物中发放给相应的邮箱所属人。

（4）电子邮件式广告（E-mail）：以电子邮件的方式免费发送给用户，一般在拥有免费电子邮件服务的网站上常用。

（5）竞赛和推广式广告（Contests&Promotions）：广告主可以与网站一起合办他们认为感兴趣的网上竞赛或网上推广活动。

（6）插页式广告（Interstitialads）：又名“弹跳广告”，广告主选择自己喜欢的网站或栏目，在该网站或栏目出现之前插入一个新窗口显示广告。

（7）互动游戏式广告（Interactive Games）：在一段页面游戏开始、中间、结束的时候，广告随时都可出现，并且可以根据广告主的产品要求为之量身定做一个属于自己产品的互动游戏广告。

4．网络广告的计费形式

（1）按展示计费。

CPM 广告（Cost Per Mille/Cost Per Thousand Impressions）：每千次印象费用。广告条每显示 1000 次（印象）的费用。CPM 是最常用的网络广告定价模式之一。

CPTM 广告（Cost Per Targeted Thousand Impressions）：经过定位的用户的千次印象费用（如根据人口统计信息定位）。CPTM 与 CPM 的区别在于，CPM 是所有用户的印象数，而 CPTM 只是经过定位的用户的印象数。

（2）按行动计费。

CPC 广告（Cost-Per-Click）：每次点击的费用。根据广告被点击的次数收费。如关键词广告一般采用这种定价模式。

PPC 广告（Pay-Per-Click）：是根据点击广告或者电子邮件信息的用户数量来付费的一种网络广告定价模式。

CPA 广告（Cost-Per-Action）：每次行动的费用，即根据每个访问者对网络广告所采取的行动收费的定价模式。对于用户行动有特别的定义，包括形成一次交易、获得一个注册用户或者对网络广告的一次点击等。

CPL 广告（Cost For Per Lead）：按注册成功支付佣金。

PPL 广告（Pay-Per-Lead）：根据每次通过网络广告产生的引导付费的定价模式。例如，广告客户为访问者点击广告完成了在线表单而向广告服务商付费。这种模式常用于网络会员制营销模式中为联盟网站制定的佣金模式。

（3）按销售计费。

CPO 广告（Cost-Per-Order）：也称为 Cost-Per-Transaction，即根据每个订单/每次交易来收费的方式。

CPS 广告（Cost for Per Sale）：根据销售额来收费的方式。

PPS 广告（Pay-Per-Sale）：根据网络广告所产生的直接销售数量而付费的一种定价模式。

5．网络广告的策划过程

（1）确定网络广告的目标。广告目标的作用是通过信息沟通使消费者产生对品牌的认识、情感、态度和行为的变化，从而实现企业的营销目标。在公司的不同发展时期有不同的广告目标，比如说是形象广告还是产品广告，对于产品广告在产品的不同发展阶段广告的目标可分为提供信息、说服购买和提醒使用等。

（2）确定网络广告的目标群体。简单来说就是确定网络广告希望让哪些人来看，确定他们是哪个群体、哪个阶层、哪个区域。只有让合适的用户来参与广告信息活动，才能使广告有效地实现其目标。

（3）进行网络广告创意及实现（这部分内容将在 7.2.2 节重点介绍）。

（4）合理安排网络广告发布的时间因素。网络广告的时间策划是其策略决策的重要方面。它包括对网络广告时限、频率、时序及发布时间的考虑。时限是广告从开始到结束的时间长度，即企业的广告打算持续多久，这是广告稳定性和新颖性的综合反映。频率即在一定时间内广告的播放次数。时序是指各种广告形式在投放顺序上的安排。发布时间是指广告发布是在产品投放市场之前还是之后。根据调查，消费者上网活动的时间多在晚上和节假日。

（5）选择网络广告发布渠道及方式。网上发布广告的渠道和形式众多，各有长短，企业应根据自身情况及网络广告的目标，选择网络广告发布渠道及方式。在目前，可供选择的渠道和方式主要有以下几种。

①主页形式：建立自己的主页，对于企业来说，是一种必然的趋势。它不但是企业形象的树立，也是宣传产品的良好工具。在互联网上做广告的很多形式都只是提供了一种快速链接公司主页的途径，所以，建立公司的 Web 主页是最根本的。从今后的发展看，公司的主页地址也会像公司的地址、名称、电话一样，是独有的，是公司的标志，将成为公司的无形资产。

②网络内容服务商（ICP）：如新浪、搜狐、网易等，它们提供了大量互联网用户感兴趣并需要的免费信息服务，包括新闻、评论、生活、财经等内容，因此，这些网站的访问量非常大，是网上最引人注目的站点。目前，这样的网站是网络广告发布的主要阵地，但在这些网站上发布广告的主要形式是旗帜广告。

③微博微信：新媒体出现后的蓬勃发展，使其成为了企业广告发布不可忽视的另一阵地。由于新媒体的平等性，因此更容易得到草根网民的关注和互动。

④企业名录：这是由一些 Internet 服务商或政府机构将一部分企业信息融入它们的主页中。例如，香港商业发展委员会的主页中就包括汽车代理商、汽车配件商的名录，只要用户感兴趣，就可以通过链接进入选中企业的主页。

⑤许可 E-mail 服务商：目前 E-mail 已经非常普及，在得到消费者许可的情况下，利用 E-mail 高效便宜等特点，能够帮助企业将广告送至使用 E-mail 服务的用户手中。

⑥搜索引擎：搜索引擎是在 Internet 上专门提供查询检索服务的网站，如百度、360、搜狗、Google 等，由于目前网民对于搜索引擎的依赖越来越深，使用频率越来越高，因此搜索引擎本身以及广告联盟都是重要的广告展现平台。

⑦网络报纸或网络杂志：随着互联网的发展，国内外一些著名的报纸和杂志纷纷在 Internet 上建立了自己的主页；更有一些新兴的报纸或杂志，放弃了传统的“纸”的媒体，完完全全成为一种“网络报纸”或“网络杂志”，其影响非常大，访问的人数不断上升。在这些网络报纸或杂志上做广告，也是一个较好的传播渠道。

（6）正确确定网络广告费用预算。公司首先要确定整体促销预算，再确定用于网络广告的预算。整体促销预算可以运用量力而行法、销售百分比法、竞争对等法或目标任务法来确定。而用于网络广告的预算则可依据目标群体情况及企业所要达到的广告目标来确定，既要有足够的力度，也要以够用为度。

量力而行法即企业确定广告预算的依据是他们所能拿得出的资金数额。销售百分比法即企业按照销售额（销售实绩或预计销售额）或单位产品售价的一定百分比来计算和决定广告开支。竞争对等法是指企业比照竞争者的广告开支来决定本企业广告开支的多少，以保持竞争上的优势。目标任务法的步骤为：

①明确地确定广告目标。

②决定为达到这种目标而必须执行的工作任务。

③估算执行这种工作任务所需的各种费用，这些费用的总和就是计划广告预算。

（7）设计好网络广告的测试方案，先小规模测试，观察效果，如效果不佳则对前面步骤进行调整直到可以正式发布。

（8）网络广告正式发布后，除了继续评估效果并根据需要调整外，还要做好对网络广告的反馈收集，为后续广告制作提供参考。

7.2.2　实现网络广告创意的相关理论

随着网络的普及与商业化，信息呈现爆炸级增长，注意力有限的人类面临的是信息量过剩，使得当前消费者注意力已成为稀缺资源。而网络广告相较于传统广告，主动权又完全掌握在消费者手中，具有非强迫性的特点，因此简单的信息促销式的广告很难得到关注，如何运用创意的表现技巧与营销技巧，使得广告具有吸引力成为网络促销人员必须掌握的知识与技能。下面列举了传统广告学中的一些经典理论，对于网络广告同样有很重要的借鉴意义。

1. USP 论

USP 论是由英文 Unique Selling Proposition 的首写字母组成的，是独特的销售主张的意思。它是 R. 雷斯（当时彼得斯董事长）在 20 世纪 50 年代提出的一种有广泛影响的广告理论，其基本要点是：

（1）每一则广告必须向消费者说一个主张（Proposition），必须让消费者明白，购买广告中的产品可以获得什么具体的利益。

（2）所强调的主张必须是竞争对手做不到的或无法提供的，必须说出其独特之处，在品牌和诉求方面是独一无二的。

（3）所强调的主张必须是强而有力的，必须聚集在一个点上，集中打动、感动和引导消费者来的买相应的产品。

该学说指出，在消费者心目中，一旦将这种特有的主张或许诺同特定的品牌联系在一起，USP 就会给该产品以持久受益的地位。例如，可口可乐是红色，百事可乐为蓝色，前者寓意着热情、奔放，富有激情；后者象征着未来，突出“百事——新一代”这主题。虽然也有其他可乐饮料采用了红色与蓝色作为自己的标准色，但是，它们首先占有了这些特性，因而，其他品牌就难以从消费者的心目中将其夺走。实际经验已表明，成功的品牌在多少年内是不会有实质上的变化的。可以说，对于 USP 所做的改变也许是广告主的一个最大失误。

进入品牌至上的 20 世纪 90 年代，广告环境产生了翻天覆地的变化。达彼斯公司重新审视 USP，在继承和保留其精华思想的同时，发展出了一套完整的操作模型，并将 USP 重新定义为：USP 创造力在于提示一个品牌的精髓，并通过强有力的说服力证实它的独特性，使之变得所向披靡，势不可挡。达彼斯公司发展、重申了 USP 的三个要点：

（1）USP 是一种独特性。它内含在一个品牌深处，或者尚未被提出的独特的承诺。它必须是其他品牌未能提供给消费者的最终利益；必须能够建立一个品牌在消费者头脑中的位置，而使消费者坚信该品牌所提供的最终利益是该品牌独有的，独特的和最佳的。

（2）USP 必须有销售力。它必须是对消费者的需求有实际重要的意义；必须能够与消费者的需求直接相连；必须导致消费者作出行动；必须是有说服力和感染力，从而能为该品牌引入新的消费群或从竞争对手中把消费者抢过来。

（3）每个 USP 必须对目标消费者作出一个主张，一个清楚的令人信服的品牌利益承诺，而且这个品牌承诺是独特的。

USP 学说的基本前提是，视消费者为理性思维者，其倾向于注意并记住广告中的一件事，一个强有力的声称，一个强有力的概念。由此出发，广告则应建立在理性诉求上。具体来说，广告对准目标消费者的需要，提供可以带给他们实惠的许诺，而这种许诺必然要有理由的支持，因为理性思维者会在许诺上发问，为什么会有这样的实惠。USP 的语法程序就是这样：特有的许诺加理由的支持。

达彼斯重新把 USP 当作是传播品牌独特承诺最有效的方法，USP 意味着与一个品牌的精髓所独特相关的销售主张。当然，这一主张将被深深地印刻在消费者头脑之中；USP 广告不仅只是传播产品信息，更主要的是要激发消费者的购买行为。

案例

大众甲壳虫经典广告——Think Small

20 世纪 60 年代的美国汽车市场，豪华车大行其道，大众汽车公司的甲壳虫轿车还没有市场。

伯恩巴克创造的这句 Think Small（“想想小的好”）广告语，改变了美国人的汽车观念，使美国人意识到小型车的优点。此后，甲壳虫轿车迅速占领美国汽车市场，并在很长一段时间内稳执美国汽车市场之牛耳。

广告正文："我们的小车并不标新立异。许多从学院出来的家伙并不屑于屈身于它；加油站的小伙子也不会问它的油箱在哪里；没有人注意它，甚至没人看它一眼。其实，驾驶过它的人并不这样认为。因为它耗油低，不需防冻剂，能够用一套轮胎跑完40 000英里的路。这就是为什么你一旦用上我们的产品就对它爱不释手的原因。当你挤进一个狭小的停车场时、当你更换你那笔少量的保险金时、当你支付那一小笔修理账单时，或者当你用你的旧大众换得一辆新大众时，请想想小的好处。"

2. 品牌形象论

20世纪60年代由D. 奥格威提出的品牌形象论是广告创意、策划策略理论中的一个重要流派。在此理论影响下，出现了大量优秀的、成功的广告。品牌形象论的基本要点是：

（1）为塑造品牌服务是广告最主要的目标。广告就是要力图使品牌具有并且维持一个高知名度的品牌形象。同时，奥格威认为形象指的是个性，它能使产品在市场上长盛不衰，使用不当也能使它们滞销市场。因此，如果品牌既适合男性也适合妇女性，既能适合上流社会也适合广大群众，此品牌就没有个性了，成了一种不伦不类不男不女的东西。最终决定品牌市场地位的是品牌总体上的性格，而不是产品间微不足道的差异。

（2）任何一个广告都是对品牌的长程投资。从长远的观点看，广告必须尽力去维护一个好的品牌形象，而不惜牺牲追求短期效益的诉求重点。奥格威告诫客户，目光短浅地一味地搞促销、削价及其他类似的短期行为的做法，无助于维护一个好的品牌形象。而对品牌形象的长期投资，可使形象不断地成长丰满。这也反映了品牌资产累积的思想。

（3）品牌形象比产品功能更重要。随着同类产品的差异性减小，品牌之间的同质性增大，消费者选择品牌时所运用的理性就减少，因此，描绘品牌的形象要比强调产品的具体功能特征要重要得多。比如，各种品牌香烟、啤酒、纯净水、洗涤化妆用品、服装、皮鞋等都没有什么大的差别。这时，为品牌树立一种突出的形象就可为厂商在市场上获得较大的占有率和利润。奥格威把品牌形象作为创作具有销售力广告的一个必要手段，即在市场调查、产品定位后总要为品牌确定一个形象。

（4）广告更重要的是满足消费者的心理需求。消费者购买时所追求的是"实质利益+心理利益"，对某些消费者来说，广告尤其应该重视运用形象来满足其心理的需求。广告的作用就是赋予品牌不同的联想，正是这些联想给了它们不同的个性。不过，这些联想重要的是要符合目标市场的追求和渴望。

"万宝路"之所以知名，实际上不是它的烟味，也不是该香烟的其他什么内在的特性，而仅仅是该品牌形象，具体说，该商标给消费者唤起的是一些综合的极为丰富的联想。它们是虚构的西部地区、到处漂泊的牛仔、自由、独立、大草原、强壮的男子汉等构成的一幅多姿多彩的动感世界，而这些景象正好迎合了许多人的幻想。

（5）品牌广告的表现方法。奥格威还提出了一些关于品牌广告的秘诀，比如广告的前十秒内使用牌名，利用牌名做文字游戏可以让受众记住品牌，以包装盒结尾的片子较能改变品牌偏好。而歌曲、太多的短景对品牌偏好及效果较差。幽默、生活片段、证言、示范、疑难解答、独白、有个性的角色或人物、提出理由、新闻手法、情感诉求等是改变消费者对品牌偏好度的十大良好表现手法。

综上所述，无论 USP 还是品牌形象论，两者都在追求对品牌的确认，不过 USP 立足于理性诉求，而品牌形象论则更多诉求于情感因素。实质上，任何理性诉求都暗含着情感的因素。这不仅表现在产品提供的实惠给消费者带来的满足会产生积极的情感体验，而且产品的理性诉求往往需要有情绪的激发来补充。比如，雀巢咖啡突出一个“味道好极了”，这是该广告集中于味觉的 USP，而这种 USP 正是通过一个给人好感的模特儿，以其自然潇洒的神态表达出饮后的无限美味感受，给人以强烈的感染力。

3. ROI 论

ROI 是一种实用的广告创意指南，是广告大师 W. 伯恩巴克创立的 DDB 广告国际有限公司制定出的广告策略上的一套独特概念主张。其基本要点是：

（1）好的广告应具备三个基本特质：关联性（Relevance）、原创性（Originality）、震撼性（Impact）。

（2）广告与商品没有关联性，就失去了意义；广告本身没有原创性，就欠缺吸引力和生命力；广告没有震撼性，就不会给消费者留下深刻印象。

（3）同时实现“关联”、“创新”和“震撼”是个高要求。针对消费者需要的“关联”并不难，有关联但点子新奇也容易办到。真正难的是，既要“关联”，又要“创新”和“震撼”。

（4）达到 ROI 必须具体明确地解决以下五个问题：①广告的目的是什么？②广告做给谁看？③有什么竞争利益点可以做广告承诺？有什么支持点？④ 品牌有什么独特的个性？⑤选择什么媒体是合适的？受众的突破口或切入口在哪里？

从以上的论述可以看出，广告的成功如何，首先是广告与所宣传的产品关联性到底如何。一些广告，广告创意人及广告主都觉得有创意，能在众多的信息中跳出来，但与所宣传的产品关联不大，消费者看了后，根本不知道是宣传什么，不管其有多创意，都是失败了，因为忘了广告本身的经济功能。还有，我们一些请明星做广告的，很多广告就成了明星的宣传片，受众记住了明星，而不知道产品，特别是一些明星做多个产品的形象代言人时，其广告效果更差。

强调了广告与产品的关联度后，我们说，原创性是评价一则广告好坏的重要指标，因此广告是否具有原创性作为各大广告奖项评奖的重要指标。从消费者的角度看，原创性的东西，新异的刺激容易引起消费者的注意。人云亦云的广告只能被其他信息淹没，甚者，使消费者产生东施效颦印象，而产生反感，起到消极的宣传效果。

广告的原创性，易引起消费者的注意，但一则好广告，引起消费者注意只是广告目的的第一步，最终要震撼消费者，引起消费者的兴趣，产生共鸣，使其对宣传的产品产生好感，从而产生一种购买欲望，最终产生一种购买行为。

案例

有了我，你怎么可以不帅

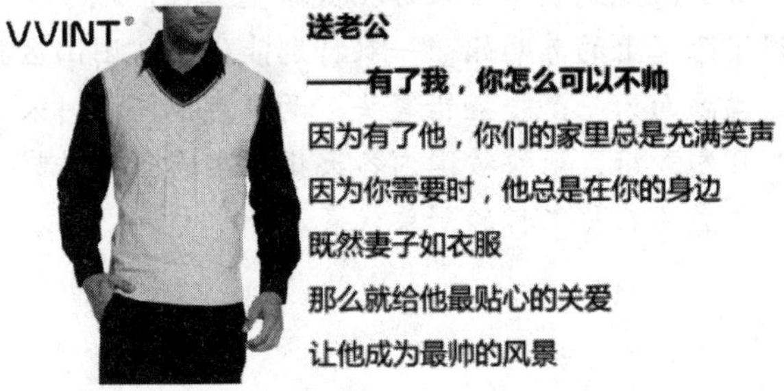

（资料来源：新浪微博@卖家刊《都是纯“爷们”男人的贴心》）

4．共鸣论

1998 年，《泰坦尼克号》成为全世界人们讨论的热门话题，它创造了人类电影史上的新纪元。在当年的奥斯卡金像奖颁奖晚会上，该片获得了包括最佳影片在内的共 11 项奥斯卡金像奖。它同时也创造了人类营销史上的奇迹，上映 3 个月就赢得了 12 亿美元的票房收入。分析其原因，《泰坦尼克号》正迎合了人们的怀旧情结，引起了专家与观众的共鸣。这种以怀旧等方式，挖掘人的情感，创造了广告策划、创意策略的重要理论——共鸣论。

共鸣论主张在广告中述说目标对象珍贵的、难以忘怀的生活经历、人生体验和感受，以唤起并激发其内心深处的回忆，同时赋予品牌特定的内涵和象征意义，建立目标对象的移情联想，通过广告与生活经历的共鸣作用而产生效果和震撼。

共鸣论最适合大众化的产品或服务，在拟定广告主题内容前，必须深入理解和掌握目标消费者。通常选择目标对象所盛行的生活方式加以模仿。运用共鸣论取得成功的关键是要构造一种能与目标对象所珍藏的经历相匹配的氛围或环境，使之能与目标对象真实的或想象的经历连接起来。

共鸣论侧重的主题内容是：爱情、童年回忆、亲情。建立在共鸣论基础上的优秀广告并不鲜见，影响和传播效果非常出色的香港“铁时达”手表的广告是一个典型的案例。“不在乎天长地久，只在乎曾经拥有”的广告词配以兵荒马乱战争年代的动人爱情场面，使消费者对该品牌产生强烈的共鸣。

再比如雕牌系列广告，雕牌洗衣粉运用下岗女工找工作及懂事女儿理解妈妈，帮妈妈干活的动人场景，配以“妈妈，我能为您干活”极富煽情的话语，引起其目标消费者情感的共鸣。雕牌牙膏以现今社会热点的单亲家庭，小孩对新妈妈的抵触及新妈妈的真情付出后，小孩的最后接受，配以“真情付出，心理交汇”极为动人的广告语，从而引起广大消费者的共鸣。

案例

渴望读书的大眼睛

中国青年报摄影记者解海龙到金寨县采访拍摄希望工程，跑了十几个村庄，最后来到大别山的张湾小学，发现了课堂上的苏明娟，一双特别能代表贫困山区孩子渴望读书的“大眼睛”摄入他的镜头。这幅画面为一个手握铅笔头、两眼直视前方对未来充满渴望的小女孩，题为《我要读书》的照片发表后，很快被国内各大报纸杂志争相转载，成为中国希望工程的宣传标志，苏明娟也随之成为希望工程的形象代表。

5. 定位论

定位，英文为Positioning，定位论是20世纪70年代由A. 里斯和J. 屈特提出的，他们对定位下的定义为：“定位并不是要您对产品做些什么，定位是您对未来的潜在顾客心智所下的功夫，也就是把产品定位在未来潜在顾客的心中。”其主张在广告策略中运用一种新的沟通方法，创造更有效的传播效果。广告定位论的基本主张是：

（1）广告的目标是使某一品牌、公司或产品在消费者心目中获得一个据点，一个认定的区域位置，或者占有一席之地。

（2）广告应将火力集中在一个狭窄的目标上，在消费者的心智上下功夫，是要创造出一个心理的位置。

（3）应该运用广告创造出独有的位置，特别是“第一说法、第一事件、第一位置”。因为创造第一，才能在消费者心中形成难以忘怀的、不易混淆的优势效果。

（4）广告表现出的差异性，并不是指出产品具体的、特殊的功能利益，而是要显示和实现品牌之间的类的区别。

（5）这样的定位一旦建立，无论何时何地，只要消费者产生相关的需求，就会自动地、首先想到广告中的这种品牌、这家公司或产品，达到“先入为主”的效果。

目前，定位论对营销的贡献超过了原来把它作为一种传播技巧的范畴，而演变为营销策略的一个基本步骤。这反映在科特勒对定位下的定义：它是对公司的提供物和形象的策划行为，目的是使它在目标消费者的心智中占据一个独特的价值的位置。科特勒把里斯和屈特的定位归为“对现有产品的心理定位与再定位”。显然除此之外，还有对潜在产品的定位。常用的定位方法有：

（1）首次定位。定位对象首次进入空白心智，对于受众来说，这方面的信息要是心里第一次感知的，要占得最先与最大。比如农夫山泉第一个提出“有点甜”这一概念特征，同时第一个采用特殊瓶盖，靠着两个方面的首次定位，农夫山泉很快被消费者接受，迅速畅销于市场。

（2）关联定位。使定位对象与竞争对手发生关联，并确立与竞争对象的定位相反的或可比的定位概念；使宣传的品牌既与现有商品类别有关联，又有区别。日本一家经济暖气机同时兼有中央暖气系统和石油或瓦斯暖气炉两种商品的特性。中央暖气系统费用高昂又不适合小房间，石油或瓦斯暖气炉有油烟气味，经济暖气机排除了两者的缺点。经权衡得失，厂商决定采用与中央暖气系统造成关联的商品定位，并以“中央暖气系统新发现——小房间专用”为广告标题，因而获得意外的销售业绩。

（3）特色定位。在遇有无敌地位的竞争对手的情况下，可利用自己在潜在受众心中所拥有的地位，并巩固之，使之确立为心中同类对象的新位置。七喜的“非可乐”定位就是一个典型的关联定位，既借可乐的名声提高自己的知名度，又突显自己与可乐的不同。

（4）单一位置定位。处于领导者，要以另外的新品牌来压制竞争者。因为每一个品牌都在其潜在顾客心中安置了独自所占据的一个特定处所。宝洁公司为全球最大的洗涤化妆用品公司，为了保持其在中国洗发水市场上处于绝对垄断地位，针对不同的消费者不同的需要先后推出了飘柔、潘婷、海飞丝、沙宣、润妍，以满足消费者个性化需求，从而保持宝洁公司在洗发水市场上领导者地位。

（5）扩大名称。处于领导者，用更广的名称或增加其适用范围来保持其地位。很多药品，在刚推向市场时，为了让消费者尽快接受，往往只是宣传一个重要的功能，但当其被消费者接受后，往往就扩大其宣传面，以巩固扩大其消费群体。

（6）类别品牌定位。当一个强大的品牌名称成了产品类别名的代表或代替物时，必须给公司的一个真正成功的新产品以一个新的名称，而不能采用搭便车的做法，沿袭公司原有产品的名称。当“小天鹅”成了洗衣机的名牌产品，同时又成为洗衣机代名词的时候，小天鹅公司开发空调产品时，就没有沿有“小天鹅”商标，而是重新塑造一个“波尔卡”品牌。

（7）销售量定位。前面说到，消费者由于缺乏安全感，喜欢买跟别人一样的东西，有着较强的从众心理，所以那些在同行中有较好销量的企业经常宣传自己的销量领先，以便所消费者产生一种信任感。如“民星饲料，国有饲料销量第一”，“波司登羽绒服，连续六年全国销量遥遥领先”。还有美国山咖（Sanka）咖啡的广播广告说：“我们在美国是销售第三大的咖啡。”又如：“艾维斯（Avis）在出租行业只是第二位，那么为什么租我们的车？我们更加努力呀！”

（8）再定位，也叫重新定位，即打破事物在消费者心理中所保持的原有位置与结构，使事物按照新的观念在消费者心理中重新排位，调理关系，以创造一个利于自己的新的秩序。李奥·贝纳用“牛仔”形象为万宝路香烟重新定位，使原先一直销路不畅的女士香烟一跃成为全球第一品牌。大卫·奥格威的戴眼罩的模特，使默默无闻 116 年的“哈撒韦”衬衫一下子走红美国。这都是广告界著名的再定位案例。

案例

穿 PRADA 的女魔头

PRADA，一个世界顶级品牌，其受众多数是国际明星、上流社会的名媛，一条美丽却价值不菲的裙子是多少女人心中渴望而不可及的圣品。它代表着一种消费层次，也代表着一种消费观念，它可以成为奢侈品的代名词，它也是无数女人心中的梦。那让我们来看看是如何打造它的品牌的吧。它投拍了一部叫《穿 PRADA 的女王》的电影，电影里面有两个重要角色，一个是刚毕业的聪明上进但衣着老土的年轻姑娘德丽娅·桑切丝，另一个是最出名的时尚杂志《Runway》的主编米兰达·普雷斯丽。整个影片过程中，两者从价值观念到行为习惯等方方面面都产生了激烈的碰撞。其中米兰达·普雷斯丽几乎就是个时尚“女魔头”——一个要求苛刻的女强人。但影片播出后，反而有部分人对 PRADA 更加痴迷了，因为这个角色很好地诠释了一个女强人的形象——永远别想看到我哭泣，即使我内心痛苦寂寞。同时告诉人们，不想做风光寂寞女强人的女人请远离，你们承受不了这个压力和痛。这种带有挑衅意味的暗示，非常到位地诠释了该品牌的气质和个性，使越来越多的现代女性标榜自己是“PRADA 女王”。

6. 品牌个性论

对品牌内涵的进一步挖掘，美国 Grey 广告公司提出了“品牌性格哲学论”，日本小林太三郎教授提出了“企业性格论”，形成了广告策划创意策略中的另一种后起的、充满生命力的新策略流派——品牌个性论。该策略理论在回答广告“说什么”的问题时，认为广告不只是“说利益”、“说形象”，而更要“说个性”。

随着市场竞争的日趋激烈，产品的高度同质化，品牌日渐成为商家重要的竞争手段。品牌是指用来识别特定商品和劳务的名称、术语、符号、图案以及它们的组合。借助于品牌，消费大众很容易把各类厂家的商品区别开来。

个性是个社会范畴，是许多学科研究的对象。学科视野不同，对个性概念的解释也不同。心理学学者大部分认为，个性是由各种属性整合而成的相对稳定的独特的心理模式。我国古代一句老话“蕴蓄于中，形诸于外”能很好地概括出个性的内涵，即个性就是人的表里的统一体。

品牌个性就像人的个性一样，它是通过品牌传播赋予品牌的一种心理特征，是品牌形象的内核，是特定品牌使用者个性的类化，是其关系利益人心中的情感附加值和特定的生活价值观。品牌个性具有独特性和整体性，它创造了品牌的形象识别，使我们可以把一种品牌当作人看待，使品牌人格化、活性化。对于品牌个性可以进行以下分析：

（1）品牌个性为特定品牌使用者个性的类化。当我们想到一个人时，首先是用性别（男性或女性）、年龄（年轻或年老）、收入或社会阶层（穷人、工薪阶层、富人）来加以描述。同样的，品牌通常也能被认为是男性化的或女性化的、时髦的或过时的，以及每日工作的蓝领或优雅的白领。

例如，在考虑有关零售商店的个性时，很可能感受到社会阶层的差异：一家在上海南京路上的大型商场比华联、联华或农工商等连锁店明显具有更高贵的个性。除了商品的质量与价格外，这种商店的个性也通过设计、建筑、装潢、广告中使用的标志、颜色、特征以及销售人员的制服来创造。实际上，正是这些组成部分使任何服务企业的形象或个性“有形化”。

人们已用成百上千个形容词来描述彼此个性特征，如我们将某人描述为热情、愚蠢、心灵卑劣、有闯劲等。类似的，一个品牌的特点可以是冒险的、顽固的或是易兴奋的且有些粗俗的。詹妮弗·艾柯综合研究提出了五个品牌个性因素，即“真诚”、“兴奋”、“能力”、“复杂性”和“单纯性”。

如“海尔”使您立即联想到活泼可爱的海尔兄弟，每时每刻使您体会到“真诚到永远”；

麦当劳总令人联系起“罗纳尔德·麦当劳”的特色：以年轻人或小孩为主的顾客群，开心的感受、优质的服务、金黄色的拱门标志、快节奏的生活方式、乃至炸马铃薯条的气味；万宝路香烟则体现出西部牛仔的豪放形象。

（2）品牌个性是其关系利益人心中的情感附加值。品牌个性具有强烈的情感方面的感染力，能够抓住消费者及潜在消费者的兴趣，不断地保持情感的转换。品牌个性蕴含着其关系利益人心中对品牌的情感附加值。正如我们可以认为某人（或某一品牌）具有冒险性并且容易兴奋一样，我们也会将这个人（或品牌）与激动、兴奋或开心的情感联系起来。另外，购买或消费某些品牌的行为可能带有与其相联系的感受和感情。如喝喜力啤酒表达了一种豁达，“Green Your Heart”；穿“红豆”衬衣产生相思的情怀；Debeers 钻石代表着爱情，代表着坚贞，正如其广告语表达的“钻石恒久远，一颗永留传”，等等。

（3）品牌个性是特定的生活价值观的体现。价值观可以表现为令人兴奋的生活的追求、对自尊的追求、理智的需要、对自我表现的要求等。每个人将不同的价值观作为其生活中心：一个人可能高度评价对娱乐和刺激的追求，另一个也许更关心自我表现或安全。具有独特个性的品牌，可以与某一特定价值观建立强有力的联系，并强烈吸引那些认为该价值观很重要的消费者。例如，“金利来——男人的世界”，是成功男人的象征，就容易被成功或渴望成功的人所认同。“爱立信”品牌一直沿用广告语“一切尽在掌握”，经常唤起消费者接受生活挑战，把握机遇，开拓进取等联想。这些联想正好迎合了消费者渴望成功的心愿，足以引起购买动机。

案例

好广告毙命全过程

1. think small

2. 让我们突出产品吧

3. 让标题更正面

4. 让我们告诉消费者希望他们采取行动

5. 表现人们正在享用产品

6. 给标题更多有价值的信息

7. 把LOGO放大点

8. 我们需要支持所有经销商

（资料来源：原题新浪微博@互联网分析沙龙）

任务 7.3　如何开展搜索引擎营销（SEM）

搜索引擎营销是指以搜索引擎为平台，以提升网页在搜索结果页上排名从而给网站带来访问量为目的，针对搜索引擎用户而展开的营销活动。

从工作原理来分，常见的搜索引擎技术主要有三类：第一类是纯技术型的全文检索搜索引擎，如百度、Google 等，其原理是通过蜘蛛机器人（Spider）检索程序到各个网站收集、存储信息，并建立索引数据库供用户查询；第二类称为分类目录，是各网站向搜索引擎提交网站信息的关键词和网站描述资料，经过人工审核和编辑从而登录到索引数据库中；第三类是元搜索引擎，其原理是调用其他搜索引擎一起搜索（如百度和 Google），并将结果合并去除重复后返回给使用者。

从目前来看第一类搜索引擎使用最广泛，对于网络营销的意义最大，因此搜索引擎营销（SEM）主要针对第一类。

1．搜索引擎优化的方法

根据搜索引擎的使用习惯，大多数使用者输入关键词进行检索，返回结果后按照由上至下的顺序查看，一旦问题得到解决，则后面内容不再继续查看。因此搜索引擎优化（SEM）的核心就是提高网站的排名。目前主要的搜索引擎营销方法有三种，分别是竞价排名、购买关键词广告和搜索引擎优化（SEO）。下面以百度的搜索结果图（如图 7-3 所示）为例分别解释。

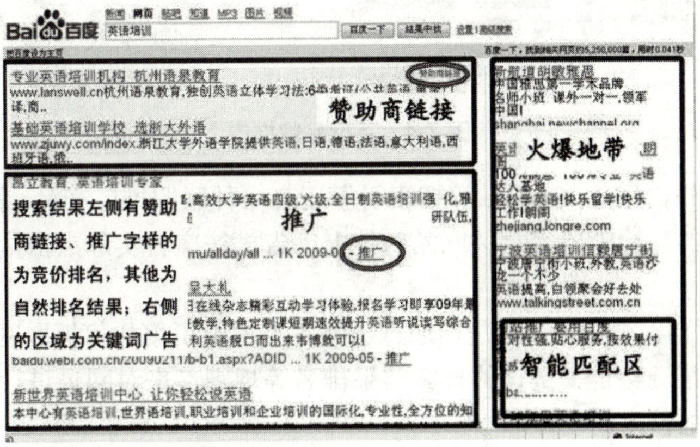

图 7-3　百度搜索结果图

（1）竞价排名。竞价排名是按照付费最高者排名靠前的原则，对购买了同一关键词的网站进行排名的一种方式。它是一些搜索引擎公司所推出的一种按效果付费的网络推广方式。以百度为例，竞价排名结果一般显示在结果左侧顶部和底部位置以及右侧，用赞助商链接、推广与自然排名进行区分。赞助商链接与推广的区别在于搜索引擎使用者提交关键词检索时，如果竞价排名用户购买这个词则结果显示为推广；如没有竞价排名用户选择这个关键词，系统就会按照一个标准来进行匹配竞价排名用户的关键词，如果相关度较高的就可以显示成“赞助商链接”。

（2）购买关键词广告。关键词广告本质上属于网络广告的范畴，是网络广告的一种特殊形式。简单来说就是当用户利用某一关键词进行检索，在检索结果页面会出现与该关键词相关的广告内容。

以百度为例，其推出的火爆地带和智能匹配产品就属于关键词广告。火爆地带出现在网页搜索结果第一页的右侧区域内，每个关键词的百度火爆地带位置均为 10 个，按时间段固定付费（与竞价的主要区别所在），不同位置价格不同，如购买的企业超过 10 会按顺序轮换显示。

智能匹配是依附于百度竞价排名的一种产品，不能单独购买。在用户提交关键字时默认自动勾选，可手动取消。当某关键字火爆地带购买的位置<8 时，右侧只显示 8 个位置，不满的位置则由购买了该关键字的竞价排名用户填补。智能匹配结果为随机自动抓取，其排名顺序为随机，显示方式为轮显。

由于搜索引擎用户将左侧看成搜索结果，而右侧更容易当成广告，实际操作中竞价排名的营销效果要远好于购买关键词广告，因此百度已经关闭了火爆地带和智能匹配服务，以后可能会以其他形式出现，如目前百度右侧出现的品牌推广（如图 7-4 所示）。

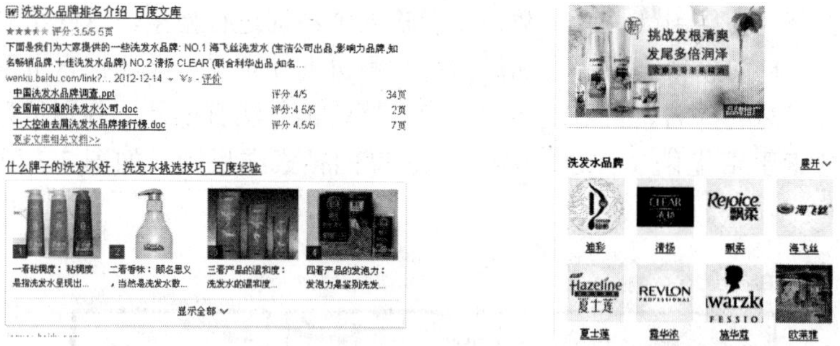

图 7-4 百度品牌推广

除了以上产品外，百度、Google 等搜索引擎还有一种联盟推广产品，就是当用户检索时，在申请和百度合作的与检索内容相关网站内挂上广告，按广告实际点击量收费，其本质更类似网络广告。

（3）搜索引擎优化（SEO）。它是指通过了解各类搜索引擎如何抓取网页、如何进行索引以及如何确定其对某一特定关键词的搜索结果排名等规则，来对网页进行相关的优化，使其提高搜索引擎排名的技术。

由于竞价排名是以关键词出价高低排序，与网页内容本身内容质量高低并没有直接关联。而搜索引擎使用者则只关心搜索结果是否能满足自己的要求，如果搜索引擎都是竞价排名，用户搜索后得不到自己满意的结果，长此以往将放弃使用搜索引擎。所以搜索引擎在一个页面中必须要有足够的不收费的按内容质量高低自然排名的页面，才能满足搜索用户，进而留住搜索用户。

以百度为例（如图 7-5 所示），自然排名的结果在左侧以百度快照和评价在网址后标识。

因此简单来说，SEO 就是根据搜索引擎判断网页内容质量高低的规则对网页进行优化的技术。

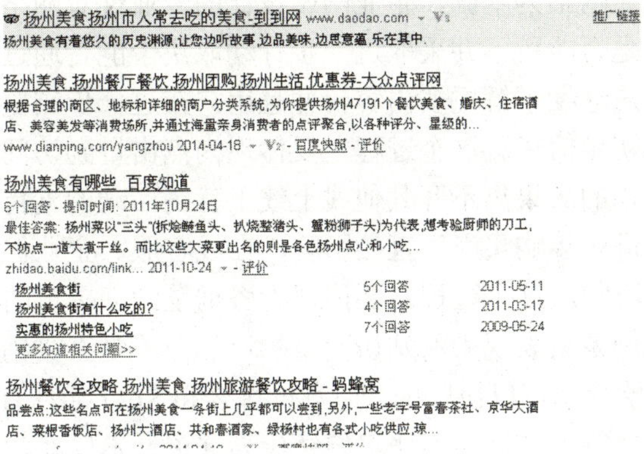

图 7-5　百度自然排名

2. 搜索引擎营销在营销体系中的地位

搜索引擎营销目前被越来越多的企业所接受并认可，但是也有一些企业在操作中存在一些误区，以为只要集中人力、财力做好搜索引擎营销，有了好的排名就必然带来订单。然而网络营销是个系统工程，从图 7-6 所示搜索引擎营销效果“漏斗”模型中可以看出访问量到订单量是一层层缩小的过程，不断有客户因为各种原因离开，搜索引擎营销与企业网站设计、线下营销等是相互影响、相互制约的，因此我们必须正确认识搜索引擎营销在营销体系中的地位。

首先，搜索引擎营销只发挥向导作用。搜索引擎检索出来的是网页信息的索引，一般只是企业对某个网站/网页的简要介绍，或者搜索引擎自动抓取的部分内容，而不是网页的全部内容，因此这些搜索结果只能发挥一个“引子”的作用，用户看到检索结果是否进入网站取决于能否尽可能好地将有吸引力的索引内容展现给用户，吸引用户根据这些简单的信息进入相应的网页继续获取信息。这个过程中主要体现为展现量到点击量的变化。

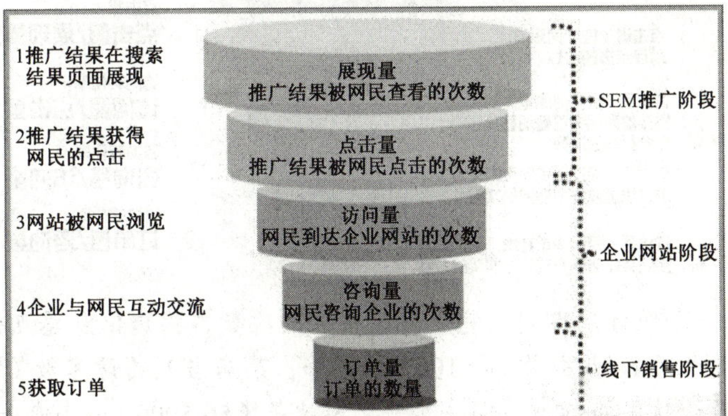

图 7-6　搜索引擎营销效果“漏斗”模型

其次，搜索引擎营销与企业网站密不可分。一般来说，搜索引擎营销作为网站推广的常用方法，在没有建立网站的情况下很少被采用（有时也可以用来推广网上商店、企业黄页等），搜索引擎营销需要以企业网站为基础，企业网站设计的专业性对网络营销的效果又产生直接影响。用户到达网站后是否能留下并采取进一步行动取决于能否通过网站视觉呈现给用户良好的第一印象，吸引用户继续了解更多内容，并且用户在进一步浏览中能顺利得到自己想要的信息，并对企业建立初步信任。这个过程主要体现为点击量到访问量再到咨询量的变化。

最后，搜索引擎营销的效果离不开其他线上线下营销活动的支持。除了企业网站设计的专业性对用户是否选择进一步购买产生直接影响，在线客服、企业促销活动等也对最终的转化率和客单价产生直接影响。这个过程主要体现为咨询量到订单量的变化。

由于搜索引擎营销的效果表现为网站访问量的增加而不是直接销售，访问量最终能否转化为收益，不是搜索引擎营销可以决定的。而竞价排名和 SEO 都具有一定的成本，尤其是竞价排名花费大量资金带来巨大流量却不能很好转化为订单，不仅非常可惜也会为企业带来很大损失。因此在进行搜索引擎营销之前应先做好企业线上线下促销、在线客服培训、网络营销视角下的网站建设等环节。

延伸阅读

电商术语：客单价、UV、PV、转化率、销售额等

UV（独立访客）：Unique Visitor，访问您网站的一台电脑客户端为一个访客。00:00-24:00 内相同的客户端只会被计算一次。

PV（访问量）：PageView，即页面浏览量或点击量，用户每次刷新即被计算一次。

客单价：是经济学上的专业术语，指每一位顾客平均购买商品金额。其公式是客单价=商品平均单价×每一顾客平均购买商品个数。

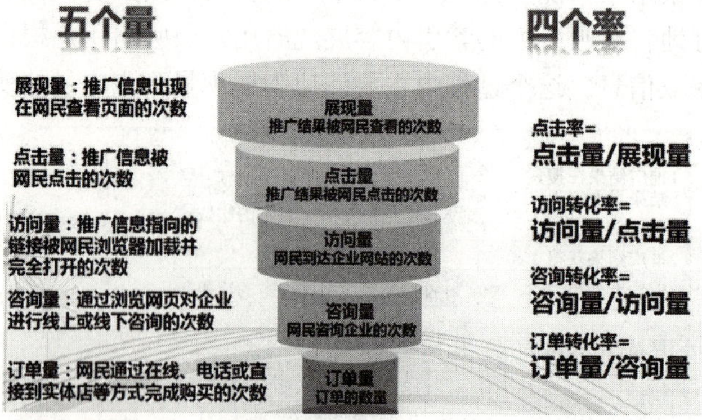

转化率：指在一个统计周期内，完成转化行为的次数占推广信息总点击次数的比率。其公式是转化率=（转化次数/点击量）×100%。例如，某店当天的访客数（UV）为 5000，其中 50 名用户有了后续转化的行为，那么其转化率就是（50/5000）×100%=1%。转化率是网站最终能否盈利的核心。

销售额=访客数×全店成交转化率×客单价。例如，某店当天的 UV 是 191251，全店转化率为 3.36%，客单价为 199.69，那么该店当天的销售额就是 191251×3.36%×199.69=1283214.6。

二跳率：网站页面打开后，用户在页面上产生的首次点击被称为二跳，二跳的次数即为二跳量。二跳量与浏览量的比值称为页面的二跳率。这是一个衡量外部流量质量的重要指标。当用户从外部网站上的链接到达被监测网站时，被称为第一次跳转，到达后，如果用户再点击某一链接或按钮从而进入网站深层页面，则被称为二跳，外部来的用户中进行了二跳的用户的比例被称为二跳率。

跳出率：跳出率是指浏览了一个页面就离开的用户占一组页面或一个页面访问次数的百分比，跳出率越低越好。

人均访问页面：PV 总和除以 IP，即可获得每个人平均访问的页面数量。至少人均访问页面需要超过 10 个以上，才算是优质的用户。

3. 竞价排名优缺点分析

1）优点

（1）见效快：充值后设置关键词价格后即刻就可以进入百度排名前十，位置可以自己控制（只要你愿意付钱多高的排名都可以）。

（2）关键词数量无限制：可以在后台设置无数的关键词进行推广，数量自己控制，没有任何限制（但需要强大的经济基础）。

（3）关键词不分难易程度：不论多么热门的关键词，只要你想做，你都可以进入前三甚至第一（出足钱即可）。

2）缺点

（1）价格高昂：竞争激烈的词，每次被点击可以达到数元甚至数十元，一个月就要消费数千元甚至数万元，如果是长期做，那就需要高昂的成本。

（2）管理麻烦：如果要保证位置和控制成本，需要每天都进行价格查看，设置最合适的价格来进行竞价。

（3）人员管理：需要专人进行关键词的筛选，挑取适合的关键词，衡量价格，检查效果，这样就会再付出一位员工的工资。

（4）搜索引擎的各自独立性：每个引擎都是各自独立的，你在百度做了竞价，但是谷歌那不会出现排名，360 那也不会出现排名，如果你想要所有引擎都出现排名，那就要花费数倍的推广费用。

（5）稳定性差：一旦别人出的价格比你的高，那你就会排名落后；一旦你的账户中每天的预算消费完了，那你的排名立刻就会下降。

（6）恶意点击：竞价排名的无效点击非常多，你相当大部分的广告费都是被竞争对手、广告公司、闲着无聊的人给点击消费掉了，这些人不会给你带来任何效益，而且你也无法从根本上解决这个问题。

4. 搜索引擎优化（SEO）优缺点分析

1）优点

（1）价格低廉：搜索引擎优化维持一年排名的费用也许只是做竞价一到两个月的费用，相比竞价要便宜得多。

（2）管理简单：企业无须专人管理，所要做的只是不定期观察下排名位置是否稳定即可。

（3）各种搜索引擎通吃：搜索引擎优化最大的好处就是受到搜索引擎各自独立性的影响较小。即便您只针对百度进行优化，但结果是谷歌、360 还有其他的搜索引擎，由于排名的规则大同小异，都会相应地提高排名，会在无形中给您带来更多的访问者。

（4）不用担心恶意点击：自然排名不会按点击付费，不论竞争对手如何点，都不会浪费一分钱。

（5）稳定性强：用正规搜索引擎优化手法做好了排名的网站，只要维护得当，排名的稳定性非常强，所在位置数年时间也许都不会变动。

2）缺点

（1）见效慢：通过网站优化获得排名是无法速成的，一般难度的词大约需要 2～3 个月的时间，如果难度更大的词则需要 4～5 个月甚至更久。

（2）排名规则的不确定性：由于搜索引擎排名规则不是一成不变的，有可能在某天进行了改变，那时就会出现现有的排名位置发生变动。

（3）关键词区分难易程度：竞争过于火爆的关键词，如手机、MP3 等，做优化排名难度是很大的，这需要非常长久的时间，而且价格也会非常高昂，所以难度太大的词不适合做优化。

（4）关键词数量有限：做网站优化一个页面推荐只做一个关键词，最多不超过 3～4 个，其中 1～2 个是主词，剩余 1～2 个是分词，做不到竞价排名那种想做多少做多少的效果。

（5）排名位置在竞价排名之后：这个是由搜索引擎的规则决定的，自然排名所在的位置只能在竞价排名的网站之后。

综合以上两种方法优点与缺点的比较，可以发现有很好的互补性。如果企业预算不充裕，由于搜索引擎优化的整体效果远远强于竞价排名，价格也比竞价排名低了数倍，显然更加适合。如果需要短时间内见效，并且企业拥有一定的网络推广预算，则可以同时进行。在做好搜索引擎优化的工作后，可以考虑先做竞价排名一段时间，快速提升排名为网站带来访问量，访问量达到一定水平后，再逐渐降低竞价排名费用，这样可以很好地过渡。最后不论企业资金是否充裕都需要进行搜索引擎优化的工作，而不能只投入到竞价排名中。

7.3.1 竞价排名的操作与技巧

百度目前仍是国内最主流的搜索引擎，企业如果需要竞价排名仍然会首先考虑百度，而且由于不同搜索引擎的竞价排名操作与技巧都大同小异，所以下面以百度为例介绍其竞价排名的一些操作与技巧。

1．百度推广账号界面基本信息介绍

百度推广页面可以通过直接检索或输入 www2.baidu.com 网址进入，在登录页面输入账号密码后就会进入如图 7-7 所示的百度推广账号首页。

图 7-7　百度推广账号首页

可以通过点击左侧的搜索推广后面的按钮进入如图 7-8 所示的推广概况页面。

在页面顶部导航条选择推广管理可以进入如图 7-9 所示的推广管理页面，也是进行竞价排名操作的主要页面。

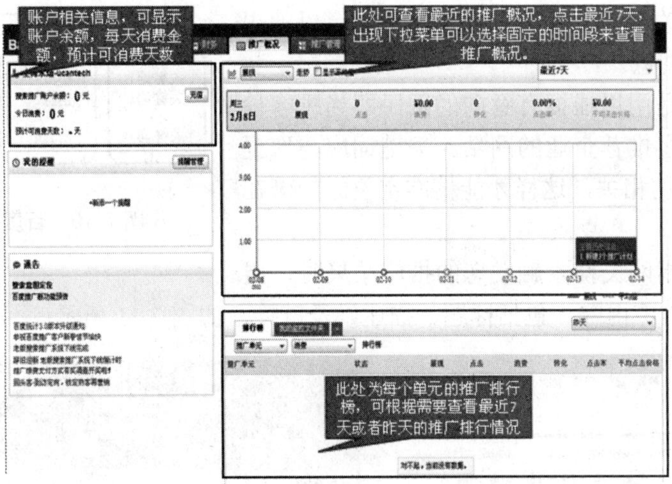

图 7-8　推广概况页面

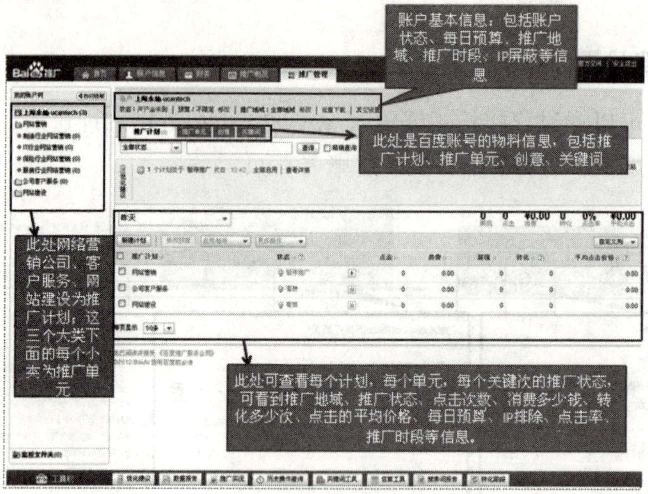

图 7-9　推广管理页面

2．百度推广的账户结构

百度推广的账户结构由账户、推广计划、推广单元、关键词/创意四个层级构成，如图 7-10 所示。

（1）推广计划是管理关键词/创意的大单位。在推广计划级别，可以设置推广地域、设置每日预算、选择创意展现方式、设置推广时段管理，添加否定关键词和 IP 排除，并选择是否参加网盟推广。

（2）推广单元是管理关键词/创意的小单位，每个推广单元下多个关键词共享多个创意。可以将意义相近、结构相同的关键词纳入同一个推广单元，以便更有针对性地撰写创意。

（3）关键词是用以捕捉有意向的网民即当顾客检索什么词时向顾客推荐企业的网站。关键词应与您提供的产品/服务密切相关，这样才能精准定位您的潜在客户。

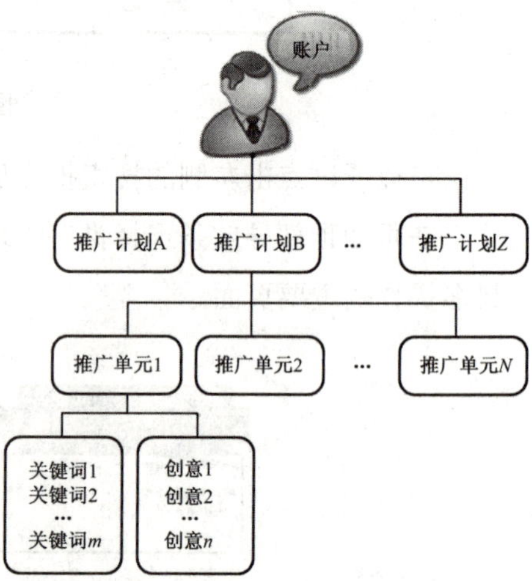

图 7-10　百度推广的账户结构

（4）创意是指网民检索触发您的推广结果时，展现在网民面前的推广内容，包括标题、描述以及链接，如图 7-11 所示。

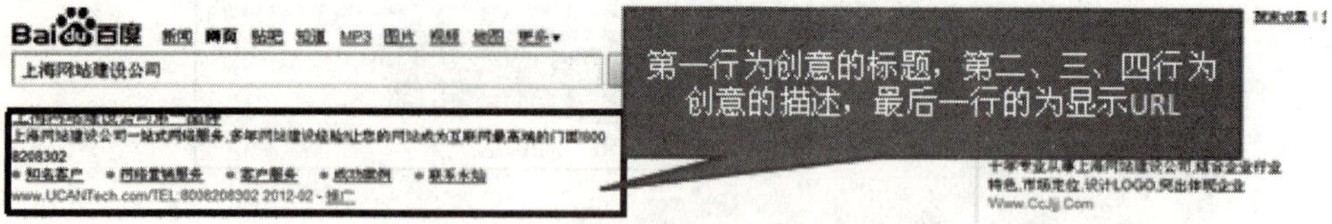

图 7-11　创意组成

关键词能为您定位潜在客户，创意的作用是帮您吸引潜在客户。好的创意能使您的推广结果在众多结果中脱颖而出，吸引潜在客户访问您的网站，并在浏览网站的基础上进一步了解您提供的产品，进而采取转化行为，如注册、在线提交订单、电话咨询、上门访问等。

搭建一个新的推广计划的过程可以简单表述为新建计划→创建推广单元→选择关键词→撰写创意→出价→完成单元创建。一个推广账号可以有多条推广计划，一个推广计划中可以有多个推广单元，推广单元由多对多关键词列表和创意列表构成。

所谓多对多是指在推广结果展现时，同一关键词可对应多个创意，同一个创意也可能被多个关键词使用。在网民检索触发关键词时，关键词所对应的各条创意均有展现机会。对于同一组关键词，可以在不同的创意中尝试不同的产品卖点、风格和表达方式，并通过创意报告来对比评估不同创意对网民的吸引力，不断优化创意质量。

例如，一家连锁婚纱摄影店，为配合近期开展的为时一个月的宣传活动，就可以单独设立“1 月促销活动”这一推广计划，以便与日常推广进行区分，并方便对本次推广效果进行准确评估。而推广计划中可以根据潜在消费者可能感兴趣的拍摄风格、价格、疑问、拍摄效果等分别设置推广单元。在推广单元中再设置一批突出优惠、促销信息的关键词和创意，最后出价完成推广计划的创建。

3．推广计划的创建

推广计划的创建步骤如图 7-12 所示。

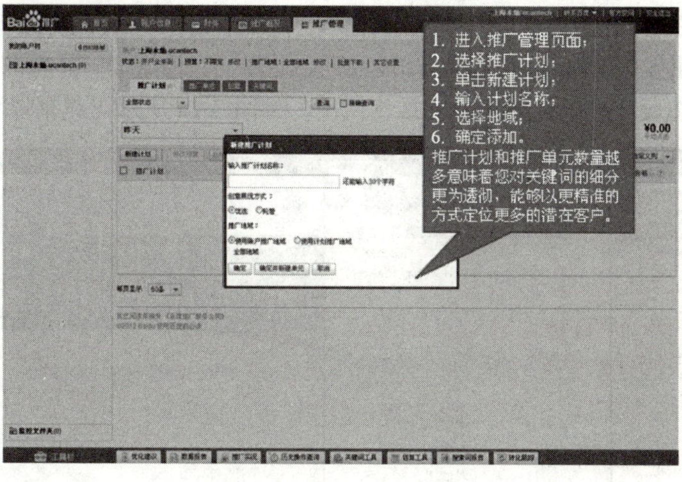

图 7-12　推广计划的创建

推广计划创建技巧可以从下面四个方面考虑。

（1）推广的业务种类：如果企业同时经营多种业务，如网站建设、微博运营、微信运营、网络营销整体解决方案等，特别是如果每种业务都需要单独衡量成本和收益，或由不同的专人来管理推广，这种细分方法对企业来说可能是最方便、最切合实际的选择。

（2）推广地域：如果企业在各推广地域提供的业务不同，或者各地需要面向不同的市场区域进行推广，可以考虑这种细分方法，如图 7-13 所示。例如，北京推广计划、上海推广计划等。

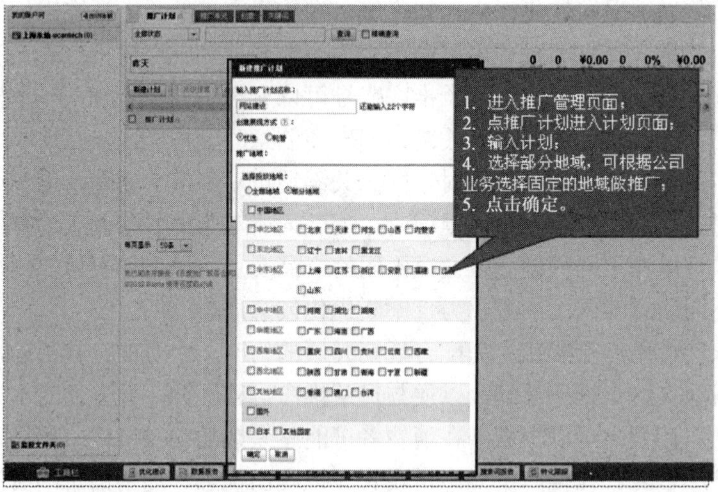

图 7-13　推广计划的地域选择

（3）推广预算：可以将效果好、转化率高的词划分到一个推广计划中，分配较高的预算重点推广。如果企业希望尝试一批流量较大的关键词，又担心这批词会拉高总体消费，可以为其建立单独的推广计划，并分配一定的预算。

（4）定位潜在客户的方式：即便企业只面向一个地区推广一种业务，也可以考虑从定位潜在客户的方式出发来划分推广计划，如产品词、通俗词、地域词、品牌词、人群相关词等。

推广计划状态反映推广计划当前的推广情况，如图 7-14 所示，包括以下四种状态。

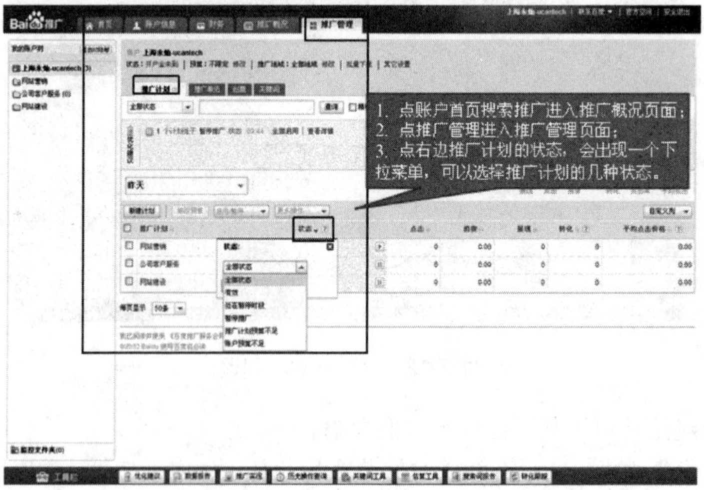

图 7-14　推广计划的状态设置

（1）有效：表示推广计划当前可以推广，但推广结果能否正常上线展现由账户、推广计划、推广单元、关键词/创意等各层级的状态共同决定的。

（2）暂停推广：表示推广计划设置了暂停，此时推广计划内的关键词和创意将不会在网民搜索结果中展现，直至企业点击“启用”来取消该推广计划的暂停。

（3）处于暂停时段：表示推广计划设置了“推广时段管理”且当前处于暂停推广时段之内。此时推广计划内的关键词和创意将不会在网民检索结果中展现。

（4）预算不足：表示推广计划在当日的消费已经达到了企业为该推广计划设置的预算。当推广计划处于该状态时，推广计划内的关键词和创意将不会在网民检索结果中展现。

4．推广单元的创建

推广单元的创建步骤如图 7-15 所示。

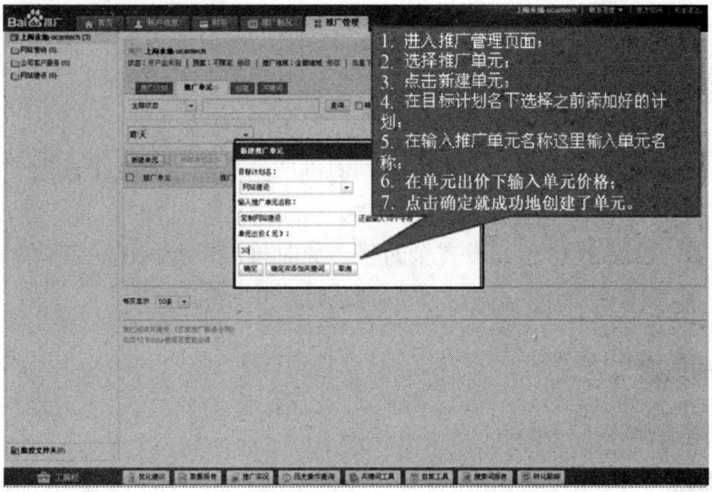

图 7-15　推广单元的创建

从意义相近的角度出发，企业可以考虑为以下几类关键词分别建立推广单元。

（1）产品词：可以是企业提供产品/服务的大类，也可以是产品细类，可能具体到产品的种类、型号、品牌等。不同行业产品词的大类和细类的区分可能不同。

（2）通俗词：潜在客户可能会使用一些口语式表达，如“我想开干洗店”、“哪家英语培训机构好”、“怎样才能学好英语”等。使用这类搜索词的一般为个人消费者，搜索目的可能以信息获取为主，对商业推广结果的关注程度不同，给企业带来的转化效果和商业价值也有所不同，需要根据自身业务特点进行尝试。

（3）地域词：即以上产品词、通俗词等与地域名称的组合，如“北京法语培训班”、“上海同城速递”等。搜索这类词的网民的商业意图更为明确，一般希望本地消费/购买，需要在创意中突出产品/服务地域便利性。

（4）品牌词：即含有企业的自有品牌的关键词，如“百度”、“有啊”等，或一些专有品牌资产名称，如企业拥有的专有技术、专利名称等，但不能提交侵犯他人知识产权的关键词。

（5）人群相关词：网民未直接表达对产品/服务的需求，但搜索词表达了其他相关的兴趣点，与企业的潜在客户群可能存在高度重合。可以把推广结果呈现在这些有潜在需求的网民面前，吸引他们的关注，激发他们的购买欲望。比如关注韩国留学、韩企招聘的网民，都可能有学习韩语的潜在需求，也可能是企业的潜在客户。

推广单元的状态反映推广单元当前的推广情况，如图 7-16 所示，共包括以下两种状态。

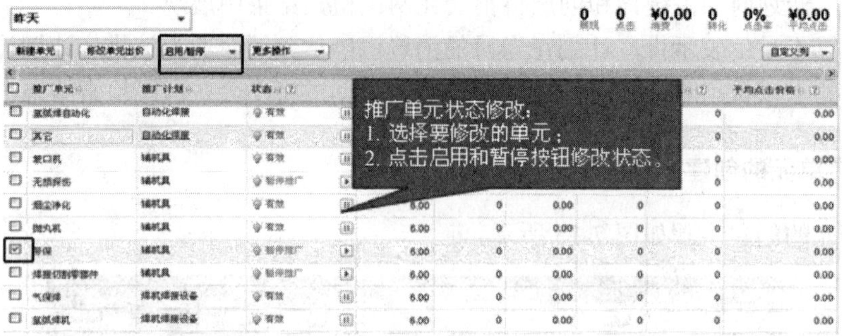

图 7-16　推广单元状态

（1）有效：表示推广单元当前可以推广，但推广结果能否正常上线展现由账户、推广计划、推广单元、关键词/创意等各层级的状态共同决定的。

（2）暂停推广：表示推广单元设置了暂停，此时推广单元内的关键词和创意将不会在网民检索结果中展现，直至点击“启用”来取消该推广单元的暂停。

5．关键词的创建与匹配

关键词的创建如图 7-17 所示。

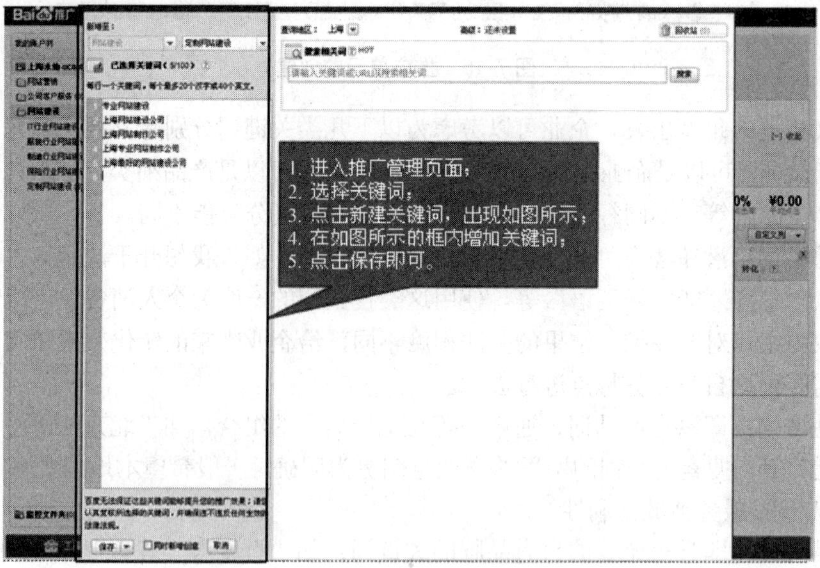

图 7-17　关键词的创建

关键词越丰富，被检索的频率越高，与企业关联度高，竞争适当才有可能为企业带来高质量的访问。如何创建关键词，如果拓展关键词，主要有以下原则。

（1）站在客户的角度去选择关键词。企业需要站在潜在客户的角度，考虑他们在搜索产品时的习惯，可以从多种途径寻找准确的关键词，这些途径包括客户、供应商、品牌经理和销售人员。企业经营者由于过于熟悉自己的产品及业务，容易站在专家的角度，选择一些过于专业的关键词。

例如，一家做视力矫正仪器销售的企业，选择“光学智能变焦”作为产品关键词一直没有什么访问量。因为这是产品的原理，目标客户根本就不懂，除了自己和竞争对手查以外，客户根本不查。经过调查分析孩子的父母大多是直接在搜索引擎里输入近视如何治疗、弱视治疗等词，在选择这些词作为关键词后网站访问量有了很大提升。

（2）要选择有效率的关键词。最有效率的关键词就是那些竞争网页比较少，同时被用户检索次数比较多的词，有的关键词很可能竞争的网页非常多，要花很多钱才能排到前面，但实际搜索这个关键词的人并不是很多，使得投入产出比很低。

（3）善于运用多种方法发现关键词。

①百度竞价后台，当你竞某个词的时候，系统会推荐相关关键词（如图 7-18 所示）。

②百度指数工具了解热门关键词。

③百度百科搜索核心词如双眼皮会得到、双眼皮修复、双眼皮手术等一堆可用于拓展的词汇。

④所有搜索引擎和购物平台的搜索框联想词、底部相关搜索。

⑤分析竞争对手网站了解竞品选用的关键词。

⑥运用辅助工具，如追词网等。

⑦行业网站、商贸平台等相关主题的垂直网站。

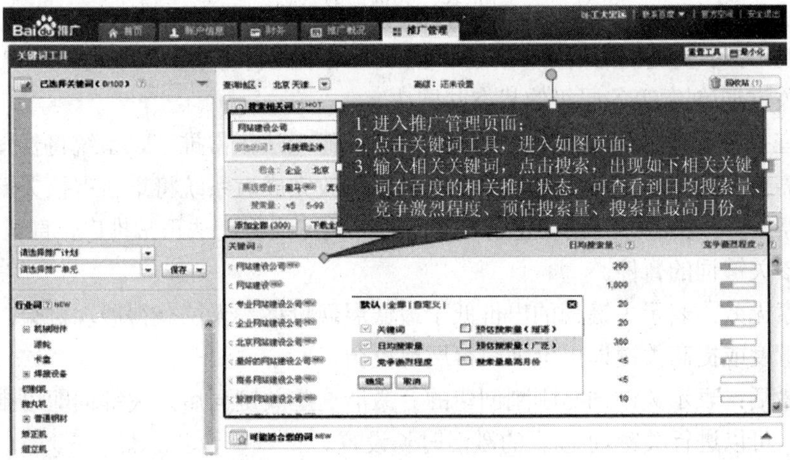

图 7-18　百度关键词工具

（4）合理运用关键词拓展技巧可以事半功倍。

①地域拓展法，如招商拓展为东莞招商、上海招商、北京招商等。

②季节拓展法，如鼻炎可以拓展为夏季鼻炎注意事项、春季鼻炎注意事项等。

③职业拓展法，如何预防前列腺炎可以拓展为司机如何预防前列腺炎、教师如何预防前列腺炎等。

④性别拓展法，如去痘方法可以拓展为男士去痘方法、女性去痘方法、男孩去痘方法等。

⑤搜索意图拓展法，如减肥可以拓展为减肥怎么吃、减肥用什么药等。

⑥应用领域拓展法，如化肥可以拓展为工业用途化肥、家用盆栽化肥等。

⑦质地特点功能拓展法，如洗衣粉可以拓展为去污强洗衣粉、杀菌消毒洗衣粉等。

⑧品牌名称通用型号拓展法：如手机可以拓展为三星 S5 手机、三星 NOTE3 手机等。

关键词的状态可以反映当前关键词的推广情况，共包括以下七种状态（如图 7-19 所示）。

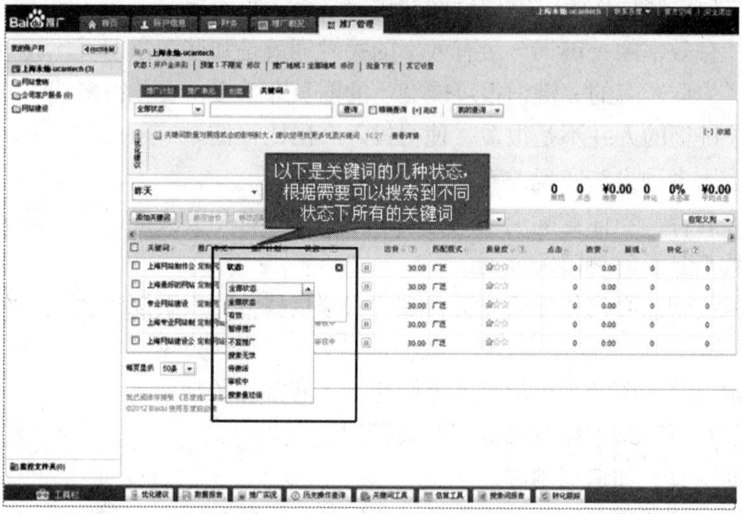

图 7-19　关键词的状态

（1）有效：表示关键词当前可以推广，但推广结果能否正常上线展现由账户、推广计划、推广单元、关键词/创意等各层级的状态共同决定。

（2）不宜推广：表示关键词因不符合推广标准而无法正常推广。系统将告知不宜推广的具体原因，需要据此修改关键词或其相关信息，修改完成后系统将重新审核关键词。

（3）暂停推广：表示关键词设置了暂停，此时关键词将无法正常推广，直至点击“启用”按键来取消该关键词的暂停。

（4）搜索无效：表示关键词的出价低于最低展现价格，无法获得展现机会。可以通过优化关键词质量度或提高关键词出价来获得展现机会。

（5）待激活：表示关键词是刚刚创建的。激活这些关键词后，关键词即可推广。在“账户设置”中，可以进行关键词/创意的激活时长设置。

（6）搜索量过低：关键词因检索量过低，被系统暂停推广。当更多网民开始检索这个关键词，系统会自动恢复推广。企业可以暂时保留这些关键词，以等待有更多的网民检索。

（7）审核中：表示系统正在对关键词进行审核，通过审核的关键词才能正常推广。

在完成关键词创建后还有一个很重要的设置就是关键词的匹配（如图 7-20 所示）。

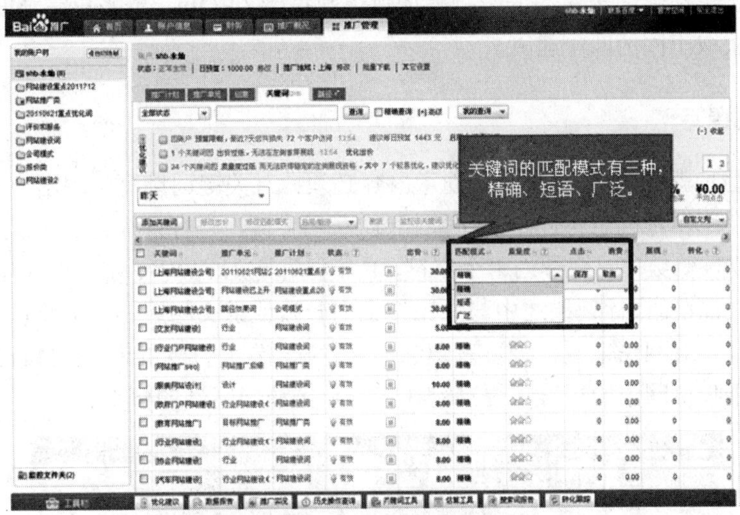

图 7-20　关键词的匹配

不同的匹配方式所带来的客户范围和质量是不一样的，因此选择好匹配方式是竞价很重要的工作内容，目前主要有三种不同的匹配方式：精准匹配、短语匹配、广泛匹配。

（1）精准匹配：使用精确匹配，仅当网民的搜索词与企业提交的关键词完全一致时，企业的推广结果才有展现机会。需注意的是，网民的搜索习惯千差万别，在表达对同一种业务的需求时，他们可能使用的搜索词是多种多样的。如果使用精确匹配，需要一一罗列网民可能使用的搜索词作为关键词提交到系统中。由于不可能罗列完全，使用精确匹配会大大降低获取潜在客户的机会。

（2）短语匹配：使用短语匹配，当网民搜索词完全包含企业的关键词及关键词的插入或颠倒形态时，系统有可能会自动展现企业的推广结果。短语匹配还支持同义词。以关键词“网站建设”为例，在默认的短语匹配方式下，可能触发推广结果的搜索词有网站建设、上海网站建设、哪家网站建设公司好、设计网站、网站的相关设计、建设网站、制作网站等；不能触发推广结果的搜索词包括网站、制作、网站销售、图片制作等。

（3）广泛匹配：使用广泛匹配，当网民搜索词与关键词高度相关时，即使企业并未提交这些词，企业的推广结果也可能获得展现机会，如同义近义词、相关词、变体形式（加空格、语序颠倒、错别字等）、完全包含关键词的短语（语序不能颠倒）等。

广泛匹配可以定位更多潜在客户，提升品牌知名度，节省时间。广泛匹配是应用最多的匹配方式，也是系统自动选择的匹配方式。在使用广泛匹配时，可以通过搜索词报告（报告一定制报告一搜索词报告），查看哪些搜索词触发了企业的推广结果。如果看到了不相关的搜索词，并通过百度统计发现这些词不能带来转化，那么可以利用否定关键词，让包含这些词的搜索词不触发企业的推广结果，从而更精准地定位潜在客户，降低转化成本，提高投资回报率。

总结以上三种方式的使用，建议按照“由宽到窄”的策略来选择匹配方式，即对于新提交的关键词尽量设为广泛匹配，并保持至少两到三周的时间用以观察效果，但要设置一定的预算额度以防止出现新词转化率低影响整体投资回报率（ROI）。当账户完善度高的时候可以针对不同的词采取不同的匹配模式。

6．创意的撰写

创意的撰写步骤如图 7-21 所示。创意内容必须针对关键词撰写，突出产品的特色优势，语句通顺、符合逻辑。创意标题最长不能超过 50 个字符，每行描述最长不能超过 80 个字符（注：1 个半角英文、数字、符号为 1 个字符，1 个全角英文、数字、字符或汉字为 2 个字符）。创意展现在网民面前时，标题描述中与网民搜索词一致或意义相近的部分将以红色字体显示，称为创意的飘红。对网民来说，创意有飘红部分意味着推广结果能够满足自己的搜索需求，因此飘红有助于吸引网民的视线，提高潜在客户点击访问网站的概率。

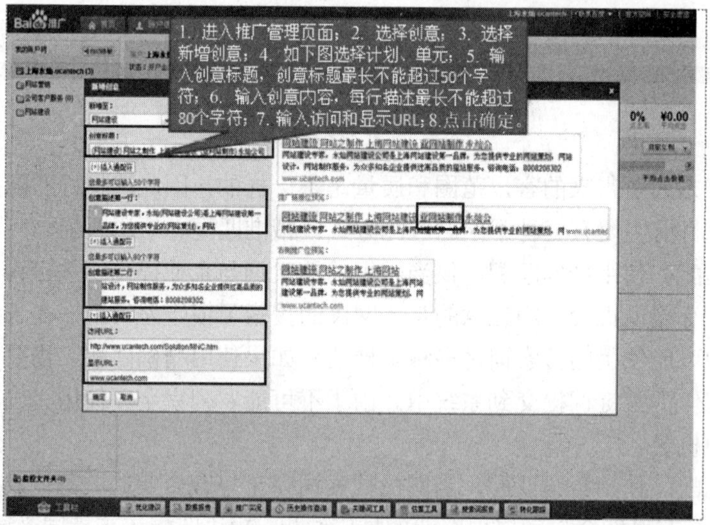

图 7-21 创意的撰写

创意的撰写需遵循以下原则：

（1）需要围绕关键词写创意提高相关度。

（2）围绕活动写创意突出促销与活动信息。

（3）使用行动或号召性词语。

（4）提炼自己产品和服务的卖点和独特优势。

创意的标题描述中与网民搜索词一致或意义相近的部分才能飘红，而网民搜索词与关键词是高度相关的，通常会包含与关键词一致或意义相近的部分，因此企业在撰写创意时，要尽可能地在标题描述中包含关键词，以增加使创意飘红的机会。数据表明，1～3 次的飘红将显著提高网民对推广结果的关注，且飘红出现在不同地方的效果有所不同，对网民的吸引力排名如下：标题＋描述 > 标题 >描述 > 不出现关键词。创意中包含关键词的方法有如下三种：

（1）创意中插入通配符，包含触发关键词。通配符的设置方法如图 7-22 所示。

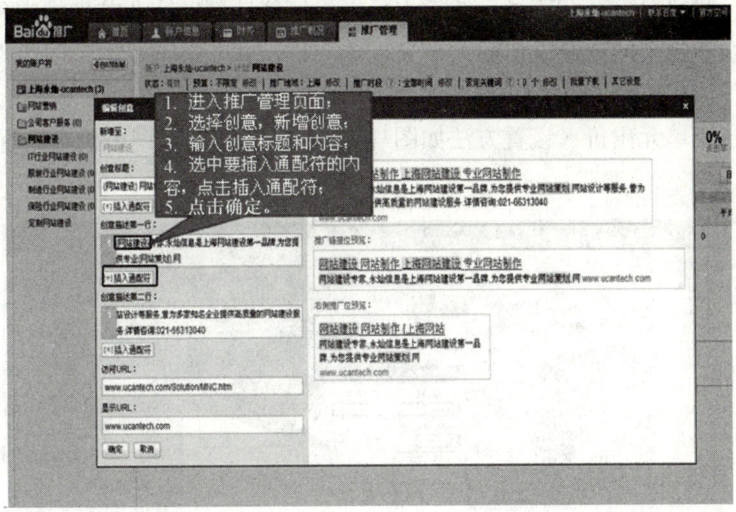

图 7-22　通配符的设置

在网民搜索触发关键词和创意展现时，通配符的使用标志“{默认关键词}”将被触发创意的关键词所代替，其中与网民检索词一致或意义相近的部分将自动飘红显示。企业可以在创意中添加多个通配符。

例如，在“鲜花”这一推广单元下，企业提交了“鲜花”、“999 朵鲜花”、“99 朵鲜花”、“节日鲜花”等关键词，那么可以为该推广单元撰写如下的创意：

标题：百度{鲜花}，为生活添色。

描述：百度{鲜花}在手，芬芳大千世界，让快乐升级，百度{鲜花}，五环内免费送花，咨询 400-000-0000。

在网民搜索“送礼 鲜花”时，触发了关键词“鲜花”，创意中的通配符将被该关键词替代并获得飘红。

（2）创意中包含核心词。首先找出核心词，即用以描述产品时最常使用的词或其中的一部分，然后在创意中加入该核心词。例如，对于英语培训业务，潜在客户在表达需求时所用的搜索词中很可能包含“英语”，因而可将其作为核心词在创意中添加。

（3）创意中包含投资回报率较高的关键词。查看企业的关键词统计报告和百度统计中的转化分析报告，选取点击率或转化率最高的关键词添加在创意中。例如，企业发现“网上订花”这个关键词转化效果很不错，这说明关注“网上订花”的网民购买意图很明确，就可以在创意中使用该关键词，来吸引潜在客户。

7．设定价格

出价和关键词质量度一起影响关键词排名，在质量度相同的情况下，出价越高，排名越靠前。

出价即企业愿意为一次点击所支付的最高费用。百度计费机制保证实际点击价格不超过企业的出价，一些情况下甚至可能远低于出价，尽可能地帮助企业节省推广预算。企业需根据关键词能为企业带来的商业价值的大小来设定出价，并在可承受的范围内设置较高的出价以保证排名靠前，获得更好的推广效果。

出价包括推广单元出价（设置方法如图 7-23 所示）和关键词出价（设置方法如图 7-24 所示）。

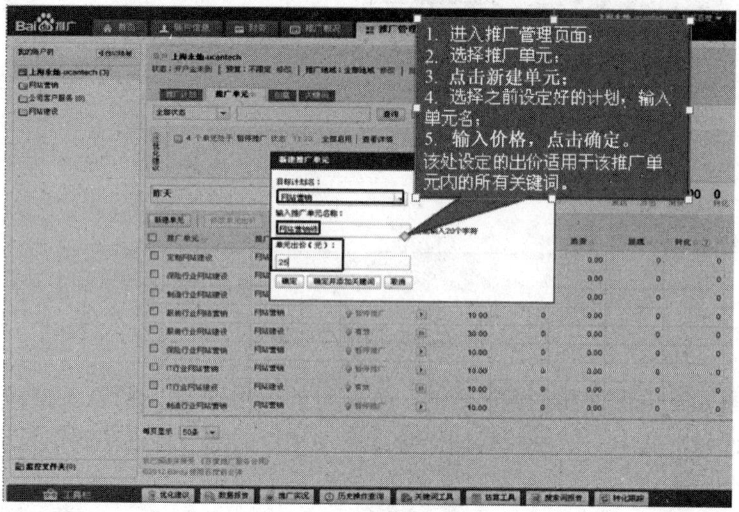

图 7-23　推广单元出价

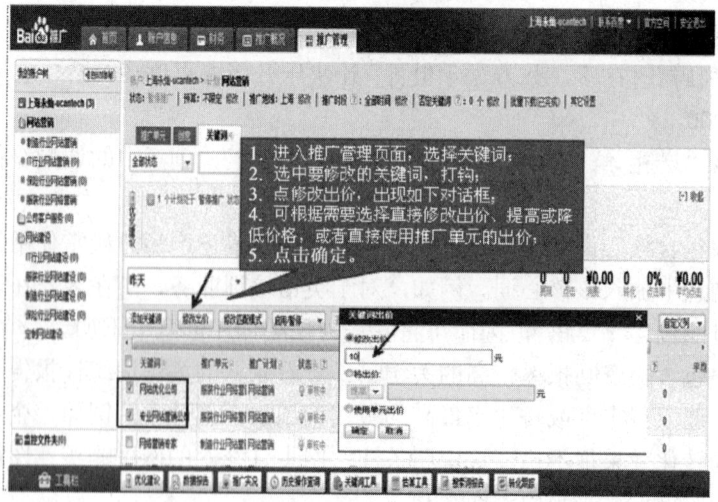

图 7-24　关键词出价

将意义相近、结构相同的关键词划分到同一推广单元，这就意味着这些关键词的商业价值大致相同，可以方便地为该推广单元设定统一的出价。如果需要单独为关键词设定出价，可以在关键词/创意列表页面设定关键词出价。关键词和推广单元都设置了出价，以关键词的出价为准。出价最高不超过 999.99 元，也不能超过推广计划所设置的每日预算，如图 7-25 所示。

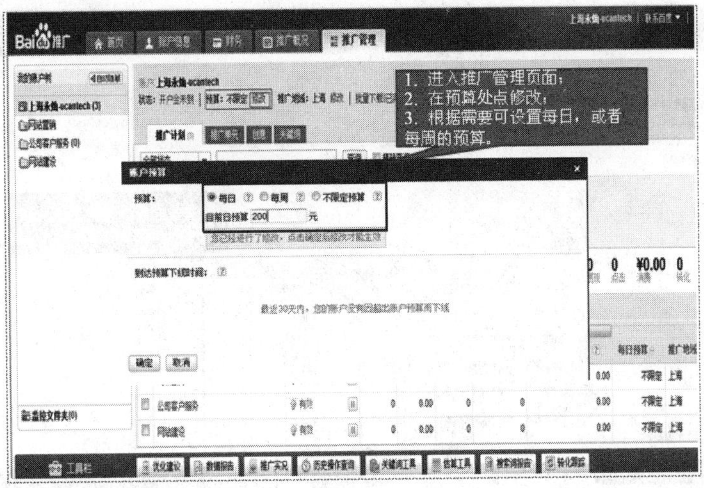

图 7-25　设定和修改每日预算

点击价格是网民访问企业网站时，根据点击次数所支付的实际推广费用。点击价格是由企业和其他客户的排名关系、出价和质量度等因素共同决定的，对于同一账户内的同一关键词，在出价不变的情况下，由于以上因素随时可能发生变动，同一关键词在不同时刻的点击价格是不同的。

一般情况下，每次点击价格的计算公式为：

每次点击价格=（下一名出价×下一名的质量度）/ 关键词质量度 ＋0.01（元）

比如企业竞价的关键词是“北京鲜花预订”，百度搜索结果排名第二。

百度搜索结果排名前 3 位的情况如下：

第一名：出价：5 元；质量度：3 星。

第二名：出价：5 元；质量度：2 星。

第三名：出价：4.99 元；质量度：2 星。

第一名的每次点击费用：第二名的出价×第二名的质量度/第一名的质量度+0.01=5×2/3+0.01≈3.34（元）。

第二名的每次点击费用：第三名的出价×第三名的质量度/第二名的质量度+0.01=4.99×2/2+0.01=5（元）。

企业每一次的点击费用都比第一名的多 1.6 元，由此可见质量度的重要性。

8. 质量度的概念与优化

质量度是竞价排名中衡量关键词质量的综合性指标，在百度账户中以三星等级的方式呈现。质量度越高，意味着推广的质量越优秀，同等条件下赢得潜在客户的关注与认可的能力越强。可以在推广管理的关键词列表中查看每个关键词的质量度等级（如图 7-26 所示），其中一颗星表示该关键词质量度偏低，需要积极优化质量度，以获得更好的推广效果；两颗星表示质量度处于平均水平；三颗星表示关键词表现出色，建议继续保持。

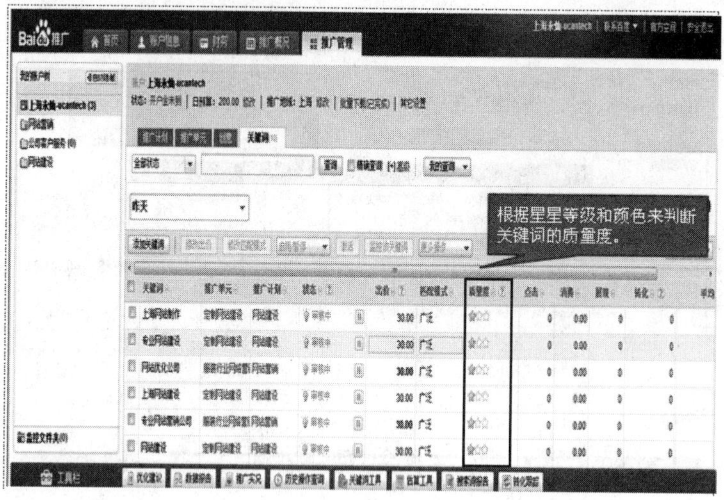

图 7-26 质量度的查看

质量度一颗星的关键词，又分为绿色星、黄色星、灰色星三种情况。其中绿色表示比较容易优化到两星，建议对创意做微调；黄色表示优化难度介于绿色和灰色之间；灰色表示在现有关键词数据基础上已经很难优化到两颗星，建议重建单元，重写创意。

质量度根据以下多个因素综合计算得出。

（1）点击率：点击率是影响质量度的重要因素，较高的点击率反映了潜在客户对推广结果的关注和认可。点击率排除了位次、地域等因素的影响。

（2）相关性：包括关键词和创意的相关程度、关键词创意和目标网页的相关程度。

（3）创意撰写水平：创意围绕关键词撰写得越通顺、越有“创意”，越能吸引潜在客户的关注。

（4）账户综合表现：账户内其他关键词的历史推广表现。

此外，质量度体现的是关键词的相对水平，不持续优化就有可能会退步。

质量度越高，表示吸引潜在客户关注的能力越强，除了点击价格降低外还会得到一连串奖励。

（1）反映关键词展现在左侧的可能性。一星代表推左可能性很低；二星代表有推左资格，但不稳定；三星代表推左资格稳定。根据前面所学，左边的展现更容易被当成搜索结果，而右侧的则比较容易被当成广告，实际效果相差很大。

（2）影响关键词的排名。排名是由质量度和出价共同决定的。一般情况下，出价相同时，质量度高的关键词的排名靠前。

（3）影响点击价格。作为对高质量关键词的奖励，质量度越高，需要支付的单次点击价格就越低。

（4）影响最低展现价格。同样作为对高质量关键词的奖励，质量度越高，该关键词获得展现所需的最低展现价格就越低。

综上所述，在同等的情况下，质量度高的关键词可以获得更佳的展现位置、更优的排名、支付更低的推广费用，从而全面提高在搜索推广上的投资回报率。因此，要持续优化质量度。

通过以上内容的学习，我们已经初步掌握了百度竞价排名的操作与技巧，然而由于竞价排名的效果是相对的、动态的，并且具有经济性的要求，所以作为营销人员还需要运用百度提供的数据报告工具（如图 7-27 所示），不断监控竞价排名的效果（可以分别生成推广计划、推广单元、关键词、创意报告），不断调整自己的竞价策略。

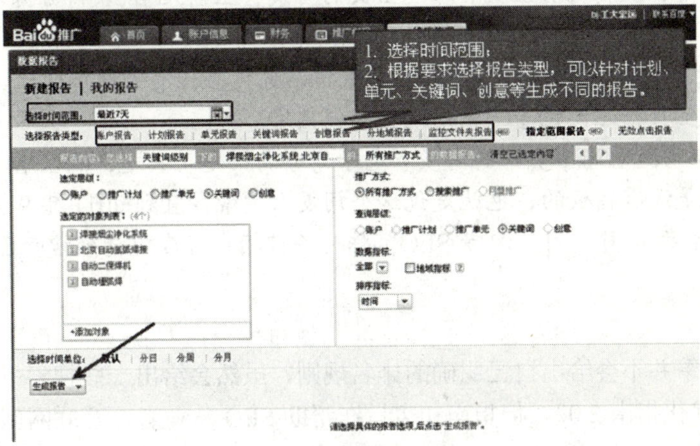

图 7-27　数据报告工具

7.3.2　如何进行搜索引擎优化

搜索引擎优化（Search Engine Optimization，SEO）是近年来较为流行的网络营销方式，是一种利用搜索引擎的检索排名规则来提高网站在有关搜索引擎内的自然排名的方式。其主要目的是增加检索特定关键字时网站的曝光率以增加访问量，进而增加销售的机会。

搜索引擎优化是通过采用易于搜索引擎索引的合理手段，使网站各项基本要素适合搜索引擎的检索原则并且对用户更友好（Search Engine Friendly），从而更容易被搜索引擎收录及优先排序。

SEO 是一种搜索引擎营销指导思想，而不仅仅是对针对搜索引擎的排名情况。SEO 工作应贯穿网站策划、建设、维护全过程的每个细节，值得网站设计、开发和推广的每个参与人员了解其职责对于 SEO 效果的意义。

SEO 也是一种极为重要的宣传技巧，并非只是单纯用于搜索引擎优化，往往也可以作用于基于第三方平台的 B2C 销售，如京东商城、淘宝、拍拍。

延伸阅读

淘宝 SEO

淘宝 SEO 是由 SEO 引出的一个细分领域，SEO 的意思是搜索引擎优化，淘宝 SEO 的意思就是淘宝搜索优化，研究淘宝站内的排名规律，通过有针对性的优化，使目标宝贝在买家搜索目标关键词时出现在所有宝贝和人气宝贝的首页甚至前几名，获得源源不断的免费流量，淘宝网店也就能赚得可观的利润。

淘宝 SEO 所研究的范畴不仅限于淘宝搜索排名优化，还有直通车优化、淘宝网店设计、宝贝标题优化、宝贝描述优化等一系列淘宝营销内容。

淘宝 SEO 市场随着淘宝卖家的增多和电子商务的兴起而兴起，淘宝 SEO 这个关键词在百度指数里以前是没有指数的，也就是说这个词没人搜索，直到 2011 年 9 月 10 日才出现了指数。截至 2014 年 4 月，用“淘宝 SEO”作为关键词在百度中精确搜索已经可以得到 746 万条相关内容。

由于搜索引擎并不会给出自己明确的排名规则，虽然会给出一些搜索引擎优化指南，如《百度搜索引擎优化指南 2.0》，但指南初衷旨在帮助 SEO 从业者、互联网创业者用更为合理的方式增加自身网站在搜索引擎中的收录数量，进而提升流量并同时提醒勿以作弊的形式做“黑帽 SEO”。所以目前为止并没有一个特别系统权威的 SEO 的操作手册与排名规则，更多的都是经过长期摸索总结出来的经验。

企业可以围绕两点进行搜索引擎优化、第一点是制作内容优秀的网站；第二点是制作对搜索引擎友好的网站。

搜索引擎都喜欢把什么样的网站放到搜索结果的自然排名前面？肯定是优秀的网站！用户是搜索引擎的上帝，用户需要和喜爱的网站，搜索引擎自然也喜欢。违背了第一点，虽然有时候排名也能上去，但是使用了违规甚至作弊的手法，等搜索引擎发现，排名必然会下降，无法长久保持，严重时甚至被搜索引擎直接从索引库中删除，再也无法被检索到。

第一点做得很好是不是必然会有好的自然排名？也未必！因为搜索引擎（目前主流的百度、Google 等全文检索搜索引擎）是按照自己的方式去抓取页面并收录，你的页面内容必须被尽可能多的看到并正确抓取和收录才能保证优秀的内容可以展现在搜索引擎和用户的面前。这就需要企业需要根据搜索引擎的工作原理优化网站，内容好，又把网站优化得很方便搜索引擎抓取和收录，这样排到搜索引擎自然结果前面也只是时间的问题，并且排名会越来越好，可以长久获得较好的排名。

这里给出 SEO 的优化公式，它是长期 SEO 经验总结的影响 SEO 效果的因素，为什么说是总结，因为它本身没有任何的计算行为，只是影响网站优化因素的累加。至于每个因素到底达到什么条件才能达到最佳状态，到目前为止也没有一个明确的说法，但是长期实践检验得出这几个因素大致还是很正确的。学习这个 SEO 优化公式可以对 SEO 有个全局的认识。

公式如下：

$$SEO=\int Clock=\int C_1+L_2+K_3+O_4$$

式中 ∫——一个积分符号；

C=content；

L=link；

K=keywords；

O=others；

SEO——一个长期对“时间”积分的过程，内容是核心；

C_1——丰富的内容是第一位的要素，按照原创、伪原创、转载依次排列内容的重要性满足用户体验；

L_2——链接的合理与丰富是第二位的要素，合理有效的内部链接与丰富的外部链接同等重要，而外部链接中高度相关性、高质量页面尤为重要；

K_3——关键词因素是第三位的重要因素，包括合理的 Title、Description、Keywords、页面关键字及相关关键字的密度与合理布局；

O_4——其他因素，如域名、站龄、服务器、网站架构、排版、邻居、URL、地图等。

下面将介绍搜索引擎的工作原理，以贯彻对搜索引擎友好的思路，再依据这个 SEO 公式来详细学习从事 SEO 的从业人员该如何制定内容策略、链接策略、关键词策略，从而帮助企业网站获得好的自然排名。

1. 搜索引擎蜘蛛机器人工作原理

现代意义上的搜索引擎的祖先，是 1990 年由蒙特利尔大学学生 Alan Emtage 发明的 Archie。虽然当时 World Wide Web 还未出现，但网络中文件传输还是相当频繁的，而且由于大量的文件散布在各个分散的 FTP 主机中，查询起来非常不便，因此 Alan Emtage 想到了开发一个可以以文件名查找文件的系统，于是便有了 Archie。

Archie 工作原理与现在的搜索引擎已经很接近，它依靠脚本程序自动搜索网上的文件，然后对有关信息进行索引，供使用者以一定的表达式查询。由于 Archie 深受用户欢迎，受其启发，美国内华达 System Computing Services 大学于 1993 年开发了另一个与之非常相似的搜索工具，不过此时的搜索工具除了索引文件外，已能检索网页。

当时，“机器人”一词在编程者中十分流行。电脑“机器人”（Computer Robot）是指某个能以人类无法达到的速度不间断地执行某项任务的软件程序。由于专门用于检索信息的“机器人”程序像蜘蛛一样在网络间爬来爬去，因此，搜索引擎的“机器人”程序就被称为“蜘蛛”程序。

网络蜘蛛即 Web Spider，是一个很形象的名字。把互联网比喻成一个蜘蛛网，那么 Spider 就是在网上爬来爬去的蜘蛛。网络蜘蛛是通过网页的链接地址来寻找网页，从网站某一个页面（通常是首页）开始，读取网页的内容，找到在网页中的其他链接地址，然后通过这些链接地址寻找下一个网页，这样一直循环下去，直到把这个网站所有的网页都抓取完为止。如果把整个互联网当成一个网站，那么网络蜘蛛就可以用这个原理把互联网上所有的网页都抓取下来。

“蜘蛛”抓取并收录网页后搜索引擎按关键词对网页进行分类归档，再对某个关键词归档内的所有网页按照自身的规则进行排序，当有用户使用这个关键词进行搜索时，将排序的结果生成页面返回给用户。

然而对于搜索引擎来说，要抓取互联网上所有的网页几乎是不可能的，由于现在已经进入信息爆炸型增长的阶段，每天都会增加海量信息，因此，许多搜索引擎的网络蜘蛛只是抓取那些重要的网页，而在抓取的时候评价重要性主要的依据是某个网页的链接深度。对一些不太重要的网站设置了访问的层数，所以对于网站设计者来说，扁平化的网站结构设计有助于搜索引擎抓取其更多的网页。

虽然全文检索搜索引擎是自动抓取网站内容，但由于每天增加的信息都很多，所以作为SEO 的从业人员也可以自己向搜索引擎提交网站。以下是登录几个重要搜索引擎的网站登录入口地址。

百度：http://www.baidu.com/search/url_submit.html

搜狗：http://www.sogou.com/feedback/urlfeedback.php

360：http://info.so.360.cn/site_submit.html

Google：http://www.google.com/intl/zh-CN/add_url.html

Google 英文：http://www.google.com.hk/addurl/?continue=/addurl

2. 内容策略

内容是 SEO 中最重要的因素，因为搜索引擎的价值就在于给用户提供一种方便、快捷、准确的网络信息服务，这是搜索引擎的宗旨，试想如果用户搜不到有价值的内容，搜索引擎就偏离了自己的宗旨。内容策略主要从内容的表现形式和内容质量两方面考虑。

1）内容的表现形式

内容是给用户看的，是希望通过内容让用户达到一种行为效果——认同或者产生消费。更好的表现形式，能够让用户更容易准确接收到企业通过网站想传播的信息。在目前良好的内容形式上首先要做到重点突出、篇幅短小、言简意赅，因为用户的时间都很宝贵，他们从来不会那么认真看一个陌生站点的内容，能否用最短的时间表达核心内容是留下用户的关键。其次要借助图片帮助用户理解，也避免了网页中文字线形的单调。最后，好的页面布局使接收信息变得简单，网站美工、运营、编辑要通力合作，引导用户的意识流向，最终达到让用户认同和产生消费的目的。

2）内容的质量

内容的质量是搜索引擎对网站是否优秀判断的核心指标。我们先引用百度和谷歌对内容的说明：

百度——创造属于你自己的独特内容，百度更加喜欢原创的内容，所以如果大量采集，可能就会导致不被百度收录。

谷歌——在网站的主页提供高品质的内容尤其重要，要创建实用且内容丰富的网站，网页文字应该清晰地表达要表达的主题。

从以上两大搜索引擎对内容的期望来看，影响内容质量最显著的因素就是原创性、丰富性和相关性。

3）如何制作原创内容

这里并不是教大家如何写作、如何撰写专业文章，这需要大量知识的积累和对一些领域长期的关注，也不是营销学的范畴。但是从搜索引擎优化的角度对原创性也有自己的要求，就是必须要把原创内容和关键词相结合。写作的时候要把关键词尽量多、尽量早地使用，在标题中最好出现关键词，并贯穿在整个文案中。在网页中保持合理的关键词密度（3%～8%），网页内容最好控制在一千字以内（有助于转化），这样当用户使用关键词搜索时搜索引擎才会对网页进行推荐。

互联网是一个开放的环境，原创的作品很容易被发现并关注，有些人会对原创作品进行加工、二次编辑并发布到其他网站。很多人对被别的网站转载自己的原创内容很抵触，特别转载时还不写明原作者和来源。然而这样的想法是有误区的，搜索引擎会根据内容抓取的时间判断哪里是源头，内容被转载的越多，说明这个网站越有价值，而且通常转载的网站都会加入来源，这样既增加了网站的品牌影响力，也增加了反向链接的数量。

4）如何丰富网页内容

正如前文所说，除了原创性，网页内容丰富同样对排名影响很大。然而原创性的内容毕竟不可一蹴而就，必然有积累的过程。因此还有两种丰富内容的方法需要掌握。

一是转载和伪原创：如果觉得其他网站的内容不错，可以补充到自己的网站中，然而不是简单的复制，而是需要在原来的基础上做一些编辑和处理。比如可以从另一个视角重新定义标题（根据自己网站用户的需要），编写简要的摘要（让用户阅读更容易），可以配以一些相关图片，可以和其他一些文章的观点进行联系等。

二是鼓励用户创造内容：Web2.0时代最大的特点就是内容由用户创造，为网站增加一些功能，鼓励用户创造内容、分享内容，组织一些线上线下的交流活动，还可以学习百度知道这样的问答平台鼓励用户互助，让用户参与到网站内容的建设中，既增加了网站的黏性又大大丰富了内容。

5）如何做到内容的相关性

用户通过搜索找到网站，针对性非常强，所以网站内容名不副实的话，对用户来说非常反感，严重影响用户体验。互联网信息过剩，用户想要的不是大而全，而是专而精。因此网站必须有自己的清晰定位，有明确的目标用户，才能对内容有所取舍，保证内容与主题的高度相关。

6）内容需要定期更新

无论用户还是搜索引擎，均不可能对一个长期不更新的网站投入太多关注，抛弃只是时间问题。内容更新频率代表网站的活跃度，也直接影响了网站的内容丰富性。搜索引擎到网站来的目的就是为了带来新的信息，经常更新有助于提高搜索引擎对网站的索引频率。由于搜索结果页面的百度快照会显示网页的更新日期，因此对于一些搜索用户来说，更新时间越接近查询时间，用户越容易进入网页。

我们还要注意到，网站内容建设是一个长期的过程，最好有一个内容更新计划，每天更新多少内容，更新什么内容，而不是没有规律，有时候一次发布几十上百页面，有时候一两个月不更新，这都不符合搜索引擎的期望，用户体验也很差，可能会被搜索引擎惩罚。

3. 链接策略

链接对于网站是非常重要的，没有链接，互联网中的信息就都是孤立的。我们现在所说的链接是通过超文本来实现的，一张页面不能承载太多的信息，所以要分主页和各个分页，网页之间相互链接，组成一个完整的站点，这就是SEO通常所说的内部链接。

一个网站要做到面面俱到也很难，因此需要链接到别的网站来补充自己的信息，这就是外部链接。自从谷歌重视链接之后，链接就成为了网站提高自己在搜索引擎中价值（PR）的手段之一。谷歌认为，内容差的网站不会吸引到别的网站主动链接，网站被链接（又称为反向链接）越多表明越受欢迎。此外，价值越高的网站给你的反向链接越有分量，如网易、新浪、搜狐等知名网站的反向链接比几十个不知名网站的反向链接更有价值。搜索引擎会把这些最受欢迎的网站排在自然结果的前面。

1）网站内链优化

一个网站的内部链接设置不合理，“蜘蛛”就很难在你的网站中深入爬行，这样不仅网页收录数量受到影响，而且还会减少搜索引擎的友好度，影响自然排名。网站内链完全在网站运营者的控制之下，相对于网站外链，优化相对比较容易，因此更应该做好每个细节。

（1）网页深度保持3～4层。从首页出发要确保4次点击能进入任何一个网页，3次以内更好。网页深度合理既保证了用户能更快得到自己所需要的信息，对于“蜘蛛”的爬行也有利。

（2）制作文字网站导航。网站导航一般出现在网站顶部位置，引导用户更加方便快捷地到达相关频道或栏目。很多页面较少的网站，网站导航往往可以起到代替网站地图的作用。对于用户而言网站导航必须有固定的位置和内容且与其他内容有明显区别，用户访问网页后第一眼就能找到；对于搜索引擎而言，由于“蜘蛛”无法识别图片、Flash、JS代码方式实现的网站导航的内容，所以文字链接导航为首选。如果一定要用图片导航，必须设置ALT属性，另外最好在图片下方搭配文字链接作为辅助（如图7-28所示）。如果使用Flash和JS代码导航，建议在网页底部做一个包含所有栏目的文字链接区域。

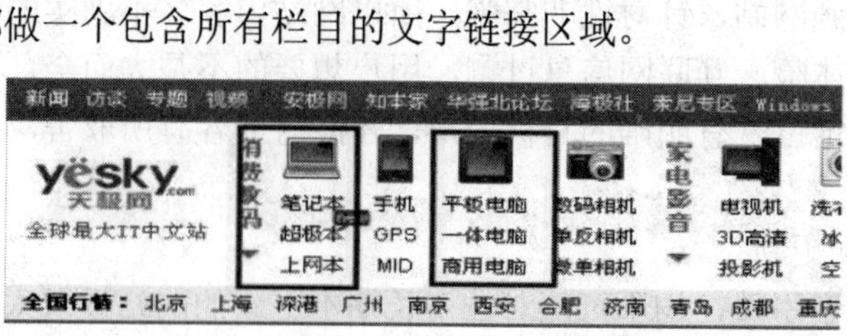

图7-28 图片导航条辅以文字链接

（3）建立网站地图。做一个完整的网站地图，把链接放在首页，方便搜索引擎发现和抓取所有网页（如图7-29所示）。

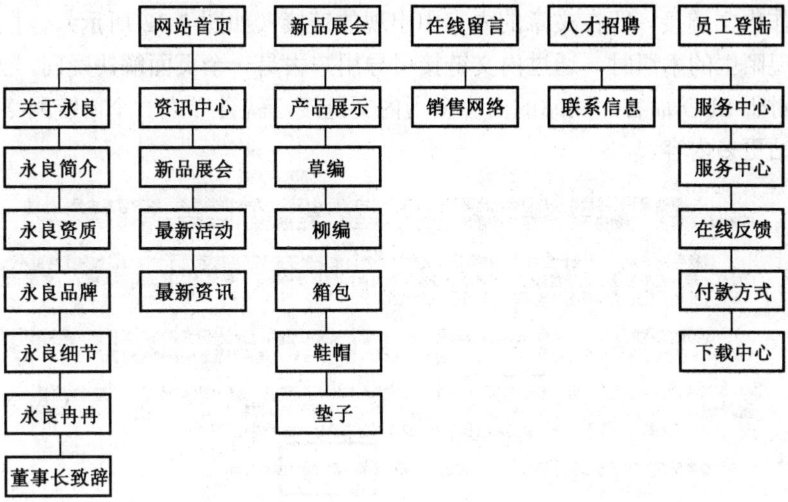

图 7-29　某手工艺品网站地图

（4）制作面包屑导航。面包屑导航（Breadcrumb Navigation）这个概念来自童话故事“汉赛尔和格莱特”，当汉赛尔和格莱特穿过森林时，不小心迷路了，但是他们在沿途走过的地方都撒下了面包屑，让这些面包屑帮助他们找到回家的路，所以，面包屑导航的作用是告诉访问者他们目前在网站中的位置以及如何返回（如图 7-31 所示）。

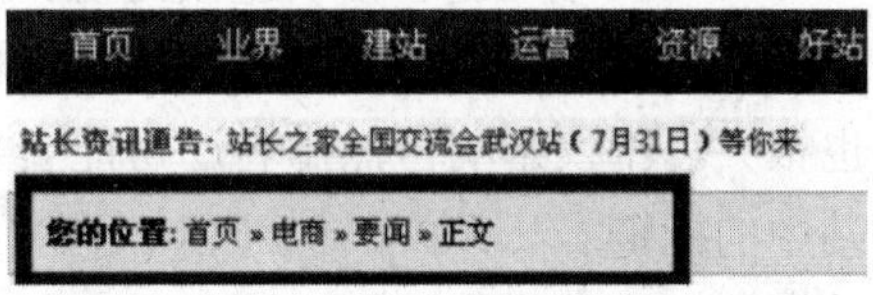

图 7-30　面包屑导航

面包屑导航不仅改善网站的实用性，同时可以提升网站对搜索引擎的友好性，在 SEO 中有重要的意义。

（5）制作相关性链接，相关性链接能够引导用户的深度挖掘，直到用户感兴趣的主题消失，这样可以获取用户的最大满意度（如图 7-31 所示）。对于搜索引擎优化而言，不仅给当前页面增加了更多相关关键词，而且也能让“蜘蛛”抓取到更多页面，对于搜索排名提升也有效果。

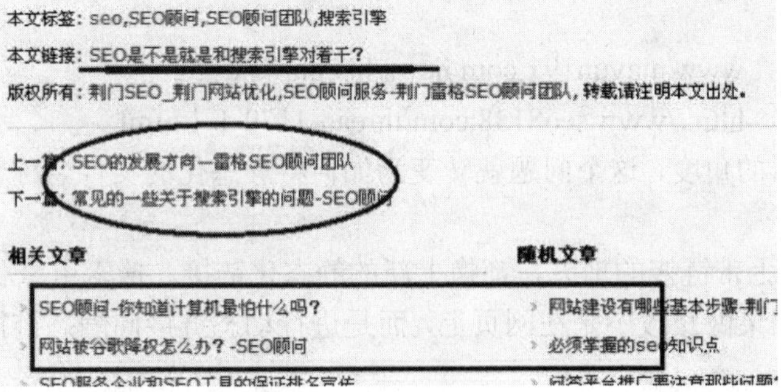

图 7-31　相关性链接

（6）制作内文链接。即在文章的内容中出现的链接（如图 7-32 所示）。对于用户来说，当文章中出现陌生的术语时，通过内文链接引导用户去另一个页面解决疑问，方便用户正确理解信息。对于 SEO 而言，网站的内容多用内文链接，就会形成一个内链网络，“蜘蛛”能够抓取到网站更多内容。

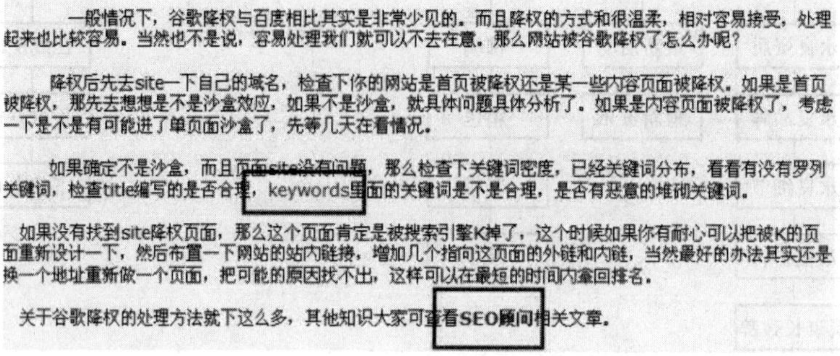
一般情况下，谷歌降权与百度相比其实是非常少见的。而且降权的方式和很温柔，相对容易接受，处理起来也比较容易。当然也不是说，容易处理我们就可以不去在意。那么网站被谷歌降权了怎么办呢？

降权后先去site一下自己的域名，检查下你的网站是首页被降权还是某一些内容页面被降权。如果是首页被降权，那先去想想是不是沙盒效应，如果不是沙盒，就具体问题具体分析了。如果是内容页面被降权了，考虑一下是不是有可能进了单页面沙盒了，先等几天在看情况。

如果确定不是沙盒，而且页面site没有问题，那么检查下关键词密度，已经关键词分布，看看有没有罗列关键词，检查title编写的是否合理，keywords里面的关键词是不是合理，是否有恶意的堆砌关键词。

如果没有找到site降权页面，那么这个页面肯定是被搜索引擎K掉了，这个时候如果你有耐心可以把被K的页面重新设计一下，然后布置一下网站的站内链接，增加几个指向这页面的外链和内链，当然最好的办法其实还是换一个地址重新做一个页面，把可能的原因找不出，这样可以在最短的时间内拿回排名。

关于谷歌降权的处理方法就下这么多，其他知识大家可查看SEO顾问相关文章。

图 7-32 内文链接

（7）网站死链和错误链接处理。网站死链是指原来正常，后来失效的链接，产生的原因很多，可以使用一些工具对网站进行检查。死链不仅影响了用户体验，对“蜘蛛”抓取影响也很大，不仅影响自然排名还可能会导致“蜘蛛”迷路而放弃继续抓取网页，因此要杜绝网站中的死链。

错误链接是指用户拼错的 URL、不存在的 URL，与死链有一定差别，但同样需要解决，一般是重定向到别的网页，如网站的首页、404 页面等。例如，在 httpd.conf 或.htaccess 文件中使用 ErrorDocument 来捕获 404 （找不到文件）错误：

```
ErrorDocument 404 /index.html
DirectoryIndex index.html /path/to/notfound.html
```

本功能会让所有的 404 错误——每次当某人请求无效的 URL 时，都返回 URL / index.html 提供的网站首页。（仅适用于 apache 网络服务器）

（8）将动态链接转化为静态链接。所有的搜索引擎都喜欢静态页面，因为不用仔细分析就能识别。一个简单区分静态化与动态化的链接方法就是动态化的 URL 中有、静态化没有，所以需要把动态链接转化成静态链接。

比如下面两个：

动态化的网址　www.mayun191.com/news/list.php?fid=52

静态化的网址　http://www.seo8138.com/thread-1179-1-1.html

从 Web 服务器的角度，这个问题就转变为如何将静态化的文件名称转化成参数，需要两步来处理：

第一步把网页上带链接的地方，都换上新的静态化链接。搜索引擎和浏览器将通过该链接来发生请求。（如果做修改不是在网页上，而是进行动态链接向静态链接的转向，这是严重错误的。）

第二步在 httpd.conf 或.htaccess 中使用 RewriteRule：

RewriteRule "^/dir/ （[^./]*） \.html" "/dir/script.cgi?doc=$1" [PT]

[PT]标记告诉 Apache 执行后续的所有操作。

通过这个功能，使动态页面以静态链接的形式展示给搜索引擎，从而达到 URL 优化的目的。

2）网站外链优化

网站外链，特别是反向链接的数量和质量是获得网站 PR 值和排名权重的重要因素。质量较高反向链接的网站一般具有下列要求：

（1）Alexa 排名好。Alexa 排名代表的是流量，即是流量大的网站。

（2）PR 值高。这个代表的是网站的权重。

（3）相关性高。对方网站的主题最好要与我方网站有一定的相关性。

（4）收录较多。对方网站最好有较多网页被搜索引擎收录。

（5）更新速度快。对方网站最好更新比较频繁和规律。

如何才能获得数量较多，质量较高的反向链接，可以采用以下一些方法：

（1）向分类目录提交自己的网站，像国内比较知名的 hao123、国外的 DMOZ 目录、ODP 目录等。一般权威性的分类目录都要经过严格审核或者缴纳一定费用。

（2）写一些高质量的文章，向一些流量大的网站提交原创稿件，稿件里加上自己的链接。

（3）合理利用权威门户、行业、政府网站，成为它们的会员，在其相关服务信息里加上自己的链接。

（4）主动联系一些与你主题相关权重相近的网站交换友情链接。

（5）在论坛签名中加上你的超链接。

（6）利用博客、微博、微信等，通过创意性的软文，吸引转载、转发和分享等。

（7）如果资金比较充裕，可以考虑在一些流量大的门户网站或权威性的行业网站购买广告位，也是变相为网站增加了反向链接。购买链接应该是一种阶段性规划行为，不可在短期内购买大量链接，因为搜索引擎并不喜欢这种行为，认为有失公平。

（8）合理利用类似百度知道、百度百科等平台。比如在百度知道中通过注册账号（如果有较高等级效果更好），错开提问和回答的账号，“自问自答”的过程中自然引入相关页面的反向链接。在百度百科中通过编辑一些词条，在词条来源中合理加入企业相关页面的反向链接。

增加反向链接要注意的问题：

（1）要循序渐进，不要一下子增加非常多。如果你在短时间内迅速增加了非常多的反向链接，会很容易被搜索引擎放进“沙盒”。所谓“沙盒”是给网站的一个考核期，在一段时间内搜索引擎对网站进行观察，在这个观察期内，无论怎样做，网站的收录、关键词排名情况都不会有很明显的变化。这就是沙盒效应。不同的搜索引擎，沙盒期的时间不一样，最长的甚至有几个月。“沙盒”一般主要针对新网站，老网站如果短期内增加了大量反向链接也可能进入“沙盒”，所以增加反向链接不要过急，要一步一步地来。

（2）增加反向链接要重质量，不要单纯追求数量。反向链接的质量会比数量更加重要，单纯追求数量，短期内增加了大量质量低的反向链接甚至有可能会被搜索引擎判断为加入了链接工厂，通过站群做反向链接而遭到降权甚至更严重的惩罚。

4. 关键词策略

关键词策略在搜索引擎优化执行过程中也是一个很重要的工作，其大体需要三个阶段：

（1）关键词分析，包括搜索用户行为分析和行业竞争度分析。

（2）关键词的确定，包括核心关键词的确定和长尾关键词的拓展。

（3）关键词在具体页面中的部署。

接下来，我们一条一条地进行学习。

1）搜索用户行为分析和行业竞争度分析

进行关键词分析的一个重要原则就是立足行业，基于用户。SEO 执行人员首先应该和自己的网站使用者（包括客户、供应商、员工等）有一个初步交流，在交流中，我们会得到一些关键词的反馈。所提供的关键词可能很多都没有具体的可执行性，但是能帮助我们了解用户的搜索习惯，指明一个大体方向。此外，我们可以借鉴上一节竞价排名关键词挖掘的方法，尽可能多地搜集备选关键词。接下来主要进行关键词的热度分析（是否有很多人使用）和竞争度（排在前面的网站 SEO 水平）分析。

2）核心关键词的确定和长尾关键词拓展

通过上一个阶段，我们搜集了大量关键词，下面就需要确定哪些为核心关键词，确定的原则可以参考以下内容：

（1）不要选择和自己网站主题不相关的关键词。有的关键词虽然热度高，但是和网站内容无关，即使带来访问者，也会因为找不到所需要的内容而快速离开，还会因为受到欺骗而体验很差，这样做与搜索引擎的初衷相违背，容易遭到搜索引擎的惩罚。

（2）不要选择流量太小的关键词。有的关键词相关性很强，但是每天的使用量却很低，比如太过专业的词汇，虽然很容易做到搜索引擎排名第一，但是每天几乎不能带来流量，不值得作为核心关键词。

（3）不要选择竞争太激烈的关键词。有些关键词热度很高，每天有很多人使用，但是 SEO 是个长期的过程，往往需要几个月，而且碰到强力的竞争对手，特别已经有了先发优势，更可能两三年也未必能赶上，根据一般搜索习惯，只有进入第一页的搜索结果才会得到大量的流量。康奈尔大学做过的一项研究表明，前 10 个结果获得的流量占总数的 89.71%。所以与其长期投入一些超过自己能力的词不如选择自己力所能及的词能带来更多的回报。

（4）选择长的而不是短的关键词（6 个汉字以内）。相比之下长的关键词有时候比短的关键词有优势。比如“扬州英语培训”在搜索引擎进行搜索时无论是以“英语培训”、“扬州英语”、“扬州培训”作为关键词都会出现，无形中增加了被访问的机会。

通过以上四点原则指导，选出好的关键词已经顺理成章。那么一个网站可以设置几个核心关键词呢？一般而言是 1～3 个，而且最好是相关的。比如“英语培训”、“英语教育”、“学前英语”就是相关的，目标用户是一样的。

核心关键词确定后，网站就要围绕核心关键词建设，正如前面所学，无论原创内容、伪原创内容还是导航条、网站地图等，都要尽量想办法用到核心关键词。但是前提是不影响用户的网站体验，核心关键词使用并没有不合理，如果进行关键词堆砌（比如把关键词设置成很小的字号，关键词颜色设置成和背景颜色一致等）就可能因为违规被搜索引擎惩罚。

在关键词的选择过程中，我们可能选中了不止三个关键词，而核心关键词一般只有三个。那么其他关键词怎么办？或者有些词虽然不是很热，但竞争也较小，虽然不能带来很大流量，却能带来较稳定的流量，放在首页有点浪费，放弃又可惜，或者有些词虽然竞争激烈，很难进入排名前列，但由于搜索量巨大，完全放弃又不甘心，这时就可以做长尾关键词。

首页虽然只有一个，主要使用三个核心关键词，但是每个网站还有大量的子页面，由于搜索引擎索引的单位是页面而不是网站，因此可以给每个子页面根据自身内容设置一些其他关键词，虽然每个词带来的流量没有核心关键词多，但是所有子页面带来的小流量相加也对网站的访问量贡献了很多，这就是长尾理论在 SEO 中的使用，这些子页面所用的关键词就是长尾关键词。

3）关键词在页面中的部署

前两步我们已经选好了核心关键词和长尾关键词，但是怎么让搜索引擎知道一个网页上哪几个词是这个页面的关键词呢？搜索引擎有自己的判断方法，虽然没有公布，但是长期实践证明主要依据两点，一是页面关键词的密度，二是页面重要位置出现的关键词。

一般而言，关键词在网页上的密度为 3%～8%比较合适，具体可以通过实验法进行测试，因为不同行业不同内容不同功能的网站密度要求也各不相同。

最后我们通过下面一段常见的网站标准代码，一步一步学习哪些位置会被搜索引擎认为是重要位置且应该出现关键词，而在这些地方合理放置关键词也不会被认为是违规；而哪些位置可能会被惩罚需要慎重。

```
<!--页面注解-->
<html>
<head>
<title>页面标题</title>
<meta http-equiv=Content-Language content=zh-cn>
<meta http-equiv="Content-Type" content="text/html; charset=gb2312">
<meta name="keywords" content="关键词">
<meta name="description" content="网站描述">
<link href="inc/css.css" type="text/css" rel="stylesheet">
</head>
<body>
<div>
<h1>页面内容标题</h1>
<h2>页面相关性标题</h2>
<h3>标题系列</h3>
<h4>标题系列</h4>
<h5>标题系列</h5>
<h6>标题系列</h6>
<img src="xxx.jpg" alt="图片说明">
<a href="/" title="链接说明">链接词</a>
```

```
<strong>重点关键词强调</strong>
<b>关键词强调</b>
<u>关键词强调</u>
<i>关键词强调</i>
<p>网页内容</p>
</div>
<div>版权部分关键词强调
</div>
</body>
</html>
```

注：在<body></body>标签区域中罗列的都是一些基础的 HTML 标签，这些标签出现的次序是可以变化的。

（1）<!--页面注解-->。这个标签是用来做 HTML 代码注解的，这种形式的注解在浏览器中是不会显示的，而搜索引擎可以读到。所以这个标签有的时候会成为作弊的一种形式，不要过多地用这种标签来注明你的关键词，否则可能被搜索引擎认为是作弊。

（2）<title>页面标题</title>。正如一本书一样，标题往往是全书内容的概括，其重要性不言而喻，且标题也不应该太长。在网页中核心关键词应该出现在这个位置，但是不要进行关键词堆砌，破坏了页面标题的内容表达。

（3）<meta name="keywords" content="关键词">。这个位置对关键词判断的影响越来越低，但是只要认真对待，还是有效果的。这里注意两点：

第一，关键词一般不超过三个，也可以只写一个，你强调的内容越少，那么它的重要性相对越高，所以不要写太多，否则不如不写。搜索引擎并不会单凭这里来判断关键词，而是有自己的标准。

第二，尽量在每一个页面写不同的关键词，部署一些长尾关键词。

（4）<meta name="description" content="网站描述">。这个主要是为了在搜索结果里出现的索引结果，索引结果就是在百度搜索你的站时标题下面的摘要内容，相当于竞价排名中的创意的撰写中的描述。这是一个页面的导读，用来说明网页的主要内容，虽然现在的影响不大，跟 keywords 标签一样，不太受搜索引擎重视，而且由于搜索引擎机器人越来越智能化，基本上已经实现整个页面的摘要内容随意出现在它的索引结果里，搜索引擎会根据用户搜索的内容不同显示不同的索引。但是对于 description，还是需要认真去写，因为网站描述写得越具体，就越有可能在索引的时候出现这个标签中的内容。

（5）<h1>页面内容标题</h1>。这个标签是一个页面<body></body>区域中最重要的标签，也是搜索引擎定位这个页面的主要依据，如果你的<h1>标签里没有出现你的页面关键字，对关键词的判断影响巨大。这里的权重相对于其他在<body>区的标签来说更加重要，在 HTML 代码中，它的重要性仅次于<title>。放弃写这个标签，对于搜索引擎是很不友好的，你可以不出现其他强调关键词的标签，但是这个标签一定要出现，这是告诉搜索引擎你的页面用一句话应该如何表达，如果没有这个标签，搜索引擎可能会不知道如何理解这个页面。需要强调的是，这个标签一个页面不要出现太多，太多会让别人无法确定你页面中哪一个才是最重要的。

（6）<h2>页面相关性标题</h2>。这个标签与<h1>是一样的道理，但是权重相对来说较低，如果你的页面没有<h1>，那么这个标签对于页面来说基本上就相当于<h1>的重要性。这里面可以配置与长尾关键词相关的内容，比如你的页面核心关键词出现在<h1>里，那么其他的词以及你想发展的长尾词就可以出现在<h2>里，这样配置关键词是一种合理的安排。

而<h3>~<h6>这些标签，重要性是依次递减的，在一个页面的权重越来越低。

（7）<img src="xxx.jpg" alt="图片说明">。这个标签的作用是指定一张图片的说明文字，让搜索引擎知道这张图片是关于什么的。alt 后面的图片说明将会帮助搜索引擎判断图片与内容的匹配度，是对搜索引擎友好的体现。此外，在搜索引擎看来需要用图片说明的重点内容，放置核心关键词也比较合理。

（8）<a href="/" title="链接说明">链接词</a>。链接说明和链接词都相当重要，正常来讲，页面中链接都会和页面本身的内容有一定的关系。比如服装的行业网站上一般会为一些同行的网站做链接或者一些做服装的知名企业做链接。所以链接说明和链接词都可以作为搜索引擎判断所指向页面的内容的参考，从而也影响了对建立链接的网站内容判断，因此需要尽量在这些位置合理放置核心关键词。

（9）<strong>重点关键词强调</strong>。这个标签在 HTML 语言中的作用是加粗文字显示，重要性仅次于<h1>。它比<b>、<u>、<i>等标签更重要。所以如果页面核心关键词又需要强调首选<strong>标签，相对不重要的词强调可选<b>、<u>、<i>等标签。同理不要用得太多了，重点太多就等于没有重点了。

（10）<p>网页内容</p>。这个标签在 HTML 语言中的作用主要是显示段落，因此网页的内容一般包含在<p></p>中，在每个段落的开头和结尾部分出现核心关键词，比较符合内容编辑的习惯（开头概括和结尾总结）。

（11）版权部分关键词强调。在底部版权部分及很接近版权部分出现关键词，是一种方法。在这里强调你的关键词，是让你的关键词布局更加合理，而不是头部出现关键词，中部强调很多次，而底部却没有什么相关联的内容。

5. SEO 的一般步骤

SEO 并不是简单的几个秘诀或几个建议，而是一项需要足够耐心和细致的脑力劳动。系统运行的 SEO 才能最大体现其价值。大体上，SEO 是以下六个环节循环进行的过程，只有不断循环进行才能保证让网站在搜索引擎有良好的表现。

（1）关键词分析（也叫关键词定位）。这是进行 SEO 最重要的一环，关键词分析包括关键词关注量分析、竞争对手分析、关键词与网站相关性分析、关键词布置、关键词排名预测等。

（2）网站架构分析。网站结构符合搜索引擎的爬虫喜好则有利于 SEO。网站架构分析包括剔除网站架构不良设计、实现树状目录结构、网站导航与链接优化等。

（3）网站目录和页面优化。SEO 不止是让网站首页在搜索引擎有好的排名，更重要的是让网站的每个页面都带来流量。

（4）内容发布和链接布置。搜索引擎喜欢有规律的网站内容更新，所以合理安排网站内容发布日程是 SEO 的重要技巧之一。链接布置则把整个网站有机地串联起来，让搜索引擎明白每个网页的重要性和关键词，实施的参考是第一点的关键词布置。友情链接战役也是这个时候展开。

（5）与搜索引擎对话。在搜索引擎看 SEO 的效果，通过 site:你的域名，知道站点的收录和更新情况，更好地实现与搜索引擎对话。

（6）网站流量分析。网站流量分析从 SEO 结果上指导下一步的 SEO 策略，同时对网站的用户体验优化也有指导意义。

任务 7.4　如何开展病毒式营销

病毒式营销（viral marketing），也称为病毒性营销，是一种常用的网络营销方法，常用于进行网站推广、品牌推广等。病毒式营销利用的是用户口碑传播的原理，在互联网上，这种“口碑传播”更为方便，可以像病毒一样迅速蔓延，因此病毒式营销（病毒性营销）成为一种高效的信息传播方式，而且，由于这种传播是用户之间自发进行的，因此几乎是不需要费用的网络营销手段。

1．病毒式营销的特点

病毒式营销是通过利用公众的积极性和人际网络，让营销信息像病毒一样传播和扩散，营销信息被快速复制传向数以万计、数以百万计的受众。它存在一些区别于其他营销方式的特点。

1）有吸引力的病原体

天下没有免费的午餐，任何信息的传播都要为渠道的使用付费。之所以说病毒式营销是无成本的，主要指它利用了目标消费者的参与热情，但渠道使用的推广成本是依然存在的，只不过目标消费者受商家的信息刺激自愿参与到后续的传播过程中，原本应由商家承担的广告成本转嫁到了目标消费者身上，因此对于商家而言，病毒式营销是无成本的。

目标消费者并不能从“为商家打工”中获利，他们为什么自愿提供传播渠道？原因在于第一传播者传递给目标群的信息不是赤裸裸的广告信息，而是经过加工的、具有很大吸引力的产品和品牌信息，而正是这一披在广告信息外面的漂亮外衣，突破了消费者戒备心理的“防火墙”，促使其完成从纯粹受众到积极传播者的变化。

网络上盛极一时的“流氓兔”证明了“信息伪装”在病毒式营销中的重要性。韩国动画新秀金在仁为儿童教育节目设计了一个新的卡通兔，这只兔子相貌猥琐、行为龌龊、思想简单、诡计多端、爱耍流氓、只占便宜不吃亏，然而正是这个充满缺点、活该被欺负的弱者成了反偶像明星，它挑战已有的价值观念，反映了大众渴望摆脱现实、逃脱制度限制所付出的努力与遭受的挫折。流氓兔的 Flash 出现在各 BBS 论坛、Flash 站点和门户网站，私下里网民们还通过聊天工具、电子邮件进行传播。如今这个网络虚拟明星衍生出的商品已经达到 1000 多种，成了病毒式营销的经典案例。

2）几何倍数的传播速度

大众媒体发布广告的营销方式是“一点对多点”的辐射状传播，实际上无法确定广告信息是否真正到达了目标受众。病毒式营销是自发的、扩张性的信息推广，它并非均衡地、同时地、无分别地传给社会上每一个人，而是通过类似于人际传播和群体传播的渠道，产品和品牌信息被消费者传递给那些与他们有着某种联系的个体。例如，目标受众读到一则有趣的 Flash，他的第一反应或许就是将这则 flash 转发给好友、同事，无数个参与的“转发大军”就构成了成几何倍数传播的主力。

3）高效率的接收

大众媒体投放广告有一些难以克服的缺陷，如信息干扰强烈、接收环境复杂、受众戒备抵触心理严重。以电视广告为例，同一时段的电视有各种各样的广告同时投放，其中不乏同类产品“撞车”现象，大大减少了受众的接受效率。而对于那些可爱的“病毒”，是受众从熟悉的人那里获得或是主动搜索而来的，在接受过程中自然会有积极的心态；接收渠道也比较私人化，如手机短信、电子邮件、封闭论坛等（存在几个人同时阅读的情况，这样反而扩大了传播效果）。以上方面的优势，使得病毒式营销尽可能地克服了信息传播中的噪声影响，增强了传播的效果。

4）更新速度快

网络产品有自己独特的生命周期，一般都是来得快去得也快，病毒式营销的传播过程通常是呈 S 形曲线的，即在开始时很慢，当其扩大至受众的一半时速度加快，而接近最大饱和点时又慢下来。针对病毒式营销传播力的衰减，一定要在受众对信息产生免疫力之前，将传播力转化为购买力，方可达到最佳的销售效果。

延伸阅读

情人节病毒式营销案例

2014 年情人节和元宵节的“邂逅”格外引人瞩目。情人节是一个可以“搭售”情感的日子。例如，鲜花、珠宝，甚至电子产品，都会借情感消费的需求吸引痴男怨女的注意，历来是众商家决战商场的特殊旺季，营销手法更是层出不穷。

之前遭到网友炮轰的百合网“逼婚广告”是一个反面教材，婚恋网站把老人的心愿刻意渲染，进行极端化体现，结果导致网友在微博上发起“万人抵制百合网”活动，要求百合网删除该广告。百合网要自我推销，无可厚非，但为了自己的商业利益，不惜拿“剩男剩女”的个人问题说事，甚至在伤口上撒盐，不能不让人反感。

那什么样的营销形式才能真正俘获精明而又挑剔的消费者“芳心”呢？以下案例或许能给你一些启发。

1. 伊卡璐“爱你就要在一起”

伊卡璐“爱你就要在一起”APP 营销案例在 2013 年年初推出，首先是通过品牌代言人 Angelababy 的 2013 年爱情电影《在一起》吸引到了用户的高度关注，然后顺势推出伊卡璐官博的 APP“爱你就要在一起”，鼓励用户将爱表白，在微博平台上经由 2 月 14 日、3 月 14 日两大情人节的狂热传播，短短的时间，活动受到了上万用户的转发，APP 的参与量也接近 40 万。

2. 大众汽车“浪漫满车”大赛

大众汽车“浪漫满车”装饰大赛是一个富有创意的装扮爱车的视频征集活动，通过精心装扮你的大众汽车永远成为众人瞩目的焦点，无论晒晒自己的爱车装扮，还是抓拍到别人富有创意的汽车装饰，从外观到内饰，通通可以上传到土豆网大众汽车 VW 视界与网友们一起分享别具一格的汽车装饰成果。为了吸引更多的网友参与，还特设了三项诱人的给力大奖，提升了关注度。

3. “情人专座”的机票

巴西航空公司 GolAirlines 希望在社交媒体上提高粉丝数、关注点，特在情人节前推出情人节飞机、情人专座等服务。把飞机分成几个情人专座区域，然后制作成示意图，上传到 Facebook 上面，谁最先留下座位号码就能获得一张到任意地点往返的 GolAirlines 机票。

4. “量身定制”的巧克力

历史悠久的巧克力品牌 Ghirardelli 别出心裁，推出情人节包邮活动以及消费者能在离商店最近的地方最后一刻拿到为自己量身定做的礼盒——里面是情人节的礼物。Harry 和 David Holdings 公司同样提供免费送货服务，OldTimeCandy.com 则发放 10%折扣的优惠码和在盒顶植入非常明显的个性化的信息和情人节主题的收件人姓名。

5. “时光轴”电邮

在众多不甘平庸的情人节电邮中，Shari's Berries 别具一格，把用户曾经买过的礼物的名称做成一个时光轴，如“（你）曾送了半打蘸着草莓的巧克力给 Christine，这让她又惊又喜”回送给用户，制造出一份意外的惊喜。

6. Kraft 卡夫《帮你表白》

Kraft 邀请 TW（Ted Williams 美国曾经著名的电台主持人）为情人节活动助威，消费者只需要发布带有关键字#voiceoflove 的微博，那么 TW 就将为用户用他磁性的嗓音念出来，这样消费者就可以把音频发送给要表白的人。当然 Kraft 承诺，消费者每发一条微博，那么 Kraft 会捐献 10 盒奶酪给美国慈善救济组织。

7. 买钻石送贵族头衔

以色列一家销售彩色钻石饰品的公司丽比诗推出了一款由 10 颗彩钻组成的吊坠。更特别的是，购买这款吊坠，还将获赠一份更特殊的大礼——英国贵族头衔。据了解，这些头衔是丽比诗公司特意从英国一家合法销售贵族头衔的公司购买的。这些头衔可以终生使用，但不能世袭。获得贵族头衔的女士会被英国的相关机构正式注册。虽然一个贵族的名号也许不会让你真的变成一名王室成员，但还是很有趣的。

8. 名人微博信者得爱

李小璐与贾乃亮高调恋爱、高调结婚，每一个节日都能看到两人在微博上高调秀恩爱的内容，而她的粉丝们也已经习惯于接受她的高调，并且十分乐于送上祝福。这使得情人节里送出“唯一的爱”看起来如此顺理成章，而她亲自手捧 roseonly 玫瑰的图片和充满了璐式甜腻的文案也让 roseonly 和李小璐衔接得天衣无缝——如此无缝衔接明星生活且自然而不做作的策划，很难引起粉丝反感。roseonly 花店名人微博营销案例抓住了两个关键点：选择李小璐，并为其量身定做了策划文案。“信者得爱”，正如 roseonly 的 slogan 一样，名人微博营销成功的关键点还在于“如何让粉丝相信”，自然接受这些营销信息。

9. 肯德基“浪漫音缘，闪约派对”

肯德基在之前的情人节曾经推出过“浪漫音缘，闪约派对”的活动。在情人节当天肯德基全国 3000 家餐厅都开放了点歌平台，人们可在网上选择一首歌曲，只要在情人节当天的指定时段到参与活动的肯德基餐厅现场点歌，接待员姐姐会化身丘比特，尽量满足你的心愿。另外，2015 年的情人节，肯德基还特别举办了“浪漫音缘，闪约派对”。在全天的特定时段，肯德基将会关掉背景音乐，把主导权留给大家，用音乐的桥梁连接彼此的缘分。

10. 马上赠房，圆梦爱情谷

“马上赠房，圆梦爱情谷。”一家名为爱情谷·花语小镇的楼盘抓住情人节这个最好的营销时机，送出爱情红包——一套价值约 50 万元的洋房。取得红包的资格是讲出励志的爱情故事。从 2 月 14 日到 3 月 13 日，网友可在新浪微博上写下 140 字以内的爱情微故事，根据微博转发评论量确定 TOP100 入围名单。之后再通过微信对 TOP100 入围选手进行票选，票数最高的 10 位选手各获得 iPad mini 一部，最后通过微信投票+现场投票+专家评选，推举出最励志故事主角，获赠爱情谷房产一套。

2. 病毒式营销的一般规律

病毒式营销目前已经成为商家常用的一种营销方式，各种成功的案例已经为大家所熟知，如近年来的凡客体、聚美优品的“我为自己代言”，还有本书开始的案例“吃垮必胜客”等。但是如果病毒式营销让用户感觉到是营销，则成为了不少人所反感的“炒作”，因此病毒式营销的理念、形式、方法等需要不断创新才能保持良好的营销效果，此外必要的“推动力”也是成功的病毒式营销所需要的。下面将学习病毒式营销的一般规律，对于这些规律融会贯通后，才有可能成功策划出病毒式营销传播。

第一，病毒式营销的“病毒”有一定的界限，超出这个界限的病毒性营销方案就成为真正的病毒了。

没有人喜欢自己的电脑出现病毒，可见病毒并不是受人欢迎的东西。病毒式营销中的核心词是“营销”，“病毒性”只是描述营销信息的传播方式，其实和病毒没有任何关系。病毒式营销的基本思想只是借鉴病毒传播的方式，本身并不是病毒，不仅不具有任何破坏性，相反还能为传播者以及病毒式营销的实施者带来好处，因此病毒式营销和病毒之间并没有任何直接的联系。

但在病毒式营销的实际操作中，如果没有认识到病毒式营销的本质是为用户提供有价值的信息和服务这一基本问题，就可能变成传播病毒了，尤其利用一些技术手段来实现的病毒式营销模式，如自动为用户电脑安装插件、强制性修改用户浏览器默认首页、在QQ等聊天工具中自动插入推广信息（称为“QQ尾巴”）等，这些其实已经不能称之为病毒式营销，而是传播病毒了。

第二，成功的病毒式营销离不开六个基本要素。

美国电子商务顾问 Ralph F.Wilson 博士将一个有效的病毒式营销战略的基本要素归纳为六个方面：

（1）提供有价值的产品或服务。

（2）提供无须努力的向他人传递信息的方式。

（3）信息传递范围很容易从小向很大规模扩散。

（4）利用公共的积极性和行为。

（5）利用现有的通信网络。

（6）利用别人的资源进行信息传播。

根据这一基本规律，在制定和实施病毒式营销计划时，应该进行必要的前期调研和针对性的检验，以确认自己的病毒式营销方案是否满足这六个基本要素。

第三，病毒式营销并不是随便可以做好的，需要遵照一定的步骤和流程。

病毒式营销一直是网络营销人员津津乐道的话题。病毒式营销的价值是巨大的，一个好的病毒式营销计划远远胜过投放大量广告所获得的效果，病毒式营销并不是随便可以做好的，有些看起来很好的创意，或者很有吸引力的服务，最终并不一定能获得预期的效果。如何才能取得病毒式营销的成功呢？

通过对许多病毒式营销案例进行的跟踪研究发现，尽管每个网站具体的病毒式营销方案可能千差万别，但在实施病毒式营销的过程中，一般都需要经过方案的规划和设计、信息源和传递渠道的设计、原始信息发布、效果跟踪管理五个基本步骤，认真对待每个步骤，病毒式营销才能最终取得成功。

（1）病毒式营销方案的整体规划和设计。

应该进行病毒式营销方案的整体规划，确认病毒式营销方案符合病毒式营销的基本思想，即传播的信息和服务对用户是有价值的，并且这种信息易于被用户自行传播。

（2）病毒式营销需要独特的创意，并且精心设计病毒式营销方案（无论是提供某项服务，还是提供某种信息）。最有效的病毒式营销往往是独创的。独创性的计划最有价值，跟风型的计划有些也可以获得一定效果，但要做相应的创新才更吸引人。同样一件事情，同样的表达方式，第一个是创意，第二个是跟风，第三个做同样事情的则可以说是无聊了，甚至会遭人反感，因此病毒式营销之所以吸引人之处就在于其创新性。

在方案设计时，一个特别需要注意的问题是，如何将信息传播与营销目的结合起来？如果仅仅是为用户带来了娱乐价值（如一些个人兴趣类的创意）或者实用功能、优惠服务而没有达到营销的目的，这样的病毒式营销计划对企业的价值就不大了；反之，如果广告气息太重，可能会引起用户反感而影响信息的传播。

（3）信息源和信息传播渠道的设计。虽然说病毒式营销信息是用户自行传播的，但是这些信息源和信息传递渠道需要进行精心的设计。例如，要发布一个节日祝福的 Flash，首先要对这个 Flash 进行精心策划和设计，使其看起来更加吸引人，并且让人们更愿意自愿传播。仅仅做到这一步还是不够的，还需要考虑这种信息的传递渠道，是在某个网站下载（相应地在信息传播方式上主要是让更多的用户传递网址信息），还是用户之间直接传递文件（通过电子邮件、IM、微博、微信等），或者是这两种形式的结合？这就需要对信息源进行相应的配置。

（4）原始信息的发布和推广。最终的大范围信息传播是从比较小的范围内开始的，如果希望病毒式营销方法可以很快传播，那么对于原始信息的发布就需要认真筹划，原始信息应该发布在用户容易发现，并且用户乐于传递这些信息的地方（如活跃的网络社区、粉丝多的微博），如果必要，还可以在较大的范围内去主动传播这些信息，等到自愿参与传播的用户数量比较大之后，才让其自然传播。

（5）对病毒式营销的效果也需要进行跟踪和管理。当病毒式营销方案设计完成并开始实施之后（包括信息传递的形式、信息源、信息渠道、原始信息发布），对于病毒式营销的最终效果实际上自己是无法控制的，但并不是说就不需要进行这种营销效果的跟踪和管理。

实际上，对于病毒式营销的效果分析是非常重要的，不仅可以及时掌握营销信息传播所带来的反应（如对于网站访问量的增长），也可以从中发现这项病毒式营销计划可能存在的问题，以及可能的改进思路，将这些经验积累为下一次病毒式营销计划提供参考。

上述成功实施病毒式营销的五个步骤对病毒式营销的六个基本要素从实际应用的角度作出了进一步的阐释，使其更具有指导性，充分说明了病毒式营销在实践应用中应遵循的规律。

第四，病毒式营销的实施过程通常是无须费用的，但病毒式营销方案设计是需要成本的。

病毒式营销通常不需要为信息传递投入直接费用，但病毒式营销方案不会自动产生，需要根据病毒式营销的基本思想认真设计，在这个过程中必定是需要一定资源投入的，因此不能把病毒式营销理解为完全不需要费用的网络营销，尤其在制定网站推广计划时，应充分考虑到这一点。此外，并不是所有的病毒式营销方案都可以获得理想的效果，这也可以理解为病毒式营销的隐性成本。

第五，网络营销信息不会自动传播，需要进行一定的推广。

在成功实施病毒式营销五个步骤中的第四步就是关于对病毒式营销信息源的发布和推广，因为病毒式营销信息不会实现自动传播，需要借助于一定的外部资源和现有的通信环境来进行，这种推广可能并不需要直接费用，但需要合理选择和利用有效的网络营销资源，因此需要以拥有专业的网络营销知识为基础。

综上所述，病毒式营销具有自身的基本规律，成功的病毒式营销策略必须遵循病毒式营销的基本思想，并充分认识其一般规律，包括：为用户免费提供有价值的信息和服务而不是采用强制性或者破坏性的手段；在进行病毒式营销策略设计时有必要对可利用的外部网络营销资源进行评估；遵照病毒式营销的步骤和流程；不要指望病毒式营销方案的设计和实施完全没有成本；最后，希望病毒式营销信息会自动在大范围内进行传播是不现实的，进行信息传播渠道设计和一定的推动是必要的。

延伸阅读

女性保健品美源春病毒式营销解析

美源春口服液在配方上和太太口服液相近，价格也相差无几，是太太口服液的主要竞争品种。该产品主要在华南地区销售。在不投一分钱广告的基础上，它很快获得了女性滋补市场1%的销售，成绩实属惊人！下面就分析一下其迅速获得成功的方法。

1. “病毒式营销”5D定位理论：有一种人群，是最易感人群

太太口服液一直将目标消费群体定位于白领，美源春口服液则在消费者选择上煞费苦心，跟太太硬碰硬显然是不智之举。企业提出了5D定位系统，根据女性的社会定位、经济定位、家庭定位、自我定位、年龄定位作为四维定位模型，将女人的世界看成一个5D“场域”，那么这个场域中的“象征性资本”就是女性人人争夺的“美”，正是在争夺这一资源的过程中，女性们倾注了她们所有的物力和财力，发挥了她们的才能和智慧，并因为在争夺过程中的成功和失败而产生了诸如骄傲、自豪、满足抑或是嫉妒、忧郁、焦虑等各种各样的情绪和情感。

最终企业发现，在该5D坐标中，有一个基层女性处于最有意思的角色。那就是广州地区数以百万计的“打工女”阶层。她们是改革开放以来最具代表性的“矛盾共同体”。随着中国经济近十年的发展，“打工女”的实际情况已经与当初人们定义的“贫穷、凄苦”处于生存边缘的形象大相径庭。据调查，广东省女工的人均月收入已达到1500元，打工女们确实挣到了钱！但是人们的观念还没有变，她们始终没有挣到社会地位，这就致使打工女们长期处于“三有三无”的生活状态：有一定的购买能力，有强烈的进入主流社会意愿，有“女性的通病”，具备强烈的爱美、爱健康、怕衰老意识。

所以，根据打工女阶层5D坐标汇出的边际营销曲线非常“动人”，这条曲线较高的敏感弹性预示着一块小投入高产出的营销新大陆终于被发现！对这样的女性市场下功夫，就算丢进一个小石子儿也会激起飓风骇浪。

于是，锁定最易感的“工厂女工”人群，为美源春日后在华南地区的成功奠定了决定性的基础。

2. “病毒式软传播”：有一种传播方式，让消费者热泪盈眶

“女性4D资本论”中有一个重要的结论：女性资本抢夺过程中，总是首先将目光投向“本象限”的女性，以此为衡量胜负的标准。也就是说最能激发女性攀比心、战斗欲的人其实是她自己心目中所归属的那个圈子。比如说，一位年轻有识的知识女性会自然而然地将自己与著名女企业家、女主持人看齐，模仿她们的生活方式、人生选择、消费模式；一个政府女办事员，则更关注机关的氛围、上级的行为模式，并认为以此为标准靠拢才将能争取到更有利于自己的资源；而一个在工厂上班的打工妹，就会以心目中的“厂花”和工会领导作为羡慕和刻意模仿的对象，觉得这样就能赢得更多男工的赞美，获得主流社会的认可。

每个女人心中都装着不同的世界，想要用世界通用语跟她们交谈简直是异想天开，那些泛泛而谈的广告对女性消费者的影响力几乎为零。所以选择打工妹阶层，就必须用对她们形成影响力的人、说她们听得懂的话、做她们感兴奋的事。

首先，在传播手段的选择上大费苦心。还像常规手法攻占城市报纸，软文硬广夹击？在对北京、上海、广州、深圳、成都、重庆等地女性消费者广告影响力调研中，我们发现：九成以上女性很少看报纸，对广告信任度普遍较低！打工女的阅报率无疑更低，报纸对她们的影响力已到达零点！

怎样才能避免传播运作的失效呢？必须对处于同一"象限"上的女性进行深度研究，找到通用语言，进行深度沟通，点击到她们共同的心灵按钮。

于是美源春与深圳、广州等地的女工深入沟通，找到了她们的欠缺需求：社会尊重、家庭温情、对美和爱的追求也很热切。同时，很多打工多年的女工已经有一定量的存款，有的甚至已经当起了小老板，在经济基础逐渐强大的同时，却存在很大的情感欠缺，所以，必须打情感牌。

所谓情感牌，也就是"病毒式营销"的软传播方式。根据现代传播学理论：150 人的封闭群体将达到最佳传播环境。必须打入女工的圈子内部，让传播信息像病毒一样在密闭容器里封闭发酵，让"病毒式软传播"在相对封闭的厂区内部发挥最大营销威力。

于是，一场拒绝广告的营销活动全面拉开！通过电台开办"美丽一刻"美源春专题节目，自办《外来妹报》，利用厂区、海报、现场等，以软性沟通的方式与打工妹进行感情沟通，不同于其他保健品采用的赤裸裸的强拉式促销，称得上是省钱、有效、远近扬名！

在一系列美源春送美丽女工联谊活动轰轰烈烈运作之后，各方媒体争相报道，一时间，女工们最热衷的话题竟然都是"美源春"！《外来妹报》成了多少女工夜晚临睡前的枕边小点。

在"美丽一刻"节目录制现场，很多女工都是第一次听到专业的健康美容师讲课，第一次被美容师化了一个漂亮的妆容，很多女工第一次体验到了现代都市女性经常享受的生活，很多纯朴的女工竟然忍不住泪流满面！

3. "病毒式软渠道"：有一种渠道，让厂商、经销商、消费者如此和谐

"渠道为王"足以看出渠道的重要性和昂贵性，一方面要为高昂的终端费大量流血，一方面又要担心进入的渠道是否有效，渠道终端能否吸引消费者前往，往往需要大量的广告来拉动终端，如此循环，巨额费用岂是中小企业能够承受的。

资金实力不太雄厚的企业、代理商，怎么才能腾出一只手，不被困死在渠道上呢？

能不能扭转主被动关系，让渠道软化，把终端直接做进消费者身边，就能省去大量的广告费，还能做到保证每个终端的有效性。

在渠道选择方面，美源春模式整合了大量低价渠道。通过前期宣传、促销、活动在厂区做足声势赚足口碑后，就开始在职工宿舍安营扎寨，先后在广东各大厂区设立直销工作室。这种工作室一般由住在厂区的家属来承办，可将客厅做统一装饰，用来接待客人。往往一个一千人以上的厂就能设 20 家左右的工作室，这样工作室之间既有相互竞争，又有联合合作。比如，一些有资源的家属就能动用厂里的活动场地、器材做会议营销，以及利用自己家人在厂内的影响力增大卖货量。

而更有趣的是，女工们也乐于下班后"泡工作室"了，因为在那儿能有很多年轻姐妹跟自己一样，身在异乡，感觉孤独，她们有说不完的共同话题，她们热情地聊天、互相鉴赏对方的衣着、讨论最近厂子里的新鲜话题，就像一个女工俱乐部。后来有一个女工称美源春工作室为"南飘女友俱乐部"，在这样和谐的"软终端"，销售业绩的实现还是问题吗？

4. “病毒式软环境”：有一种环境，让消费病毒最大化传播

很少受到社会“正眼相看”的女工们总是更容易被环境所打动。一点时尚的气息、一点动人的青春故事、一点社会人士对她们的认同感，就足以在现场造成大规模的情感泛滥，在购买“美源春”的时候，女工们买的其实是对未来美好生活的期望、对健康人生的祝愿、对社会时尚的融入，以致很多女工将美源春作为回家年货带给家乡的女友，因为它已经成为女工们向家乡人展示自己过上了城市化生活的标志！

点评：运用病毒式营销模式破解美源春市场开拓的成功，无疑是找到“最易感人群”+“最具感染力的概念病毒”以及无数让人群中毒的传播手段交叉运用，于是一场“点爆流行”的病毒攻势无坚不摧，依靠病毒自身的生命力，还节约不少成本，可谓病毒式营销策划中值得借鉴的案例。

3. 病毒式营销中信息源的常见形式

好的信息源更容易被自发进行传播，虽然病毒式营销需要不断创新，信息源也需要不断创新，但是下面这些内容经过长期检验被证明还是较为有效的信息源形式，可供病毒式营销策划人员进行参考。

1）免费类

免费的资源无论何时都会引起大家的关注和自发的传播，如免费的邮箱、免费的空间、免费的域名、免费的软件、免费的程序等，其实很多产品，都是试用或购买收费产品的赠品，免费用在病毒式营销中最主要的作用还在于吸引眼球，引起参与。免费电子书是目前最普遍的病毒营销方法，很多商家将商业信息内置于电子书的页眉中，网民在阅读中无意识的接触到商业信息，却不会对阅读体验有较大影响。电子书易于长久保留，而且方便再次传播。

2）娱乐类

娱乐是生活的重要内容，也是大家共同的生活元素。回想一下，你在微博、微信、QQ群中转载最多的是什么内容？一定是各类娱乐信息。娱乐信息是为数不多的能让几乎所有的人都喜闻乐见的内容，将商业信息融入到娱乐中，或者设计娱乐化的传播场景是病毒营销设计的重要一环。

随着网络视频的兴起，娱乐的内容和形式有了更加立体化的展现方式，娱乐类的视频内容以更加直观生动的形式，更容易创造短时间内的轰动效应，加之时下视频制作创作门槛的降低，用好网络视频也是病毒营销的重要一环。

3）工具资源类

这类信息主要是各类便民服务信息，如提供日常生活中常会用到的网络工具或者查询代码，如公交查询、电话查询、手机归属地查询、天气查询等。把这些实用的查询的嵌入代码提供给个人站长、博客主，无形中在给用户提供便利的同时，产品或服务的传播价值和口碑效应都会呈现出来。

4）邀请推荐类

邀请类病毒式营销的始作俑者是 Google 的 Gmail。Google Gmail 在推广初期就利用了饥饿式营销与病毒式营销的双重功效，并不接受公开注册，而是需要现有用户的邀请才能注册。

稀缺使人们产生好奇，邀请则使病毒式营销发挥到极点。同时，"邀请"的机制使有共同兴趣爱好的用户聚成一个"圈子"，在这个圈子里用户能互相交流信息，为其他产品或服务的推广埋下伏笔。

5）祝福类

在每次节日到来时，各类祝福类型的信息是网民们最为关注的内容，也是节日期间搜索量最大的内容。祝福类信息目前最重要的扩散渠道是 QQ 群或是论坛、微博、微信的转载。祝福类信息由于其包含的特殊的纪念意义，最容易引起网民的共鸣。对于祝福类信息的病毒性传播最关键的是如何技巧的将商业信息融入到祝福活动中，引发转载或参与。

延伸阅读

多芬《蜕变》病毒式营销解析

如果有一个短片，看了能让你增加自信，你会看吗?

如果有一个短片，看了觉得妙趣横生，你会给他人传阅吗?

多数人不仅回答"会"，而且立刻要求观看。

联合利华旗下的"多芬"化妆品公司推出的一段 75 秒的广告片《蜕变》，就是这样短时间内征服 5 亿网民的。《蜕变》广告片拍摄了一个女子由相貌普通的"邻家女孩"摇身变成一个气质非凡的"超模"的过程。广告片最后的标语写道："毫不奇怪，我们对美的理解已经被扭曲。"

"这段录像让我对自己的感觉好了 100 倍!"一位女网民写道。众网友的青睐，令这个短片不断地在网上传播开来。多芬用的这种方法，也是很多著名公司惯用的招数：病毒式营销。在 2007 举行的戛纳国际广告节上，《蜕变》一举夺得三项 Grand Prix 大奖，此片的广告策划奥美，则获得整合营销类别的最高荣誉。

联合利华堪称病毒式营销的全力倡导者，《蜕变》之所以取得巨大成功，与其前期的市场培育——多芬的"真美运动"密不可分。这一运动，帮多芬找到了病毒的易感人群，《蜕变》一经推出，立刻得到了市场的极大反响。

1. 让消费者找回自信

许多女孩看到大街广告牌上模特们的靓丽玉照后，都会对这些外貌毫无瑕疵的美女充满了羡慕。然而《蜕变》却告诉人们那些玉照其实都不是真实的，而是长达数小时的化妆和照片技术处理的结果!

广告片中的女孩名叫斯蒂芬妮，她并非一名模特，相貌平平的她就和"邻家女孩"一样普通。影片一开头，斯蒂芬妮脸上没有化妆，穿着一件普通的汗衫坐在摄影棚中，脸上还可以见到一些明显的小斑点。接下来，一组专业的化妆师和美发师开始为她进行美容，尽管这一过程事实上花了至少 3 小时，但广告片却采用快镜头方式一闪而过，当化妆师和美发师的工作完成后，斯蒂芬妮已经"焕然一新"，几乎让人无法相信自己的眼睛——只见她脸色光润、眼睛迷人、头发飞扬，就像职业模特一样充满了魅力，斯蒂芬妮仿佛脱胎换骨一般，和几小时前的那个"丑小鸭"根本不能同日而语!

接下来，专家通过计算机软件对斯蒂芬妮的照片进行数字技术处理，让她照片上的脸庞达到毫无瑕疵的完美状态，适合大多数人的审美标准。先让她的头发更加流畅和整洁；接着拉宽眼睛，抬升眉毛，让嘴唇变得更加丰满，脸颊、鼻子和额头也都变得更窄，更符合审美标准，同时脖子也被数字化拉长，变成了"修长的玉颈"。

最后，这张照片简直可以和任何明星、超模的照片相媲美，照片登上街头的广告牌上后，没人会相信照片上的美女原来就是貌不惊人的"邻家女孩"斯蒂芬妮。广告片最后的标语写道："毫不奇怪，我们对美的理解已经被扭曲。"

多芬化妆品公司专家塞利·奥斯特说："我们的研究显示，年轻的女孩子最容易受到媒体上的影视明星和模特的影响，在将她们的完美照片与自己对比后，就会对自己的身体产生巨大的失落感。我们相信，通过向女人和女孩们展示那些完美照片是如何炮制出来的真相，我们可以帮助这些女孩增加自信，鼓励她们珍惜自己独有的美丽。"

《蜕变》广告片登上著名的 YouTube 网站后，在很长时间内成了浏览量最多的录像。这段广告片让许多女孩都对自己的相貌重新拥有了自信。"现在我们知道了真相，我猜我们想要变得美丽，就需要获得一个私人美发师、专业化妆师和形象修补员。"有的网友这样留言道。

没有顶级美女，也没有大投入大制作，却取得 5 亿人观看的效果，显然，这一病毒式营销是少有的经典案例。擅长创新营销推广渠道的多芬，这一次利用《蜕变》这个视频短片，再一次把握住了营销 2.0 时代的脉搏。

2. 锁定品牌推广对象

一定有很多企业艳羡多芬在病毒式营销中取得的巨大成功，但是，这里要给想利用病毒式营销的企业提个醒：要获得病毒式营销带来的好处，也要付出相当的努力。首先，也是最主要的，必须找准明确的对象。多芬的《蜕变》有如此神奇的宣传效果，与此前它的"真美运动"的推广有极大的关系，正是因为此前多芬已经找准了自己的品牌推广对象，并精心培育这个市场才结出了丰硕的果实。

2004 年春季的"真美行动"从北美和德国开始，逐渐扩展到全球各个主要市场。这个品牌传播攻势并不是吸引人们一时热情和注意力的一次性营销攻势，而是持续不断地对女性美丽进行阐释的过程。多芬的"真美行动"代表了一种全新的营销理念。

这是一个美丽至上的年代，媒体、影视和商业广告推崇的是拥有曼妙身材、惊艳面容的模特。这种过度崇尚标准化美丽的社会氛围在很大程度上是由以广告、公关等大规模快餐式的现代营销活动造成的。然而，联合利华旗下的多芬品牌试图反其道而行之，开始抛弃长期以来时尚界和美容界一直在遵守的销售美丽梦想的营销原则，以刻意瓦解对美丽的标准化解释的立场，发起一场重新阐释女性之美的全球性大探讨。

多芬的《蜕变》正是"真美运动"的具体阐释。在运动开展之前，多芬做的一次全球调查显示，只有 2%的女性认为自己长得很美，而 98%的女性觉得自己长得不美。多芬意识到，这很可能是人们对美的定义有点问题了。于是"真美运动"在全球如火如荼地展开。

在《蜕变》之前，最具代表性的就是在时代广场做了一个平面广告，模特是一个 96 岁的女人，然后问那些被调查者，这个女人美不美？皱纹是不是使她显得好看？结果只有 23%的人投票说她有皱纹，不够美——可是 96 岁的人本来就应该有皱纹的啊。奥斯卡电影颁奖典礼的电视直播广告时段中，多芬品牌的全新 45 秒沐浴露广告带给观众耳目一新的感觉。这则消费者自创广告，是由一位 21 岁的生活在美国加州的普通邻家女孩 Lindsay Miller 自拍制作的，整个广告诠释出美的另一层面：自然、真实。最终，该广告从 1000 多部多芬“真美运动”消费者自创广告参赛作品中胜出。

包括《蜕变》在内的一系列“真美运动”都引发了女性对于“什么是真的美”前所未有的思考。

多芬显然是病毒式营销的高手，它没有一味地宣传自己的产品，而是告诉女孩子们自然美、真善美和内在美的重要，并教会她们怎样发现自己的真正之美。这种“病毒”，才是真正能感染目标对象的“病毒”。它促使这群刚萌发爱美之心的女孩子们去思考、去发现真正的美。当她们从中领悟时，才会自发地去传递“真美运动”，以及多芬。

3. 精心构思“病原体”

当然在正确锁定品牌推广对象之后，下一步至关重要的就是精心构思“病原体”。在网络信息泛滥的今天，随时可能淹没掉你的“病毒”。只有当你的“病毒”拥有绝佳的创意时才能留住用户躁动的心，才能令他们去谈论、去分享、去传递。好的创意应该满足三个原则：娱乐性、可信性、启发性。娱乐性用以吸引用户的注意，可信性用以赢取用户的信赖，启发性则用以引导用户的购买行为。

看过多芬《蜕变》的人，都为它的精美而交口称赞。这一段短片制作，可是经过四天四夜 605 次拍摄、不借助任何电脑技术制作完成的。网络短片创意非凡，它完美地集娱乐性、可信性和启发性于一体。如果知道这些，对于它在两周内便在全球范围内传播开来，也不会过于惊讶了。

《蜕变》在网络广范围传播开来，又再一次促进了“真美运动”的升级。当营销活动被赋予了一种超越世俗产品的含义，那么它的威力就会被无限地扩大。与其说“多芬”卖的是一种产品，倒不如说它营销的是一种理想、一种信仰。

“你能让你的品牌领导一种运动吗？多芬做到了。”奥美全球首席执行官 Shelly Lazarus 如是说。多芬的病毒式营销帮它很好地领导了这次“真美革命”。

任务 7.5　如何开展许可 E-mail 营销

电子邮件与我们的工作和生活已经密不可分，不仅私人通信和公司正常业务联系需要电子邮件，电子邮件对于企业营销的价值也早已得到证实，无论是企业的管理人员还是营销人员，或者是市场营销、电子商务等领域的人士，都无法忽视 E-mail 营销所带来的巨大影响。那么，究竟什么是 E-mail 营销？应如何有效地开展 E-mail 营销呢？在我们每天收到的电子邮件中，相当数量是未经用户许可的商业邮件，这些邮件内容包罗万象，如旅游、培训、电脑配件、留学移民等，诸如此类的电子邮件就是 E-mail 营销吗？

1. 什么是 E-mail 营销

E-mail 营销（EDM）是在用户事先许可的前提下，通过电子邮件的方式向目标用户传递有价值信息的一种网络营销手段。E-mail 营销有三个基本因素：基于用户许可、通过电子邮件传递信息、信息对用户是有价值的。三个因素缺少一个，都不能称之为有效的 E-mail 营销。

因此，真正意义上的 E-mail 营销也就是许可 E-mail 营销（简称“许可营销”）。基于用户许可的 E-mail 营销与滥发邮件(spam)不同，许可营销比传统的推广方式或未经许可的 E-mail 营销具有明显的优势，如可以减少广告对用户的滋扰、增加潜在客户定位的准确度、增强与客户的关系、提高品牌忠诚度等。

在许可 E-mail 营销的实践中，企业最关心的问题是：用户许可是怎么获得的呢？方式有很多，如用户为获得某些服务而注册为会员，或者用户主动订阅的新闻邮件、电子刊物等，也就是说，许可 E-mail 营销是以向用户提供一定有价值的信息或服务为前提。可见，开展 E-mail 营销需要解决三个基本问题：向哪些用户发送电子邮件、发送什么内容的电子邮件，以及如何发送这些邮件。可见，开展 E-mail 营销需要一定的基础条件。

这里将这三个基本问题进一步归纳为 E-mail 营销的三大基础。

（1）E-mail 营销的技术基础：从技术上保证用户加入、退出邮件列表，并实现对用户资料的管理，以及邮件发送和效果跟踪等功能。

（2）用户的 E-mail 地址资源：在用户自愿加入邮件列表的前提下，获得足够多的用户 E-mail 地址资源，是 E-mail 营销发挥作用的必要条件。

（3）E-mail 营销的内容：营销信息是通过电子邮件向用户发送的，邮件的内容对用户有价值才能引起用户的关注，有效的内容设计是 E-mail 营销发挥作用的基本前提。

当这些基础条件具备之后，才能开展真正意义上的 E-mail 营销，E-mail 营销的效果才能逐步表现出来。

这里有必要指出的是，E-mail 营销是一个广义的概念，既包括企业自行建立邮件列表开展的 E-mail 营销活动，也包括通过专业服务商投放电子邮件广告。为了进一步说明不同情况下开展 E-mail 营销的差别，可按照 E-mail 地址的所有权划分为内部 E-mail 营销和外部 E-mail 营销，或者叫内部列表和外部列表。

内部列表是一个企业/网站利用注册用户的资料开展的 E-mail 营销，而外部列表是指利用专业服务商或者其他可以提供专业服务的机构提供的 E-mail 营销服务。投放电子邮件广告的企业本身并不拥有用户的 E-mail 地址资料，也无须管理维护这些用户资料。外部列表是网络广告的一种表现形式。

内部列表 E-mail 营销和外部列表 E-mail 营销在操作方法上有明显的区别，但都必须满足 E-mail 营销的三个基本因素：基于用户许可、通过电子邮件传递信息、信息对用户是有价值的。内部列表和外部列表各有自己的优势，两者并不互相矛盾，如果必要，有时可以同时采用。

对于外部列表来说，技术平台是由专业服务商所提供，因此，E-mail 营销的基础也就相应地只有两个，即潜在用户的 E-mail 地址资源的选择和 E-mail 营销的内容设计。

利用内部列表开展 E-mail 营销是 E-mail 营销的主流方式，也是重点讨论的内容。一个高质量的邮件列表对于企业网络营销的重要性已经得到众多企业实践经验的证实，并且成为企业增强竞争优势的重要手段之一，因此建立一个属于自己的邮件列表是非常有必要的。很多网站都非常重视内部列表的建立。但是，建立并经营好一个邮件列表并不是一件简单的事情，涉及多方面的问题。

首先，邮件列表的建立通常要与网站的其他功能相结合，并不是一个人或者一个部门可以独立完成的工作，将涉及技术开发、网页设计、内容编辑等内容，也可能涉及市场、销售、技术等部门的职责，如果是外包服务，还需要与专业服务商进行功能需求沟通。

其次，邮件列表必须是用户自愿加入的，是否能获得用户的认可，本身就是很复杂的事情，要能够长期保持用户的稳定增加。邮件列表的内容必须对用户有价值，邮件内容也需要专业的制作。

第三，邮件列表的用户数量需要较长时期的积累，为了获得更多的用户，还需要对邮件列表本身进行必要的推广，同样需要投入相当的营销资源。

2. E-mail 营销的功能

如果将 E-mail 营销仅仅理解为利用电子邮件来开展促销活动，显然是片面的，因为 E-mail 营销的功能主要表现在八个方面：品牌形象、产品推广、顾客关系、顾客服务、交叉营销、增强内部竞争力等。

1）品牌形象

E-mail 营销对于企业品牌形象的价值，是通过长期与用户联系的过程中逐步积累起来的，规范的、专业的 E-mail 营销对于品牌形象有明显的促进作用。品牌建设不是一朝一夕的事情，不可能通过几封电子邮件就完成这个艰巨的任务，因此，利用企业内部列表开展经常性的 E-mail 营销具有更大的价值。

2）产品推广/销售

产品/服务推广是 E-mail 营销最主要的目的之一，正是因为 E-mail 营销的出色效果，使得 E-mail 营销成为最主要的产品推广手段之一。一些企业甚至用直接销售指标来评价 E-mail 营销的效果，尽管这样并没有反映出 E-mail 营销的全部价值，但也说明营销人员对 E-mail 营销带来的直接销售有很高的期望。

3）顾客关系

与搜索引擎等其他网络营销手段相比，E-mail 首先是一种互动的交流工具，然后才是其营销功能，这种特殊功能使得 E-mail 营销在顾客关系方面比其他网络营销手段更有价值。与 E-mail 营销对企业品牌的影响一样，顾客关系功能也是通过与用户之间的长期沟通才发挥出来的，内部列表在增强顾客关系方面具有独特的价值。

4）顾客服务

电子邮件不仅是顾客沟通的工具，在电子商务和其他信息化水平比较高的领域，同时也是一种高效的顾客服务手段，通过内部会员通信等方式提供顾客服务，可以在节约大量顾客服务成本的同时提高顾客服务质量。

5）网站推广

与产品推广功能类似，电子邮件也是网站推广的有效方式之一。与搜索引擎相比，E-mail营销有自己独特的优点：网站被搜索引擎收录之后，只能被动地等待用户去检索并发现自己的网站，通过电子邮件则可以主动向用户推广网站，并且推荐方式比较灵活，既可以是简单的广告，也可以通过新闻报道、案例分析等方式出现在邮件的内容中，获得读者的高度关注。

6）资源合作

经过用户许可获得的E-mail地址是企业的宝贵营销资源，可以长期重复利用，并且在一定范围内可以与合作伙伴进行资源合作，如相互推广、互换广告空间。企业的营销预算总是有一定限制的，充分挖掘现有营销资源的潜力，可以进一步扩大E-mail营销的价值，让同样的资源投入产生更大的收益。

7）市场调研

利用电子邮件开展在线调查是网络市场调研中的常用方法之一，具有问卷投放和回收周期短、成本低廉等优点。

8）增强市场竞争力

在所有常用的网络营销手段中，E-mail营销是信息传递最直接、最完整的方式，可以在很短的时间内将信息发送到列表中的所有用户，这种独特功能在风云变幻的市场竞争中显得尤为重要。E-mail营销对于市场竞争力的价值是一种综合体现，也可以说是前述七大功能的必然结果。充分认识E-mail营销的真正价值，并用有效的方式开展E-mail营销，是企业营销战略实施的重要手段。

案例

Kiip：一个天才少年的广告点子

没有人喜欢广告，不管是桌面端还是移动端。

但在找到更好的盈利方式之前，广告依旧是最佳的赚钱手段。而如何改善广告形式，让用户接受广告、并与之互动正是Kiip眼下在进行的尝试。

Kiip是布莱恩·王（Brian Wong）在2010年创建的移动奖励和广告平台。它试图为厌恶广告的用户提供一种更易接受的形式——Kiip的广告提供奖品作为激励，只要用户在内置Kiip服务的应用或游戏中达到某项成就，Kiip就会对用户提供奖励。

一瓶饮料、一支口红，甚至一份亚马逊优惠券都可以是Kiip的奖品。用户在Kiip的广告界面中输入自己的邮箱地址，系统会将优惠码自动发送过去。

Kiip在去年向开发者开放了自助服务系统。开发者注册后只要绑定账号，然后从Kiip网站上下载一段简短的代码加入到应用中就能实现自助服务。五个月前，他们又试着向部分广告商开放了同样的内容，现在他们决定将广告自助服务向所有广告商开放。

看起来之前的小范围尝试效果还不错。Kiip团队在博客里说，他们与视频网站Hulu、酒店订购网站Hotels.com以及打车服务Lyft等多名商家合作，为用户提供诸如免费租车、独家折扣以及免费试用装等多项优惠。结果显示，用户参与率达到令人瞩目的 5%～7%，邮件打开的比例更是高达 30%。

现在他们的用户总数已经突破 6000 万，服务覆盖 1500 多款游戏和应用。布莱恩对 TechCrunch 说，类似百事可乐和麦当劳这样的大型品牌也在使用他们的服务，原因是自助服务转化率更高，并且拥有追踪系统和信用系统。

3. 成功实施 E-mail 营销的六个细节

目前，很多人认为 E-mail 营销已经过时，甚至是不再管用了。虽然新的网络营销方式层出不穷，E-mail 营销也面临很多问题，但其仍然有独特的价值。之所以出现以上想法，是因为有些人寄期望于营销邮件发出去一天之后，就得到大量反馈，甚至提升很多销量，而事实上出现这种情况的可能性不是太大，所以理所当然认为这种方法已经不管用了。E-mail 营销实施容易，但是想要成功，需要长期努力，并且必须考虑以下六个方面的细节。

1）确定许可 E-mail 营销的任务和目的

期望第一封邮件发出去就可以有购买行为，这是许可 E-mail 营销新手们最容易犯的错误。想象一下，你向陌生人打个电话、背上一堆产品介绍，他就会马上来购买你的产品吗？大多结果是马上挂掉电话。邮件只是一个营销和服务工具，就像电话机和传真机一样。

许可 E-mail 营销不是在向一个人发一封普通的邮件，而是面向一群人开始一个长期的基于邮件的营销活动，确定明确的任务和目标，制定合理的计划和预算、选择合适的方法、建立相应的反馈和服务体系，是开展许可 E-mail 营销之前的必要准备工作。只有如此，你才能在发出第一封邮件前确定：你发给哪些人？他们一般会关心哪些内容？你准备向他们告知一个重要的优惠消息还是准备发送一份旨在提高顾客忠诚度的内部刊物？

在确定许可 E-mail 营销的任务和目的时，要充分根据目标用户的消费行为特点和时机，向他们提供适合在网上提供的产品和服务。例如，国庆节前夕发给白领的提供最新旅游景点线路和优惠套餐的邮件，会比发送空调降价的通知效果更好。循序渐进地向目标用户发送多次邮件，也会比试图“一步到位”的方式更让人接受。

2）建立自己的许可邮件库

十块钱也许就可以购买到十万个邮件地址，但那些邮件地址对于你来说几乎毫无价值。甚至，你使用邮件地址搜集工具精心搜集的邮件地址，也可能营销效果不佳。建立许可邮件库的有效方式，是在企业自己的网站建立入口，让潜在的消费者可以方便地填入自己的邮件地址，以订阅他们需要的信息。不要担心他们不行动，消费者不喜欢的是不请自来的垃圾邮件。

如果你提供的内容是他们需要的，他们自然会将邮件地址“送上门来”。要采用有效的措施，鼓励潜在消费者向你提供他们的邮件地址，如小礼品、面向网络用户的折扣等。还有，即便你已经从内心里发誓不把潜在消费者的邮件地址泄露给他人，你也需要用明确、显著的方式告知潜在消费者，你不会将他的邮件地址以任何方式泄露给第三方，除非经过他们的同意。不仅如此，你还要提供方便的“退订”手段，让那些人看到他们确实可以很方便地将自己的邮件地址从你那里清除，他们才会放心地将邮件地址提供给你。

当然，除了通过企业网站建立“许可邮件库”，你还可以利用常规的载体和手段，来鼓励用户提供他们的邮件地址。记住，在消费者向你提供邮件地址时，一定要让他们知道并许可你向他们发送邮件。

3）确定 E-mail 营销工具

Foxmail、Outlook 这些常规的邮件工具，比较适合发一封或者几封邮件，用这些常用的邮件软件作为 E-mail 营销工具会有许多弊端，如容易泄露被抄送者的邮件地址、内容千篇一律等。

一个好的 E-mail 营销工具，必须满足的基本要求包括：可以快速大批量发送邮件，发送时占用的带宽和计算机资源要少，支持在邮件中使用丰富多彩的表现手段，收件人只能看到自己的邮件地址等，考虑到网络用户个性化的行为特点，E-mail 营销工具最好支持个性化用语，如接收到的邮件包括自己的昵称或名字、邮件内容中包含具有明显个性化特征的用语等。

E-mail 营销工具可以分为“客户端”工具和“服务器端”工具两类，客户端工具由操作人员在自己的电脑上联网使用，优点是投入少、可以马上看到运行结果，而服务器端工具往往是在一台服务器安装，操作人员登录到服务器上去操作和发送，优点是简单、高效，一旦发出指令后，整个过程不再需要操作人员人工干预。你可以结合自己的预算，选择不同的营销工具。

在网络上还有大量的邮件列表服务器，可以帮助你完成从用户主动将邮件地址加入、退订和发送邮件的完整功能，使用这样的服务器可以很方便地进行许可邮件营销。但这种服务器最大的潜在危险是，用户的邮件地址可能会泄露出去。

4）确定邮件形式和内容

如果发给用户的第一封邮件的起头是“亲爱的广大新老客户”或者“朋友们”，你的许可邮件营销计划很可能就此前功尽弃。这是一个个性化的时代，用户希望接收到的邮件标题是“老王，国庆节准备出去旅游吗？”而不是“最新旅游线路广告”，如果用户可以在邮件的文首部分看到自己的姓名，而整个邮件的语言平实、贴近，就不会只看了标题就随手删除邮件。

为了不让你的邮件遭到和垃圾邮件一样的下场，你不仅需要精心准备带有强烈个性化色彩的邮件文案，还需要结合 E-mail 营销工具的功能和特点，对邮件的表现形式进行精心美化。如果你选择的是支持“个性化用语”的 E-mail 营销工具，你还需要根据不同用户或用户群的特点，为 E-mail 营销工具制定一个用语库，供它将信件中的通用语言或符号替换为个性用户和称呼。

5）部署响应支持体系

搜集了许多邮件地址吗？找到了一个很好的邮件营销工具吗？准备了精彩的文案吗？停，不要着急马上发送邮件。在开始发送营销邮件之前，要为可能到来的一切做好准备：发送失败的无效邮件地址有人负责剔除吗？用户的回复邮件指定了专人处理吗？可能把问到的问题已经准备好答案了吗？在企业的网站上准备了专门的页面供用户进一步了解或网上订购吗？甚至，你准备好接受接踵而来的垃圾邮件或不满者的黑客攻击了吗？

许可邮件营销的最终目的是让消费者购买你的产品和服务，因此，你需要像开展其他营销活动或使用其他营销工具之前一样，做好各方面的准备，尽管许可邮件营销不一定需要一个单独的响应体系，但你同样要考虑现有的体系如何应对客户咨询、购买、服务和投诉。除此之外，你需要考虑企业的技术力量能否满足需要，操作人员和服务人员是否具有相应的网络应用和操作能力，毕竟网络营销与传统的营销手段相比，带有更强的信息技术色彩。

6）过程控制和效果评估

以投入产出比（ROI）为标准的评估，同样适用于许可邮件营销过程。对许可邮件营销进行评估的目的，当然是为了让更少的投入发挥更大的作用。

许可邮件营销效果的评估指标以千封邮件综合成本和综合收益的比率作为主要指标。综合成本可以包括网络环境建设和使用成本、搜集和建立许可邮件库的成本、制作许可邮件文案和模板产生的成本、营销过程中产生的对外服务费用、为网络营销所制定的优惠带来的成本和其他相关成本，而综合收益则应该把邮件的广告宣传效果和直接的购买行为所带来的收益进行统一计算，不应该仅仅偏重直接销售收入。

一次许可邮件营销告一段落后，不仅仅要进行效果评估，还要对营销过程和工具进行评估。评估的重点包括：邮件地址库的有效性，文案和模板的合理性、完善性和有效性，邮件营销工具的易用性、完善性、稳定性、实用性等。

4．E-mail 营销内容设计

邮件模板是否吸引用户并能瞬间赢得其好感，除了拥有漂亮得体的模板外，还需搭配优秀的文案来表达整体思路。如果使用未经编辑的文字或毫不起眼的设计风格，就算产品再优秀也没有注重模板设计的同行效果好。

E-mail 营销文案犹如一封邮件的“脸”，一字一句，寓意无穷，不同角度和组合都能产生不同影响。研究显示，一封邮件从收件箱众多邮件中脱颖而出，获取用户注意的时间仅为 2 秒。邮件从被用户打开，传递关键信息，吸引用户注意，与用户进行互动，并促使用户采取行动，在这一系列的过程中，用户停留时间仅为 5～20 秒。在 EDM 具体操作中，需要注意以下方面。

1）文案创意吸引兴趣

主题行、预览摘要、标题、副标题、内容主体的完美结合，最终目的都是为了影响用户行为或促进用户产生购买。邮件文案修炼的最高境界就是让用户感兴趣、去消费。

那么，邮件文案该如何达到“让用户感兴趣、去消费”的境界呢？首先，长期积淀，慢慢摸索，使邮件文案逐渐形成一个与品牌形象和用户期望契合的风格。然后，逐渐使邮件文案具备说服用户购买的感染力。文案产生的无限力量是令人欣喜的，但如何有效借助其力量，促使用户去消费更值得思考。

2）邮件文案主题艺术

主题行对用户参与和行动非常重要。与报纸的头条一样，邮件文案的主题行要求简短而有冲击力，包含重要优惠信息、利益点或新闻，同时邀请用户行动，营造紧迫性。由于受邮件客户端的限制，通常仅有位于邮件前部的词语易被注意，所以邮件的关键内容应该尽量放在主题行前部。

3）文案内容突出重点，简洁至上

许多客户浏览营销邮件都是一目十行，因此营销邮件只有几秒钟决定能否吸引住用户注意力。因此保持E-mail简洁明了、重点明确是个有效方法。许多邮件可以在初稿基础上减少将近一半内容，效果更好的同时也不会影响到表达完整性。

4）文案内容可以固定公司Logo位置

将公司Logo置入邮件是一种行之有效的方法，既可使邮件具备完整性又可对外进行公司宣传。最好将Logo保持固定在相同位置，可以比较显眼但不要过大，以免抢了邮件整体风头。

5）文案内容可以使用不同颜色强调重点

在决定使用哪种颜色时，应优先考虑使用公司的基准色，持续使用一种基准色是突出公司品牌形象的关键。运用不同颜色来高亮显示邮件正文中重要的内容，能帮助浏览者更轻松地抓住重点，但如果拿捏不好，那么在选择时需注意不要选择过于刺眼或过多色彩。

6）文案内容应整体使用统一字体

在一封营销邮件中，建议最多使用两种字体设计。比如一种字体可用来撰写正文，另一种字体用来显示不同标题。因为如果使用非常规的字体，部分用户电脑不一定能正常识别，因此会影响整体显示效果。

7）文案内容使用图片作为补充

在邮件中加入图片能使整体更加生动印象深刻，帮助企业更好的传递信息。但请注意图片的选择相关性与清晰度，如果图片质量太差，反而会拉低公司好印象。在选择图片时，可以挑选一些简单、易于理解，并与正文内容有直接关联的优质图片。

8）文案内容可以逐步加强针对性

如果邮件并没有让用户感到浓厚兴趣，那他们可能会忽略你的信息，最佳方式是让你的信息更有针对性。随着自己邮件列表用户数量的增多，通过运营过程中收集的用户信息以及反馈，对用户进行分组，从大众化信息慢慢变成更细分的邮件接收者喜好信息，向他们分别提供更有针对性的内容，以达到更好营销效果。

无论采用的是什么形式的文案，测试永远是检验文案真实效果的最佳技术手段，也为后续的文案优化提供参考依据。

案例

Travelzoo的E-mail营销

这是杭州千岛湖畔一家星级酒店豪华湖景房的前景，图片放在一家名为Travelzoo（旅游族）网站上。而我对该网站感兴趣，很大程度上源于它是一家媒体电商。

其创始人拉尔夫-巴泰尔跟我同行，他原先只是德国的一名普通记者，后来出道创立了一家旅游网站，等到2003年时，Travelzoo在纳斯达克上市，目前拥有会员超过2600万。你想象不到，它笼络了如此数量的高端旅游人群，竟然主要是靠邮件。

还有更“土豪”的事情。一旦成为 Travelzoo 的 300 多名制作人或销售团队的一员，也许你将获得一份能够体验全球最多奢华生活的工作。你会被派往全球各地的旅游胜地，实地体验最有范的酒店房间、SPA、沙滩、雪山、游乐园……而你的任务就是跟景点谈出一个极具性价比的 Deal，汇总到 Travelzoo 总部。

起初，Travelzoo 只是从中筛选出 TOP20 的旅游产品，做成简报，每周一次发邮件给会员，基于流量向广告主收费；三年前，它又推出了“Local Deals 本地特惠”，推荐的是旅游、餐饮等城市休闲项目，以电商的方式赚取销售分成。

就拿前面提到的千岛湖酒店产品为例，经过 Travelzoo 的谈判，其 2188 元的价格包含了豪华湖景房两晚，含早、加床、沙滩 BBQ、双人中式按摩、酒店橘园采摘等优惠，一周之内就销售千份，200 多万入账。

这也许就是媒体电商的魅力，用编辑的苛刻眼光打磨出极具诱惑的旅游产品，然后以精美的方式呈现，辅以电商成交。

在目前电商竞争日趋激烈的形势下，这也许是一条值得一试的新路：当海量的商品被撒到网上，消费者也变得无所适从的时候，“筛选力”、“呈现力”将变得至为关键，这与媒体“工坊”的运作有异曲同工之妙。

问题在于，很多电商并没有媒体基因，又该如何做呢？在 Travelzoo 内部有一条“WOW 法则”可以借鉴，即将产品作出惊艳到窒息的感觉，这是 Travelzoo 的一则制胜法宝。

OK，如何才能“WOW”？分享如下：

（1）独特的混编团队。Travelzoo 的团队成员一半是制作人（等同于媒体行业的编辑，电商领域的买手），另一半是销售，后者负责谈商业合作，提交编辑，而编辑进行中立审核，拥有一票否决权。

（2）独特的 KPI 指标。销售的考核指标，并非团购地推所关注的低折扣，而是能否与广告主商量出一套能够产生“WOW”效果的套餐产品，性价比会很让人吃惊；而编辑的考核指标则是点击率，二次点击率以及客户评论，不参与销售。

（3）独特的“选题会”流程。每周，这个“制作人+销售”混编团队都会坐下来，针对一个个提交的“选题”（即旅游 deals），围绕产品是否具有稀缺性，反复较真、辩论，直到选题通过。

跟 Travelzoo 亚太公司 CEO 叶天成聊到“为何要坚持使用邮件的方式”——尽管它现在也已经发展了电商官网、APP 和社交媒体等触手，但邮件依然是主角。对此，叶天成回答说，邮件简单直接，用户每周只收到一次，只要通过图片和标题扫眼一看，就知道是否需要，“原则是快，你喜欢就点，这样就不会骚扰用户”。

我又问：你们跟 Groupon 的团购模式有何区别？叶天成说，区别在于“我们制作内容”，唯一比较相近的地方是都要谈一些优惠券，但考核指标不是“地板价”，而是精品内容。

Travelzoo 亚太公司最近还推出了“海外频道”，并制定了一份更有野心的计划——占领中国海外自助游客的日程。Travelzoo 中国的美女 CEO 洪维如此描述：你到了法国，去完埃菲尔铁塔，然后去哪里？我们可以提供塞纳河游览、豪华酒店 40 欧元的 SPA。你去伦敦，我们可以提供优雅的本地下午茶，或者一份伦敦很棒的烛光晚餐，“这些都是其他渠道所没有的专享内容”。

（资料来源：《IT 经理世界》，原文题目《Travelzoo：媒体电商的“WOW 法则”》）

任务 7.6 如何运用社会化媒体进行营销

社会化媒体营销（social media marketing，SMM）是利用社会化网络，如论坛、微博、博客、SNS 社区、图片视频分享网站、百科或者其他互联网平台媒体来进行营销、公共关系和客户服务维护开拓的一种方式。社会化媒体营销的形式、平台不一，而且随着互联网和移动互联网的高速发展还会更多。一般认为符合下面两方面的社会化网络就是社会化媒体，第一就是以 UGC（user generated content，用户生成内容）为主；第二就是用户之间存在社交关系，这种关系可能是陌生的社交也可能是熟人之间的社交。最好的社会化媒体就是这两者都很强，即用户创造的内容质量和频次非常高，用户之间的互动也非常强。

1．社会化媒体的营销与传统的营销手段相比的优势

首先要了解的是，社会化媒体营销具有传统网络媒体营销的大部分优势，如传播内容的多媒体特性、传播不受时空限制、传播信息可沉淀带来的长尾效应等。这里重点介绍社会化媒体营销与普通网络媒体营销对比的优势。

第一，社会化媒体可以精准定向目标客户。

社交网络掌握了用户大量的信息，抛开侵犯用户隐私的内容不讲，仅仅是用户公开的数据中，就有大量极具价值的信息。不只是年龄、工作等一些表层的东西，通过对用户发布和分享内容的分析，可以有效判断出用户的喜好、消费习惯及购买能力等信息。

此外，随着移动互联网的发展，社交用户使用移动终端的比例越来越高，移动互联网基于地理位置的特性也将给营销带来极大的变革。这样通过对目标用户的精准人群定向以及地理位置定向，在社交网络投放广告自然能收到比在传统网络媒体更好的效果。

第二，社会化媒体的互动特性可以拉近企业跟用户的距离。

互动性曾经是网络媒体相较传统媒体的一个明显优势，但是直到社会化媒体的崛起，我们才真正体验到互动带来的巨大魔力。在传统媒体投放的广告根本无法看到用户的反馈，而在网络上的官方或者博客上的反馈也是单向或者不即时的，互动的持续性差。往往是我们发布了广告或者新闻，然后看到用户的评论和反馈，而继续深入互动却难度很大，企业跟用户

持续沟通的渠道是不顺畅的。

而社交网络使我们有了企业的官方微博，有了企业的人人网官方主页，在这些平台上，先天的平等性和社交网络的沟通便利特性使得企业和顾客能更好地互动，打成一片，形成良好的企业品牌形象。

此外，微博等社交媒体是一个天然的客户关系管理系统，通过寻找用户对企业品牌或产品的讨论或者埋怨，可以迅速作出反馈，解决用户的问题。如果企业官方账号能与顾客或者潜在顾客形成良好的关系，让顾客把企业账号作为一个朋友的账号来对待，那企业获得的价值是难以估量的。

第三，社会化媒体的大数据特性可以帮助我们低成本地进行舆论监控和市场调查。

刚才详细描述了社会化媒体在互动性方面的优势，除此之外，随着社交网络的普及，社交网络的大数据特性得到很好的体现。而企业如果能做好社交网络的数据分析与处理，也能从中受到很大的好处。

首先，通过社交媒体企业可以低成本地进行舆论监控。在社交网络出现以前，企业想对用户进行舆论监控的难度是很大的。而如今，社交媒体在企业危机公关时发挥的作用已经得到了广泛认可，任何一个负面消息都是从小范围开始扩散的，只要企业能随时进行舆论监控，就可以有效降低企业品牌危机产生和扩散的可能。

其次，通过对社交平台大量数据的分析，或者进行市场调查，企业能有效挖掘出用户的需求，为产品设计开发提供很好的市场依据，如一个蛋糕供应商，如果发现在社交网站上有大量的用户寻找欧式蛋糕的信息，就可以加大这方面的蛋糕设计开发。在社交网络出现以前，这几乎是不可能实现的，而如今只要拿出些小礼品，在社交媒体做一个活动，就会收到海量的用户反馈。

最后，社会化媒体让企业获得了低成本组织粉丝的力量。

这句话有点拗口，但是有组织的粉丝力量确实是互联网带给我们的最大惊喜。通过社交网络，企业可以以很低的成本组织起一个庞大的粉丝宣传团队，而粉丝能带给企业多大的价值呢？

举一个例子，小米手机如今有着庞大的粉丝团队，数量庞大的米粉成为了小米手机崛起的重要因素，每当小米手机有活动或者出新品，这些粉丝就会奔走相告，做足宣传，而这些几乎是不需要成本的！如果没有社交网络，雷军想要把米粉们组织起来为小米做宣传，必然要花费极高的成本。

此外，社会化媒体的公开信息也可以使我们有效地寻找到意见领袖，通过对意见领袖的宣传攻势，自然可以收获比大面积撒网更好的效果。

2. 新时代社会化媒体营销的变化

随着社会化媒体营销的深入发展，我们已无须再谈论社会化媒体的重要性，而是应将目光聚焦在社会化媒体的变化上。其变化主要体现在三个方面：

一是全平台社会化深入发展。越来越多的传统电商为自己打上“社会化”标签，诸如阿里巴巴对新浪微博的股权收购、微信与京东商城的战略合作等，而越来越多的传统媒体正在

“社会化”浪潮中学习适应。

二是移动社会化媒体发展迅猛。越来越多的用户使用微信、来往、易信等社交应用，同时唱吧和猜图等拥有社交属性的应用成长也很迅速。

三是大数据催生社会化媒体新的商机。许多社会化媒体都在对用户的数据进行分析，从而根据用户的喜好向用户推送信息，如 Facebook 的 FBX（第一个社交媒体实时竞价 RTB 广告交换平台，广告主可以通过它基于用户的历史访问记录，购买 Facebook 的广告资源，实现对用户的重定向广告投放）就获得了巨大的成功。

社会化大数据也催生传统企业服务转型，许多企业通过对社会化大数据进行分析来评价企业的口碑，并根据用户对产品的评价来改善产品功能和提升产品服务，如 ZARA 就通过该方法使得其销售额提升了 10%左右。

除了社会化媒体，社媒用户的变化更值得关注。在过去几年内，用户的触媒习惯越来越倾向于移动社会化媒体，已经有4.64 亿网民把手机作为上网的主要方式，且习惯于移动即时通信应用的比例高达 84.2%；在社会化媒体应用功能进化的驱使下，网民习惯分享的内容，也从原来单一的文字信息成长为丰富的多元化信息，包括图片、视频、地理位置等；用户与厂商之间的沟通也在发生改变，由于及时通信终端的运用，用户与厂商之间沟通的距离越来越短，很多品牌企业在不断部署自己的移动平台，使得用户与厂商之间沟通的触点不断增加。

同时，用户对品牌的影响也在增强，企业越来越重视用户的评论信息，很多企业根据用户的口碑信息对自己的产品和服务作出及时调整，以适应和把握不断变化的用户需求。

3. 新时代背景下社会化媒体营销策略

随着社会化媒体和用户的不断变化，企业的社会化营销遭遇各种困惑。社会化媒体营销如何深入？移动社会化媒体如何介入？社会化大数据如何驾驭？这成为各大企业亟待思考和解决的问题。

其一，以互动整合作为深入社会化媒体核心的策略手段。大量用户同时保持多个不同社会化媒体的使用习惯，互动整合能聚集不同社会化媒体用户的参与，而用户主导的营销主思路也意味着营销应该围绕用户的互动分享习惯开展，以此为触发点。同时，用互动整合驱使营销目标聚焦，获取营销效果。互动整合，需要从策略、资源与数据三个维度同时入手，保持互动整合目标的实现。

其二，介入移动社会化媒体要点和面一起抓。移动社会化媒体用户是真实的精准用户，对这些用户的营销，一方面可以通过搭建各种移动终端平台（包括 Wap 网站、App 应用、微博以及微信平台）来增加与用户的沟通接触面；另一方面，可以通过移动终端强化对每一个移动用户的深度服务，让每一个移动用户都能成为我们的口碑传播点。

其三，驾驭社会化媒体大数据可以从精度、深度与广度三个维度展开。用户的社会化媒体行为会产生大量的数据。针对数据，不断提炼、挖掘与分析，将会形成不断完善成长的社会化媒体用户的数据价值升级。首先，我们可以通过提炼大数据来完善用户数据档案，以此来强化用户数据深度。其次，我们可以挖掘社会化大数据，建立用户临时数据库，将与我们产生互动和分享的用户管理起来，实现用户数据可持续积累，以此来强化用户数据广度。最后，我们通过对社会化大数据的分析，根据用户与厂商发生关系的紧密程度来对用户做分类，提高用户数据精度，便于实现精准营销。

延伸阅读

2013 年令人印象深刻的社会化媒体营销

2013 年（若从 2010 年的微博营销发酵算起）社会化营销即将走过第四个年头，如今几乎没有哪家企业敢于忽略社会化营销，虽然社会化营销告别了最初单纯以转评量作为衡量的粗暴发展阶段，但目前整个行业依然处于探索阶段，在这个“前途光明、道路曲折”的行业，不少企业作出了探索，以下便是 2013 年令人印象深刻的那些社会化营销案例。

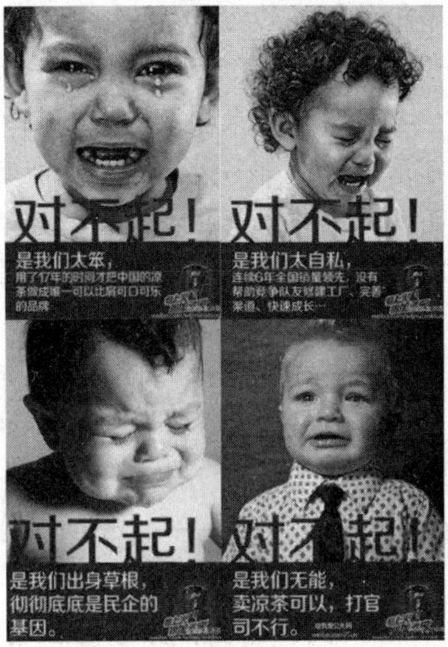

1. 加多宝对不起：悲情营销开山之作

2012 年，加多宝在与广药的商标争夺战中输掉了官司，广药集团收回鸿道（集团）有限公司的红色罐装及红色瓶装王老吉凉茶的生产经营权，从那以后两家企业的战争便愈演愈烈。2013 年 2 月 4 日，加多宝在微博上作出了一组兼具视觉力与传播力的“对不起”系列图片，这组图片选取了四个哭泣的宝宝，并配以一句话文案诉说自己的弱势，图片表面悲情，实则却如利剑一般，剑剑刺在竞争对手的痛处，给予对手致命的打击。

加多宝的悲情牌一经打出，立刻博取大量网民的同情，其官方微博上的四张图片获得了超过 4 万的转发量，加多宝也一举将输掉官司的负面新闻扭转为成功的公关营销事件。从加多宝对抗广药的策略来看，其“悲情营销”的具体表现就是在宣传中通过不断强化对比自己与广药的地位差别（民企与国企）来博得民众对民企的同情，对国企的痛恨。这一招真可谓稳、准、狠。

2. 国产电影营销：电影社会化营销的爆发之年

如果说 2012 年年末《泰囧》在电影的社会化营销是一次初探的话，2013 年国产电影的社会化营销则迎来了爆发。《致青春》于 2013 年 4 月末上映，上映之前官微早已建立，并迅速积累了超过 18 万的粉丝，而在上映之后，以赵薇和光线传媒为核心的娱乐媒体圈开始在微博上广泛传播关于电影的话题。黑马良驹在《〈致青春〉：一场引爆社交网络的周密策划》中写道：“赵薇的圈内好友纷纷前来助阵不足为奇，让大家始料不及的是连商业圈的史玉柱、草根圈的天才小熊猫、文化界的张小娴、宗教界的延参法师都参与了微博营销。我不完全统计了几个参与转发的微博大 V，区区 24 个账号，粉丝总数已经接近 3.7 亿，在没有去重的情况下已经占了微博总用户量的 80%。”除明星的直接参与外，网友主动传播的话题也为电影的营销起到了推波助澜的作用，像“有一种友情叫做赵薇和黄晓明”，“长得好看的人才有青春”这样的众包话题引发了极高的参与度。

除了《致青春》之外，另一部让社交网络沸腾的电影是郭敬明导演的《小时代》。与《致青春》不同,《小时代》是一部口碑较差的电影，其在豆瓣上的评分甚至低于5分，但郭敬明、杨幂等一批娱乐名人的效应还是吸引了大批年轻粉丝，数托邦（DATATOPIA）分析发现观看《小时代》的观众平均年龄为20.3岁，远低于《致青春》的22.5岁，这批典型的“90后”成了《小时代》票房的最大贡献者，也成为《小时代》在社交网络上传播的最大贡献者。

差口碑看来对《小时代》票房的影响并不大，从这部电影上映的第一天开始，关于它的口水战就没有停，黑《小时代》一派与挺《小时代》一派在社交网络上旷日持久的骂战反而让《小时代》引起了更大的关注。2000多万的投资，近5亿的票房收入，郭敬明让我们看到了粉丝经济的力量。

3. 可口可乐昵称瓶：整合营销的力量

仿照在澳大利亚的营销动作，可口可乐在中国推出可口可乐昵称瓶，昵称瓶在每瓶可口可乐瓶子上都写着“分享这瓶可口可乐，与你的_________”。这些昵称有白富美、天然呆、高富帅、邻家女孩、大咖、纯爷们、有为青年、文艺青年、小萝莉等。这种昵称瓶迎合了中国的网络文化，使广大网民喜闻乐见，于是几乎所有喜欢可口可乐的人都开始去寻找专属于自己的可乐。

可口可乐昵称瓶的成功显示了线上线下整合营销的成功，品牌在社交媒体上传播，网友在线下参与购买属于自己昵称的可乐，然后再到社交媒体上讨论，这一连贯过程使得品牌实现了立体式传播。当然，作为一个获得了2013年艾菲奖全场大奖的创意，可口可乐昵称瓶更重要的意义在于——它证明了在品牌传播中，社交媒体不只是Campaign的配合者，也可以成为Campaign的核心。

4. 疯狂猜图：分享的胜利

2013年5、6月份，如果你正在刷微信朋友圈，那么你的朋友圈很可能会被一款游戏攻陷，这款游戏就是疯狂猜图。疯狂猜图在前期成本不到10万元的情况下，做到了上线之初日增用户30万人、上线1个月下载量超千万次的成绩。对于这样一款游戏来说，它创造的增长速度简直是一个奇迹。

疯狂猜图其实是个很简单的游戏，进入游戏后，系统会提供一张图片，再给出24个待选汉字或字母，用户需要在答案框里输入正确答案。如果猜不出答案，用户可以选择用金币获得提示，也可以分享到微信朋友圈向好友求助。事实表明，最后一个分享到朋友圈的动作对疯狂猜图的爆发起到了不可替代的作用。将游戏分享到朋友圈求助，朋友圈的朋友打开后下载成为新用户，新用户遇到困难再次分享到朋友圈吸引新用户，这一传播链条源源不断。由于微信关系大部分为相互之间较为信任的熟人关系，因此疯狂猜图借助微信实现了爆发式的增长。

疯狂猜图营销的成功其实与2012年另一款游戏——找你妹营销的成功有异曲同工之妙，只不过在2012年找你妹借助的是QQ空间和腾讯微博，而疯狂猜图借助的是微信朋友圈，事实上，某种程度上你可以将微信朋友圈看做是QQ空间的移动版。

疯狂猜图的成功证明了朋友间的口碑传播依然是品牌传播的最重要力量。

5. 百度魔图、魔漫相机：朋友圈营销的继承者

疯狂猜图的成功引起人们对朋友圈的重视，之后朋友圈营销的大军开始前仆后继地涌来，从个人到企业无一不想在朋友圈这块沃土上分一杯羹。

类似于疯狂猜图的突然走红，百度魔图和魔漫相机先后在 2013 年下半年引起巨大关注，它们的成功与疯狂猜图的成功同样依靠微信朋友圈，前者靠 PK 明星脸在朋友圈上形成病毒传播，后者靠将自己拍成幽默的漫画在朋友圈上形成病毒传播。两个相机拍出的图片在朋友圈分享后都能引起好友的兴趣，进而吸引朋友下载使用。

百度魔图与魔漫相机在营销上的成功为它们在短时间内积累了不少用户，但这种应用的问题在于如何能够让成功持久。上传一张照片兴趣盎然，上传两三张照片也许也还有兴趣，但当你照了十几张照片后，你还会有兴趣吗？一个实例是女朋友在朋友圈看到别人用百度魔图 PK 明星脸后，自己也下载了一个，当她照一张照片得到自己像哪个明星的结果后便在 10 分钟内将它卸载了。

当然相较于一辈子默默无闻的产品，也许爆发一次也是一个足够好的结果了。

6. 南航微信：服务即营销

2013 年 8 月 5 日，微信 5.0 于苹果商店上线，这一版本或许是微信发展史上最重要的一个版本之一。为了防止公众账号对普通用户的骚扰，微信将公众账号分为订阅号和服务号两类，与此同时，微信官方开始大力提倡企业微信公众账号做服务而非营销。南航作为服务号的代表从中脱颖而出。

1 月南航微信发布第一个版本，随着功能的不断开发完善，机票预订、办理登机牌、航班动态查询、里程查询与兑换、出行指南、城市天气查询、机票验真等，这些通过其他渠道能够享受到的服务，用户都可通过与南航微信公众平台来实现。到 4 月 25 日，南航微信用户达到 20 万人。其中有 2 万～3 万人通过微信绑定了会员卡——绑定后，用户还可以直接通过微信获取里程查询、里程累积等会员服务。南航并没有用营销而是用服务实现了粉丝的野蛮生长，在这之前可能并没人预料得到。

在微信公众平台刚刚发布的一段时间内，微信营销甚嚣尘上，而微信 5.0 的发布算是让大批热血沸腾的营销人士冷静下来，南航、招商银行、大悦城等一批服务性微信账号的成功，展示了不同以往的营销方式——借助新媒体做好服务——服务即营销。

南航总信息师胡臣杰在接受媒体采访时说道：“对今天的南航而言，微信的重要程度，等同于 15 年前南航做网站！”胡臣杰的话或许体现了从传统媒体时代到新媒体时代的变迁。

7. 刘烨与汪峰：当明星走到网友中

克莱舍基曾在《未来是湿的》中阐述受众规模与交谈模式之间的关系。克莱舍基认为一个博客博主的受众越多，则他与受众的互动越少。

这个结论换到微博时代同样成立。“火华社社长”刘烨抢沙发事件是明星在无意中营销的成功事件，刘烨因抢了几个普通网友的沙发而使更多的网友受到鼓舞纷纷求刘烨抢沙发，而且刘烨抢沙发事件的火热还让其他众多明星纷纷效仿，使明星抢沙发事件成为了一场全民微博狂欢。

刘烨与网友的互动为什么能造成如此大的影响？其实答案很简单，明星本来就有为数众多的粉丝，只是他们很少跟粉丝们互动，因此总给人一种冷冰冰的感觉。而一旦有明星与粉丝互动，粉丝则会发现：自己与明星的距离并不是那么远，自己可以与明星对话、互动。受到鼓舞的粉丝便会一拥而上，纷纷@明星。社会化媒体最重要的属性之一便是互动，刘烨的微博之所以产生如此大的影响力，正是因为与网友的互动。他用行动表明自己并不是冷冰冰的机器，而是有血有肉有感情，可以与粉丝交流的人。刘烨抢沙发的火爆其实是明星微博由“广播模式”努力向“密切的交谈”靠近的必然结果。

除了明星刘烨在微博上抢沙发引爆网络以外，另一位引来全民狂欢的是歌手汪峰，他因每次宣布重大事件后都在同一天内被更重大的事件淹没而得到了网友的同情与调侃。在汪峰发布新歌的那天，网友们积极奔走，共同努力将汪峰推上了头条，截至 12 月初，“帮汪峰上头条”的话题在微博上的讨论量超过了 200 万。在此次事件中，汪峰虽未亲自参与，但却成了最大的获益者。

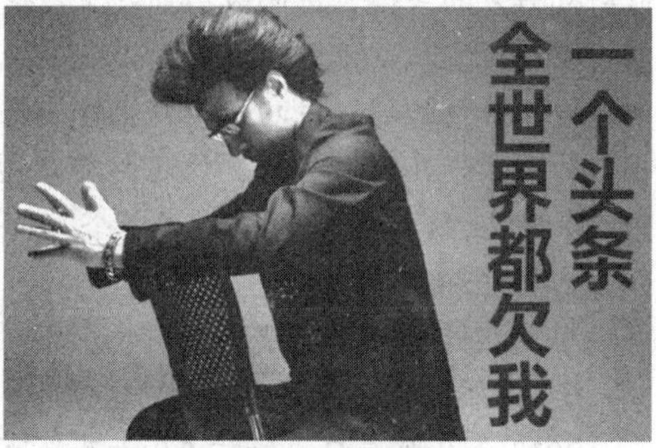

刘烨、汪峰这些粉丝众多的明星在微博上的爆发并非偶然，在社会化媒体时代，号召力强大的明星可以做的其实很多。

8. 爸爸去哪儿：口碑依然为王

说到 2013 年最火的娱乐节目，除了好声音第二季之外，莫过于横空出世的《爸爸去哪儿》了。《爸爸去哪儿》是一档明星亲子真人秀节目，在经历了《快乐男声》对《中国好声音》第二季的惨败之后，芒果台对于这档节目的推广可以称为低调，然后谁也没想到《爸爸去哪儿》一经推出后收视率却急速飙升，成为同时段电视节目收视率的第一名。

与之前不少娱乐节目在开播前大力宣传不同，《爸爸去哪儿》在开播前几乎很少有人知道，但在 10 月 11 日——也就是第一集开播这天，《爸爸去哪儿》在社交网络上的讨论量突然直线上升，许多观看了这档节目的观众开始跑到社交网络上给它以好评，其他人看到这些好评后便去主动搜索，然后观看网络版，直至成为《爸爸去哪儿》的忠实观众——这便是口碑传播的最典型表现。当然在传播过程中，林志颖、田亮等明星在社交网络上的讨论同样带动了收视率的提升。

《爸爸去哪儿》的成功证明了在这个社会化媒体时代，内容为王这一说法并没有过时，好内容带动的口碑传播依然是最好的营销。

9. 京东“双 11”大战：卡位的胜利

2013 年的“双 11”是有史以来战况最为激烈的“双 11”，各大电商网站从线上到线下都不惜血本地奋力拼杀，大部分电商网站针对天猫仅一天五折这一特点作出了针对性传播，比如苏宁易购的线下广告“一天怎么够？”一号店的“一天不够抢，三轮五折才够爽”等。作为电商网站的二当家，京东在这次营销中展现了不同的思路。

“双 11”是天猫的根据地，从影响上来说，京东不大可能超过天猫。针对天猫在前几年“双 11”期间为不少用户诟病的物流慢问题，京东有针对性地做了系列“不光低价，快才痛快”的传播，京东在线下的几幅广告创意十足，以迟到的刮胡刀导致顾客变成原始人，迟到的防晒霜导致顾客变成黑人这一搞笑的形式直指天猫的痛处，在北京地铁 1 号线与 5 号线的换乘通道上，京东更是将自己的广告放在了天猫广告的对面，以自己的优势凸显对方的劣势。除了在线下，京东同样在线上做了“不光低价 快才痛快”的话题传播，除线下的两幅广告外，创造了更多适合网络传播的海报，使其线上线下的传播实现了对天猫的立体式狙击。

京东在“双 11”战役三天营业额超过了 25 亿元，虽然与天猫一天内 350 亿的营业额相比差距不小，但狙击的目的已然达到。京东在“双 11”的营销上之所以令人印象深刻，最大原因在于“以己之长，攻彼之短”的卡位战略。

10. 恒大冰泉：借势营销的胜利

2013 年 11 月 9 日，在与首尔 FC 的决战开始前，广州恒大的球员穿上了胸前印有恒大冰泉的球衣，此前恒大拒绝了三星以每年 4000 万冠名球衣的合作。当晚广州恒大如愿以偿捧得了亚冠奖杯，恒大冰泉则几乎一夜成名。

恒大冰泉的横空出世与广州恒大在足球赛场上的表现紧密相连，2013 年广州恒大在亚冠赛场上的胜利震惊了亚洲足坛，恒大获得比赛的胜利便是对自身品牌的最大广告。正如许家印算的账：在中央电视台打广告，1 秒钟大概 15 万元。恒大一场球有 25 家电视台现场直播，有 300 多家媒体报道，11 个运动员穿着印上了“恒大”两个字的背心，一个半小时的直播时间，如果做广告要多少钱？

除了品牌在赛场上的展示，恒大在微博上的表现也堪称优秀，每场重要的比赛，官微都会进行同步文字直播，在重要比赛之前，恒大还会在微博上发布官方海报，11 月 9 日晚恒大“这一夜我们征服亚洲！下一步我们走向世界！”一条带有海报的微博获得超过 7000 次的转发。

恒大的这一线上线下整合营销的策略为其获得了极大的曝光量和品牌价值，而当 11 月 9 日晚恒大推出恒大冰泉的时候，这一切优势和价值便附加在了恒大冰泉身上。

虽然恒大冰泉在电视、楼宇的广告仿佛让我们回到了 20 世纪 90 年代那个粗暴广告的时代，但毫无疑问越来越多的人因为广州恒大足球队而记住了恒大冰泉。

作为社会化媒体营销中最具有代表性的两大媒体平台，微博和微信，已经成为了当前企业网络营销中不可忽视的平台，下面将分别介绍如何在微博和微信中开展营销活动。

7.6.1　如何进行微博营销

过去在传统媒体主导的 Web1.0 时代，是媒体制造好了内容，展现给所有受众，因此很多内容可以搭载传播者的目的。但是在社交媒体发展的 Web2.0 时代，传播已经变成了所有人对所有人的传播，每个人都可能成为传播的中心和新闻的源头。

由于微博的短小（140 字），发送信息的方便性（用手机短信就可以发送），彻底改变了信息传播的模式，任何一个人都可以实时传递自己身边的第一手信息，那些微弱的信息也可能得到加强并引起广泛传播。这种自媒体引发的媒体变革和信息革命是空前的，直接颠覆了过去由主流媒体主导传播的格局。

微博营销以微博作为营销平台，每一个听众（粉丝）都是潜在营销对象，企业利用更新自己的微型博客向网友传播企业信息、产品信息，树立良好的企业形象和产品形象。每天更新内容就可以跟大家交流互动，或者发布大家感兴趣的话题，达到营销的目的，这样的方式就是微博营销。微博营销方式注重价值的传递、内容的互动、系统的布局、准确的定位，微博的火热发展也使得其营销效果尤为显著。然而我们也要注意到，有一些企业微博，粉丝很少，互动很少，更谈不上通过微博来开展营销活动有什么效果，因此想要进行微博营销也必须掌握一些基本思路和技巧，下面将分别进行介绍。

1．微博运营的基本思路

1）注重价值的传递

企业博客经营者首先要改变观念——企业微博的价值“索取”与“给予”之分，企业微博首先是一个给予平台。只有那些能对浏览者创造价值的微博自身才有价值，此时企业微博才可能达到期望的商业目的。企业只有认清了这个因果关系，才可能从企业微博中受益。

2）注重微博个性化

微博的特点是“关系”、“互动”，因此，虽然是企业微博，但也切忌仅是一个官方发布消息的窗口那种冷冰冰的模式，要给人感觉像一个人，有感情、有思考、有回应、有自己的特点与个性。

一个浏览者觉得你的微博和其他微博差不多，或是别的微博可以替代你，都是不成功的。这和品牌与商品的定位一样，必须塑造个性。这样的微博具有很高的黏性，可以持续积累粉丝与关注，因为此时的你有了不可替代性与独特的魅力。

3）注重发布的连续性

微博就像一本随时更新的电子杂志，要注重定时、定量、定向发布内容，让大家养成观看习惯。当其登录微博后，能够想着看看你的微博有什么新动态，这无疑是成功的最高境界，虽很难达到，但我们需要尽可能出现在他们面前，成为他们的一个习惯。

4）注重加强互动性

微博的魅力在于互动，拥有一群不说话的粉丝是很危险的，因为他们慢慢会变成不看你内容的粉丝，最后更可能是离开。因此，互动性是使微博持续发展的关键。应该注意的问题是，企业宣传信息不能超过微博信息的10%，最佳比例是3%～5%，更多的信息应该融入粉丝感兴趣的内容之中。

“活动内容+奖品+关注（转发/评论）”的活动形式一直是微博互动的主要方式，但实质上奖品比你那个企业所想宣传的内容更吸引粉丝的眼球，除了赠送奖品，你的微博还要能认真回复留言，用心感受粉丝的思想，才能换取情感的认同。如果情感与“利益”（奖品）共存，那就很完美了。

5）注重运营的系统性

任何一个营销活动，想要取得持续而巨大的成功，都不能脱离了系统性。微博营销虽然看起来很简单，对大多企业来说效果也很有限，其实原因是企业本身投入的精力与重视程度有限。一些企业把微博运营单纯当做一个员工的工作，没有企业战略层面的配合，没有与其他部门的配合，最终微博完全凭员工个人理解和喜好发布内容，当然无法取得成功。企业想要微博发挥更大的效果就要将其纳入整体营销规划中来，这样微博才有机会发挥更多作用。

6）注重定位的准确性

微博粉丝众多当然是好事儿，但是对于企业微博来说，粉丝质量更重要。因为企业微博最终的商业价值，就需要与这些有价值的粉丝互动创造。这涉及微博定位的问题，很多企业抱怨：微博人数都过万了，可转载、留言的人很少，宣传效果不明显。这其中一个很重要的原因就是定位不准确。假设自己为玩具行业，那么就围绕一些你产品目标顾客关注的相关信息来发布，吸引目标顾客的关注，而非只考虑吸引眼球，导致吸引来的都不是潜在消费群体。在起步阶段很多企业陷入这个误区当中，完全以吸引大量粉丝为目的，却忽视了粉丝是否目标消费群体这个重要问题。

7）注重运营的专业化

企业微博定位很重要，但是专业更重要。同场竞技，只有专业才可能超越对手，持续吸引关注目光，专业是一个企业微博重要的竞争力指标。所谓专业正是前面内容的集中体现，体现在如定位、个性、发布内容、发布时间等细节中。

微博不是企业的装饰品，如果不能做到专业倒不如不去建设企业微博，因为负面的信息与不良的用户体验通过微博也很容易迅速传播，并为企业带来不利影响。

8）注重控制的有效性

微博有着极高的传播速度，结合传递规模，所创造出惊人的力量有可能是正面的，也可能是负面的。因此，必须有效管控企业微博这把双刃剑。

学习了微博运营的整体思路，我们接下来再分别学习一些做好微博营销的细节，包括微博内容如何组织，如何提高微博与粉丝的互动以及如何运用微博矩阵进行立体化营销。

2. 微博内容策略

“营销，内容为王。”提到内容策略，不得不说到内容营销。内容营销指的是以文字、图片、动画等介质传达企业的相关内容给客户。可以说只要是和企业传达给消费者信息有关的行为都涉及内容营销。这种信息传达的目的并不是在短期内宣传和获得利益，而是通过合适的内容使企业需要传达的信息在巨量复杂的信息流中脱颖而出，从而向消费者传递更为理性、长期的一种理念，帮助企业扮演“思想领导”的角色，自然地提高消费者对企业品牌的忠诚度。

微博作为新的信息传播媒介，其对于内容营销的价值是显而易见的，其传递的内容可以包罗万象，信息载体除了文字外业包括其他多种多媒体方式。虽然新浪等大部分微博的字数限制为 140 个字，的确很简短，但是如果就此以为企业微博简单易写，可以随意发挥，就大错特错了。

内容策略从字面的意思来看，可以理解为指导企业的微博究竟该怎么写、写什么。同时它也是指导企业如何通过发布合适的内容实现营销目标的策略。如前面所学，微博内容首先应该有价值，而且这种价值必须是对企业和对用户都有价值，这是微博营销的基础。在激烈竞争中，除了有价值还要做到优秀才会脱颖而出，什么样的内容才是优秀的内容？可以参考“3I 原则”[Interesting（有趣）、Interest（利益）、Individuality（个性）]进行组织。

（1）有趣，即内容要有足够的新意，有足够吸引人的地方。营销人员需要花足够的时间，巧妙地构思微博营销创意。当然，创意和新意总是有限的，但微博发布的内容至少要使得企业的微博主页面信息不至于空洞无聊，特别是要防止发布硬广告宣传性质的微博，此类信息不仅得不到关注，反而会引起微博用户强烈的反感。

（2）利益，意思是发布的信息具有实用性，能够向用户提供一定的帮助，既可以是提供信息服务、传授生活常识、利用视频课程帮助用户解决困难，也可以是向用户提供商品的促销信息或者折扣凭证、发放奖品等。总之，要使用户能够从微博中获取某种形式的利益。

（3）个性，就是前面所说微博要有自己的特点。这是最难把握的一个原则，所以企业要注意自己发布的微博内容要自成体系，在表达方式、内容倾向等方面要拥有自己的特点并能长期保持这种一致性，这样才会给用户一个系统和直观的整体感受，使企业微博能够比较容易被识别，与其他微博用户“划清界限”。那些内容雷同的微博，就算具有一定价值，人们往往也只会选择某一个关注。个性意味着难以替代，个性化的微博可以增强用户的黏性，使信息能被持久地关注。

内容策略中还需要注意的是，企业确定了所发布的内容之后，也要注意发布时的表达方式，根据不同类型的要求，或专业严谨，或轻松幽默，还要注意微博包含的信息量以及信息表达的清晰度。如果需要，可能还要借助图像、音视频来配合文字的描述。同样，由于微博带有网络传播的属性，受欢迎的拟表情标点符号、“颜文字”和各类搭配动画表情的巧妙利用，都可以给信息接收者一种亲切感，使企业更加具有亲和力。总之，无论是内容还是表达方式，企业微博营销人员都需要在按下“发送”键之前认真考虑。

学习到这里，有的人可能要说，每天都要发布微博，还要根据“3I”原则进行选择和组织，可是到哪里找微博的素材，哪里有那么多话可以说呢？这里实际上又犯了个传统媒体的错误，不是“我们要给用户看什么”而是“用户需要我们提供什么”。下面总结几个为微博寻找内容的思路。

1）从用户需求出发，为用户解决实际问题

不知道说什么，没关系，先听听你的用户在说什么，通过微博搜索你的产品、企业、甚至是竞争对手的产品，听听用户关注什么，有什么疑问，通过一段时间的监控总结，把这些用户关心的问题分门别类，然后针对这些问题疑问设计微博内容。

另外，把企业客服部门遇到的问题都拿来分析分析，把用户问得最多反馈最多的问题一条条解决掉，这些解决方案就是用户最喜欢的。

2）产品的延展知识

用户不喜欢看干巴巴的产品介绍、产品说明书，用户喜欢有知识的东西，如果你是卖茶叶的，你不能只介绍你的茶怎么怎么好，是明前采摘的还是茶园在海拔 2000 米以上，这些信息固然重要，但是用户更喜欢看茶叶的饮用方法、存储方法、送不同的人应该什么茶叶合适等。而对于一些服装品牌，则可以提供一些搭配方法、衣服的保养和洗涤方法，只要去挖掘，定能发现产品除了干巴巴的介绍之外，还有很多很多未开发的内容。

3）用户的评价和体验

很多用户通过微博抱怨你的产品，也有很多用户通过微博赞美你，如果你的产品真的很好，把他们说你的“好”要炫耀给大家，你这么一转发，不仅充实内容，还让这些用户“受宠若惊”，如果还能送上一点儿小小的礼物，用户会更乐意帮你创造内容。抱怨的内容合理应对也能起到很好的宣传效果，态度诚恳，虚心了解问题所在，真心为用户解决问题，会给潜在顾客建立一种很有责任感的形象。

比如现在很多电商网站，尤其是服装类的，很多都开设了“晒单”、“上传搭配”的一些活动或者功能。这里举一个例子是@点评团，他们在每月都有一个点评团晒单的活动，目的是让用户把在团购的商品发照片上来，从效果上看，每个月都会产生两三千条粉丝自创的内容，还加强了和用户的互动，对于粉丝的粉丝也有很大的引导作用，何乐而不为呢？

4）特别折扣和粉丝专属的新品

有调查显示，有 30%～40%的用户是冲着特别折扣信息才去关注一些品牌的。可见，折扣优惠是很重要的内容。但目前有一个误区就是把促销信息都发布上来，这对于用户来说是一种灾难，这样的企业微博就像街头路标发小广告的，而应该设计一些精品的专属于微博粉丝的特别折扣，让他们感觉到一种作为粉丝有 VIP 一样的待遇，只有这样，粉丝才乐意成为你的粉丝，发布小广告只能让用户离你更远。

除特别折扣之外，还有一点就是新品，如果能做到微博上首发，如某一款包包，通过微博先预定，只为粉丝准备，线下还没得卖，这样粉丝也会感觉“很尊贵”。

5）企业文化和内部的员工工作生活情况

微博也要有血有肉，看起来像个活生生的“人”。比如可以把企业内部的一些情况介绍给粉丝，如办公室环境、团队活动、一些好玩有趣的事、有趣的员工、某款产品背后的故事等，都可以挖掘出来，让粉丝通过微博完整的了解企业，让信息更加透明化，这样才能让粉丝感觉到这个微博不是一个冷冰冰的 ID，它的背后有这么一帮可爱的人。

这类内容还有一个好处是让更多喜欢企业的人加入企业，因为他们会觉得加入这样的一家公司工作应该也是一件很好玩的事情。

比如星巴克有这么一条微博：“不得不知的星巴克”在星巴克，我们的员工被称作“伙伴”，因为我们认为他们不是星巴克的成本，而是最大的资本。下次来到星巴克，记得说声：“伙伴，你好！”

3. 互动策略

微博不等同于企业的官方网站，不是建立一个体系一劳永逸，再偶尔更新一下产品和新闻就行。官方网站像一个围墙里面属于自家的小花园，精心规划完全掌控，然后吸引用户来访问，让他们赞叹花园真美。微博却不是这样，打造一个出色的品牌微博，一定要忘记围墙的概念，因为没有围墙，信息及用户顺畅地流淌在整个微博平台以及平台之外，如果他们喜欢你，他们会愿意关注你，并持续接收来自你的信息。这个过程中，优质的内容是基础，而互动才是核心。

1）你不关注别人，自然不会有人关注你

既然经过定位与内容规划，品牌微博的运营者一定会明确自己想要吸引到什么样的用户，那么互动就成为可以找到并与他们建立联系的方式。单纯只是发布内容，就好比辛勤打理自己的花园，但不配合主动出击，花园再美也很难传播开。

举例来说，想要吸引白领女性，就可以在晚上的 6—7 点之间发布一条关于加班的关怀内容，并配上可爱的图片，搜索“加班”、“工作”、“晚饭”等关键词，并从搜索结果列表中选择一些粉丝数量较多的活跃女性用户进行关注，当她们看到自己增长了一位粉丝后，一般都会点击查看粉丝页面，这样看到的最新一条内容极有可能就是品牌对于加班的关怀内容，这将提高被关注的概率。而利用微博工具进行批量关注，还可以使这个过程更加简化。

2）来而无往非礼也

当有人@或评论你之后，应该逐一查看，对于包含内容的@及评论，给予适当的回复，一般来说用户肯表达潜意识都是希望能收到一定的回馈。特别对于初涉微博营销的品牌来说，粉丝与被@及评论的数量并不会太多，而努力回应这些用户，才能构成对话，以及进一步互动的可能。对于已经拥有海量粉丝的微博来说，可能无法对每一条@及评论进行回复，但对于提问、投诉、表扬等有着鲜明对话性的内容，还是应该力求回应。

3）能有多及时就要多及时

用户需要你的时候，你就是一顶降落伞，如果那一刻你不在，那么用户也就不需要你了。微博碎片化的特征决定了信息时效性高度提升。试想，用户发布一条微博，@品牌，然后企业出于慎重，层层上报，开会讨论，研究方案，半个月之后给出了回复，用户早已经忘了此事甚至放弃关注了。最好的方案当然是随时查看，有条件的话高频率搜索设定好的与品牌相关的那些关键字，尽可能及时地回复用户。这就需要品牌在设定运营策略时考虑到，对运营人员给予适当的权限，培训他们应对策略，设定好一些可能会遇到的问题该如何回应。

4）应有自己的调性

微博要像个人，不能板着脸“我是品牌我高贵”，但也一定要避免带着过于个人的感情色彩进行回应与发布，因为很多企业微博运营不止一个人，要保持微博风格的一致，在亲和沟通的同时，才能保证品牌的调性与品位。

5）注重发布时机，但不依赖它

下班归途、开饭前的小空隙、周末无聊的午后等，都是发布轻松有趣又和品牌相关的微博内容的好时机。讨论发布时机是有用的，但所有品牌都瞄准的发布时机也很有可能稀释甚至淹没你的声音。

6）做一个好主人，但不是全部

互动很重要，但不只是品牌与用户之间的互动。真正形成营销力和巨大声浪的互动，往往是以品牌为主题，用户之间的互动。这又印证了社会化媒体的一大特点：你可以影响用户，而不能控制用户。与其制定规则逼迫用户以你的方式玩，不如提供玩具，鼓励用户自己去玩。无论是凡客体还是我为自己代言，其实都是很好的例子。如果被恶搞，也不要在意，玩得起永远是一个值得尊敬的优点。放下身段大家一起玩，用户会被你的幽默感和勇气折服——比如韩寒的“国民岳父”。互动就是互相之间都动，单方面的灌输信息是微博营销的第一大忌，碎片化的传播方式不适合传播长篇大论。

案例

韩寒“国民岳父”

2014 年一位中国岳父在微博异军突起，他就是——韩寒。最近，韩寒在微博里频晒女儿小野萌照，韩寒女儿大大的眼睛、呆萌的表情，让很多粉丝大喊要跟韩寒做亲家。韩岳父成为网友新宠，俨然成为全民岳父，不但有姚晨等明星，而且大批网友纷纷包围韩寒微博留言齐喊“岳父大人”，令韩寒又好气又好笑。

对于该话题，多情又处处留情的韩寒幽默回应：“以前看月亮的时候，人家都叫我韩少，现在新人胜旧人，在片场大家都叫我岳父。我的青春也太短暂了……”

4．建立账号矩阵和链式传播系统

微博营销是要建立一个让自己发出影响力的平台，为达到这个目的往往需要一个账号矩阵，一些成熟的微博运营企业都建立了完善的微博矩阵。

随着用户的时间越来越碎片化，他们希望能够精准有效地找到自己喜欢的信息，而不愿意大海捞针般地寻找。对于商家来说，微博本身兼具即时营销、品牌宣传、公关传播和客户管理四大功能，而每个不同的功能定位就意味着不同的微博内容策略。例如，涉及公司动向以及危机管理方面，内容就会偏于严肃与认真，但与粉丝互动则需要一些“插科打诨”式的关怀，这种功能的不同，直接导致内容、语言、风格的不同，而这种不同统统由一个微博账号体现出来，就容易造成这个微博身份的“精神分裂”，势必让粉丝产生内容混乱、定位不明的错觉。轻则粉丝弃之而去，重则品牌形象模糊。

而且，众所周知微博营销中每日发布内容应该控制在一定数量之内，太多就会有刷屏嫌疑，引起粉丝反感。例如，一个以即时营销为主的微博，每天发布信息数量在 10 条左右比较适合，倘若它还承担品牌宣传、客户管理等其他职能，就要在每天内容规划中加入企业新闻、品牌介绍等信息，这样要么增加微博总数量，要么从 10 条中减少即时营销信息，无论何种方式都会造成用户体验不好。一部分粉丝反感每日微博数量过多，而另一部分粉丝则不能尽可能多地获得他们想要的信息。

所以微博矩阵是微博营销战中不得不用到的策略之一。表面上它是根据产品、品牌、功能等不同定位需求建立的各个子微博，实质上它更大的作用是通过不同账号精准有效地覆盖企业的各个用户群体。在战略上通过布点、连线、成面、引爆、监测来实现营销效果的最大化，在微博的世界里让你的用户各取所需，却又无处可逃。

微博矩阵的建立并非随心所欲，通过对企业实践的总结，一般来说有以下几种模式：

（1）“2+N 微博矩阵模式”，即以品牌微博、客户微博为主平台，补充添加运营领导员工微博、粉丝团微博、产品微博及活动微博。

（2）“1+N 矩阵模式”，定义一个母品牌以产品线为主导，在一个大的企业品牌/官方微博之下，再开设 N 个产品专项微博，构成完整的微博宣传体系。或者也可以是一个大的企业品牌/官方微博之下，再开设 N 个地区性微博，构成完成的微博宣传体系。

（3）“AB 矩阵模式”，以品牌形象塑造、维护为主旨，通常以一个活动/形象微博（action）+一个品牌微博（brand）的形式形成矩阵组合。

（4）“三维式矩阵”，即在企业人、产品线、生活理念重塑三个维度上，布局微博账号，最大限度发挥企业内部资源的微博布局方式。

当然以上的微博矩阵模式也并非不能改变，企业可以根据自己的网络营销战略，结合自身的资源，在这几种模式基础上再进行创新。

案例

野兽派花店的微博营销

“野兽派花店”，这个名字被很多文艺青年所熟悉，没有实体店，甚至没有淘宝店，仅凭微博上几张花卉礼盒的照片和 140 个字的文字介绍，开通不到一年的时间，野兽派花店已经吸引了超过 18 万粉丝，甚至连许多演艺界的明星都是它的常客。

为什么传统简单的花店生意会有如此新鲜的生命力？

答案是，他们卖的不仅仅是花。

2011 年年末，顾客 Y 先生在野兽派花店订花，希望能表现出莫奈的名作《睡莲》的意境，可是当时并没有合适的花材进行创作。

几个月过后，店主兼花艺师 Amber 想起日本直岛的地中美术馆，从中获得灵感，做成了后来野兽派花店的镇店作品之一——“莫奈花园”。

与其他花店不同的是，野兽派花店倾听客人的故事，然后将故事转化成花束，每束花因为被赋予了丰满的故事而耐人寻味。这其中，有幸福的人儿祝自己结婚周年快乐的、有求婚的、有祝父母健康的、有纠结于暗恋自己的男同事的……在日复一日的寻常生活中，阅读 140 字的离奇情节，也成为粉丝们的一种调节剂。

野兽派花店所选用的花束绝不是市场上常见的，这些进口花卉品种经过精心雕饰之后，针对不同的人群、送花与收花人的心境、起上颇有文艺范儿的名字，包装完成的花束，只在微博上出售，顾客也都是花店的粉丝，在微博上通过私信下订单，客服通过私信回答顾客的问题最终达成交易。

和传统的花店相比，野兽派花店绝对算得上花店中的奢侈品品牌。从野兽派出品的花卉礼盒少则三四百元，多则近千元，然而即使是如此高的价格，仍然有众多顾客追捧。

案例点评：野兽派的花艺在上海花艺圈绝对不算是最好的；但野兽派的成功源自于故事营销。对于许多花店粉丝来说，成为故事的男女主角，围观寻常生活中有趣的细节，已经成了一种买花之外的附加值。

野兽派的成功告诉我们，原来电商有这样的一种经营方式。利用微博的病毒式的故事传播免费获得大量的潜在客户，而动辄几百上千的礼盒又保证了毛利。这完全颠覆了传统电商拼得刺刀见红拼价格的悲催局面。甚至只有一个微博，只要愿意分享故事，什么网站、PHP、服务器、架构，通通都是浮云，私信+支付宝就搞定一切。

（资料来源：@丁辰灵微博文章《经营微博的十个经典案例》）

7.6.2 如何进行微信营销

微信（WeChat）是腾讯公司于 2011 年年初推出的一款快速发送语音、视频、图片和文字等，支持单人、多人参与的跨平台的通信软件。微信提供公众平台、朋友圈、消息推送等功能，用户可以通过“摇一摇”、“搜索号码”、“附近的人”、扫二维码等方式添加好友和关注公众平台，同时可以将内容分享给好友以及将精彩内容分享到微信朋友圈。

微信的功能很多，目前最核心的、可能与网络营销相结合的主要有：

（1）聊天：支持发送语音短信、视频、图片（包括表情）和文字，支持多人群聊。

（2）添加好友：微信支持查找微信号、查看 QQ 好友添加好友、查看手机通讯录和分享微信号添加好友、摇一摇添加好友、二维码查找添加好友和漂流瓶接受好友等 7 种方式。

（3）微信支付：集成在微信客户端的支付功能，用户可以通过手机完成快速的支付流程。微信支付向用户提供安全、快捷、高效的支付服务，以绑定银行卡的快捷支付为基础。

（4）朋友圈：用户可以通过朋友圈发表文字和图片，同时可通过其他软件将文章或者音乐分享到朋友圈。用户可以对好友新发的照片进行“评论”或“赞”，用户只能看相同好友的评论或赞。

（5）微信公众平台：通过这一平台，个人和企业都可以打造一个微信的公众号，可以群发文字、图片、语音、视频、图文消息五个类别的内容。

（6）微信智能开放平台：目前由两个小平台组成，微信语音开放平台和微信图像开放平台。通过此平台，微信把语音识别和图像识别能力等门槛高、应用广的技术打包开放给第三方开发者使用。这两个小平台将增强微信图像识别和语音识别的能力，与不同商业模式结合，未来拥有无限可能。

随着微信的崛起，曾经风头无人能敌的微博，正面临来自微信的威胁。很多人都有这样的感觉，每天从打开微博看一看，开始变成一定要打开微信看一看；从希望自己的微博有评论，到关注朋友圈子是否有更新。不知不觉间，微信已经开始成为人们生活中必不可少的一部分。

综观微博和微信，虽然拥有同一个“微”字，但却拥有完全不同的社交属性。微博营销很多方式在微信中并不一定适用，因此对其不同社交属性的掌握将有助于我们成功开展微信营销。

1. 微信强关系和微博弱关系

强关系和弱关系本身是一个社会学理论，强关系指的是个人的社会网络同质性较强（即交往的人群从事的工作、掌握的信息都是趋同的），人与人的关系紧密，有很强的情感因素维系着人际关系，如 QQ、微信、人人网更多的属于强关系。弱关系是指个人的社会网络异质性较强（即交往面很广，交往对象可能来自各行各业，因此可以获得的信息也是多方面的），人与人的关系并不紧密，也没有太多的感情维系，也就是所谓的泛泛之交。微博属于比较典型的弱关系。

强关系社区更多的是一种通信工具加分享型社区，而弱关系社区则更多的是一种价值观输出社区。前者更倾向于一些娱乐生活的内容，而后者更加社会化和商业化。

微信一对一的互动交流方式具有良好的互动性，精准推送信息的同时更能形成一种朋友关系。基于微信的这种优势，借助微信平台开展客户服务营销更符合其天然特性。微博的天然特性更适合品牌传播，作为一个自媒体平台，微博的传播广度和速度惊人，传播深度及互动深度却不及微信。但是两者又可以很好地协作，你可以把微博想象成是一场多人参加的相亲会，相中了对象后，还是需要通过微信做进一步点对点的沟通才能更加了解彼此。

2. 微信在网络营销中的应用

在微信火热的今天，敏锐的电商企业和传统企业都开始抢占微信的“地盘”。虽然目前成熟系统的微信营销理论与实践体系几乎没有建立，但是一些成功的应用案例，可以帮助我们拓宽对微信营销的理解。

1）作为促销工具的微信：唯品会

对于唯品会这样的名品折扣类网站来说，微信是一个非常不错的促销工具。唯品会的卖法类似媒体，它每天都会上新一次，就好像一份“日报”一样，每天卖的东西都不同，因此唯品会的用户习惯于每天像看新闻一样去看看又上了什么新东西。

有了微信以后，唯品会每天会把新品的网页链接通过公众平台推送给用户，这对于那些原来要自己登录网页来查看信息的重度消费者来说，可以说更加方便了。

2）作为电商的微信：美肤汇

美肤汇是被媒体报道过的第一个直接通过微信来卖东西的电商。由于当时微信尚未提供支付功能，因此美肤汇只能采取一些变通的方式来完成订单。买家只需填写一个手机号即可下单，然后美肤汇的呼叫中心（Call Center）会电话给用户索取收货地址，付款方式为货到付款。

目前微信支付功能已经趋于成熟，直接在微信内完成购物在技术上已经可以实现，未来微信很有可能会成为最重要的移动电子商务平台。

3）作为会员卡的微信：微生活会员卡

微生活会员卡是腾讯微生活团队运营的一个 O2O 产品，简单地说就做两件事：第一，帮助商家引流，它相当于是一个内置于微信的卡包，消费者出示一下微生活里面的电子会员卡，商家就可以给打折或者送其他赠品之类的；第二，他们帮助合作商家开通独立的微信会员卡，从而让商家可以积累属于自己的微信用户。这个微生活的公众账号和普通的公众账号在后台上有所不同，它提供了一套 CRM 系统，可以让商家很方便地管理用户，当然，这是收费服务。

4）作为客服的微信：招商银行信用卡中心

当我们要查询信用卡账单、申请账单分期等服务时，我们以往的方式是拨打 400 电话，然后按照语音提示输入“数字+#”，这是基于电话的一种自动客服系统。现在微信也可以实现这个功能了。

只要添加“招商银行信用卡中心”为好友，按照系统提示把我们的微信和信用卡进行绑定，就可以通过回复特定数字来完成查询了。例如，回复 1 是查询账单及额度，回复 2 是手机还款，回复 3 是查积分，等等。

5）作为服务的微信：中国南方航空

南方航空已经实现了微信值机（网上办理乘机手续），旅客只要把自己的身份证号或者票号通过微信发给“中国南方航空”公众号，就可以完成值机，在这个例子当中，微信成为了一个服务工具。

延伸阅读

微信卖烧烤 3 个月，用技术取代人工的简单劳动

微信上卖烧烤，进行到今天已经 3 个月出头，微信公众平台上的粉丝数量也已经突破了 2000 个，这些对于一个三线城市，全是基于烧烤生意积累起来的粉丝数量，含金量是相当高的。

我改造的是烧烤的生意，还把原本不适合外卖的烧烤提供了配送服务，实现烧烤送餐上门，而烧烤的点菜非常麻烦，原先我们不具备技术能力的时候，顾客都是通过微信的语音功能报菜名给我们，也有机智的顾客，会自己写一份订单，然后拍照发到微信平台上，我们在电脑后台上都能看到，更多的还是麻烦顾客自己一个字一个字地打给我们，比如“脆骨 10 鸡中翅 5”类似这样的文字，我们看到后，再整理订单，算好价格回复给顾客，这样就必须安排一个人紧盯着微信后台，显然这不是一个经济的安排。

所以我找到了上海做码农的小学同学，由他来帮我开发一套基于微信的下单系统，果然技术就是牛，只要逻辑上能够实现的功能，他都帮我给实现了，通过这套系统，我们微信上的顾客下单就更加的方便了，只要点点加号减号，就能完成下单这个过程了。

随着我们在湖州第一家使用微信下单系统，被称之为文艺青年的叫餐方式，让更多的用户尝试我们的微信下单功能，后来因为自己开发的系统经常不稳定，然后单人技术开发的系统在很多功能和美工上也有很大的不足，最后我比较了其他团队开发的专门微信订餐开发的系统后，果断放弃了自己定制开发的这套 JAVA 系统的点餐系统。

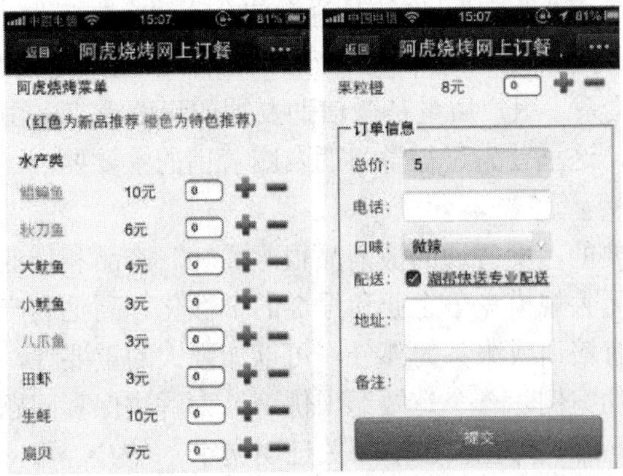

微信中增加了一个下单功能，就使得我们的微信账号不仅仅是一个客服工具，更有了一个微信购物的雏形，当用户都不再经常使用电脑了，手机成为了最重要的工具，当用微信作为入口的时候，我们不仅把微信用于释放劳动力，我们现在不需要人来接电话，不需要自己算价格，换了更先进的系统之后，我们还配置了一台无线出票机，当用户在微信里下单之后，这里第一时间就会打印出小票，然后拿着一式两份的小票，我们自己留一份，给用户配送过去的时候给顾客一份。

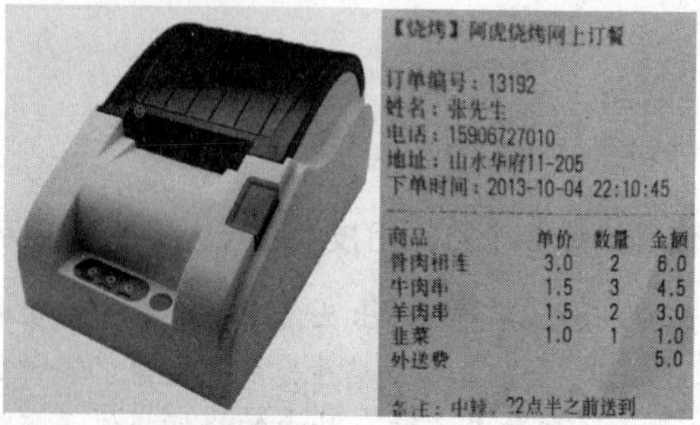

我们这个小小的烧烤生意，结合了最先进的移动互联网，解放了很多原本简单重复的劳动，将接单、算钱这些毫无创造性的工作统统交给了技术来代替，而且技术做得更好，更准确。而我们的分工就能够更加做自己擅长的事情，我继续做我的运营推广，阿虎继续烤他的烧烤，其他的问题统统交给了微信，一些简单的问题，比如你们店地址在哪里呀，我用微信设置了关键词自动回复，只要发送的这句话中有地址两字，就自动回复告知地址。

从3个月前一点点地摸索，到今天的模式清晰，流程完整，我们在不断修改进步，有微信下单这个工具让我们省去了极大的烦恼，让我们能更好地做烧烤，对于用户而言，这样先进和文艺的方式也成了他们津津乐道的话题。

（资料来源：派代网《微信卖烧烤3个月，用技术取代人工的简单劳动》）

3．微信朋友圈营销

目前微信营销的形式很多，比较容易开展并且实践得较多的主要是借助于公众平台和微信朋友圈。前者目标在于“做广”。也就是说微信公众平台在于做内容，吸引粉丝，用户数量是微信公众平台的运营重点。后者目标在于“做精”。也就是说微信朋友圈在于做 SCRM（SocialCRM），建立关系，用户质量是微信朋友圈的运营重点。由于后者即微信朋友圈营销更加适合于个人创业，这里首先进行学习朋友圈营销的主要要点。

1）行业选择

行业选择是很重要的，卖普通的快消品很难成功。产品和行业最好属于专业化程度比较高，市场相对小众，无大规模竞争企业和渠道的个性化、高毛利产品。结合微信运营人的个人特点，最好其中还有培训或服务的部分，可以加强人的重要性，从而建立壁垒。

比如有两个较成功案例，一个是做泰国佛牌，为解决保真问题，微信运营人天天在泰国待着，跟大师拍照，同时大师也会出示相关证明文字，“为×××”所做之类。所见即所得，下单付款就可以直接寄回国内，国内有合伙人再转国内物流。这个主要是利用了跨国产品保真这个强需求，由此可以延展到奢侈品代购类、珠宝首饰类。

而另一个 nancy 美睫则是美容方向，产品都是个人品牌定制，包含了 nancy 在美睫行业十年的个人经验和技法，同时提供独家的培训，保证了产品的独家性，建立了壁垒。由此自然可以引申到美甲、美容服务等领域。

2）运营技巧

尽管朋友圈的信息不会直接推送用户形成打扰，但同样不建议用刷屏的形式进行推广，每天发布的条数可以控制在5～8条，时间段可以岔开，让用户在看朋友圈的时候，都偶尔会看到，然后吸引他们点进来看你的全部消息。应当包括新品信息、优惠信息、针对客户的知识普及、针对经销商的新品促销之类的，还要包括两三条个人的生活状态，比如拜访客户什么的，以增加其他用户对你的了解。

3）客户拓展

微信客户的拓展方式很多，总结而言就是充分利用手中的资源，如从 QQ 好友中、手机通讯录中导入，如果是企业，公司官方网站、微博等线上渠道，以及个人名片、公司宣传手册、杂志等线下渠道都可以印上微信的二维码以方便客户加入。

4）客户维护

正如前文所说，微信是强关系，而朋友圈则更是需要建立在熟人关系、情感关系基础之上，需要长期经营。没事给客户问个好，发个语音什么的，纯个人交流沟通。每天沟通 10 个人，一个月也可以问候 300 个用户。客户凭借感情来购买，没有比较，自然没有价格战。

案例

朋友圈里卖水果

提起卖水果，许多消费者的印象还停留在水果店和菜市场的水果小贩。但三名广州 85 后小伙子却凭着一辆车和三台手机在微信朋友圈开起了“手机档口”卖水果，而且生意还相当不错，营业两个月，第一个月已经卖出一货柜，第二个月利润翻了一倍，团队也迅速扩充到十人，并有了自己的分拣中心和冷库。

朋友的朋友都是客户

主打“全程密封保鲜”“当季最好吃的水果”的理念，三名“85 后”小伙子，一个出身水果批发世家，一个之前是北京路某服装专卖店店长，一个是前广告公司职员，每人一部手机，外加一台电脑和一辆车，将手机上的微信朋友圈当“水果档口”，开始了网上售卖水果的生鲜电商生意。

“目前我们月售一货柜，从第二个月开始已经实现利润翻倍。”“三人行”之一的小梁说，“不过赚的可是辛苦钱，因为我们没有请物流公司，全部自己开车送货，最开始的时候，老爸也加入了送货队伍呢!”

不做广告，没有实体店，利用朋友圈营销，三个小伙子认为自己的成功有运气更有努力。“在微信里发布产品信息，并吸引收货客户在朋友圈进行‘晒单’，如果一个人有 100 个好友，十个人就有 1000 个好友，那么我们就有 1000 个潜在客户，而且还会发酵传播。”小梁认为，朋友圈营销的好处是传播信息的可信度更高，弱势是只能在朋友圈营销，而且好口碑和差口碑传播的速度一样快，出了差错生意就砸了。

顾客不是上帝是“闺密”

“做网上街坊生意和传统的营销不一样，以前说顾客是上帝，但我们感觉‘微生意’里边，客服和顾客之间更像是朋友和闺密的关系，顾客会因为‘送货员不够帅’不收货，甚至发火，但是我们的客服可以把客户‘哄乖’，然后让其买单。”小梁告诉记者，有一段时间推出“帅哥送货”的宣传，结果有客户因为送货员达不到“帅哥”标准而拒绝收货，他们只好换回帅的同事重新送货，令人哭笑不得。他解释道，因为在“朋友圈”做生意，顾客很可能是朋友的朋友，大家的关系比较“嬉笑怒骂”，但也正因如此，需要更多的耐心和幽默感。

店铺很前卫客户也极品

老外客户：有指纹的水果不要

外国消费者普遍一次就消费千元左右的水果，下单最大方，但也是最挑剔、最有洁癖的客户群，因为对“有指纹的水果统统 SAY NO”。“他们尤其会留意提子和布林上面有无指纹，因为提子和布林上面有白色果蜡，有了指纹会十分明显。”小梁说。

有意思的是，由于不同颜色的水果布林对应不同的英文单词，有外国网友本来定的是黑色布林，结果送错变红色布林，闹了乌龙。“之后团队成员恶补了水果的专业英语对应的名称。”

美女客户：等你等到花都谢了

在朋友圈里送货多了，“三人行”团队发现美貌妹子们最不守时。“有一次约十点送货到，后来客户睡到十二点，我们在楼下等了两个小时。”小梁说，“如果是送货员，一般就拜拜了，但因为是朋友圈营销，不敢怠慢，只好一直等，因为怕坏了口碑。”

但这还不是最夸张的，小梁讲述起“有一次想死的经历”。“约好时间到了楼下，美女说还要等半个小时，我憋着小便一直等了半个小时，然后美女说到隔壁买东西，要十分钟，结果半个小时下来，我已经开始腰疼了，而美女一个电话过来说‘在出租车上’……”小梁说，“但是没办法啊，微信圈都是朋友，我们不敢怠慢。”

（资料来源：中国电子商务研究中心）

4．微信公众平台运营

微信公众平台是腾讯公司在微信的基础上新增的功能模块，通过这一平台，个人和企业都可以打造一个微信的公众号，可以群发文字、图片、语音、视频、图文消息五个类别的内容。微信公众平台从功能上更类似于微博，是一个自媒体平台，用户订阅后公众平台可以群发推送信息，是一对多的关系。公众平台分服务号和订阅号两种，服务号（旨在向用户提供服务）30 天内只能群发 1 条消息，支持更强大的后台开发，推送信息出现在聊天列表里；而订阅号（旨在向用户提供信息和资讯）每天可以发送 1 条消息，不能自定义菜单，推送的信息出现在订阅号列表中，目前个人只能选择订阅号。

1）微信公众平台建设思路

目前微信公众平台的企业应用还处在摸索阶段，当然不乏前面所看到的一些成功的案例，但是还缺少比较成熟系统的开发方法和经验。

一般而言，微信公众平台按照对其后台功能应用，可以将其建设思路简单分为三步：

（1）实现精准信息推送和简单自助服务。结合微信的富媒体性和零费用等特性，可以通过图文、声音、视频、网页链接等方式，结合其信息群发功能可以做到信息 100%精准推送到用户。用户如果对于推送内容有兴趣，可以访问企业公众平台，了解更详细内容，实现简单自助服务。

（2）实现智能自助服务。如果简单自助服务不能满足用户需求，用户可以通过菜单选择，或输入未解决的问题，企业利用微信公众平台关键字回复功能，可实现提取用户提交问题中的关键字，在知识库中查找模糊、精准匹配的相关信息，自动将其发送至客户。

（3）实现人工服务。在前面两步未能解决问题的情况下，转入人工在线处理，在处理过程中充分利用富媒体性的特性，通过图片、声音、视频，动画传达信息，以达到增加服务形式，提供个性化服务内容，提升客户体验的目的。

2）微信公众平台基础操作

微信公众平台个人和企业都可以申请，企业要实现对微信公众平台的开发必须首先掌握其基本的操作方法，下面就对这部分内容进行学习。

（1）申请微信公众平台账号。登录微信公众平台网页 https://mp.weixin.qq.com/，如没有账户需先申请，依次经过填写基本信息（账号密码等）、邮箱激活、信息登记（登记个人或企业真实信息）和最后的选择订阅号或服务号，就可以免费开通微信公众平台。

（2）完善微信公众平台基本资料。登录微信公众号后台后，其所提供的功能如图 7-33 所示。

图 7-33　微信公众平台菜单

企业首先需要进入设置菜单，进行头像、微信号和功能介绍三个项目的设置（如图 7-34 所示）。

图 7-34　微信公众号头像、微信号、功能介绍设置

头像一般根据不同行业选择最适合自己品牌宣传的图片作为头像，或者把自己品牌的 LOGO 作为头像；微信号则需设置一个既能突出品牌又简洁好记的非常有必要（比如本书选择了电子商务课程的缩写 DZSWKC）；功能介绍是当用户找到此公众账号时易看到的第一段文字，功能介绍的质量是决定网友是否关注的一大因素，必须认真对待。

（3）回复的设置。微信公众平台要实现自主的服务核心在就在于回复的设置，回复有三种：被添加自动回复，关键词自动回复，消息自动回复（如图 7-36 所示）。

图 7-35　微信公众平台回复设置

被添加自动回复，就是微友关注该公众号后，自动发给微友的一条信息，很多企业或利用这条信息拉近与粉丝的距离，或给粉丝以提示，或对自己来一段经典介绍。

关键词自动回复，即粉丝向公众号发送消息中包含预先设定的相关关键词，就会返回预先设定好的回复信息。

消息自动回复即粉丝向公众号发消息后（注：消息内容不是或不包括设置好的关键词，消息自动回复的优先级小于关键词回复），会得到自动回复。回复信息可以提示相关关键词，让粉丝随着关键词找答案。

（4）关键词自动回复设置。被添加自动回复和消息自动回复没有触发设置比较简单，这里重点介绍实现关键词自动回复的方法（如图 7-36 所示）。

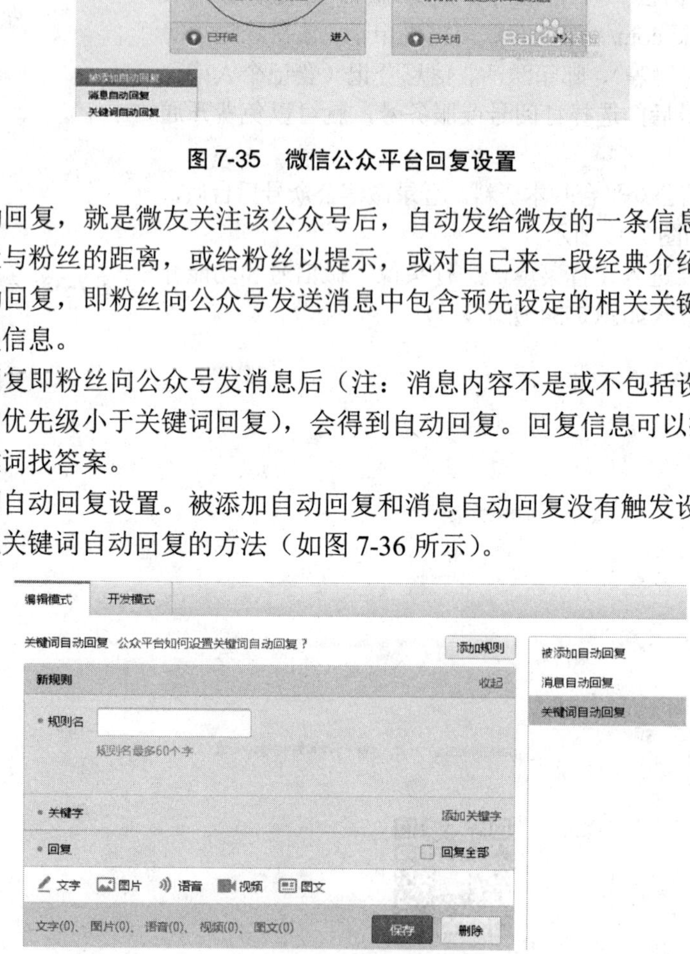

图 7-36　关键词自动回复设置

简单来说就是先添加规则，在该规则中设置关键词，当用户提交了这个关键词，则自动回复预先设置好的内容。可以设置多条规则，设置常被提交的关键词，实现公众平台的简单智能服务功能。

（5）群发消息的使用。微信公众平台不能主动关注别人（只能等别人关注），不能无休止地分享朋友圈，但它有一个很厉害的功能，就是群发。其设置如图 7-37 所示。

（6）用户管理功能。微信公众平台另一强大的功能就是用户管理功能（如图 7-38 所示），通过该功能可以查看粉丝的情况，并可以实现给粉丝分组，配合群发功能中的群发对象选择设置，可以实现更为精准的消息推送。

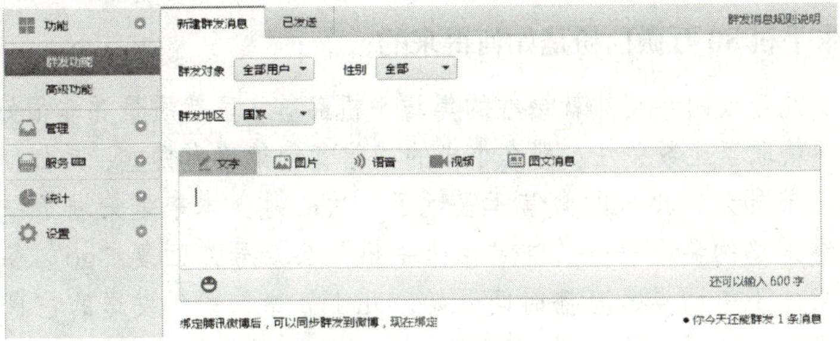

图 7-37　群发消息设置

图 7-38　用户管理功能

（7）消息管理功能。消息管理功能（如图 7-39 所示）可以看到粉丝向公众平台发送的信息，通过该功能可以进行人工服务，运营人员可以监测到哪些问题没有被解决而提供更为个性化的服务，提高用户体验。

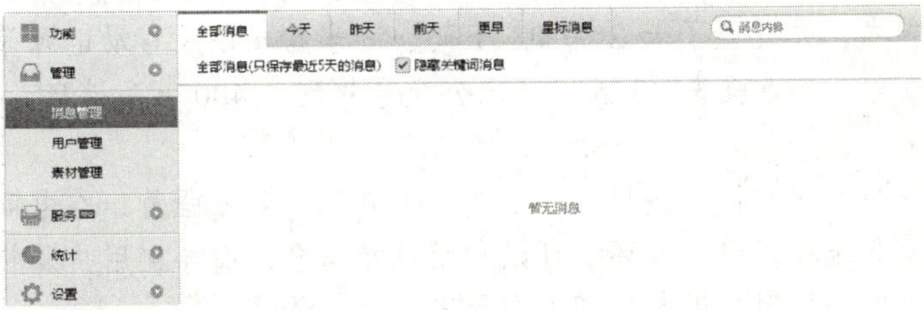

图 7-39　消息管理功能

通过以上的微信公众平台常见功能的设置，就可以帮助企业建立简单的公众平台。然而其具体应用模式，还需要结合客户的需要、企业的需要发挥创造性思维，不断学习成功公众平台的运营经验，在此基础上不断创新，与企业现有业务活动相结合，才有可能打造出能满足企业营销活动需要的公众平台营销系统。

最后，总结一下微博和微信两部分的内容，我们可以发现微博比较擅长内容发布、舆情监听、促销等活动，而微信比较擅长客户管理、服务管理、会员管理等。在整个企业的客户生命周期管道中，微博靠前，微信靠后，但二者又各有优势，互有补充。因此，企业应该考虑不仅仅是微信，或者微博，而是能够满足需求的整合营销的部署。

案例讨论

案例1：小米手机80万微信粉是如何得来的

小米手机可以说是近两年突然就爆红的黑马手机品牌，虽然质量并非很好，但是小米的微信营销策略成功地获取了无数关注。那么小米的微信营销策略有哪些，是如何发挥作用的呢？

4月9日米粉节那天，小米的微信客服玩了一次心跳：本来是策划了一场米粉节直播活动，并设置了足够诱惑的奖品——关注“小米手机”公众号，回复“go”参与抢答，每隔十分钟就送一台小米。下午两点，直播时间开始，几十万微信粉丝发送的信息瞬间蜂拥而至，并最终刷爆了小米客服的后台服务器。

这种“幸福的烦恼”在企业微信营销中算是首例。小米副总裁黎万强后来说，米粉节当天收到了200多万条微信消息，参与互动的米粉人数超过20万。

不为众人所知的数据是，小米手机的微信公众号在3个多月前才注册，真正发力运营是从今年4月开始，但却迅速累积了80万粉丝。有微信团队的高管笑着对黎万强说：你们小米的公众号粉丝数量比较可观，目前应该排位第三。

那么，小米的80万微信米粉究竟是如何炼成的？

（1）超过10%的微信粉丝来自微博导流。在小米手机微信公众号运维初期，新媒体营销团队认为微博将是核心的拉新渠道，“小米有几百万的微博粉丝，好好拉一拉，一下50万应该没有问题”。不过，后来只有10万微博用户成为了微信粉丝，约占12.5%，当然还有一个前提条件——小米拥有国内足以傲视群雄的微博运营团队。

（2）约30%粉丝来自活动策划。在1月份注册小米手机微信公众号后，小米团队并没有急于做活动，一方面不想过度骚扰用户，另一方面在于需要时间摸索何种活动策划适合微信营销。直到今年3月份，他们才策划了一个“小米非常6+1 你敢挑战吗”的互动活动，使用类似趣味答题的方式，并设置了米2手机、f码、小米盒子以及移动电源等奖品，鼓励用户关注小米手机公众号。黎万强说，3天里小米公众号收到了400万条消息，共有20多万人参与微信互动。

（3）约60%来自小米官网、论坛以及电商渠道转化。黎万强称，在电商渠道中，企业要善于拆解自己的业务流程，看哪些环节可以和微信相结合，引导在用户购物过程中关注小米公众号，例如你可以告知用户用微信可以查物流。

值得一提的是，小米从未将微信作为一个销售渠道，而是作为客服平台。这一定位与微博及论坛形成了有效的区隔，在黎万强看来，小米早期是靠主抓以微博和论坛为主的新媒体营销，其中微博具有很强的媒体属性与营销看扩散性，而论坛虽然“看上去很土”，但却完成了小米粉丝的沉淀，目前小米的论坛每天收到用户的反馈多达70万～80万条。

微信兴起以后，小米前期也有些纠结，一下也难以吃准微信公众号该如何定位，以及如何与米粉互动。“在摸索了一个多月以后，我们认为微信具有很好的服务属性，加上微信本身具有很强的私密社交属性，所以，我们决定将微信定位为我们的客服平台，帮助小米提升crm管理。”黎万强称。

不过，相信任何一个微信粉丝达到一定数量级的企业都会遇到很多客服难题：第一是粉丝规模越大，掉粉率也会随之升高；二是粉丝涨到数万级别以后，客服将难以应对海量的粉丝信息，尤其是图片及语音信息。

黎万强有着自己的破解之道。例如对于掉粉率问题，他坚持认为企业在做任何微信活动之前，“一定要反复提醒自己，不能给用户带来太多干扰”。

而对于如何提升客服的能力，在小米手机公众号不到一个月就涨到 5 万之时，黎万强专程去腾讯广州研发部找到张小龙，争取了一个接口，并做了专门的客服后台予以对接。尽管发生了米粉节上的小意外，但大部分情况下，小米的微信客服后台足以支撑面向 80 万米粉的日常服务，这是仅靠人工客服所无法完成的。

（资料来源：微赢网 2013 年 11 月 9 日同名文章。截至 2014 年 4 月，小米微信粉丝已突破百万）

案例思考题

1．从本材料来看，小米手机拥有“傲视群雄的微博运营团队”和几百万的微博粉丝，为何从微博引流到微信的粉丝却不到 10 万？

2．结合本案例，谈一谈企业应如何借鉴小米微信营销运营的经验。

3．小米的微信更多承担的是客服的职能，除此职能外还可以怎样运用微信进行其他营销职能？

案例 2：进击的百度

回顾 2013，绝对是百度进击的一年，股价回升，14 款用户过亿 APP 产品，以及一系列的入股、收购，快速进军新领域的效率不得不说是让人感受到了 2013 年年初李彦宏所谓的狼性。

（1）19 亿美金收购 91，一举在应用分发领域取得了领先的地位，百度不仅在安卓，更在 iOS 分发领域占据了主动，应用分发一定程度上就是移动互联网的入口，百度因此得以强势夺得一张移动互联网的船票。

（2）提出轻应用概念。随后百度世界大会上，可能是对 APP 生态碎片化的不放心，百度推出轻应用概念，凭借着百度的技术优势向开发者提供全面的技术支持，妄图将互联网应用完全整合在手机百度的入口当中，其野心不小。

（3）收购 PPS，并将其与爱奇艺合并，一举进入在线视频领域的第一阵营，不仅动摇了优酷土豆市场第一的地位，而且 2014 年打包上市指日可待。

（4）去哪儿网强势上市，在在线旅游市场硬生生分了一杯羹，同时也证明了其中间页战略的成功。

（5）先是入股糯米，年底更是宣布全资收购糯米，补全其电商 O2O 薄弱的一环，与百度地图结合发力移动 O2O。

（6）百度今年更是全力进军硬件设备，不过不是造手机，而是以百度血压计、咕咚手环为代表的嵌入了百度云的智能硬件。

（7）其他领域同样不可小觑，百度移动安全、百度金融的强势崛起，也让人感到 2013 的百度大有“万箭齐发”的凶猛态势。

案例思考题

1．从本材料分析，百度为何要快速进军新领域？

2．百度搜索业务目前面临的挑战是什么？

3．过去百度以竞价排名作为其主要收入来源是否存在问题？如何解决这些问题？

4．请展望百度未来的盈利模式。

案例3：E-mail营销

据Return Path公司所做的一项调查研究列出了读者打开和阅读邮件的主要原因：

认识并信任发件人	55.9%
以前打开过发件人的E-mail，觉得有价值	51.2%
邮件标题	41.1%
经常阅读邮件	32.2%
邮件预览吸引了读者	21.8%
打折信息	20%
免费运货促销	17.5%

在打开邮件之前，用户通常只能看到两个信息：发信人以及邮件标题。电子邮件营销在阅读前也只有两个地方可以用心思，促使收件者打开邮件。

打开率高的邮件标题（排行）	打开率低的邮件标题（排行）
1．[公司名称]最新消息	1．[公司名称]限时促销
2．[公司名称]××年××月新闻公告	2．[公司名称]节日大促销
3．[公司名称]电子杂志××年××月	3．[公司名称]节省10%
4．[公司名称]邀请您	4．[公司名称]假日优惠券
5．[公司名称]祝您节日快乐	5．[公司名称]礼品大放送

案例思考题

1．从本材料来看，在许可E-mail营销中为何打折促销类的标题打开率低？

2．从材料的两张表中我们可以得出什么启示？

3．请结合以上内容为某定位于校园社交平台的网站拟定一封E-mail标题。

案例4：揭秘欧莱雅移动电商：微信打通O2O闭环

“亲们，来点个赞吧！”3月底，在北京工作的上班族lisa在自己的微信朋友圈秀出不久前收到的欧莱雅小美盒，其中包含眼霜、保湿霜、保湿凝胶、修复液等多款产品。爱秀、爱臭美、爱自拍，这是lisa这样“85后”女性的特征。

在收到无数点赞和充满羡慕的评论后，lisa这趟微信购物体验圆满收工。在新媒体营销时代，分享（share）是最重要的一个环节，lisa不知道的是，就在她在朋友圈秀出小美盒之时，作为整个营销事件的始作俑者，欧莱雅才算是真正完成整个销售工作的闭环。

新媒体时代下，一场数字化革命在欧莱雅集团全面铺开。欧莱雅中国提出了“SOLOMOCO”的目标，即更加社交化（Social）、本土化（Local）、移动化（Mobile）和电子商务（Commercial）。而微信支付功能的开通使得上述SOLOMOCO构想成为现实。下面，以欧莱雅小美盒为例，为你解读欧莱雅移动电商战略。

产品走“私人定制”路线

欧莱雅小美盒（MyBeautyBox）是一个专注于顶级护肤品试用的私人礼盒，于 2012 年 8 月首发。与欧莱雅集团旗下的大众化产品有所不同，欧莱雅小美盒销售产品采用“私人定制”的模式，每月推出一个“主题小美盒”。当月“主题小美盒”仅限在本月订购，超过这个时间商品就会下架，这给消费者“过期不候”的限量版体验，增加对品牌的认同感。

值得一提的是，在欧莱雅小美盒的微信服务号上，记者还看到专门给男士准备的“男士小美盒”。当下的“男士小美盒”的主题是：男人活力启动。为了增加购物体验，盒内还赠送一款神秘礼物以增加消费者的期待感。

“营销玩的就是心理学。‘私人定制’产品推出增加了消费者尊贵和独有的购物感觉。这在未来化妆品市场将是大势所趋。”“欧莱雅小美盒”微信号幕后操盘手——费睿网络科技 CEO 蒋美兰告诉《第三只眼看零售》。

据了解，为了更好吸引年轻女性消费者，欧莱雅小美盒签约插画师白美美为小美盒品牌创作原创插画。1986 年出生的白美美毕业于中国传媒大学动画专业。其创作的《欲女狂想曲》漫画连载深受“80 后”女性读者的欢迎。

这款支持在线购物以及微信支付的“欧莱雅小美盒”微信号开启了欧莱雅移动电商的大门。事实上，随着移动终端超过 PC 电脑成为消费者主流的互联网浏览工具以来，移动电商占领主流网购人群的趋势日益明显。市场研究机构 IDC 预测，2015 年，全球移动上网人数将超过 PC。

“购物者有个微妙的心理，她这一分钟想买东西，也许下一分钟就不想买了。商家不可能等到消费者产生购物欲望，回到家里或者办公室再打开电脑登上网页再去购买你的产品。因为这一过程会有很多变数，丧失很多机会。因此，移动电商是未来购物的大势所趋。”蒋美兰说。

整合会员

在不同开放平台做电商的品牌商有一个共同的难题，就是整合会员的问题。一些品牌商为了扩大市场份额，在天猫、京东以及淘宝上都开设有商城，如何将这些来自不同系统、平台的会员整合起来，是品牌商最头疼的问题。

“我在淘宝开店，假设哪天淘宝突然把我的商铺封杀了，我那些会员应如何转移到我的其他的平台呢？”一位品牌商负责人表示。而微信公众号的推出解决了这一难题。

以欧莱雅小美盒为例，它的做法是，建立自己的 CRM 系统，将来自不同平台会员信息保存到 CRM 系统数据库，然后将自己的 CRM 与微信公众号进行 IT 层面的对接。这样做就相当于将所有的会员掌握在自己手中，即便哪天有了新的平台或者技术革命，也可以将信息嫁接过去，对品牌而言，客户流失并不大。

而这一切背后，离不开 IT 技术的支持。2013 年 11 月，微信更新了公众平台，向服务号开放微信认证，并开放了九大高级接口，增加开发者问答系统。这九大接口分别是：语音识别接口、客服接口、OAuth2.0 网页授权接口、生成带参数的二维码接口、获取用户地理位置接口、获取用户基本信息接口、获取关注者列表接口、用户分组接口、上传下载多媒体文件接口。

对于不懂 IT 的人而言，上述 9 大接口的开放也许令人“不明觉厉”，但对于精通 IT 又深谙营销的专业人士而言，这是一个巨大的市场机会。

“微信公众平台只是一个接口，背后则是巨大的技术工程，我们甚至可以将 Html 语言、flash 以及应用程序嵌入其中。”蒋美兰表示。据了解，费睿网络科技帮助欧莱雅完善了 CRM 系统，对通过关于微信服务号的人群进行分析，甚至可以知道他是通过新浪微博或者 QQ 而找到这里的。

形成闭环

关注账户—选择商品—在线下单—网上支付（或者货到付款）—验收商品，目前，欧莱雅小美盒通过其微信服务号打造了一个 O2O 的购物闭环。在这一条看起来简单清晰的逻辑链条背后是复杂的信息流及物流处理过程。

创建订单

首先，客户关注欧莱雅小美盒服务号之时，欧莱雅的 CRM 系统已经启动，系统自动分析，这位客户是老客户，还是新客户，如果是老客户，他（她）的购买频率怎样忙，她的会员积分如何，是不是忠诚客户。

“我们提供了客户辨识功能，企业可以根据自己需要对不同的客户进行不同的积分或者奖励政策。”蒋美兰表示。

其次，当消费者通过微信服务号订购一款商品时，系统利用微信服务号提供的“获取用户地理位置接口”，自动获取消费者信息，从而提供可选择的送货地址。“移动购物的特点在于便捷性，考虑到消费者用手机购物，打字不是很方便。我们尽可能利用技术手段让消费者不用打字。”蒋美兰告诉记者。

与此同时，欧莱雅的供应链管理系统启动。系统根据用户的收货地址选择离他最近的配送中心准备商品，并且协调第三方物流公司进行发货准备。

订单成功

“消费者可以选择通过微信支付或者货到付款，这样就形成了一个购物的 O2O 闭环。在这个过程中，微信服务号背后的信息系统会根据物流配送的每一个环节，将商品配送的进展实时通报给消费者。”蒋美兰表示。

（资料来源：@派代网同名文章）

案例思考题

1. 从本材料来看，什么是 O2O 闭环，对企业有什么价值？
2. 什么是 SOLOMOCO？在本案例中欧莱雅是怎么实现这个构想的？
3. 请从广告的角度解释欧莱雅小美盒为何签约插画师白美美为小美盒品牌创作原创插画。

案例 5：微博营销，如何做到年销售过百万

微博到底能不能卖产品？能卖多少？

估计很多人心里都有这个困惑。在微信圈营销如火如荼的时候，再来提微博营销，好像有点不识时务，不过有机哥我却发现了一个通过微博销售农产品的牛人，每年仅仅通过微博就轻松销售过百万。而且他的微博还是每一个没加 V 的博，粉丝量也仅仅万余人。

认识这哥们是因为我在网上订了他的西红柿，觉得特别好吃，弄得我当天晚上和第二天早上都是吃的西红柿鸡蛋面。我是属于那种觉得鸡蛋好吃，就想认识那只下蛋母鸡的人。于是联系上他，过几天还专程跑到他农场去参观，除了想了解他的运作模式，还想看看微博销售到底行不行。

这哥们 80 年代末去日本留学，前两年才从日本回来，算起来已经人到中年。毕业后在日本一直从事与食品相关的工作，在 2000 年年末回到广州，和一班同学朋友开始搞农场，用自己在日本积累的食品知识与经验，为农场提供技术支持。2011 年之后，他决定通过微博来销售农产品。

从 2011 年至今，2 年多时间，这哥们发了 16000 多条微博，没有加 V，没有任何外力的推广，靠自然增长，粉丝达到了 10000 余名。

粉丝数量不多，但转化率却惊人的高，两年多时间，10000 余名粉丝，有 4000 余人次买过东西。

在这 4000 余人次当中，有 200 多人成为了他的会员，每个会员的预交费是 3000 元。绝大多数会员都是在广州、深圳、佛山地区。

但除了会员，非会员的消费金额其实一点也不低，比如前段时间他在微博上销售的苹果，168～280 元一箱，广深地区每个月的销量就达到 500 箱。

这哥们的微博为什么能吸引到这么多顾客，而且回头率非常高？我除了和他详聊了几个小时外，还把他的微博翻了个底朝天，仔细研究，并作了相应的归纳。

从他的微博内容来看，所发的微博都与产品知识、农场实景、销售动态、健康养生、食品安全管理相关。即使在与用户互动时，也大多和产品知识、食品安全、销售配送相关，既不在微博上与人闲聊，也很少发偏离上述几个方面的内容。

总结下来有这么几点：

（1）定位专业：留学国外的专业食品人士，用自然有机农法与经验，在国内种植农产品，健康可信。每天发出几十条微博，但这些微博上很少找不到与“农”字无关的内容。

（2）强调新鲜：提倡“吃当季、吃当地、吃当天”，并用不同的资料与案例来强调新鲜与非新鲜的区别。

（3）产品丰富：除了与朋友合作农场的产品外，还有很多富有特色的协作农场，所以产品分类也特别多，基本上做到了每个季节都有不同的产品销售。

（4）现场感强：强调可视化营销，用各种能够为产品加分的图片强调现场感；不管是自己的农场还是协作农场，都要求用最有吸引力的图片，包括产品图片、种植图片、制作图片，以及对比图片等等。

（5）重视数字：每一篇博文都做到有相应的数字，给顾客一种准确和真实感，比如，某产品，有多少数量，已经卖了多少，还剩多少，并且随时根据销售动态更新数字。

（6）反复提醒：在产品销售前，会提前 2～3 天预热，介绍该类产品的性能、特点、功效等等，让粉丝们有一个初步感觉。同一条微博信息，一天或者几天之内会多次转发，用不同的文字进行反复介绍，加强用户印象。

（7）细节明晰：每一篇博文根据不同需要有所侧重，比如在销售某产品时，他不但会把产品的产地、特点、用途、可销售的数量、付款方式、配送方式等，都在微博上配发图片介绍清楚，同时还会就产品性能与功效甚至制作方法作相应说明。

（8）促销很牛：每一篇促销博文在时间、数量上做足功夫，但从不折扣，经常用不断递减的数字来刺激顾客的心理，让顾客充满紧迫感。

为了大家有所借鉴，我特意从他微博上摘了一条，大家看看他这条微博到底好在哪里。我就不具体分析了。

德庆皇帝贡柑为了使果肉甜，延至今天上午才采摘！生态种植第四年，由于今年落果较多，预计只有3万多斤的收获。今年集团客户订购和电商企业预约较多，供应不够。只留了100箱（10斤装）供微博的亲们解馋，价格100元（省内包邮）、150元（全国包邮）由顺丰快递配到家。不打蜡、不放防腐剂，请私信下单预订。

从最初的两个人，到目前的五个人的小团队（人员构成分为：产品开发1人，采购1人，客服兼内勤1人，司机2人），销售额也从最初的零到如今的年销售过100万，这哥们可以说是从零起步，但这100多万的销售额仅靠一个不加V的微博就完成了。

说起业绩，他和目前最火的微信圈那些牛人相比，当然还有不如，但这有什么关系，能够很滋润地生活着就很不错。

顺带还验证了微博的作用，管他是强关系还是弱关系，能卖东西就是好关系！

（资料来源：@派代网同名文章）

案例思考题

1．请结合案例分析微博相对于微信在营销中的优势。

2．讨论案例中微博的内容为何都与产品知识、农场实景、销售动态、健康养生、食品安全管理相关？为何从不和人闲聊？

3．案例中作者摘出的那条微博好在哪里？

案例6：台湾奥美公司给左岸咖啡馆的广告文案

【统一左岸咖啡默剧篇】

下午5点钟，是咖啡馆生意最好的时候，也是最吵的时候。窗外一位默剧表演者正在表演上楼梯和下楼梯，整个环境里，只有他和我不必开口说话——他不说话是为了讨生活，我不说话是享受。不必和人沟通的兴奋，我在左岸咖啡馆，假装自己是个哑巴。

【左岸咖啡馆打烊篇】

等到角落里的那个客人回家之后，咖啡馆里就只剩下我一个人了，咖啡馆里最后的一位客人拥有一项特权——可以挑选自己喜欢的音乐。同时，侍者会再端上一杯咖啡，表示他并不急着打烊。我在左岸咖啡馆，一个人慢慢等待。

【水杯与咖啡杯，距离五英寸】

那位在咖啡馆门口就可以将帽子稳稳地掷在衣帽架上的中年人，选定座位前，两度逡巡各个角落，最后还是停在靠窗的位置。不过他并没有立刻坐下，先是调整桌椅，然后将糖罐移到桌角，才缓缓入座。和我上一回见到的相同：他把水杯与咖啡杯挪过来，移过去，试了几次，才满意地看着自己的安排。普通人喝两杯咖啡的时间，他只喝了一口。每喝一口，又重复同样的动作，调整水杯与咖啡杯的距离。他的举动勾起服务生的好奇，于是问："你在做什么？"他好像不知道该如何回答，不停地移动水杯与咖啡杯："我……"起了话头又陷入沉思，一阵长长的静默后："我在……"他指着自己，认真地说着："我在喝一杯咖啡！"

【下雨篇】

女性独白：我喜欢雨天/雨天没有人/整个巴黎都是我的/这是五月的下雨天/我在左岸咖啡馆/不知觉地/又一次阅读/才发现文字的美/湿润的何止是目光/还有心情

案例思考题

1．请选择一个你最喜欢的广告文案，试着找到让你触动的因素。

2．运用广告学理论对你喜欢的广告文案进行分析。

思考题

1．网络环境中促销的受众出现了什么变化？

2．网络促销形式有哪些？请列举一些你曾经亲身经历过例子。

3．网络广告的优点是什么？缺点是什么？如何克服缺点？

4．网络广告的常见形式有哪些？请举例说明。

5．什么是 USP 理论？哪些广告运用了这个理论？

6．广告定位理论是什么？哪些广告运用了这个理论？并说明它采用的是怎样的定位策略。

7．搜索引擎营销 SEM 包含哪些内容？

8．有人说竞价排名就是看谁出价高，这种说法正确吗？说明原因。

9．请对竞价排名和 SEO 的利与弊进行分析。

10．什么是许可 E-mail 营销？在信息性爆炸增长的现在，如何开展才能保证效果？

11．有人说微信诞生以后，微博营销就过时了，请对这种说法进行评价。

12．为什么说微博更偏向于弱关系？

13．微博运营过程中要注意什么？

14．请谈谈微信营销和微博营销的区别。

15．什么是微信朋友圈？借助微信朋友圈营销应注意什么？

实验实训

1．请使用百度指数（http://index.baidu.com）对一些关键词热度进行查询。

2．请使用站长工具（http://seo.chinaz.com）中的 SEO 综合查询工具，对你感兴趣的网站进行分析。

3．请对第 2 题中的网站运用 SEO 的知识进行分析，并提出改进建议。

4．请编辑一条 E-mail 营销的文案，对第 2 题中的网站进行推广。

5．请编辑一条微博文案，对第 2 题中的网站进行推广。

6．请制定一个为微博增加粉丝的方案，最好能够运用病毒式营销的手法。

参考文献

[1] 陈志浩. 网络营销[M]. 华中科技大学出版社，2010(9).
[2] 昝辉 ZAC. 网络营销实战密码策略·技巧·案例[M]. 电子工业出版社，2013(5).
[3] 冯英健. 网络营销基础与实践[M]. 清华大学出版社，2007.
[4] 方玲玉. 网络营销实务——项目教程[M]. 电子工业出版社，2011.
[5] 范军环，宋沛军，柳西波. 网络营销理论与实务[M]. 北京大学出版社，中国农业大学出版社，2010(7).
[6] 胡宝介，许依宁. 网站易用性建设[EB/OL].新竞争力网络营销顾问，www.jingzhengli.cn. 2008.
[7] 江礼坤. 网络营销推广实战宝典[M]. 电子工业出版社，2011.
[8] 宋咏梅，孙根年. 科特勒产品层次理论及其消费者价值评价[J]. 商业时代，2007(14).
[9] 张佰明. 中国网络营销模式探索方向分析[J]. 新闻大学，2010(1).
[10] 陈庆. 网络营销与传统营销的比较研究[J]. 商业文化（下半月），2011(2).
[11] 潘树荣. 基于 Web 2.0 的网络营销模式研究[J]. 现代商贸工业，2010(22).
[12] 樊澎涛. 适合网络营销的产品特征分析[J]. 生产力研究，2009(18).
[13] 姜旭平. 网络营销[M]. 中国人民大学出版社，2012(6).
[14] 杨路明. 网络营销[M]. 机械工业出版社，2011(10).
[15] 杨路明，杨竹青，徐玲. 客户关系管理理论与实务[M]. 电子工业出版社，2004.
[16] 杨坚争，旺芳，李大鹏. 网络广告学[M]. 电子工业出版社，2002.
[17] 王建国. 1P 理论[M]. 北京大学出版社，2007.
[18] 杨丽英，韦新梅. 浅谈企业产品微博营销策略[J]. 经济视角（中旬），2011(4).
[19] 吴恩，毛秀利. 微博与微信营销能力比较与未来预期[J]. 中国商贸，2013(7).
[20] 严家成，卢盟晃. SEO 关键解码：网站营销与搜索引擎优化[M]. 人民邮电出版社，2011(8).

反侵权盗版声明

举报电话：（010）88254396；（010）88258888
传　　真：（010）88254397
E-mail：　dbqq@phei.com.cn
通信地址：北京市万寿路173信箱
　　　　　电子工业出版社总编办公室
邮　　编：100036